PERFORMANCE EMPOWERMENT
BEYOND OKR (2ND EDITION)

绩效使能
超越OKR
第2版

况阳 —— 著

机械工业出版社
CHINA MACHINE PRESS

在绩效管理日益成为企业经营核心的今天，OKR正悄然成为撬动组织创新和绩效增长的关键杠杆。本书作者深耕OKR十余年，既有系统的理论研究，更有丰富的一线企业实践经验。全新升级的第2版，在原版基础上进行了大幅扩展与优化，围绕一个理念、一套结构和一条逻辑，深度拆解了OKR制定、对齐、使能与复盘四大关键环节，并首次系统呈现了OKR与绩效考核融合的实战路径。

这是一本专为企业家、中高层管理者与人力资源从业者量身打造的绩效管理专著，兼具理论深度与实战广度，也是每一位致力于提升组织效能者的必备参考。

无论你是初识OKR的探索者，还是渴望突破绩效瓶颈的进阶管理者，都能在本书中找到促成组织高效运转的底层逻辑与落地路径。

图书在版编目（CIP）数据

绩效使能：超越OKR / 况阳著. -- 2版. -- 北京：机械工业出版社, 2025.6. -- ISBN 978-7-111-78797-6
I. F272.5
中国国家版本馆CIP数据核字第202530AN10号

机械工业出版社（北京市百万庄大街22号　邮政编码100037）
策划编辑：戴樟奇　　　　　　　　责任编辑：戴樟奇　高珊珊
责任校对：张勤思　张慧敏　景　飞　责任印制：刘　媛
三河市宏达印刷有限公司印刷
2025年8月第2版第1次印刷
170mm×240mm・24.25印张・3插页・527千字
标准书号：ISBN 978-7-111-78797-6
定价：99.00元

电话服务　　　　　　　　　网络服务
客服电话：010-88361066　　机 工 官 网：www.cmpbook.com
　　　　　010-88379833　　机 工 官 博：weibo.com/cmp1952
　　　　　010-68326294　　金 书 网：www.golden-book.com
封底无防伪标均为盗版　　　机工教育服务网：www.cmpedu.com

Performance
Empowerment
———— 鸣谢

  管理类书籍的写作是一件极其辛苦的事。做、说和写是三种完全不同的能力。有的人是实干派，非常善于做事，然而，真要他讲一下他为何能做得如此出色，他却说不出个所以然，这类人俗称"老师傅"。还有的人夸夸其谈，只要给他一点线索他就会口若悬河，把一根稻草说成一根金条，但是他们却通常不屑于脚踏实地一步一个脚印地去做，这类人俗称"演说家"。第三种人特别善于在夜深人静的时候，文思泉涌，下笔如神，谱写下很多脍炙人口的好文章，他们善于指点江山、激扬文字，而实地待在田间地头做事的时间却少得可怜，这类人俗称"文学家"。管理类书籍的写作，必须兼具做、说和写三种能力于一身，才能真正对企业管理有所裨益。首先，你必须亲身实践——去做，然后，你还要能把你的实践向别人大声传播——去说，最后，你还要把管理实践的精华系统地总结出来——去写。所以我说，管理类书籍的写作是极其辛苦的。当我耗费无数光阴，一字一句地写下本书的时候，更真切地体会到了其中的艰辛，也越发对管理学大家心生敬佩，正是他们用汗水和心血，既做也说，最后还写出来，让管理智慧跃然纸上，点亮企业管理进步之路。

  于我而言，走入管理领域纯属巧合。我原本是技术出身，在华为研发部门从事过多年的软件开发和项目管理工作。仅因一个偶然机会转行人力资源，从此便对其深爱有加且难以自拔。这些年来，我在组织诊断、绩效管理、员工关系、领导力、员工培训等领域均有所涉猎；我研读了大量管理著作和专业文献，从德鲁克到明茨伯格、马斯洛、爱迪思、卡梅隆、爱德华·德西、洛克等，不断地沐浴在管理学大家的思想光辉之中，把他们的先进理念和方法落地在企业管理实践之中，在企业内部荡起了美妙的涟漪。很多方法论，像OPP组织诊断、激励矩阵、员工健康安全系统等，至今仍广为流传和应用着。

回首这一路，心中满是感激。那些曾在我前行路上帮助过我的领导和朋友们，早已深深刻在了我的记忆里。每一个名字背后，都有一段值得铭记的故事，都已化作我前行的力量。

我的朋友丛龙峰博士常说：人是活不过自己的人生经历的。华为、阿里巴巴、腾讯是我曾经工作过的三家优秀企业，是我成长的基本盘。要感谢华为的吕克、王辉、武文斌、秦刚、徐元君、吴旭波、盛辉、李晓卉、郑岩、周雪涛、雷荣、廖开容、罗砚，阿里巴巴及蚂蚁金服的吴敏芝、张菲菲、汪霞、阮籍、休休、昭君，腾讯的魏颖、陈韵、李洁、卢星宇、周树雄、张军照，字节跳动的李诚，以及曾经在这些企业奋战过但业已转战他处的孙铭、李勇、缪伟、费乔、娄松、华毅、严国新、唐斌地、刘丽娟、韩振华、郭丹、陈小健、肖瑞琪、章莹、王薇辰、宋颖潇……还有很多没有写在这里的领导和朋友，正是你们的信任和帮助，让我在管理领域不断精进，不断为企业管理贡献自己的绵薄之力。本书的出版源于你们曾经的一路相伴。

感谢康至军老师。多年前我尚在华为任职，承蒙您的推荐，有幸翻译《OKR：源于英特尔和谷歌的目标管理利器》一书。正是这次宝贵的出版机缘，不仅促成了本书第1版的创作，也由此开启了我此后多部著作的写作与出版之路，并延续至今。每忆及此，心中满是感激。

感谢清华大学的张勉老师。您是第一个邀我走进高校课堂的老师。算起来，我前后一共三次走进清华园课堂为您的学生授课，我深感荣幸。一直以来，OKR在中国都只是作为一种实践被广泛应用，很少有高校老师从学术角度对OKR价值进行科学论证，您是中国OKR科学研究第一人。您对OKR的深入研究，不仅揭示了其底层机理与核心价值，更点燃了无数人对OKR实践的热情与信念。您的学术洞见与专业精神，激励着越来越多的人投身到了OKR的应用与推广中。能在职业生涯中与您相遇、相知、亦师亦友，是我莫大的荣幸。

感谢丛龙峰博士。自从我离开腾讯，踏上独立服务企业的征程以来，你为我提供了非常多的支持与帮助。你常说要足够专业、足够真诚，这恰恰也是我所追求的。有你一路相扶，让我在专业精进的路上不再孤单！感恩遇见。

感谢王赛博士。我们不仅是校友，更怀揣着相同的理想：你立志打造中国独特的企业战略管理体系，我则愿为中国的组织发展倾注心力。在攀登高峰的路上，能与志同道合者并肩同行，既是命运馈赠的缘分，也是前行路上的力量。与君同行，与有荣焉！

感谢山东大学的蔡地老师。《易传·乾文言》有云："同声相应，同气相求。"这句话用来形容我们的相识，契合得如此自然。因对内在动机理念的深刻共鸣，我们如伯牙遇到子期，一见如故，成为志趣相投的挚友。我们无所不谈，常于思想的原野上驰骋，时常探讨如何让更多企业和个人拥抱内在动机的力量，从而激发出他们内心潜藏的无限光芒。这样的相遇，是命运馈赠的一份厚礼，珍贵而美好！

感谢一路相识相知的企业家朋友们。有趣的灵魂终会相遇。自离开企业、投身管理咨询以来，我遇见了许多有趣的灵魂：有鹿机器人的陈俊波博士、小芒的张阳先生、潮宏基的廖创宾先生、菲安妮（FION）的林斌生先生、米可世界的苏鉴先生、同向的徐向女士、Gaga鲜语的冯敏女士、北极星的秦添先生……你们对事业矢志不渝的追求，映照了中国企业家精神，令我由衷敬佩。在这个波澜壮阔的时代，中国需要你们去撑起未来的天空。你们不仅是我的客户，更是我心中无畏前行的英雄。能够与你们同行、共话未来，实属人生幸事！

还要感谢我的家人。时间对所有人都是公平的，鱼和熊掌不可兼得，得与失往往相伴相生。我将时间倾注于这本书的创作，便无可避免地错过了许多与家人共度的温馨时光。本书得以顺利再版，离不开你们的无私奉献与默默支持。无数个日夜，当千家万户沉浸在温馨的家庭时光中时，这个家的男主人却在伏案疾书，未能陪伴你们。感谢你们的理解与支持，让我安心追寻内心的热爱。这份深情，我铭记于心！

最后，特别感谢机械工业出版社的编辑们。为让本书尽早与读者见面，你们倾注心血，用心打磨每一个出版细节。你们的敬业与专业令我深深动容，衷心感谢你们！

况阳

2025年7月

Performance Empowerment
再版序 ——

时光荏苒，转瞬六载。

自2019年《绩效使能：超越OKR》首版面世以来，承蒙读者厚爱，本书持续热销，始终稳居OKR领域图书的重要位置，被众多企业家视作案头必备的OKR经典作品，成为他们变革的启发之源。

2020年4月，在我即将加入腾讯之际，一家年营收700亿元、净利超百亿元的集团公司董事长给我发来一段让我倍感鼓舞的语音："《绩效使能》写得非常好，我看你下了非常多的功夫，查阅了非常多的资料，详细解释了内在动机、外在动机的原理，也讲述了非常多的案例，这对我们帮助很大，我们也想在公司推动一下这件事情。"2022年12月，一位教育领域的创业者与我分享道："我自己这几年一直在做亲子家长课堂，我发现很多家长跟孩子的讲话很像KPI对话。这种方式毁掉了孩子的学习动力，这跟您在著作里讲的非常相近。我发现管理学上管理员工的方式和我们心理学中教育孩子的方式极其相近。因此，我在想，能不能将OKR融入后现代心理学当中，融入对孩子的教育方式当中，更好地去教育孩子。"类似的反馈还有很多。这些真挚的反馈让我深感欣慰，也让我意识到《绩效使能：超越OKR》里阐明的OKR理念的应用边界远比想象中更为广阔。

过去6年，我前4年作为内部专家在阿里巴巴和腾讯内部推动OKR的落地实施。2022年从腾讯出来后，我有幸以顾问身份重返老东家华为、阿里巴巴和蚂蚁金服，为它们的OKR升级提供顾问服务。能换一种身份继续服务曾经的雇主，这是一件非常幸运也让我深感自豪的事。感谢它们对我的专业性的认可！此外，我还走进了宁德时代、有鹿机器人、百果园、菲安妮、小芒、菲鹏生物、三诺生物等百余家企业，帮助它们落地OKR，见证了OKR在这些企业从理念到实践的生根发芽。

过去6年，我与丛龙峰结下了深厚的友谊。龙峰身上有很多标签，他是南开大学的管理学博士，也是和君咨询的前首席管理学家兼管理研究院院长，曾经还是《中国人力资源开发》杂志的执行主编。他著有《组织的逻辑》和《自我觉察：领导力提升的起点与终点》两本广受好评的著作，对组织和领导力的剖析鞭辟入里。他能将理论的深邃和实践的生动这二者融为一体，尤其难得。龙峰还创立了"我们HR"这一品牌，并在早几年就立下宏愿：将HRD（人力资源总监）班持续举办10年。他对专业的执着深深打动了我，也吸引着我持续参与到他几乎每一期的HRD班以及主要由创始人参加的组织管理工作坊中。每一期，我的分享内容都在迭代，但核心主题始终如一——定好组织目标，激发组织大活力。这一话题引发了众多HRD朋友和企业家朋友的强烈共鸣。从他们的关注与反馈中，我看到了大家对定出好目标和激发组织活力的迫切期待，这也更加坚定了我陪伴企业落地OKR的初心与使命。

6年弹指一挥间，但我与OKR的缘分远不止这6年。我是从2015年10月开始作为推行者在华为推动OKR工作的。从那时算起，至今我已伴随OKR 10年了。我把10年奉献给了OKR！人生有多少个10年？10年间，我在研究中积累洞见，在实践中直面挑战，用笔触记录心得，用行动践行信念。如果要用几个词来形容我的这10年，那一定是：研究不停，实践不断，笔耕不辍。

曾任上海文艺出版社副总编辑的魏心宏曾犀利地指出："中国每年新版图书中的大部分书都是一次性的，只有不到10%的图书有重印再版的机会。也就是说，差不多有40万种图书的寿命都不足12个月。事实上，很多图书的出版之日就是死亡之时，毫无阅读价值。"这一现象在OKR领域同样显著。尽管近年来市场上涌现出百余种与OKR相关的书籍，但绝大多数在短短一年后便黯然退出了市场，沦为昙花一现的过客。幸运的是，《绩效使能：超越OKR》成了一个难得的例外：自2019年出版以来，该书已重印13次之多，平均每年重印2次，至今仍备受读者朋友的青睐，成功"活"到了第6个年头。这份持久的生命力，源于它系统性地提炼了上千篇目标管理相关科学研究文献的核心和精髓，为读者提供了严谨的实证指导。我始终相信，真正的研究拥有穿越时间的力量，不仅能够启迪思维，更能为实践提供恒久的科学指引。正是这种基于科学的力量，让出版物得以经受住时间的考验，摆脱"江湖郎中"般匆匆过客的命运，成为真正值得信赖的知识源泉。

同时，我的工作并不仅限于研究。我的另一只脚始终扎根于实践的土壤。这些年来，在服务高科技、互联网、新能源、生物制药、新餐饮、传统零售等多个行业的过程中，我亲历了众多企业里OKR从理念松土到落地生根的全过程，积累了丰富的实战经验。毫不夸张地说，企业在推行OKR过程中可能遇到的99%的问题，我都曾亲身经历并解决过。我实实在在地踩过了企业开展OKR可能会遇到的绝大多数"坑"。华为有句名言：烧不死的鸟是凤凰，从泥坑中爬起来的才是圣人。这些经历不仅让我对OKR的理解更加深刻，也让我能够为企业提供更具针对性和实操性的指导。如果能及时地将这种理解系统性地总结出来，一定能帮助更多企业在实际落地OKR的过程中少踩坑、不踩坑，更快摘到OKR应用的胜利果实。《绩效使能：超越OKR》第2版就是基于这样的初心诞生的。我希望把我这些年最新的OKR实践和研究精髓注入其中，让它获得新的生命力。

第2版在第1版的基础上做了大幅扩充，新增了3章实践指导内容，系统阐述了OKR制定、OKR对齐、OKR使能和OKR复盘四大关键环节，并深入探讨了OKR与绩效考核融合的最佳实践。在全书的最后，还新增了互联网巨头腾讯与明星AI初创企业DeepSeek（深度求索）这两家企业的案例。它们要么是OKR实践的标杆，要么是尤其适合应用OKR的未来之星。我相信这些探讨能极大地丰富读者朋友对OKR的立体化理解。

经过扩充和修订，第2版的内容更加丰富，更加立体，也更加系统化。整本书围绕一个理念、一套结构和一条逻辑展开，深入剖析了OKR的本质与实践逻辑。

一个理念，即内在动机理念，这是 OKR 工作的底层激励逻辑。正是这一理念，赋予了 OKR 新的生命力，使其超越了传统的绩效管理模式，能真正激发员工的自主性与创造力。

一套结构，即 OKR 的三层结构，包含 O（目标）、KR（关键结果）和 Action（行动）。这一结构清晰界定了目标、结果与路径之间的关系，为组织提供了明确的方向和可执行的框架。

一条逻辑，即从 OKR 制定到 OKR 对齐、OKR 使能、OKR 复盘的闭环实施逻辑。正是这条环环相扣的实施链路，让 OKR 不再是空洞的雄心，而成为可切实驱动组织实现业绩突破的利器。

内在动机理念、三层结构和闭环实施逻辑三者的有机结合，共同定义了 OKR 这一独特的目标管理工具。从这三个方面理解了 OKR，就等于掌握了 OKR 的精髓。

具体而言，本书的第 1~3 章聚焦于 OKR 理念的阐述，深入探讨了内在动机的机理；第 4 章系统剖析了 OKR 的三层结构，阐释了 OKR 长什么样，与传统目标管理工具有哪些差异；第 5~9 章详细解构了 OKR 的闭环实施逻辑，提供了从制定到复盘的全流程指导，并给出了企业如何进行 OKR IT 工具选型的若干建议；第 10~11 章则兼具理念升华与结构深化，回答了 OKR 落地实施的诸多问题；第 12~14 章在 OKR 的基础上，深入探讨了 OKR 模式下的绩效评价方法，帮助读者升华对绩效使能的理解。

通过这样的编排，本书不仅为读者提供了 OKR 的理论基础，更提供了实践落地的完整路径，能让你对 OKR 有全面完整的认知。

未来已来，唯变不变。在这个充满不确定性的时代，企业比以往任何时候都更需要一种灵活、敏捷、能够激发员工创造力的目标管理工具。OKR 倡导透明、协作、自主、创新，这些正是未来组织成功的关键要素。它能够帮助企业聚焦关键，激发潜能，拥抱变化，在激烈的市场竞争中立于不败之地。

《荀子·修身》有言："道虽迩，不行不至；事虽小，不为不成。"道阻且长，行则将至。在 OKR 推行的征程中，胜利属于坚定的信仰者和实践者。愿《绩效使能：超越 OKR》第 2 版能成为您和您的企业乘风破浪的灯塔，助力您和您的企业不断突破、成就非凡、制胜未来！

况阳
2025 年 7 月于南京

Performance
Empowerment

前言

找寻绩效管理的第一性原理

　　人类生活在地球上。千百年来，人们观察到太阳每天自东方而起，至西方而落，亘古不变，就仿佛太阳在围绕地球转一样，于是人们执着地相信太阳是在围绕着地球转，地球是宇宙的中心，这即所谓的地心说。公元2世纪，古罗马帝国时期，托勒密依照地心说的假设，发展出了一套严密的模型，这套模型基本能够解释当时所看到的大多数天体现象。此后，在17世纪之前的诸多世纪里，它一直被奉为经典，成为西方人的世界观。当1543年波兰天文学家哥白尼出版其不朽名著《天体运行论》时，人们认为他是一个疯子。哥白尼主张：地球不是宇宙的中心，太阳才是，行星都在围绕着太阳转，地球只不过是围绕太阳转的一颗普通行星。过了半个多世纪，到了1609年，伽利略用自制的望远镜探索星空，发现银河是由许许多多的恒星构成的，并于次年发现了木星的四颗卫星。后来他又发现了金星的相位，说明行星也和地球一样，是被太阳照亮的。这些发现为哥白尼的日心说提供了有力的证据。伽利略据此出书暗中支持哥白尼的主张，可以说是摧毁了教会世界基于地心说构建起来的整个宗教体系，宗教裁判所于1633年判处其终身监禁。又过了大半个世纪，1687年牛顿出版《自然哲学的数学原理》一书，首次系统地提出了万有引力定律，并通过详尽的观察数据证明行星确实在围绕太阳运动，这才基本扭转了人们的地心说观念，开启了一个全新的宇宙观。万有引力定律能成功地解释现今观察到的一切天体现象，从数学上精准地揭示了行星间的运动规律。但是，有质量的两个物体，为什么必然会出现万有引力现象呢？当时没人知道。又过了两百多年，1905年爱因斯坦发表了狭义相对论，并在此基础上继续拓展，于1916年建立了广义相对论。根据广义相对论，引力实际上不是一种力，而是时空自身的一种性质，牛顿万有引力定律只不过是有质量的两个物体在通常物理条件下极好的近似描述。直到这个时候，人类似乎才真正地逼近了事物的本质，找到了天体运动的本真规律。但是，谁知道呢？会不会有下一个爱因斯坦出现，颠覆上一个爱因斯坦，就像曾经无数次发生的那样？

自出生起，我们就已经习惯了阳光普照的生活，这样的生活多么温馨而惬意。但再深入地思考一下，光究竟是什么？是一种像球一样的粒子，还是一种像水波一样的波呢？科学家围绕这一点反复争论了几百年，格里马尔迪认为光是一种像水波一样的波，不然光在通过小孔时为什么会发生衍射效应呢？牛顿认为光是一种粒子，和小球没什么两样，只是尺寸小得多，不然光为什么总是沿着直线传播而不会转弯呢？惠更斯提出了相对完整的光的波动说理论，认为光是一种机械波，光波是一种靠物质载体来传播的纵向波，传播它的物质载体是"以太"。光的波动说和微粒说反复拉锯，似乎各有各的合理性，谁也无法说服谁。一时间波动说占据主导地位，微粒说偃旗息鼓；一时间微粒说又成功复兴，波动说被无情地打入历史冷宫……直到1924年德布罗意提出，光既是一种粒子，也是一种波，光同时具有波动和粒子的双重性质，即光的波粒二象性，才基本结束了这场绵延数百年的论争。但是，谁知道呢？会不会光既不是一种波，也不是一种粒子，而是一种其他的什么东西，就像曾经无数次发生的颠覆那样？比如弦理论就提出，自然界的基本单元不是电子、光子、中微子和夸克之类的点状粒子，而是很小的线状的"弦"（包括有端点的"开弦"和圈状的"闭弦"或闭合弦），弦的不同振动和运动就产生出各种不同的基本粒子。据称，弦理论是现在最有希望将自然界的基本粒子和四种相互作用力统一起来的理论，科学家仍在为此不懈地努力着。

上面这两段发生在自然科学领域的探索旅程告诉我们，在你没有找到事物最本质的规律以前，你看到的或许只是某一片面的自然现象。你似乎不能说它错，但其实它不全对。就像盲人摸象一般，盲人无法用眼睛看真实的大象，一些人摸到了大象的腿，于是说大象只是根柱子；一些人摸到了大象的尾巴，于是说大象是一根绳子；还有些人摸到了大象的耳朵，于是说大象是一把扇子……从局部去看，每个人说的似乎都没错，但都是片面的。只有完整地看到了大象的全貌以后，才能全面地形容出真实的大象来。

其实这种现象在人文领域和管理领域发生得更普遍。

2017年上半年，我翻译了《OKR：源于英特尔和谷歌的目标管理利器》一书。这是全球首本系统介绍OKR实践的书，该书详细讲解了业界成熟的OKR实践，可以帮助那些希望引入OKR的企业一步一步地实施OKR。但在推行OKR的过程中，人们会反复地问：OKR和KPI究竟有何不同？OKR究竟能给企业带来什么价值？为了回答这一问题，我曾经把目光投向全球的明星企业，用心观察、深入分析了谷歌（Google）、通用电气（GE）、微软、IBM、百度、阿里巴巴、腾讯等成功企业的优秀实践，试图分析它们的绩效管理方式。一方面，我们看到，部分企业在采用新的绩效管理模式之后，取得了巨大的成功，如微软始于2012年的绩效管理变革，快速地让微软摆脱了内斗文化，走出了失落的10年，在云计算等领域成功转型。另一方面，我们也看到了部分企业，虽然采用了新的绩效管理模式，却由于战略不当，在业务上并没有表现得特别亮眼，甚至可以说是深陷泥潭，如GE，它在2000年新CEO伊梅尔特上任后，一改前CEO杰克·韦尔奇靠活力曲线驱动的强硬作风，转为人性化管理，在绩效管理领域也不再施行强制比例分布。应该说，这种做法极大地激发了员工的活力，促进了内部合作和协同，推动GE这个传统制造型企业坚定而快速地朝工业数字化转型。但是，资本市场有时太过急功近利，不愿意等待长远收益。于是，当2017年10月伊梅尔特卸任之后，其继任者掀起了一场新的资产重组，造成了GE在股市的持续低迷。一时间，外界评价GE从神坛跌落到谷底，评价颇为负面。此时，我们心目中曾经的标杆，陡然间失去了光辉。成王败寇，几乎一夜之间，再也没人愿意听GE的实践了。流行的管理实践也是这样昙花一现，当企业出现下滑迹象时，怀疑论抬头，人们的热情很快冷却。昨天还是能除一切苦厄的万能药，今天就变成了什么都不是的狗皮药膏甚至毒药。好比歌坛明星一样，昨天还红得发紫、人人艳羡，今天就无人问津、门庭冷落。这些事深深地触动了我。回想过去数年，我们一直在持续不断地观察和学习其他企业，从2008年前后的大学特学IBM，到后来的大学特学GE，而今当IBM和GE也各自深陷发展困境时，我们又开始大学特学谷歌和微软，那么，万一什么时候谷歌和微软也开始发展不顺，我们该向谁学习呢？

不谋而合的是，美国《麻省理工学院斯隆管理评论》(*MIT Sloan Management Review*) 2018年春季刊刊发了一篇文章，标题叫《为什么优秀实践通常都是短命的》。文章认为，很多领导者总是抵挡不住向标杆企业学习的诱惑，但这一做法通常收效甚微。众所周知，六西格玛方法最早是摩托罗拉所提出和实践的，旨在找出工作过程中存在的问题，然后用严格的衡量标准来提升产品质量和降低产品缺陷率。这一方法后来被GE当时的CEO杰克·韦尔奇引入，并大力推崇。于是，当2001年GE高管詹姆斯·麦克纳尼（James McNerney）离开GE并加盟3M成为公司CEO后，也大刀阔斧地在3M公司推行这一方法。在他的亲自督导下，3M数千名员工接受了培训，成为六西格玛"黑带"。遗憾的是，这种过于看重效率的绩效文化，极大地伤害了3M公司的创新能力。毕竟，突破性创新意味着对现有程序和规范的挑战。一直以来，创新都是3M公司赖以生存的根本，是3M公司的成长引擎。3M公司1/3以上的收入是过去五年新推出的产品所贡献的，然而在麦克纳尼的管理下，这一比例很快降到了1/4。更可怕的是，公司已经有好几年没有推出过足以改变行业现状的创新技术和产品了。六西格玛或许成就了GE，却毁了3M。此之蜜糖，彼之砒霜。

所以我想，企业的优秀实践或许只是一种成功的表象，绝非成功的本质。我们需要再向内剥开数层洋葱皮，直抵问题核心。问题的核心即亚里士多德所说的"第一性原理"。第一性原理是一个最基本的命题或假设，它不能被省略或删除，也不能被违反。第一性原理才是问题的本质。只有找到了管理的第一性原理，我们才不会轻易地被其他企业的优秀实践表现所迷惑，才能构建起自己的管理自信。于是，我决心弄清楚绩效管理背后的第一性原理。只有这样，才能深刻地认识OKR的价值所在，构建起OKR理念自信，进而是企业的绩效管理自信，而非人云亦云、随波逐流。

第一性原理从哪里来？笔者认为有两种途径。一是来自亲身实证研究，直接找出问题的答案，还有一种是来自专业学者的专业研究。很多研究成果通常发表在知名刊物上，比如《哈佛商业评论》(Harvard Business Review)、《美国心理学杂志》(American Journal of Psychology)、《麻省理工学院斯隆管理评论》等。令人遗憾的是，大多数经理人员不阅读研究资料。他们不订阅研究期刊，认为这些期刊充斥着太多专业术语和故弄玄虚的东西。然而，最近一项对美国近5 000名人力资源经理的研究表明，他们所抱持的很多自认为正确的观点，根本就是错误的，该研究文章列举了7个常见而重要的错误观念：

- 责任心比智力更能预测员工未来的绩效（72%）。
- 在筛选面试人才时，价值观比智力更重要（57%）。
- 由于面试者通常会不同程度地撒谎，以使自己表现得更好，因而在面试环节进行诚信测试是在浪费时间（68%）。
- 诚信测试会造成对少数人群的偏见（70%）。
- 在提升组织绩效方面，参与决策比设定绩效目标更重要（83%）。
- 绝大多数绩效评价误差（宽大效应、晕轮效应、近因效应等），可通过对经理人员培训来消除（70%）。
- 员工通常会高估薪酬对他们的影响（56%）。

如果经理人员养成定期阅读研究文献的习惯，上述7个常见错误认识基本可避免。所以，乔治·米尔科维奇（George T. Milkovich）痛心疾首地指出："经理人员阅读研究资料很有必要……如果你不能成为一名研究文献的读者，你就会变成最新的商业快餐文化的俘虏。信仰，甚至热情，并不是有见地的判断的好替代物。"盲目地参考和追逐业界最佳实践并对其进行复制，到头来只会原地踏步，永远无法取得胜利。

深刻地认识到这一点后，笔者一边继续在华为等企业推进OKR实践，进行实证探索，一边在浩如烟海的管理文献中找寻每一个绩效管理动作背后的理论基础，进行理论研究。笔者把理论和实践相结合，试图从理论和实证两个维度去分析每一个绩效管理动作的有效性。企业一定要制定目标吗？企业可以不制定目标吗？制定什么样的目标好呢？什么样的目标有利于效率提升？什么样的目标又能促进创新？目标一定要公开吗？公开能带来什么好处？员工达成目标的过程中一定要给予绩效反馈吗？什么样的绩效反馈会促进内在动机？围观效应能促进绩效的提升吗？绩效目标一定要评价吗？同事间的绩效互评能否促进绩效的公正感知？……这一系列问题萦绕心头，等待着我们去逐一找寻答案，揭开谜底。只有回答清楚了这些基本问题，才能把它们汇集起来去回答更深层面的绩效管理有效性的问题。犹如建房子，只有一砖一瓦都坚实可靠，方可垒起参天大厦。

前路虽然艰辛，但总要去探寻，努力探寻，也许就接近本真，构建起绩效管理领域的"第一性原理"了。犹如广义相对论揭示万有引力的本质一样，又或者像光的波粒二象性解决了光的波动说和微粒说的争端一般，将研究往前推进一小步。

况阳

Performance Empowerment

目录

鸣谢

再版序

前言　找寻绩效管理的第一性原理

第 1 章　绩效管理演进趋势　| 1

01
外部环境演进大趋势　| 1
绩效管理演进大趋势　| 13

第 2 章　绩效使能　| 35

02
绩效主义毁了索尼　| 35
绩效管理为什么不再有效　| 41
绩效管理究竟有多无效　| 47
全球主要企业绩效管理发展趋势概览　| 51
绩效使能时代的到来　| 54
什么是绩效使能　| 56

第 3 章　绩效使能深度解析 | 62

动机图谱 | 63
动机图谱下的绩效管理 | 70
典型企业的动机图谱 | 74
自主性动机与控制性动机 | 75
三个基本心理需求 | 75
基本心理需求与绩效使能 | 87
关于动机的一些结论 | 89
基本心理需求的影响因素 | 90
奖励与内在动机之间的关系 | 91
评估与创新 | 96
奖励与创新 | 97
汤姆是如何把一个枯燥的工作变得有趣的 | 99
内在动机如何成就马斯克的商业奇迹 | 102
内在动机如何改写中国影史和游戏史 | 105
现状评估 | 108

第 4 章　OKR：一种绩效使能方法 | 112

何为 OKR | 112
OKR 的前世今生 | 116
OKR 与传统绩效管理的异同 | 118
OKR 与内在动机 | 126
OKR 真的有用吗 | 127
OKR 的开展是一个系统工程 | 136

第 5 章　定好 OKR | 138

如何写好 O：O 的句法结构解析 | 139
如何写好 KR：KR 的句法结构解析 | 142
是否应该在 OKR 中列明实现路径 | 144

如何写好 OKR：好 OKR 的 CLASSIC 标准 | 147
OKR 制定与实施：一种实操方法 | 158
关键步骤 1：团队 OKR 制定 | 159
关键步骤 2：个人 OKR 制定 | 165
关键步骤 3：OKR 围观与刷新 | 168
设定什么样的目标更好 | 169

第 6 章　做好 OKR 对齐 | 175

06

两种目标分解思维 | 175
三种典型对齐方式 | 178
超越 OKR，拥有小梦想 | 182
OKR 出征仪式 | 186

第 7 章　做好 OKR 使能 | 188

07

OKR 使能飞轮 | 189
OKR 使能扇面 1：落实行动学习 | 189
OKR 使能扇面 2：开好 OKR 回顾会 | 197
OKR 使能扇面 3：做好 OKR 辅导 | 211
OKR 使能工作量分析 | 218

第 8 章　做好 OKR 复盘 | 220

08

OKR 复盘心法：OS | 221
OKR 复盘招式：GAMES 方法 | 227
复盘频度 | 238
复盘之后，来个小庆祝 | 239

第 9 章　选对 OKR IT 系统 | 240

09

OKR 的有效实施离不开 IT 工具支撑 | 240
OKR 理念与 OKR IT 工具 | 245

第 10 章　做好 OKR 教练 | 262

OKR 实施过程中的一些误区 | 265

OKR 教练 | 266

OKR 教练角色模型 | 267

你的企业需要 OKR 教练 | 285

第 11 章　OKR 经典十问 | 286

Q1：OKR 有何价值，为什么要开展 OKR | 287

Q2：OKR 为什么能带来你们所说的这些价值 | 288

Q3：如何在目标制定环节实现激发，如何激发员工设置富有挑战性的 OKR | 289

Q4：如何激发员工自主思考，发挥其主观能动性和创造力 | 290

Q5：如何保持激发的持续性，而不是一次性工程——目标制定了就完事了 | 291

Q6：我的团队是否适用 OKR，OKR 的适用场景是什么 | 293

Q7：OKR 与传统绩效管理有何异同 | 296

Q8：评价解耦后，员工会不会更加不关注目标达成了 | 296

Q9：业界认为 OKR 得分 0.6～0.8 最合适，是否会导致员工以该值为牵引区间去打分 | 297

Q10：解耦后考评怎么操作 | 297

第 12 章　OKR 模式下的绩效评价 | 298

始终警惕 KPI | 299

OKR 自评 | 304

OKR 模式下的绩效评价 | 305

OKR 自评与绩效评价之间的关系 | 307

让 OKR 和考核各自归位 | 309
OKR 模式下的评价及激励全景图 | 310
OKR 与 KPI 的四种共生实践 | 312
OKR 好了歌 | 318

第 13 章　超越绩效管理 | 319

激励方式决定了你能往前走多远 | 319
采用绩效使能是时代发展的必然 | 320
为什么绩效使能盛行于当下，而非从前 | 324
世界必将向绩效使能迁移 | 325

第 14 章　绩效使能的四世同堂 | 327

一则寓言故事的启示 | 327
正态分布与幂次分布之争 | 332
对绩效考核的再反思 | 335
基于工作性质和人员成熟度进行区别应用 | 337
基于业务所处阶段进行区别应用 | 345
激励的最高境界是做到"润物细无声" | 349
那些拥抱内在动机理念的公司 | 349
结语 | 360

参考资料 | 361

Performance
Empowerment
—— 第1章

绩效管理演进趋势

外部环境演进大趋势

绩效管理的演进，总是伴随着时代的演进，所以，要理解绩效管理，得先理解其所处的时代。

自第一次工业革命以来，人类社会的演进大致经历了从蒸汽时代，到电气时代，到信息时代，再到现今的人工智能时代四个阶段（见图1-1）。

蒸汽时代	电气时代	信息时代	人工智能时代
（1769~1873）	（1873~1950）	（1950~2016）	（2016~）

图1-1　人类社会演进时间轴

每一个时代有每一个时代的特征，每一个时代都较前一个时代在更大范围、更深层次推进了人类社会的巨大进步。

蒸汽时代

蒸汽时代始于1769年英国人瓦特（James Watt）对蒸汽机的改良。

蒸汽时代之所以源于英国，不是偶然的。

首先，英国于1688年经历了光荣革命，推翻了封建专制制度，此后，英国正式确立了君主立宪制，王室的权力受到了限制，资本家的私有财产权得到了保障。这极大地刺激了资本家对财富最大化的持续追求，他们愿意把时间和精力投入到能提高生产率的发明创造活动中。

其次，在国外，英国通过不断殖民扩张，建立了大量海外殖民地，其范围覆盖美洲、非洲、亚洲、大洋洲，号称"日不落帝国"。通过对殖民地人民的不断掠夺，源源不断的财富往英国国内汇集，帮助资本家积累了大量可供投资的资本。

最后，煤炭是支撑英国人创造财富和成就繁荣的最强有力的后盾之一，也是推动英国制造业日趋兴盛的重要保障。英国煤炭资源丰富，煤炭被广泛开发，价格极为低廉。1784年，时任英国科尔布鲁克代尔铁厂经营者的理查德·雷诺兹（Richard Reynolds）曾致信枢密院议长说："煤炭……是我们手头仅有的一种撒手锏"，可见其煤炭丰富程度。18世纪70年代，英国玻璃制造业单位产品所对应的燃料成本，仅为法国同类产品的1/6，冶铁业在生产过程中用于燃料的花费也极度有限。便宜的煤炭刺激了英国人开动脑筋思考如何在更广范围内使用它，将热能转化为机械能。而伴随着英国社会自光荣革命之后的不断发展，英国工人的工资水平不断上涨，人力成本的开销远胜于原材料。有资料统计，当时英国人的工资水平比法国人高出很多，美国著名的人类学家哈里斯（Harris）曾这样对比过英法两国人民当时的生活现状：

> 就法国人和英国人不同的生产生活方式而言……英国人根本别想生产出能够和我们的产品打价格战的玻璃器皿。我们法国人喝汤时，顶多会配少量奶油和蔬菜佐餐，我们很少能吃上肉，有时能喝到一点苹果酒，不过这种情况并不多见，大多数情况下只能喝水解渴。而他们英国人经常能吃上肉，想吃多少就吃多少，喝起啤酒来就像喝水一样毫不吝啬……如果英国人照这样的标准生活，其日常开销将会达到一般法国人的3倍以上。

因而，英国的资本家强烈渴求产生一种新的生产工具，代替人工投入，降低人力成本，以提升产品在国际市场上的综合竞争力。与此相反，在英国对岸的欧洲大陆，劳动力价格极其低廉，煤等原材料价格则相对高昂。换言之，欧洲大陆的资本家对发明新机器替代人力并不感兴趣，因为人力成本本来就很低了，而且供大于求，犯不着去替换。另外，早在资本家不断壮大的过程中，英国就不断发展了声势浩大的圈地运动，把世世代代以农业为生的农民赶出了领地，造就了大量的雇佣工人，这客观上为大规模工业的开展创造了条件。这样，在大型工厂诞生之后，工厂有人可雇了，机器和工人在人类历史上首次整合到了一起。市场总是在扩大，需求总是在增加。工场手工业再也不能满足这种需求了。于是，蒸汽和机器就引发了工业革命。

蒸汽机改良之后，首先被应用于纺织业，然后逐步扩展到其他行业：

- 1785 年，瓦特改良的蒸汽机被用于纺织机。
- 1800 年，特里维西克（Richard Trevithick）设计了可安装在较大车体上的高压蒸汽机，后逐步被应用于矿区。
- 1814 年，史蒂芬森（George Stephenson）发明了第一辆蒸汽动力火车"布吕歇尔号"（Blücher）。

系列技术革命的持续引入，促使整个英国社会迅速实现了从手工劳动模式转向动力机器模式的重大飞跃。这一运动始于英国，并快速扩散到整个欧洲大陆，然后在 19 世纪时传播到北美地区。而 1807 年美国人富尔顿（Robert Fulton）发明了世界上第一艘蒸汽动力船"克莱蒙号"（Clermont），蒸汽机的轰鸣声也开始打破远洋航行的沉寂。

斯塔夫里阿诺斯在其《全球通史》中说："蒸汽机的历史意义无论怎样夸大都不过分。它提供了开发和利用热能来驱动机械的手段……"在瓦特改良蒸汽机之前，整个生产所需的动力全靠人力肩挑背扛，外加牛、马等畜力，再高级一点的能用上水力。但伴随蒸汽机的发明和改进，很多以前依赖人力与手工完成的工作逐渐被机械化生产取代，从而掀起了一场深刻的工业革命。工业革命影响深远，如一万年前发生的农业革命一般，它影响到了人类生活的方方面面，使社会发生了深刻变革，在人类现代化进程中起到了不可替代的推动作用，把人们推向了一个崭新的"蒸汽时代"。

蒸汽时代相对于农业时代，生产劳作方式出现的巨大变化是：将以前小作坊式的生产转变成了集中式大规模生产。大量工厂应运而生，工厂提供机器和劳动场所，工人们则在固定的时间、固定的地点从事固定的工作，并获得相应的报酬。这种集中式生产带来了生产率的巨大飞跃，是小作坊不可比拟的。这一时期，工厂面临的外部竞争相对较弱，工人的工作大多还是体力活儿。蒸汽时代改造的，主要还是传统行业，如纺织业等，工人不需要太多的技术培训和技术积累即可胜任，所以工厂只需要安排监工在现场，确保工人在干活儿而没有偷懒即可。

电气时代

电气时代发端于美国和德国，以电力广泛应用于生产和生活部门为主要标志。

1831年，英国物理学家法拉第（Michael Faraday）发现了电磁感应原理，指出当磁场中的磁力线发生变化时，其周围的导线会产生电流。电磁感应原理奠定了发电机的理论基础。1866年，德国西门子公司的创始人维尔纳·西门子制成了世界上首部自励式直流发电机，此后几经完善，其实用性持续提升。这一时期，能把电能转化为机械能的电动机也被发明出来。电力开始用于带动机器，成为补充和取代蒸汽动力的新能源。随后，电灯、电车、电钻、电焊等电气产品如雨后春笋般涌现出来。但是，要把电力应用于生产，还必须解决远距离送电问题。1882年，法国人德普勒（Marcel Deprez）成功做到了远距离送电。同年，美国科学家爱迪生（Thomas Edison）建立了美国第一个火力发电站，把输电线连接成网络。这样，通过火力发电，然后远距离传送到千家万户，再通过电动机将电能转化为光能、机械能、热能，就可以驱动各种电器装置工作。电力的这种便利性，使得它迅速地在各行各业得到广泛应用，推动了电力工业和电器制造业等一系列新兴工业的迅速发展。人类历史开始逐步从"蒸汽时代"跨入"电气时代"。

电气时代有两个主要特征。

（1）**电力广泛应用于各行各业**。从19世纪六七十年代起，出现了一系列电气发明。电力作为一种广泛应用的新能源，不仅为工业提供了方便且廉价的新动力，也有力推动了一系列新兴工业的诞生。电力工业和电器制造业迅速发展起来：

- 1873年，比利时人格拉姆（Zénobe Gramme）发明了大功率电动机。
- 1882年，美国人惠勒（Schuyler Skaats Wheeler）发明了第一台电风扇。

- 1876年，苏格兰人贝尔（Alexander Graham Bell）在美国费城成功展示远程通话。
- 1877年，美国人爱迪生发明了留声机。
- 1879年，爱迪生发明了第一个实用的碳丝灯泡。
- 1923年，世界上第一台家用电冰箱问世。

（2）内燃机的创制和使用。19世纪七八十年代，以煤气和汽油为燃料的内燃机相继诞生，内燃机的发明解决了交通工具的发动机问题。19世纪80年代，一种新型的交通工具——汽车诞生了。从19世纪90年代起，许多国家都建立起汽车工业。内燃机车、远洋轮船、飞机等也得到迅速发展。内燃机的发明，还推动了石油开采业的发展和石油化工工业的产生。

马克思曾说："蒸汽大王在前一世纪翻转了整个世界，现在它的统治已到末日，另外一种大得无比的革命力量——电力的火花将取而代之。"正是这个"电力的火花"，把人类带进了电气时代。电气时代出现的新技术有一定难度，工人需要接受一定程度的教育方可应用，这使得企业对于受教育程度较低的、年龄在16岁以下的工人的需求急剧下降，而对受过高等教育的工人的需求则急速提升。

信息时代

信息时代由第三次技术革命引发。第三次技术革命是发生在第二次世界大战后科技领域的重大革命，以空间技术、原子能技术以及电子计算机技术的利用和发展为主要标志。

空间技术的利用和发展

第二次世界大战之后，美苏两个超级大国进入冷战阶段，在各个领域展开了全面竞赛，突出表现在空间领域上。

1957年，苏联发射了世界上第一颗人造地球卫星，开创了空间技术发展的新纪元。

1958年，美国不甘落后，也发射了人造地球卫星。

1959年，苏联发射了"月球2号"月球探测器，其成为到达月球的第一位使者。

1961年，苏联宇航员加加林乘坐飞船率先进入太空。

1969年，美国成功将宇航员送上月球，首次实现了人类登月的梦想。

1981年，美国第一个可以连续使用的哥伦比亚航天飞机试飞成功，它身兼火箭、飞船、飞机3种特性，是宇航事业的重大突破。

美国政府于20世纪70年代开始依托人造地球卫星系统构建全球定位系统（GPS），该系统最终于1994年成功建成，并向民用领域开放，它可以为全球绝大部分地区提供准确的定位、测速和高精度的标准时间。全球定位系统的推出，便利了人们的出行，人们想去哪里，打开GPS定位一下就可以了，大大扩大了人们的活动半径。自此以后，人的一举一动，全天候在GPS数据库中有着精准的数据记录，实现了人类活动的信息化。

原子能技术的利用和发展

1945年，美国成功试制原子弹，并在日本广岛和长崎投放，加速了日本的投降过程。

1949年，苏联成功试爆原子弹。

1952年，美国又成功试制氢弹。

1954年，苏联建成第一个原子能反应堆。

1957年，苏联第一艘核动力破冰船下水。

1977年，世界上有22个国家和地区拥有核电站反应堆229座。

1996年，全球核能发电量占总发电量的比率达到了17.6%。核能用于发电，一定程度上缓解了人类对于传统能源的依赖。

电子计算机技术的利用和发展

电子计算机技术的利用和发展是信息时代的另一主要标识。

1946年2月，世界上第一台电子数字式计算机在美国宾夕法尼亚大学正式投入运行，名叫埃尼阿克（ENIAC），是电子数字积分计算机（The Electronic Numberical Integrator and Computer）的缩写，共使用了17 468个真空电子管，耗电174千瓦，占地170平方米，重达30吨，每秒钟可进行5 000次加法运算。这一运算速度在今天看来非常初级，但在当时却是一个非常巨大的进步，其运算精度也是史无前例的。以圆周率（π）的计算为例，中国古代数学家、天文学家祖冲之利用算筹，耗费15年心血才把圆周率计算到小数点后

7位数。一千多年后，英国人香克斯用尽毕生精力，也才把圆周率计算到小数点后707位数。而使用这台原始计算机进行计算，仅用了40秒就达到了这个纪录，还发现香克斯的计算中，从小数点后第528位数开始是错误的。埃尼阿克的推出，奠定了电子计算机的发展基础，开辟了信息时代的新纪元。

1959年前后，出现了首批真正商用的高速晶体管计算机，其运算速度达到每秒100万次，1964年改进后运算速度达到每秒300万次。20世纪60年代中期，大规模集成电路出现，大量电子元件和电子线路可以集成到很小的面积上，每秒运算达千万次，它适用于一般数据处理和工业控制，使用方便。20世纪70年代发展为第四代大规模集成电路，1978年的计算机每秒可运算1.5亿次。

此后，集成电路的发展遵循英特尔创始人摩尔（Gordon Moore）所提出的摩尔定律，即当价格不变时，集成电路上可容纳的元器件的数目，每隔18～24个月便会增加一倍，性能也将提升一倍。换言之，每一美元所能买到的电脑性能，将每隔18～24个月翻一倍以上。这一定律揭示了信息技术进步的速度。电脑逐渐从需要安装在整个机房里的庞然大物，变成了可以轻松放入口袋的掌中宝。

在1968年，美国军方开始尝试将网络与网络连接起来形成更大的网络，即阿帕网（ARPANET）。1969年阿帕网第一期工程投入使用。1970年阿帕网已初具雏形，并且开始向非军用部门开放，许多大学和商业部门开始接入。1971年，阿帕网由最初的4台主机扩充到15个节点。经过几年成功运行后，已发展成为连接许多大学、研究所和公司的遍及美国本土的计算机网，并能通过卫星通信与相距较远的夏威夷州、英国的伦敦和北欧的挪威连接，使欧洲用户也能通过英国和挪威的节点入网。

自此之后，信息不再是孤立存储在某一台服务器上的单点信息，变成了像水流一样会流动的信息流。依托于此的互联网迅速蓬勃发展，信息极大丰富起来，已经变得唾手可得。如今，甚至连3岁小孩，在遇到不懂的事情时，都知道可以通过上网搜索获得答案。我就曾经体验过这种冲击。一次，我3岁的儿子问我："爸爸，为什么星星挂在天上，就不会掉下来呢？"当时我一时没有想到一个通俗的解释方式，就对他说："爸爸也不知道啊，等你长大了去探索吧。"结果，小家伙对这个回答很不满意，回了一句："那你上网搜索一下呗。"我竟无言以对。在他的小脑袋想来，所有的问题都可以通过上网进行信息检索而找到答案，信息社会已经彻底改变了人们的生活和思维方式。

管理大师彼得·德鲁克在其《知识社会》一书中指出："后资本主义社会真正支配性的资源，既不是资本、土地，也不是劳动力，而是知识。"在蒸汽时代和电气时代，推动经济社会发展的核心资源是不可再生的物质能源和资本，而到了信息时代，知识和信息才是推动经济社会发展的核心战略资源，这是信息时代的主要特征，掀起了一场席卷全球范围的产业结构调整和产业转移。知识密集型产业日益成为发达国家经济的支柱型产业，知识成为组织和国家的核心竞争力，知识产权成为国际竞争力的重要指标，自主知识产权的创造和发展受到世界各国政府、企业界的空前重视。世界已进入知识产权竞争的时代，谁拥有知识产权，谁就能在激烈的国际竞争中立于不败之地。

因而，企业对人才的受教育程度提出了更高的要求，员工必须具备较高的知识和技能水平，才能较好地完成诸如软硬件研发等各种信息处理工作。如果说在蒸汽时代和电气时代，企业雇用的是在工厂劳作的工人，工人主要依靠出卖体力来换取物质回报，那么进入信息时代之后，企业雇用的则是坐在办公室里办公的工程师，例如软件工程师、硬件工程师、架构设计师等，他们从事的是区别于体力劳动的脑力劳动，这是一个巨大转变。换言之，工人们在蒸汽时代和电气时代主要依靠的是手和脚，进入信息时代后则主要依靠大脑了。蒸汽时代和电气时代主要解决的是能源供给及能源应用的问题，而在信息时代，是要将一切物理世界数字化。在蒸汽时代和电气时代，工人围绕着机器转，无论是制造汽车还是飞机，工作都是实实在在的，而在信息时代，员工则围着数据转，工作开始高度抽象化和虚拟化，你的邮件不再是由邮递员通过汽车、轮船和飞机从一端运送到另一端，而是通过二进制比特流从一端流向另一端，瞬时即达，无须等待，这些步骤需要依靠高度抽象的逻辑来实现。

人工智能时代

2016年，谷歌围棋人工智能"阿尔法狗"（阿尔法围棋，AlphaGo）以总比分4∶1战胜围棋大师李世石，标志着人工智能（AI）时代的来临。2018年伊始，阿里巴巴和微软亚洲研究院相继刷新了斯坦福大学发起的SQuAD

（Stanford Question Answering Dataset）文本理解挑战赛成绩，机器阅读理解评分首次超过了人类。这意味着机器阅读理解的能力已经开始在"指标"上超越人类。

这之后，人工智能在经历了一段静水潜流之后，于 2022 年年底迎来了革命性时刻。2022 年 11 月 30 日，一家名不见经传、知名度远逊于谷歌、员工数仅 300 余人的小企业 OpenAI，震撼发布了一款名叫 ChatGPT 的应用。它一经发布，就迅速引爆全球。仅仅 2 个月的时间，其月度活跃用户数（MAU）就超过了 1 亿。这是一个前无古人的成就。一款产品的月度活跃用户数从 0 到破亿，苹果的 iTunes 用了 78 个月，Twitter（现在的 X）用了 60 个月，Facebook（现在的 Meta）用了 54 个月，字节跳动的 Tiktok（海外版抖音）用了 9 个月，而 OpenAI 的 ChatGPT 只用了 2 个月，历史上再没有比这成长得更快的应用了。更有意思的是，2024 年的诺贝尔奖，不只将化学奖颁给了人工智能科学家，还将物理学奖也颁给了在人工智能领域卓有贡献的科学家约翰·霍普菲尔德（John J.Hopfield）和杰弗里·辛顿（Geoffrey E.IIinton），以表彰两人"利用人工神经网络进行机器学习而做出的基础性发现和发明"。杰弗里·辛顿又被称为人工智能教父，OpenAI 前首席科学家伊尔亚·苏茨克维（Ilya Sutskever）是他的学生。正因此，有人把 2024 年比作人工智能的科学元年，它意味着，以后科学家如果不懂点人工智能，都不能算作真正的科学家了。

长久以来，人工智能常被人戏谑为"人工智障"，但如今，这样的调侃恐怕已成过去式。自此，相信再没有人会怀疑，人工智能时代真的到来了。

ChatGPT 的推出，让富有远见的企业家们看到了下一个大未来。创新工场创始人李开复称 ChatGPT 是"有史以来最大的一个平台革命，比 Windows、比安卓更要大十倍，会让每个应用都被改写"。阿里巴巴前 CEO 张勇也称："所有的行业都值得用大模型重做一遍。"腾讯 CEO 马化腾则表示："ChatGPT 是几百年不遇的，类似发明电一样的历史机遇！"

马克思早就教导我们：生产力决定生产关系！当革命性的人工智能带来了革命性的生产力提升之后，必然引起生产关系的革命性变革。事实上，这一时刻已经悄然来临。它体现在企业中，就是人工智能带来的全球结构性裁员。

2023年5月，蓝色巨人IBM暂停招聘，宣称要用人工智能取代公司近8 000个岗位。时任IBM CEO阿温德·克里希纳（Arvind Krishna）更是直言不讳地说："未来5年，我们将看到30%的人被人工智能和自动化所取代。"在这一战略的指引下，IBM不断地在内部实施人员结构优化。2024年8月，IBM更是在毫无征兆的情况下，关闭了1 000多名中国研发员工的访问权限，彻底关闭了其在中国的研发部门。毫无疑问，他们被IBM推行的"人工智能优先"战略"吃"掉了。

这一幕不只发生在国外大厂，国内其实也正在发生。2023年年中，一位企业家朋友就曾告诉我，他们借助人工智能的能力，已经替代了公司90%的人工客服人员，仅剩少数人在做人工智能训练。还有一位企业家朋友告诉我，借助人工智能的帮助，他们在做产品设计时，至少可以提效30%以上。2024年10月，国内安防巨头海康威视也被传出正在进行大幅裁员，裁员规模可能多达1 000人，公司原有的32个区域研发部门也将收缩至12个。这次裁员也被认为跟人工智能有很大关系。海康威视在2023年就推出了观澜大模型等人工智能平台，这可以大幅减少那些需要重复和定制化开发的工作，提升整体研发效率，需要定制化开发的工作也变得越来越少了，从而也就不再需要那么多研发人员了。从这一角度看，几乎可以肯定的是：在人工智能时代，企业进行结构性裁员将难以避免。

根据裁员追踪平台Layoffs.fyi的最新数据，2024年全年共计545家全球科技企业已累计裁员152 664人。裁员的因素有很多，但毫无疑问，人工智能的崛起是最为重要的决策因素。人工智能的发展导致企业各部门需要进行重整，资源需要重新进行配置。就连开发人工智能的程序员岗位，在生成式人工智能普及后，其工作也遭到大幅取代。人类正在加速进入人工智能深水区。OpenAI的一项统计数据表明，全球500强企业中，95%的企业正在使用其人工智能服务，这也意味着，全球500强企业中，95%的企业都很可能随时进行结构性裁员。另一人工智能企业Anthropic于2025年2月10日发布的一份经济指数报告也表明，43%的工作已完全可被其人工智能取代。

人工智能正在迅速渗透到人类社会的方方面面。

人工智能正在走进医疗行业。谷歌开发了名叫HeAR的人工智能医生，它在听了3亿多次咳嗽声后，成功练就了一项神奇的本领，它能仅仅通过听你咳嗽、说话和呼吸，就能判断出你有没有病，为肺结核的早期筛查和检测带来了新突破，连联合国都给它点赞。更惊喜的是，谷歌还向全球开放了这一功能的调用接口，这也意味着，未来人人都可以打开自己的手机应用，只需对着它咳嗽几声就能准确判断自己的身体健康状况，甚至都不用去医院，可以借助人工智能自行诊断一般性疾病。

人工智能正在颠覆编程行业。2024年8月，亚马逊CEO在领英官宣，自家推出的人工智能应用Amazon Q能将系统升级的时间，从50个人日缩短到几小时，相当于节省了4 500个开发人员，约人民币18亿元。2024年10月，谷歌CEO称，谷歌超过25%的新代码是由人工智能编写的。2025年4月，微软董事长兼CEO纳德拉也表示，微软20%～30%的代码是由人工智能编写的。微软随后在2025年5月和7月宣布了两轮人员优化，累计裁员共计1.6万人，约占微软全球员工人数的4%。

人工智能也在走进人力资源领域。2024年8月，一款名为推特人格（Twitter Personality）的人工智能应用突然爆火，发布仅11天，用户数就突破了400万大关，这可能是迄今为止最火的基于大模型的人工智能应用了。它的神奇之处在于，它仅仅依赖推特上的公开信息，就能分析人的个性。它眼光犀利，专帮你寻找不足和改进点，点评字字珠玑，说到你哑口无言，说到你无力还击却又心服口服。比如，它对"火星人"马斯克的点评是这样的：你充满了食言和不该有的棱角，你足够自负……说得马斯克本人都连连服软说：确实，这就是我本尊。而它的开发成本竟低廉得可怕，只用了1个开发人员就完成了这一切。据称，这款应用已帮开发者月赚3 000万美元。未来，它完全可能被企业用作面试筛查，应用潜力巨大。

人工智能正在深度走进科学。日本的Sakana AI公司已经成功开发出了全球首个AI科学家系统，它能全自动从0开始端到端生成科学论文。过去，人类研究生甚至博士通常要花费数月甚至数年才能完成一篇科学论文，而这款人工智能科学家系统已经能够自主进行构思、实验、分析和论文撰写，最终输出完整论文了，还能进行自动审稿，它一周能生成数百篇中等质量的论文，每篇论文的成本仅为10～15美元，这极大地提高了科研的效率，标志着人类科研进入了人工智能驱动的全新阶段！

这一清单还在继续……人工智能正在加速重构传统行业。未来，每一个行业都逃不掉被 AI 重写的命运。

那么，人工智能时代的企业和人，要如何适应这一迄今为止人类最剧烈的生产力革命呢？毫无疑问，在人工智能时代，人在记忆方面是无法和机器比拟的，一小块如指甲般大小的硬盘，动辄可以存储几个 TB 的信息，能轻轻松松装下一个巨型图书馆，人类对此已经望尘莫及。此外，当机器能自我学习时，就能轻易地从海量历史数据中，总结出这些数据的规律性，从而预测未来，具备超越人类的智慧，人类在这方面也是无法和它比拟的。

虽然人工智能在上述两方面的表现都远超人类，但人工智能暂时还不具备进行大尺度、结构化创新的能力，而这才是企业和人类真正的优势所在。人工智能再强大，它也无法像乔布斯一样创新地设计出 iPhone，无法像马斯克一样大胆地构想并实现可回收火箭。归根结底，人工智能不具备自主创新的能力。因此，在人工智能时代，创新就成了企业的生死命门。

早在 2006 年，《经济学人》就有一篇文章指出，当今企业面临的最大挑战不是找到并雇用廉价劳动力，而是聘用拥有"脑力（天生的外加后天培养的）和创造性思考能力"的员工。要想在全球经济中立于不败之地，企业需要有创造力天赋，并能将这种天赋运用到工作中的员工。创造力是如此重要，关系到一个企业的生死。2018 年 4 月 16 日，美国宣布禁止美国企业向中国的电信设备制造商中兴通讯公司销售芯片等关键元器件，这给这家企业带来了灾难性的损伤，致使其基本停产长达 3 个月。外界估计，在美国商务部关于中兴激活拒绝令后的最初一个月里，中兴因该制裁所造成的损失高达 200 亿元。该事件促使众多企业开始深刻反思：当企业在芯片等高科技领域缺乏掌控力时，会有多被动。未来，低技术含量的企业很可能会被高创造性企业所取代。很多相关研究也证实了创造力和组织绩效之间的这种关联：

- 巴萨德（Basadur）发表在 1999 年美国《创造性行为杂志》（*Journal of Creative Behavior*）的一篇文章指出："创造力是高效组织的一个必要条件。"
- 贝尔（Baer）等人发表在《应用心理学杂志》的一篇文章指出："当前已有大量证据表明，员工的创造力可以为企业的成长和竞争力构建做出杰出贡献。"

创新不仅于组织有用，在个体层次，那些对创新点子、新方法乐此不疲的人会更满意、更轻松、更健康、更幸福，并且被看作最成功和最抢手的员工。

所有这一切意味着，企业的绩效管理需要从信息时代聚焦执行的模式切换到人工智能时代聚焦创新的模式上来。

小结

上面回顾了第一次工业革命以来人类社会所经历的四个时代。表1-1对这四个时代再做一下对比分析。

表1-1 人类社会四个时代对照一览表

时代分类	主要时代特点	工作特征
蒸汽时代	蒸汽机首次革新手工业，实现了对农业社会方方面面的改造	把农民变成工人，普遍以劳动投入时间作为衡量工人产出的主要标准，因此工作主要以监管为主
电气时代	电力及内燃机的广泛使用，进一步加速了人类社会的深度变革	对工人的工作效率提出了更高要求，工作进一步细分，企业主可以统计工人单位时间的产出，工作成果的衡量相对容易
信息时代	计算机广泛应用于各行各业，信息丰富	员工必须具备相关领域技能和知识，以胜任特定工作，企业较难把握员工的工作过程，同时对工作成果的评估也变得越来越困难
人工智能时代	机器开始逐步具备人的某些能力，如自我学习；人工智能正深度走进人类社会的方方面面	员工是"科学家"型人才，由于机器已经足够智能，可以基于已有模型总结规律，大部分重复性工作可以交由机器完成，人主要完成哲学、逻辑等不确定性方面的思考；员工工作成果难以度量，企业只能以授权和信任为主

绩效管理演进大趋势

伴随着工业革命以来的四个时代，绩效管理大致也经历了四个阶段，如图1-2所示。

```
考勤            绩效考核          绩效管理          绩效使能
(0.0)           (1.0)            (2.0)            (3.0)
──────────────────────────────────────────────────────────→
蒸汽时代        电气时代          信息时代         人工智能时代
(1769~1873)    (1873~1950)      (1950~2016)      (2016~)
```

图1-2 绩效管理演进趋势图

绩效管理 0.0 时代：考勤

击壤歌

日出而作，日入而息。
凿井而饮，耕田而食。
帝力于我何有哉？

这首《击壤歌》相传是帝尧时代的作品，也是中国最古老的农歌。在农业时代，农民日出而作，日落而息。虽然耕作场景确实如《悯农》里所言，"锄禾日当午，汗滴禾下土"，但农民可以控制工作的节奏，今天播种和明天播种，其实区别不大。

蒸汽时代改变了农民的这种自主的慢节奏的工作方式，要求所有工人每天必须按时到工厂上班，不得迟到和早退。这是生活方式上的一个巨大转变，它改变了沿袭数千年之久的农业人的传统。自给自足的农业经济使得农民们几乎都是全能型人才，为了生存他们几乎什么都会一点（虽然不是特别专精），他们既能很好地种地，又能纺织做衣服、鞋子、袜子、帽子……因此就工厂工作的技术含量而言，无论是之前在家里的小作坊式的生产，还是集中到工厂里的这种批量式生产，并无本质变化，甚至还有所降低。所以在这一时代，工厂主的关注重点，主要是如何确保工人能准时出勤到工厂并投入到工厂的工作中不偷懒。只要投入，就会有不错的产出。

基于这样的工作特点，在这一时代，绩效管理的主要关注点，实质上就是考勤的管理。每天工人上班时，会有监工点名，统计迟到情况，然后在正常工作过程中会不断有人巡视工厂，检查工人是否有消极怠工情况，最后工人下班时，会有监工再做一次离岗登记，检查早退情况。出勤天数就是工人的绩效，工厂会根据工人的具体出勤天数付酬。

绩效管理 1.0 时代：绩效考核

经过蒸汽时代的洗礼，塑造了大批职业工人，他们已经习惯了工厂的这种集中生产的工作方式和固定的工作节奏。

在电气时代，由于企业获得了相对充足和稳定的电力供应，厂房的建立不需要再像蒸汽时代那样依赖产煤区，因此建厂相对容易。这一时期，各地工厂林立，竞争加剧，摆在工厂主面前的一个现实问题就是：如何最大限度地提高工人们的工作效率，以赚取更大的剩余价值？

其间，出现了一位影响至今的伟大人物，即科学管理之父弗雷德里克·泰勒（Frederick W.Taylor）。

泰勒1856年3月20日出生于美国宾夕法尼亚州杰曼顿的一个富有的律师家庭，是美国著名古典管理学家，科学管理的创始人，被尊称为"科学管理之父"。

1874年，泰勒考上哈佛大学法律系，后因眼疾不得不辍学。

1875年，泰勒进入费城恩特普赖斯水压工厂的金工车间当模型工及机工学徒。

1878年，泰勒进入费城米德维尔钢铁厂当一名普通工人。他从机械工人做起，历任车间管理员、小组长、工长、技师等职，他在该厂一直工作到1890年。

1898年，在伯利恒钢铁公司大股东沃顿的鼓动下，泰勒以顾问身份进入伯利恒钢铁公司，此后在伯利恒钢铁公司进行了著名的"铁锹实验"和"搬运实验"，这两个实验建立起了影响至今的绩效考核体系。

铁锹实验

1898年，泰勒在伯利恒钢铁公司发现以下现象。当时，不管铲取铁矿石还是搬运煤炭，工人都使用铁锹进行人力搬运，雇用的搬运工动不动多达五六百名。优秀的搬运工一般不愿使用公司发放的铁锹，宁愿使用个人铁锹。同时一个基层干部要管理五六十名搬运工，且所涉及的作业范围相当广泛。

在一次调查中，泰勒发现搬运工一次可铲起3.5磅（约1.6千克）煤粉，而铲铁矿石时则可一次铲起38磅（约17千克）。为了获得一天最大的搬运量，泰勒开始着手研究每一锹最合理的铲取量。

泰勒找了两名优秀的搬运工用不同大小的铁锹做实验，每次都使用秒表记录时间。最后发现：一锹铲取量为21.5磅（约10千克）时，一天的材料搬运量最大。同时也得出一个结论：在搬运铁矿石和煤粉时，最好使用不同的铁锹。因此后来他就不让工人自己带工具了，而是准备了一些不同的铲子，每种铲子只适合铲特定的物料，这就使工人的每铲负荷都达到了单锹 21 磅的最优值。为此他还建立了一间大库房，里面存放各种工具，每个的负重都是 21 磅。进一步地，**他还设定了一天的标准工作量，对超过标准的员工，给予薪资以外的补贴，对于达不到标准的员工，则要进行作业分析，指导他们进行作业方式改进，使他们也能达到标准**。泰勒设计了一种有两种标号的卡片，一张说明工人在工具房所领到的工具和该在什么地方干活，另一张说明他前一天的工作情况，上面记载着工作收入。工人取得白色纸卡片时，说明工作良好，取得黄色纸卡片时就意味着要加油了，否则的话就要被调离。此外，泰勒还开展了计划生产，以改善基层管理干部的管理范围。

结果，三年后，原本要五六百名工人进行的作业，只需要 140 名就可以完成，材料浪费也大大降低。

搬运实验

1898 年，泰勒在伯利恒钢铁厂开始他的搬运实验。这个工厂的原材料是由一组计日工搬运的，工人每天挣 1.15 美元，这在当时是标准工资，每天搬运的铁块重量有 12～13 吨，对工人奖励和惩罚的方法就是找工人谈话或者开除，有时也可以选拔一些较好的工人到车间里做等级工，并且可得到略高的工资。后来泰勒观察研究了 75 名工人，从中挑出了 4 个，又对这 4 个人进行了研究，调查了他们的背景习惯和抱负，最后挑了一个叫施密特的人，这个人非常爱财并且很小气。泰勒要求这个人按照新的要求工作，每天给他 1.85 美元的报酬。泰勒在《科学管理原理》一书中这样记述：

> "我想看看你是能拿高薪的人，还是和厂里那些没用的家伙一样不行。告诉我，你是想一天挣 1.85 美元，还是想和那些没出息的家伙一样一天挣 1.15 美元就满足了。"

> "我想不想一天挣 1.85 美元？我能不能拿到高薪？嗯，当然，我想拿高薪。"

> "好吧，那你明天从早到晚都要听这个人的安排。他让你搬起生铁走，你就搬起生铁走，他让你坐下休息，你就坐下休息。一整天都要完全听他的话，不准顶嘴……明天早上你来上班，天黑之前我就知道你到底能不能干这份高薪的活儿了。"

泰勒通过仔细研究，转换各种工作因素，来观察这些因素对生产效率的影响。例如，有时工人弯腰搬运，有时又直腰搬运，后来他又观察了工人行走的速度、抓握的位置和其他的因素。通过长时间观察实验，并把劳动时间和休息时间很好地搭配起来，工人每天的工作量可以提高到47吨，同时并不会感到太疲劳。他也采用了计件工资制，工人每天搬运量达到47吨后，工资也升到1.85美元。施密特第一天很早就搬完了47.5吨，顺利拿到了1.85美元的高工资。其他工人见状后，也渐渐按照这种方法来搬运，这促成了整个工厂劳动生产率的快速提高。

两个实验背后隐含的绩效考核机制

稍微对"铁锹实验"和"搬运实验"做一下数据对比分析，如表1-2所示。

表1-2 泰勒实验效果对照表

实验	实验前 产能	实验前 成本	实验后 产能	实验后 成本	产能提升（产能提升量/原产能）	成本提升（成本增加量/原成本）
铁锹实验	1.6千克	—	10千克	—	5.25倍	不变
搬运实验	13吨	1.15美元	47吨	1.85美元	2.62倍	61%

泰勒在伯利恒钢铁厂所做的这两个实验，奠定了日后绩效考核体系的雏形。来回顾一下其中蕴含的基本原理：

（1）研究绩优员工的生产率水平，找到合适的工作评价标准。

（2）设定高绩效工作标准。

（3）每天对工人的工作表现给予统计和反馈（白色代表达标，黄色代表不达标）。

（4）对超过标准的员工，给予薪资以外的补贴；达不到标准的员工，则要进行作业分析，指出他们作业方式的不足并敦促其改进，使他们也能达到标准；多次不达标者将被调离。

科学管理本质上就是任务管理。他改变了过去那种仅凭经验开展工作的模式，通过对一项工作进行系统观察，拆解出若干步骤，分别分析如何提升每一个步骤的效率，从而组合起来提升整项工作的效率。"在很大程度上，科学管理就是预先制订任务计划，并使之落实"。

泰勒实验的巨大成功，激发了其他企业争相效仿，也直接促成了生产线的建立。1911年，泰勒发表《效率的福音》，同年出版《科学管理原理》一书。很快，1913年福特公司基于泰勒科学管理理念发明了全球第一条流水线作业模式，它追求"单一品种，批量制造"模式，原来组装汽车底盘需要12小时28分钟，现在只需93分钟，效率提升了7倍。1914年福特将工人日薪翻番、工作时间从9小时缩短至8小时。与此同时，公司成为全球首个单年赢利收入超过1亿美元的公司，当时全美公路上50%的汽车均产自福特。此后，科学管理风靡全球。

科学管理使得一个新的阶层诞生，即管理阶层。在泰勒看来，这是科学管理相较于传统管理而言至关重要的部分。管理者负责进行任务分配、结果测量和实施奖惩，工人只需要在特定的某一细分岗位上按照管理者的要求做即可，不需要额外的思考。"就搬运生铁这份工作来说，心智灵敏而聪明的人就完全不适合干这类折磨人的单调乏味的工作。"那些"最适于搬运生铁的工人，是不懂得如何真正科学地干这类工作的人——他可能连'百分比'这样的词都无法理解"。

在大工业时代，通过将工作进行标准化，把复杂的生产制造工作分解成若干细分的、简单的、重复的单项工作。每个工作都可以设定相应的高绩效标准、一般绩效标准和低绩效标准。因此，于企业而言，只需考核工人的生产结果即可，不需要过程管理。期初，主管和员工签订一个绩效目标，到期末时，主管考核员工的目标达成情况。比如主管根据当前已掌握的信息，测定工人平均每小时可以组装10个轮胎，主管就可以将组装10个轮胎标定为中等绩效水平，然后标定组装15个轮胎为高绩效水平，将组装8个轮胎标定为低绩效水平。这样当工人达到某一标准后，就给予相应的绩效评定结果，一目了然。这种管理方式简单直接。主管要什么，就考核什么，主管和员工之间是简单的考核和被考核的关系。1.0时代的绩效管理，以人和标准相比为主要特征。

泰勒说："工人们最想从他们的雇主那里得到的，无非是高工资。"这句话恰如其分地点出了泰勒的管理假设。科学管理思想构筑在纯粹的外在动机理念基础之上，假设人性是懒惰的、贪婪的，工人天生不爱工作，总想着逃避责任，不愿意承担风险，于是，胡萝卜加大棒似乎是唯一可行之道。

绩效管理 2.0 时代：绩效管理

20 世纪 50 年代之后，伴随着信息技术、空间技术、原子能等高端技术的应用，企业对高技术员工的需求越来越旺盛。而与此同时，由于科学管理长期以来强调效率的做法，让工人们觉得自己只是庞大工厂的一枚螺丝钉，不受尊重，同时在工作上毫无成就可言，因而，诸多客观环境让这个时代出现了像马斯洛、德鲁克、赫兹伯格等管理大家，他们更加强调工人的感知和诉求，逐步探索以人为中心的管理模式。

电气时代管理模式的弊端

喜剧大师卓别林的《摩登时代》很好地诠释了电气时代管理模式的弊端。每天早晨，当工厂上班的钟声响起后，工人们鱼贯而入，涌入生产线上各自固定的工作岗位上。生产线就是一个快速流动的传送带，每个工人只负责很小的一道工序，然后下一个工人再在上一个工人的基础上完成下一道工序。工人甚至都不知道他们这么做是要生产什么产品，他们只知道机械地做工厂要求他们做的这个动作。而企业主只需从电子监控屏上查看整个流水线的进度，负责整个调度，他们并不关注工人们的感受。这引起了越来越多工人的反抗。于是出现了一个奇怪的现象，一方面自泰勒科学管理原理发布之后，企业主执着地追求效率的最大化；另一方面工人们因为缺乏对工作的掌控而对工作心生厌恶，变着各种花样怠工，雇佣双方矛盾持续加剧。从整体上看，大规模工业生产确实提升了整体生产率，但单个工人的生产率却长期徘徊难见提升，工人的身心状况也长期处于低位。

霍桑效应

泰勒的科学管理原理告诉企业主，要想提升工人的生产效率，就需要研究工人工作的每一个步骤，通过改进生产工具（如铁锹、铁铲等）或者外部环境（如工人砌墙时砖的堆放高度），来达到提高生产率的目的。美国西部电气公司的老板也是这么想的，为了提高西部电气公司的霍桑工厂的生产效率，1924 年 11 月他们邀请了以哈佛大学心理专家乔治·埃尔顿·梅奥（George Elton Mayo）为首的研究小组进驻研究。霍桑工厂是美国西部电气公司的一家分厂。他们选定了继电器车间的 6 名女工作为观察对象。根据科学管理原理，在工人不变的前提条件下，如果改变照明、工资、休息时间、午餐、环境等外在因素，应该可以发现工人生产率的相应变化。然而，在多个阶段的实验中，研究者遗憾地发现：外在因素的改变和工作效率之间没有明显的相关性。

为了弄清楚这其中缘由，包括心理学家在内的各种专家，在约两年的时间内找工人谈话两万余人次，耐心听取工人对各种管理措施的意见和抱怨，让他们尽情地宣泄出来。结果，工作效率因此大大提高了。这种奇妙的现象就被称作"霍桑效应"。

霍桑实验从1924年开始，一直持续到1932年结束。在将近8年的时间内，前后共进行过两轮：第一轮是从1924年11月至1927年5月，在美国国家科学委员会赞助下进行的；第二轮是从1927年至1932年。整个实验前后经过了四个阶段。

（1）**照明实验**。

照明实验是实验的第一阶段，涉及两组工人，他们在照明条件相同的两间房屋内做同样的工作，其中一间房屋内的照明条件恒定不变（对照组），另外一间房屋内的照明强度则被逐渐降低（实验组）。实验记录了各种照明条件下工人们的产量，希望找到照明条件改变与产量之间的关系。然而照明实验结果表明，实验组工人的产量并没有随着照明强度的下降而下降，照明强度和产量之间不存在变动关联。

（2）**继电器实验**。

1927年梅奥接受了邀请，并组织了哈佛大学的一批教授成立了一个新的研究小组，开始了霍桑工厂第二阶段的继电器实验。

实验选中了6名女工作为实验对象，工作内容为组装电话机的继电器，即将一个线圈、动铁芯、接触弹簧和绝缘子装配成一个设备，用四个机用螺钉固定在适当的位置。正常情况下，安装一个继电器用时约1分钟。

梅奥等人对工作条件做了各种改动，以观察人均周产量变化，如表1-3所示。

表1-3 霍桑实验各时期情况对照表

时期	时长	实验条件	人均周产量变化
1	2周	工人在转移进入实验工作间前的2周，工作条件同原来保持一致，唯一引入的变化是在工人不知情的情况下，记录了工人的日均产量信息	无变化

（续）

时期	时长	实验条件	人均周产量变化
2	5周	6名工人被转移进入实验工作间，其中5人在工作台上工作，另外1人为装备台上的工作人员配送部件。工作条件和工作程序不变，同时对产量进行记录	无变化
3	8周	将工人工资支付方法调整为以其所在的5人小组为单位进行计件付薪，而不是原来的大团队方式。这相当于增强了工人对其报酬的掌控力度。在原有条件下，工人所在团队大约为100人，个人的努力在大团队中显得微乎其微，而现在改成以5人小组为单位后，意味着每一位工人挣到的钱更接近其个人业绩	提升（约2 400个/周）
4	5周	增加2次工间休息，每次5分钟，分别在上午10点和下午2点，工间休息的调整是同工人沟通后做出的	提升
5	4周	工间休息从第4时期的每次5分钟调整为10分钟，仍维持每日休息两次的节奏	大幅提升
6	4周	每日工间休息次数调整为6次，每次5分钟（做出这种调整后，工人们反馈工作进程经常被打断，对此表现出一些不满）	小幅下降
7	11周	每日工间休息次数调整为2次，上午从9点30分开始，时长为15分钟，下午从14点30分开始，时长为10分钟。同时，在上午工间休息时间里为工人提供了茶点	回升到第5时期的高水平，约2 500个/周
8	7周	维持第7时期工作条件不变，仅将小组每天的下班时间提前半小时，从原来的17点下班调整为16点30分下班	显著上升
9	4周	在第8时期工作条件基础上，进一步将小组的下班时间提前半小时，即每天16点下班	周产量小幅下降，但小时产量上升了
10	12周	退回到第7时期的工作条件：每日2次工间休息，上午15分钟，且提供茶点，下午10分钟，同时每日17点下班	相比于之前各期，周产量和日产量均达到最高水平，约2 800个/周
11	12周	在第10时期工作条件基础上，将每周工作时间从5天半调整为5天，即每周工作时间缩短了半天	周产量下降，但日产量提高，不过周产量仍高于除第8时期和第10时期的其他各个时期
12	12周	工作条件回到实验开始时的第3时期，即取消工间休息、茶点和其他福利安排。同时，从该时期开始启动对员工的"访谈计划"	攀升至历史最高水平，约2 900个/周
13	31周	工作条件回到第7时期，唯一不同的是，上午工间休息时间内的便餐，公司不仅继续提供咖啡或其他饮品，还允许工人自带食品	再次上升至更高水平，约3 000个/周

基于这份实验，1929年研究小组发布了一份报告指出：

尽管在第7时期、第10时期和第13时期里工作日的时长都是一样的，但这3个实验时期的人均周产量呈现出上升的趋势……实验期内的产量增长，操作员们的人均周产量，从一开始的约 2 400 个继电器，提升到目前的约 3 000 个继电器。第 7 时期、第 10 时期、第 13 时期的工作条件也是一样的；也就是说，上午有一次 15 分钟的休息和便餐时间，下午有一次 10 分钟的休息时间。但是小组的人均周产量，第 7 时期是约 2 500 个继电器，第 10 时期是约 2 800 个继电器，第 13 时期是约 3 000 个继电器。而且，第 12 时期在工作条件上与第 3 时期是一样的，要求全天工作，没有任何便餐和休息。但是第 3 时期的人均周产量为不到 2 500 个继电器，而第 12 时期为约 2 900 个继电器。第 12 时期持续了 12 周，产量没有出现下滑现象……全天工作的第 12 时期的每小时产量，显著高于全天工作的第 3 时期的每小时产量。对比第 7 时期、第 10 时期和第 13 时期，每小时产量也是增长的。

换句话说，不管研究人员如何调整，工人的产量都在上升，各种"福利"条件并非显著促进生产率的影响因素。由于研究人员从第 12 时期开始，对工人进行了定期的访谈，收集了工人对工作环境的感受，通过对这些信息深入细致的分析，研究人员最后得出结论，真正影响工人产量的因素主要是以下两点。

- **参加实验的光荣感**：实验开始时，6 名女工曾被召进部长办公室谈话，她们认为这是莫大的荣誉。这说明被重视的自豪感对人的积极性有明显的促进作用。
- **成员间良好的相互关系**：实验过程中，工人的工作条件相对宽松，除了观察人员进行比较民主的征询外，较少有强制性的监管。这说明，改变监督与控制的方法能改善人际关系，从而改进工人的工作态度，进而促进产量的提高。

（3）访谈实验。

既然继电器实验末期启动的访谈计划表明管理方式与职工的士气、劳动生产率有密切的关系，那么就应该广泛了解职工对现有的管理方式有什么意见，为改进管理方式提供依据。于是梅奥等人制订了一个征询职工意见的访谈计划，在 1928 年 9 月到 1930 年 5 月不到两年的时间内，研究人员与工厂中的 21 000 多名工人进行了访谈，被访谈工人及所属部门分布情况如表 1-4 所示。

表 1-4 访谈实验人员及部门分布情况

部门	1928 年	1929 年	1930 年	总计
质检	1 600		514	2 114
操作		10 300	5 109	15 409
公共关系			8	8
产业关系			130	130
会计			637	637
生产			963	963
技术			1 166	1 166
特种产品			699	699
合计	1 600	10 300	9 226	21 126

在访谈计划的执行过程中，研究人员对工人在交谈中的怨言进行了分析，发现引起他们不满的事实与他们所埋怨的事实并不是一回事，工人表述的不满与隐藏在心里深处的不满情绪并不一致。比如，有位工人表现出对计件工资率过低不满意，但深入了解后发现，这位工人是在为支付妻子的医药费而担心。

根据这些分析，研究人员认识到，工人会由于关心自己个人问题而影响到工作的效率。所以管理人员应该了解工人的这些问题，为此，需要对管理人员，特别是要对基层的管理人员进行训练，使他们成为能够倾听并理解工人的访谈者，能够重视人的因素，在与工人相处时更热情、更关心他们，这样能够促进人际关系的改善和职工士气的提高。

（4）**群体实验**。

在继电器实验中，研究人员察觉到，在工人当中存在着一种非正式的组织，这种非正式组织对工人的态度有着极其重要的影响。

实验者为了系统地观察实验工人群体之间的相互影响，在各车间共挑选了 14 名男职工，其中有 9 名是绕线工，3 名是焊接工，2 名是检验工，让他们在一个单独的房间内工作。14 名工人共组成 3 个工作小组，每 3 个绕线工配备 1 名焊接工，而 2 名检验工则共同服务于这 3 个小组，如图 1-3 所示。

图 1-3 群体实验工作阵形

每组绕线工完成绕线工作后分别提交给对应的焊接工进行焊接，而检验工 1 则负责检验绕线工 1、绕线工 2、绕线工 3、绕线工 4、焊接工 1 的全部输出，同时负责绕线工 5 及焊接工 2 约一半的输出，余下部分的检验工作交由检验工 2 完成。

实验开始时，研究人员向工人说明，对他们实行的是计件工资制，只要他们努力工作，就会获得与之相应的报酬。研究人员原以为，这一办法会让工人更加努力地工作，然而结果却让人出乎意料。14 个工人在实际工作过程中，形成了两个非正式的圈子关系，如图 1-4 所示。

图 1-4 群体实验中工人间非正式圈子

检验工 1、绕线工 1、绕线工 3、绕线工 4 及焊接工 1 组成了非正式圈子 1，绕线工 7 ～ 9 及焊接工 3 组成了非正式圈子 2，而绕线工 2、绕线工 5、绕线工 6、焊接工 2 以及检验工 2 则不归属于任一非正式圈子。

由于这些非正式圈子的存在，工人实际完成的产量只保持在了中等水平上，非正式圈子内工人的日产量相差无几。其中圈子 1 的产量水平远高于圈子 2，而不归属于任一圈子的绕线工 2，则反而维持着这 14 人群体的最高产量纪录。根据对工人生产活动及耗时的分析，工人每天应该完成的标准定额为 7 312 个焊接点，但是工人每天只完成了 6 000～6 600 个焊接点就不干了，即使离下班还有较为宽裕的时间，他们也自行停工不干了。这是出于什么原因呢？研究者通过观察，了解到工人们自动限制产量的理由是：如果他们过分努力地工作，就可能造成其他同伴的失业，或者公司会制定出更高的生产定额来。

研究者为了了解他们之间能力的差别，还对实验组的每个人进行了灵敏度和智力测验，发现圈子 2 中 3 名产量最低的绕线工在灵敏度的测验中得分是最高的。其中 1 名最慢的工人在智力测验中排行第一，灵敏度测验排行第三。测验的结果和实际产量之间的这种关系使研究者联想到群体对这些工人的重要性。一名工人可以因为提高他的产量而得到小组工资总额中较大的份额，而且减少失业的可能性，然而这些物质上的报酬却会带来群体非难的惩罚，因此每天只要完成群体认可的工作量就可以相安无事了。圈子 1 与圈子 2 的工人间相互瞧不起对方，经常起争执，他们常常会就一个窗户的开关问题发生争论。

霍桑效应的管理启示

传统管理把人看作理性的"经济人"，认为金钱是刺激积极性的唯一动力，生产效率主要受工作方法和工作条件的制约，在组织中，组织结构、职权划分、规章制度等是决定生产效率的关键因素。

然而，历时数年的霍桑实验，让学者们终于意识到了人不仅仅受外在因素的刺激，更受自身主观上的激励，人不仅是经济人，同时还是社会人，从而诞生了管理行为理论。就霍桑实验本身来看，当这 6 名女工被抽出来成为一组的时候，她们就意识到了自己是特殊的群体，是实验的对象，是这些专家一直关心的对象，这种受注意的感觉使得她们加倍努力工作，以证明自己是优秀的，是值得关注的。

由此，管理学上著名的霍桑效应诞生了。

霍桑效应：当人们意识到自己正在被关注或者被观察的时候，会刻意去改变一些行为或者言语表达方式。

霍桑效应告诉我们：单纯从结果维度去关注生产率，通常很难激发员工的工作热情，除了对结果的重视以外，还应关注生产过程，以及重视生产过程中员工的感受，给他们提供反馈，让他们感受到被关注。

这实际上就将绩效管理逐步引入到了 2.0 时代。绩效管理不只是单纯的结果考核，还应包含达成绩效结果的过程管理。

信息时代对绩效管理的新诉求

进入信息时代后，工作的技术含量进一步提高，出现了大量以技术为生的员工，他们已不再是传统意义上以操作工作为主的"蓝领"工人，而是以"知识"生产为主的脑力劳动者，企业主发现，越来越难以衡量这类知识型工作者。换言之，基于结果的绩效考核在这类工人身上变得越来越无效。

于是，诞生了目标导向的管理方式。德鲁克是这个领域的大师，其核心观点是：目标比指标更重要。从而将企业对绩效管理的关注点从结果拉向了前端的目标。

目标管理是一种参与的、民主的、自我控制的管理方法，也是一种把个人需求和组织目标结合起来的管理方法。它调动了组织员工的主动性、积极性和创造性，将个人利益同组织利益紧密联系起来，因而能鼓舞士气，极大地激励组织人员为实现目标而努力，具有很好的激励功能。

基于目标的管理（MBO）

彼得·德鲁克于 1954 年出版了其名著《管理的实践》一书，他写道："企业的每一分子都有不同的贡献，但是所有的贡献都必须为了共同的目标。他们的努力必须凝聚到共同的方向，他们的贡献也必须紧密结合为整体，其中没有裂痕，没有摩擦，也没有不必要的重复努力……因此，企业绩效要求的是每一项工作必须以达到企业整体目标为目标，尤其是每一位管理者都必须把工作重心放在追求企业整体的成功上。"他首次明确提出了"目标管理"的概念。他认为，企业以目标为导向，同时充分授权管理者行动的自由，让他们有充分的自主行事的"自我控制"权，可以达到传统管理模式下更好的组织绩效。目标管理加上自我控制，是德鲁克目标管理理论的核心。

高效能的管理者，应当总能及时地将公司的愿景和努力引导到一致的方向上，激励下属在正确的方向上投入最大努力，鼓励他们在公司所期望的方向上发挥其最高专业水准，而不是漫无目的，成为无用领域的专家，应当把高超的专业技能当作达到企业绩效目标的手段，而不是把达到高标准本身当成努力的目标。

在一个大型组织中，当组织高层管理者确定了组织目标后，必须对其进行有效分解，转变成各个部门以及各员工的子目标，管理者根据子目标的完成情况对下级进行考核、评价和奖惩。

目标管理契合了对知识型员工绩效管理的需要，一经提出便在美国迅速流传，很快为日本、西欧国家的企业所仿效，在世界管理界大行其道。

（1）目标管理的目的及基本内容。

目标管理的目的是通过目标激励来调动广大员工的积极性，从而保证实现总目标；其核心就是明确和重视成果的评定，提倡个人能力的自我提高，其特征就是以"目标"作为各项管理活动的指南，并以实现目标的成果来评定其贡献大小。

目标管理的基本内容是动员全体员工参加目标制定并保证目标实现，即由组织中的上级与下级一起商定组织的共同目标，并将其具体化展开至组织的各个部门、各个层次和各个成员，与组织内每个单位、部门、层次和成员的责任和成果密切联系，在目标执行过程中要根据目标决定上下级责任范围，上级权限下放，下级实现自我管理。在成果评定过程中，严格以这些目标作为评价和奖励标准，实行自我评定和上级评定相结合。以此最终组织形成一个全方位的、全过程的、多层次的目标管理体系，提高上级领导能力，激发下级积极性，保证目标实现。

（2）目标管理的激励功能。

目标可以对人产生巨大的激励作用，这种作用将贯穿于整个管理环节，使得管理活动获得最佳效益。

在一项工作启动之前，通过先明确这项工作所要达成的目标，相当于在员工心中竖立起了一座灯塔，让员工看到整个团队工作的全景，他们要建的是一座教堂，而自己需要时刻思考的一个问题是：我要付出哪些努力，才能为这座教堂的建设做出更大贡献？有了心中的教堂，员工的行为的规划性和导向性可以得到显著增强，减少过程中的布朗运动。

同时，德鲁克反对靠压力和危机进行目标管理，认为这是一种无能的表现。德鲁克特别强调，目标管理和自我控制须搭配使用，才能共同发挥效用。自我控制体现在以下两个方面。

- **目标制定过程中的自我控制**：他提倡由管理者自行开发和设定本单位的目标，然后经由高层管理者审批同意后付诸实施。换句话说，制定目标是管理者的首要职责。管理者应当积极并负责任地参与相关目标的讨论，来一次"思想交流"，在充分理解公司目标的基础上，协同制定出本单位的目标，确保本单位的目标瞄准公司共同目标。这种广泛地参与目标制定的过程，本身就是一种很好的激励手段。过程参与一方面可以增强所有管理者对公司目标的理解，避免各自为政和内耗，同时，也能显著增强管理者的责任感和承诺意识。

- **目标实施过程中的自我控制**：通过目标制定过程，组织的各个部门、各个成员明确了自身的目标和具体的工作任务，知道接下来要做什么和怎么做。这样，在目标实施过程中，他们就可以通过比较实际结果和目标来评估自己的绩效推进情况，以便持续改善。很多组织基于惯性，习惯用报告和流程去逐级监控下属的目标完成进展，这实际上有悖"自我控制"的初衷，压制了员工的积极性和主动性，久而久之，下属就处于被动管理状态。因此，"企业应该只采用达到关键领域的绩效所必需的报告和程序。意图控制每件事情，就等于控制不了任何事情。而试图控制不相干的事情，总是会误导方向"。

最后，当目标实现以后，意味着人们的愿望和追求得到了实现，看到了自己的预期结果和工作成绩，在心理上会产生一种满足感和自豪感，这样就会激励人们以更大的热情和信心去承担新的任务，以达成新的目标，从而形成一个良性循环。

（3）**目标管理小结**。

综上所述，目标管理在组织内部建立了一个相互联系的目标体系，而这种体系把员工有机地组织起来，使集体力量得以发挥，同时目标管理的实行就意味着组织管理民主化、员工管理自我控制化、成果管理目标化，于是目标管理事实上是一种总体的、民主的、自觉和成果的管理。这也正是目标管理的魅力所在！

引入目标管理后的绩效管理机制

在电气时代，绩效管理等于绩效考核。到了信息时代以后，由于结果更加难以衡量，所以企业基本认同了目标比指标更重要的观点，强调目标的牵引作用。但这并不是说企业就不考核了，企业仍然要考核，考核员工目标的完成率。

这样，在信息时代，绩效管理框架就变成了如图 1-5 所示的样子。

```
目标制定 → 过程管理 → 绩效评价
   ↑_____|
```

图 1-5　引入目标管理后的绩效管理框架

在目标制定阶段，主管下发指标给员工，类似于目标承诺书，指明当期要做什么，以及做到什么程度。

目标制定后，即进入实施环节，主管定期跟踪目标达成进展，并提供必要的辅导和资源支持，以帮助下属达成目标。

最后，在一段时间之后（通常是半年或者年度），评估下属目标达成情况，并给予相应的评级或打分，以对下属的贡献进行量化评估，作为日后晋升或薪酬激励的参考。

这三个环节环环相扣，共同构成了信息时代绩效管理的"三步曲"。引入目标制定和过程管理后，相当于把绩效管理变成了围绕绩效结果的全周期管理。但这一时期，绝大多数企业的重心仍然放在了绩效考核上，尤其以 KPI 为代表。

（1）**关键绩效指标**（Key Performance Indicator，KPI）。

进入信息时代后，由于工作类型从以体力劳动为主转变为以脑力劳动为主，而脑力劳动的一大特点是无法通过简单直接的方法对结果进行有效衡量。比如，如何衡量一个程序员的工作成果？你可以衡量他的工作时间，可以衡量他编码的代码量，可以衡量他开发的软件产品的易用性、稳定性、用户使用量……，每一个维度看上去都有道理。在这种现实情况下，有企业认为，虽然衡量员工工作成果的指标有很多，但总存在一些与绩效相关的关键指标，按照二八原则，一个企业在价值创造过程中，80% 的工作任务是由 20% 的关键行为完成的，抓住 20% 的关键，就抓住了主体。把主要精力投入到这 20%

的关键绩效指标上,可以让企业事半功倍。

KPI 为企业所广泛采用,源于平衡计分卡的引入。20 世纪 90 年代,罗伯特·卡普兰(Robert Kaplan)和戴维·诺顿(David Norton)开展了一个名为"未来组织绩效衡量方法"的研究计划,该计划对在绩效测评方面处于领先地位的 12 家公司进行为期一年的研究,目的在于找出超越传统以财务会计量度为主的绩效衡量模式,以使组织的"战略"能够转变为"行动"。这项研究的结论"平衡计分卡:驱动绩效的量度"发表在 1992 年《哈佛商业评论》1 月与 2 月号。平衡计分卡强调传统的财务会计模式只能衡量过去发生的事项(落后的结果因素),无法评估企业前瞻性的投资(领先的驱动因素)。因此,企业必须改用一套由四项指标构成的绩效指标体系,用来把组织的远景目标具体化、可衡量化。此四项指标分别是:财务(Financial)、顾客(Customer)、企业内部流程(Internal Business Processes)、学习与成长(Learning and Growth)。在这之后,KPI 几乎占领了所有主流企业,成为企业绩效管理的标准动作。

(2)GE"活力曲线"。

这一时期,还诞生了另外一个为企业所广为引用的"活力曲线"机制。

活力曲线(见图 1-6),亦称末位淘汰法则、10% 淘汰率法则,指通过竞争淘汰来发挥人的极限能力,由 GE 公司前 CEO 杰克·韦尔奇提出,其实质就是"末位淘汰"。韦尔奇极力推崇"活力曲线",认为这是给 GE 带来无限活力的法宝之一。

图 1-6 GE 活力曲线

伴随着 GE 的巨大成功,以及活力曲线匹配了企业裁员的一些隐性诉求,活力曲线迅速被其他企业所效仿，配合 KPI 共同成了企业绩效管理的标准做法。

活力曲线的本质是人和人做比较，不管团队成员的绩效表现如何，在绩效考核时都需要将人群强制划分成三六九等，强行区分出好、中、差等档次，并据此做相应的激励应用。

绩效管理 2.0 的主要特征

绩效管理 2.0 时代，绩效管理得到了长足发展，内容变得非常丰富和完善。企业除了关注对后期结果的考核，还关注前期目标的制定，一定程度上让员工从一开始就看到了希望，有了某种程度的使命感，知道自己在做什么，能在做具体工作前提前思考工作的意义和价值，具备了一定的自主性，而不是像电气时代那样单纯地被动执行任务，只知道自己在搬砖，而看不到是在建教堂。

在绩效考核方面，企业既要看员工的目标达成情况，即人和目标相比，同时也要把员工的绩效结果进行相互比较从而进行区分和排序，也即人和人比，这两者共同构成了绩效管理 2.0 时代绩效评价的显著特征。

绩效管理 3.0 时代：绩效使能

微软第 3 任 CEO 萨提亚·纳德拉在其 2017 年 9 月出版的《刷新》(*Hit Refresh*) 一书中，将微软的未来战略定位为混合现实、人工智能、量子计算三个主要方向。而这三个方向，恰是深刻影响人类未来生活的三个方面。未来，人工智能将改造一切。BBC 2017 年 5 月报道，富士康昆山工厂引入智能机器人技术，成功将工厂员工人数从 11 万减少到 5 万。而量子计算机的计算能力则大得惊人，比传统计算机要快上数十亿倍。2018 年 3 月，谷歌宣布推出一款 72 个量子比特的通用量子计算机 Bristlecone，实现了 1% 的低错误率。而且，谷歌还在积极构建量子云服务，这标志着量子云计算时代即将到来。

技术的发展，很容易让只掌握低端技术的企业被取代，因而，各个企业拼命地往高端产业发展。未来，企业的员工不再是普通的技术工人，而应该是拥有哲思的科学家，他们帮助企业探索未来之路，把低端、可重复的工作交给机器人去做，然后再依托高超的计算能力，加速这个世界的发展。

英国曾做过一个国内不同类型就业人员占比趋势分析，如果将工作人员大致分为两类，一类是科学家型人才，包括中高层管理人员、高级专家及高级技术人员，另外一类是低技术含量的非科学家型人才，包括行政及文职人员、一般技术工人、生产线工人、服务及运营人员，两者的变化趋势如图 1-7 所示。

图 1-7　英国国内不同工作类型就业人员占比变化趋势图

从图 1-7 可以看到，未来科学家型人才将越来越多，未来是科学家型人才的天下，其占比预计在 2022 年达到约 60% 的比例，而低技术含量的非科学家型人才占比将越来越小，持续呈下滑趋势。这一剪刀差必将继续扩大。员工群体的这一变化，导致企业不可能再像信息时代管理技术工人那样去管理绩效。企业的科学家型人才不光工作成果难以衡量，连工作方向也很难确定下来。换言之，在工作开始之初，基于短周期（如半年）的目标已经非常难以制定出来了，而且结果也更加难以度量。创造性和创新性工作不可能通过"管理"管出来。事实上，越是强调"管控"，员工的创新性就越受制约。这促成了企业的绩效管理转向了 3.0 时代，员工的绩效不再只关注"目标管理"和"结果考核"，而是向前延伸，直指核心，更加关注如何激发这些"企业科学家"的"内在动机"，让他们能更专注于创造性工作，最终给企业带来更大的回报。这样，绩效管理的职能就从"管理"转变到了"使能"上，绩效的主动权再一次从企业移向了员工，并且，这一次是彻底地移向了员工，真正实现了"我的绩效我做主"，如图 1-8 所示。

图 1-8　绩效管理的三个时代

如果回顾绩效管理这三个时代的演进过程，会发现一系列规律（见表 1-5）。

表 1-5 绩效管理的三个时代对照一览表

时代	工作特点	绩效管理关注点	动机关注点
绩效管理 1.0	体力劳动	人和标准相比	以惩罚为主的外在驱动
绩效管理 2.0	技术工作	人和目标相比 + 人和人相比	"胡萝卜 + 大棒"式的外在驱动
绩效管理 3.0	创造性工作	自己和自己相比	内在驱动

绩效管理 3.0 淡化了外在控制手段的运用，少了很多对冷冰冰的数字的追逐，变得更加人性化，更加关注人的内在动机的激发。

绩效管理通常有两个职能，一个是裁判职能，负责评估员工的绩效表现，用以支撑薪酬、晋升、保留和解聘；另外一个是教练职能，负责识别员工的优势与不足，提供针对性改进建议和培训，帮助其进步。裁判职能面向的是过去，重在评估；教练职能面向的是未来，重在发展。

在绩效管理 1.0 时代，绩效管理只有裁判职能，缺失了教练职能（见图 1-9）。

图 1-9 绩效管理 1.0 的职能平台

到了绩效管理 2.0 时代，绩效管理虽然加入了教练职能，但是此时的教练职能还非常弱小，裁判职能依然强大，是小教练、大裁判模式，绩效管理的支点是以惩罚为导向，绩效管理的职能天平严重地向裁判职能倾斜（见图 1-10）。

图 1-10 绩效管理 2.0 的职能平台

到了绩效管理 3.0 时代，绩效管理的职能天平才开始倾向教练职能，变成了大教练、小裁判模式，重在辅导和发展员工，而非评估驱动。职能天平的支点是"使能"，这意味着绩效管理从 2.0 时代的惩罚导向发展到了 3.0 时代的使能导向。裁判职能面向的是过去，教练职能关注未来。通过广泛而平等的社交化辅导和沟通，绩效管理 3.0 弱化了裁判面向过去的评估职能，强化了教练面向未来的发展职能，来使能员工更好地发挥其创造性，为公司创造更大价值（见图 1-11）。

面向过去
评估导向

关注未来
发展导向

图 1-11　绩效管理 3.0 的职能平台

Performance
Empowerment
—— 第2章

绩效使能

绩效主义毁了索尼

2007年1月,索尼公司前常务董事在日本《文艺春秋》上刊登了一篇文章,标题叫《绩效主义毁了索尼》。文章深度剖析了绩效管理如何让索尼一步步丧失创新和自主热情,一步步滑向衰败的深渊。这篇文章字字珠玑,道出了绩效管理的诸多弊端,可以看作是人工智能时代到来前开明的企业家对绩效管理发出的战斗檄文,因此,这里进行全文转载。

绩效主义毁了索尼

2006年索尼公司迎来了创业60年。过去它像钻石一样晶莹璀璨,而今却变得满身污垢、暗淡无光。因笔记本电脑锂电池着火事故,世界上使用索尼产锂电池的约960万台笔记本电脑被召回,估计更换电池的费用将达510亿日元。

PS3游戏机曾被视为索尼的"救星",在上市当天就销售一空。但因为关键部件批量生产的速度跟不上,索尼被迫控制整机的生产数量。PS3是尖端产品,生产成本也很高,据说卖一台PS3索尼就亏3.5万日元。索尼的销售部门预计，2007年3月进行年度结算时，游戏机部门的经营亏损将达2 000亿日元。

多数人觉察到索尼不正常恐怕是在2003年春天。当时据索尼公布，一个季度就出现约1 000亿日元的亏损。市场上甚至出现了"索尼冲击"，索尼公司股票连续两天跌停。坦率地说，作为索尼的前员工，我当时也感到震惊。但回过头来仔细想想，从发生"索尼冲击"的两年前开始，公司内的气氛就已经不正常了。身心疲惫的职工急剧增加。回想起来，索尼是在长期不知不觉间慢慢地退化的。

"激情集团"消失了

我是1964年以设计人员的身份进入索尼的。因半导体收音机和录音机的普及，索尼那时实现了奇迹般的发展。当时企业的规模还不是很大，但是"索尼神话"受到了社会的普遍关注。从进入公司到2006年离开公司，我在索尼愉快地度过了40年的岁月。

我46岁就当上了索尼公司的董事，后来成为常务董事。因此，对索尼近年来发生的事情，我感到自己也有很大责任。伟大的创业者井深大的影响为什么如今在索尼荡然无存了呢？索尼的辉煌时代与今天有什么区别呢？

首先，"激情集团"不存在了。所谓"激情集团"，是指我参与开发CD技术时期，公司那些不知疲倦、全身心投入开发的集体。在创业初期，这样的"激情集团"接连开发出了具有独创性的产品。索尼当初之所以能做到这一点，是因为有井深大的领导。

井深大最让人佩服的一点是，他能点燃技术开发人员心中之火，让他们变成为技术献身的"狂人"。在刚刚进入公司时，我曾和井深大进行激烈争论。井深大对新人并不是采取高压态度，他尊重我的意见。

为了不辜负他对我的信任，我当年也同样潜心于研发工作。比我进公司更早，也受到井深大影响的那些人，在井深大退出第一线后的很长一段时间，仍以井深大的作风影响着全公司。当这些人不在了，索尼也就开始逐渐衰败。

从事技术开发的团体进入开发的忘我状态时，就成了"激情集团"。要进入这种状态，最重要的条件就是有"基于自发的动机"的行动。比如"想通过自己的努力开发机器人"就是一种发自自身的冲动。

与此相反的就是"外在动机"，比如想赚钱、升职或出名，即想得到来自外部的回报的心理状态。如果没有发自内心的热情,而是出于"想赚钱或升职"的世俗动机,那是无法成为"开发狂人"的。

"挑战精神"消失了

今天,索尼的职工好像没有了自发的动机。为什么呢?我认为是因为实行了绩效主义。绩效主义就是:"业务成果和金钱报酬直接挂钩,职工为了拿到更多报酬而努力工作。"如果外在的动机增强,那么自发的动机就会受到抑制。

如果总是说"你努力干我就给你加工资",那么以工作为乐趣这种内在的意识就会受到抑制。从 1995 年左右开始,索尼公司逐渐实行绩效主义,成立专门机构,制定非常详细的评价标准,并根据对每个人的评价确定报酬。

但是井深大的想法与绩效主义恰恰相反,他有一句口头禅:"工作的报酬是工作。"如果你干了件受到好评的工作,下次你还可以再干更好的工作。在井深大的时代,许多人为追求工作的乐趣而埋头苦干。

但是,因实行绩效主义,职工逐渐失去工作热情。在这种情况下是无法产生"激情集团"的。为衡量业绩,首先必须把各种工作要素量化。但是工作是无法简单量化的。公司为统计业绩,花费了大量的精力和时间,在真正的工作上却敷衍了事,出现了本末倒置的倾向。

因为要考核业绩,几乎所有人都提出容易实现的低目标,可以说索尼精神的核心即"挑战精神"消失了。因实行绩效主义,索尼公司内追求眼前利益的风气蔓延。这样一来,短期内难见效益的工作,比如产品质量检验以及"老化处理"工序都受到轻视。

"老化处理"是保证电池质量的工序之一。电池制造出来之后不能立刻出厂,需要放置一段时间,再通过检查剔出不合格产品。这就是"老化处理"。至于"老化处理"程序上的问题是否是上面提到的锂电池着火事故的直接原因,现在尚无法下结论。但我想指出的是,不管是什么样的企业,只要实行绩效主义,一些扎实细致的工作就容易被忽视。

索尼公司不仅对每个人进行考核,还对每个业务部门进行经济考核,由此决定整个业务部门的报酬。最后导致的结果是,业务部门相互拆台,都想方设法从公司的整体利益中为本部门多捞取好处。

团队精神消失了

2004 年 2 月底,我在美国见到了"涌流理论"的代表人物米哈里·契克森米哈教授，并聆听了他的讲演。讲演一开始，大屏幕上放映的一段话是我自进入索尼公司以来多次读过的，只不过被译成了英文。

"建立公司的目的：建设理想的工厂，在这个工厂里，应该有自由、豁达、愉快的气氛，让每个认真工作的技术人员最大限度地发挥技能。"这正是索尼公司的创立宗旨。索尼公司失去活力，就是因为实行了绩效主义。

没有想到，我是在绩效主义的发源地美国，聆听用索尼的创立宗旨来否定绩效主义的"涌流理论"的。这使我深受触动。绩效主义企图把人的能力量化，以此做出客观、公正的评价。但我认为事实上做不到。它的最大弊端是搞坏了公司内的气氛。上司不把部下当有感情的人看待，而是一切都看指标、用"评价的眼光"审视部下。

不久前我在整理藏书时翻出一封信。那是我为开发天线到东北大学进修时，给上司写信打的草稿。有一次我逃学跑去滑雪，刚好赶上索尼公司的部长来学校视察。我写那封信是为了向部长道歉。

实际上，在我身上不止一次发生过那类事情，但我从来没有受到上司的斥责。上司相信，虽然我贪玩，但对研究工作非常认真。当时我的上司不是用"评价的眼光"看我，而是把我当成自己的孩子。对企业员工来说，需要的就是这种温情和信任。

过去在一些日本企业，即便部下做得有点出格，上司也不那么苛求，工作失败了也敢于为部下承担责任。尽管部下在喝酒的时候说上司的坏话，但在实际工作中仍非常支持上司。后来强化了管理，实行了看上去很合理的评价制度。于是大家都极力逃避责任。这样一来就不可能有团队精神。

创新先锋沦为落伍者

不单索尼，现在许多公司都花费大量人力、物力引进评价体制。但这些公司的业绩似乎都在下滑。

索尼公司是最早引进美国式合理主义经营理论的企业之一。而公司创始人井深大的经营理念谈不上所谓"合理"。1968年10月上市的单枪三束彩色显像管电视机的开发，就是最有代表性的例子。

当时索尼在电视机的市场竞争中处于劣势，几乎快到了破产的边缘。即便如此，井深大仍坚持独自开发单枪三束彩色显像管电视机。这种彩色电视机画质好，一上市就大受好评。其后30年，这种电视机的销售一直是索尼公司的主要收入来源。

但是,"干别人不干的事情"这种追求独自开发的精神,恐怕不符合今天只看收益的企业管理理论。索尼当时如果采用和其他公司一样的技术,立刻就可以在市场上销售自己的产品,当初也许就不会有破产的担心了。

投入巨额费用和很多时间进行的技术开发取得成功后,为了制造产品,还需要有更大规模的设备投资,也需要招募新员工。但是,从长期角度看,索尼公司积累了技术,培养了技术人员。此外,人们都认为"索尼是追求独特技术的公司",大大提升了索尼的品牌形象。

更重要的是,这种独自开发能给索尼员工带来荣誉感,他们都为自己是"最尖端企业的一员"而感到骄傲。单枪三束彩色显像管电视机之所以能长期成为索尼公司的收入来源,是因为技术开发人员怀着荣誉感和极大热情,不断对技术进行改良。

具有讽刺意味的是,因单枪三束彩色显像管电视机获得成功而沾沾自喜的索尼,却在液晶和等离子薄型电视机的开发方面落后了。实际上,井深大曾说过:"我们必须自己开发出让单枪三束彩色显像管成为落伍产品的新技术。"包括我自己在内的索尼公司高管没有铭记井深大的话。

如今,索尼采取了极为"合理的"经营方针。不是自己开发新技术,而是同三星公司合作,建立了液晶显示屏制造公司。由这家合资公司提供零部件生产的液晶电视机"BRAVIA"非常畅销,从而使索尼公司暂时摆脱了困境。但对于我这个熟悉索尼成长史的人来说,总不免有一种怀旧感,因为索尼现在在基础开发能力方面,与井深大时代相比存在很大差距。今天的索尼为避免危机采取了临时抱佛脚的做法。

高层主管是关键

今天的索尼与井深大时代的索尼的最大区别是什么呢?那就是在"自豪感"方面的差别。当年创始人井深大和公司员工都有一种自信心:努力争先,创造历史。

当时索尼并不在意其他公司在开发什么产品。某大家电公司的产品曾被嘲讽为"照猫画虎",今天索尼也开始照猫画虎了。一味地左顾右盼,无法走在时代的前头。

在我开发"爱宝"机器狗的时候,索尼的实力已经开始衰落了,公司不得不采取冒险一搏的做法，但是出现亏损后，又遭到公司内部的批评，结果不得不后退。

今天的索尼已经没有了向新目标挑战的"体力"，同时也失去了把新技术拿出来让社会检验的胆识。在导致索尼受挫的几个因素中，公司最高领导人的态度是其中最根本的原因。

在索尼充满活力、蓬勃发展的时期，公司内流行这样的说法："如果你真的有了新点子，来。"也就是说，那就背着上司把它搞出来，与其口头上说说，不如拿出真东西来更直接。但是如果上司总是以冷漠的、"评价的眼光"来看自己，恐怕没有人愿意背着上司干事情，那是自找麻烦。如果人们没有自己受到信任的意识，也就不会向新的更高的目标发起挑战了。在过去，有些索尼员工根本不畏惧上司的权威，上司也欣赏和信任这样的部下。

所以，能否让职工热情焕发，关键要看最高领导人的姿态。索尼当年之所以取得被视为"神话"的业绩，也正是因为有井深大。但是，井深大的经营理念没有系统化，也没有被继承下来。也许是因为井深大当时并没有意识到自己经营理念的重要性。

我尝试着把井深大等前辈的经营理念系统化、文字化，出版了《经营革命》一书。在这本书中，我把井深大等人的经营称为"长老型经营"。所谓"长老"是指德高望重的人。德高望重者为公司的最高领导人，在他们的带领下，整个集团会拧成一股绳，充满斗志地向目标迈进。

在今天的日本企业中，患抑郁症等疾病的人越来越多。这是因为公司内有不称职的上司，推行的是不负责任的合理主义经营方式，给职工带来了苦恼。

不论是在什么时代，也不论是在哪个国家，企业都应该注重员工的主观能动性。这也正是索尼在创立公司的宗旨中强调的"自由，豁达，愉快"。

过去人们都把索尼称为"21世纪型企业"。具有讽刺意味的是，进入21世纪后，索尼反而退化成了"20世纪型企业"。我殷切希望索尼能重现往日辉煌。

注：原文刊登于日本《文艺春秋》2007年1月刊，作者天外伺朗为索尼公司前常务董事、作家。

这篇文章指出了绩效管理的几个弊端。

（1）**目标和评价强绑定**。目标制定后要考核完成率，因此"几乎所有人都提出容易实现的低目标"，从而"挑战精神消失了"。

（2）**追求短期收益，忽视长期投入**。短期内难见效益的工作，比如产品质量检验以及"老化处理"工序都受到轻视。

（3）**唯指标论**。上下级关系变成单纯的考核和被考核的关系，从而"搞坏了公司内的气氛，上司不把部下当有感情的人看待，而是一切都看指标、用评价的眼光审视部下"。

（4）**部门间相互拆台**。绩效考核还应用到部门的考核上，并以此决定部门的报酬，从而让各个部门"都想方设法从公司的整体利益中为本部门多捞取好处"。

（5）**对外在激励的过分强调，让员工失去了做事的内在激情**。索尼创始人井深大的口头禅"工作的报酬是工作"，其实体现的是内在动机。而绩效考核将一切都量化成指标，以及完成这些指标后的薪酬回报，从而将内在动机外化成了外在动机。对持有外在动机的人来说，工作只是达成外在回报的一种手段，从而丧失了内在激情。

绩效管理为什么不再有效

要理解绩效管理为何不再有效，还得从绩效管理 2.0 框架（见图 2-1）本身说起。我在第 1 章中已简要介绍过，一般而言，在引入目标制定环节之后，绩效管理就从电气时代单纯的绩效考核，扩展成了包含目标制定、绩效实施和辅导、绩效评价三者环环相扣的综合的全流程管理活动。

目标制定 → 绩效实施和辅导 → 绩效评价

图 2-1　绩效管理 2.0 框架

在这套体系中，目标制定是起始点，绩效评价是终点，中间穿插了绩效的过程管理活动。设计这套系统的初衷其实是好的，希望员工在开展一项工作前，明确一项工作的意义和价值，定好目标，找到方向，然后矢志不渝地沿着这个方向去追逐，直到实现目标。但企业在具体的实践过程中，由于下述原因，往往偏离了这个初衷，导致了绩效主义现象。

（1）目标自上而下指派，员工缺乏对工作的价值感知。

（2）绩效辅导等同于进展跟踪和监控，员工在工作过程中缺乏自主性。

（3）强制绩效比例，让团队成员间竞争大于合作。

（4）强绩效应用桎梏了员工的冒险精神，让员工害怕犯错，不敢制定挑战性目标。

绩效主义现象 1：目标自上而下指派

对员工而言，目标的价值在于它能帮助员工理解一项工作的意义和价值。就像在大海航行一样，如果有一个灯塔作为航行的目标，那么航行就有了方向，不致在航行中迷路。

目标要能发挥这种灯塔作用，需要下属参与目标的制定过程。如果下属只是被动接受上级分配的目标，下属会丧失参与感，认为自己只是完成上级目标的一个工具，只是一颗棋子，被随意支配，从而缺乏主人翁意识。

这种情况伴随着企业规模的变大，以及组织层级的加深，其筒仓效应会更加严重。传统组织架构如图 2-2 所示。

图 2-2 传统组织架构

如果第一级组织的目标是：建一座伟大的教堂。

那么第二级组织的目标可能是：建一间祈祷室。

到了第三级组织那里，目标可能是：构建一个坚固无比的地基。

到了员工那里，目标可能就成了：在 10 天之内挖出一个长宽各 20 米、深约 10 米的地基。

通过这一层层的目标分解，到了员工那里，已经看不到做这件事背后的伟大意义了。我曾经在一家高科技企业里从事路由器产品的开发。路由器的主要功能是负责将信息从源点运送到终点。例如，你需要从中国的某台计算机上发送一条 QQ 信息给另外一个美国的 QQ 用户，信息会在网络上经过一系列复杂的搬运过程，最终传送到美国。这整个过程就叫路由。骨干网的核心路由器极其复杂，其中运行着千万行代码级的复杂软件。通常，为了完成这么庞大的工作，每个小团队会负责其中的一小块功能的开发和维护。我在这样的庞大系统中工作了 5 年，在其中的某几个领域里从事过软件开发和维护工作，但自始至终没有见过真正的路由器长什么样。并且，由于公司有信息安全规定，每个部门只能看到本部门的架构，无法看到整个产品的架构，这更加导致了实际工作中"只见树木，不见森林"的现象。这似乎和上面建教堂的案例如出一辙。

绩效主义现象 2：绩效辅导等同于进度监控

在制定目标之后，即进入了绩效实施和辅导环节。在这一环节，主管和下属理应有更多的互动，主管为下属提供辅导和资源支持，帮助下属更好地达成目标。但越来越多的企业，由于对效率的过分追逐，导致整个绩效辅导环节变成了单向的进度监控和跟踪。主管只知道盯着进度条，如果发现某下属的工作滞后，就会警告该下属，要求其通过加班加点的方式去赶上进度。下属为此承受着巨大的工作压力，被主管不断驱动着往前走，以满足进度为第一优先事项，缺乏对工作的深入思考和自主感知，为进度所奴役。

目标通常是方向性的，要达成一个目标，需要完成诸多与之相关的任务。例如，在上半年将手机开机速率提升 1 倍可以算作一个目标，而要实现这个目标，可能需要完成约 100 项手机软件性能调优任务。员工在完成每一个任务时，都应始终思考：我这项调优任务能否促成开机速率提升 1 倍的目标，这种思维方式才能确保最终目标的达成。而不断的进度催逼，让下属神经紧绷，只顾完成事先确定的一个个任务项，就像例行公事般地完成 Checklist（待办事项清单）事务一样，就会为了指标忘了目标。也许，当这 100 项调优任务完成后会发现，手机启动性能的提升微乎其微。并且，在极度紧迫的进度压力下，员工的创造性会受到很大的影响，工作质量也会大幅下降。

绩效主义现象 3：强制绩效比例

信息时代的大多数企业，都实施了强制绩效比例规则和相对考评原则。

强制绩效比例规则指的是，强行将一个团队内部员工的表现分为若干档次，每一档次设定一定的比例分布要求。比如，将员工表现分为 5 等，并预先设定各等级的比例：第 1 等为 10%～15%，第 2 等为 30%～40%，第 3 等为 30%～40%，第 4 等为 5%～10%，第 5 等为 0～5%。这样，不管是优秀团队，还是相对较差的团队，都强制应用这个比例分布规则，强行识别出团队最后 5%～10% 人员，并进行末位淘汰。

相对考评原则指的是，员工的绩效是人和人比出来的。通过将团队内员工的工作输出进行相互比较，形成排序序列。排在序列前面的员工，其绩效表现要优于排在后面的员工。

相对考评和强制比例，共同给出了一个团队内员工的绩效评级。以前面的比例分布示例来说，排在前 10%～15% 的员工，其绩效为第 1 等，排在最后 0～5% 的员工，则为第 5 等。

由于结果是和其他人比出来的，员工 A 不是非要多优秀（绝对值），员工 A 只需要比员工 B 优秀一点儿（相对值），A 就比 B 更安全。既然如此，A 为什么要帮 B？帮 B 不就相当于自掘坟墓吗？A 为什么要把精力聚焦在能力的提升和修炼上？A 只需要聚焦在如何强过 B 就好吧？

曾经实行这一制度的微软，在网络上广泛流传着一张描述其内部部门间氛围的组织结构图，如图 2-3 所示。

图 2-3　微软组织结构

在这张图中，微软各个部门之间互相拿着手枪指着对方，都希望自己能赢，把对方毙掉，整个公司就像是一个原始角斗场，充斥着你死我活的争斗。

这是 2013 年前的微软公司内部的真实写照。当时，微软公司实行着严格的强制比例和相对排序制度，从而导致了内部的恶性竞争和不合作。有关考核，微软在内部曾经用救生艇做过一个形象的比喻：

> 假如你和另外 6 个人同乘一艘船在海上航行，但船突然坏了，你必须和其他人通过救生艇逃生。但救生艇很小，可以承载的人数有限，所以你需要决定将谁抛弃，为此你不得不给这 6 个人排序，排在最后的那个人是你最不愿一起逃生的。

微软甚至把这做成案例，用在了应聘者的面试环节，可见其绩效文化的根深蒂固。因此，从人才进入微软那一刻起，人人自危，为了不让自己成为被抛下救生艇的那一位，大家都把精力投注于如何把其他人比下去，而不是工作本身，微软一度错失移动互联网时代，被外界称为"迷失的 10 年"。

绩效主义现象 4：强绩效应用

一些企业宣称，为了打造高绩效组织，体现企业对绩效的重视，应将绩效结果应用于企业内部的方方面面，包括薪酬、奖金、晋升等。这样，绩效结果实际上就成了物质回报的一个代号。绩效结果好，一切都好；绩效结果不好，则在企业内部一无是处。这种强绩效应用，严重桎梏了员工的思维空间。

这种强绩效应用思维，本质上是绩效管理 1.0 时代泰勒科学管理的遗毒。泰勒在《科学管理原理》一书中宣称：

> 对于奖赏，如果要让它起到激励工人出色地完成任务的目的，必须在工作完成之后立即兑现。只有很少的人才会期待努力工作之后一周甚至长到一个月的时间才拿到一份奖励。
>
> 如果要做到最好，每个工人都要能测量自己完成的工作，并且非常清楚地知道自己每天最后能得到多少奖励。对于文化程度要求低的工作，比如检查自行车钢珠，应该有合适的激励措施，不论是来自上级领导的个人关怀，还是能看得到的每小时一次的实际奖励。

这种将绩效结果同薪酬强关联的做法，兴许能暂时调动起工人的工作热情，但难以持久。泰勒自己也发现了这个问题：

> 工资的增加使工人们在各方面变得更好：日子更好过了，开始攒钱了，更有理智了，工作做得更踏实了。但当他们的工资比过去高出60%时，也有一些人干活变得不规律起来，变得多少有些偷懒、奢侈和放纵起来。换句话说，实验表明，**对绝大多数人来说，富裕得太快是不行的**。

任正非用了另外一个更形象的比喻来描述同样的道理："猪养得太肥了，连哼哼声都没了。科技企业是靠人才推动的，公司过早上市，就会有一批人变成百万富翁、千万富翁，他们的工作激情就会衰退，这对华为不是好事，对员工本人也不见得是好事，华为会因此而增长缓慢，乃至于队伍涣散；员工年纪轻轻太有钱了，会变得懒惰，对他们个人的成长也不会有利。"所以，对企业家而言，外在激励就像是鸦片一样，初期让员工如步云巅，刺激作用明显，但慢慢地，他们发现同等程度甚至更大剂量的刺激，却难以调动起工人们同等的工作热情来。

回到绩效管理2.0的模式上来分析，一方面，员工在制定绩效目标时，由于最终的目标完成率会影响绩效结果，因而不敢制定挑战性目标；另一方面，为了让最终的绩效结果数据看上去好看，他们甚至不惜进行数据造假，各种不诚信行为相伴而生，给企业的健康发展带来巨大隐患。

创新需要有冒险精神，而强绩效应用导致的"求稳"心态，最终会将企业推上类似于索尼的绩效主义的道路，企业内部看似在忙忙碌碌，实则是在做低效的重复性劳动和内耗，久而久之，必然被富有创新力的企业所取代。在阿里巴巴园区，有一尊叫"愚人船"的雕塑，形象地反映了强绩效文化所导致的团队竞争行为（见图2-4）。

船上的每个人看起来都在拼尽全力地划船，然而，他们是在拼命地朝着相反方向划。这尊雕塑多么形象而生动。阿里巴巴把这尊雕塑放在园区，借以警醒每个管理者和员工，团队合作是多么重要，没有它，再大的努力也是徒劳。

图 2-4　阿里巴巴园区的"愚人船"

绩效管理究竟有多无效

胡萝卜 + 大棒机制失灵了

绩效管理 2.0 是基于胡萝卜 + 大棒机制运作的，它寄望于通过评价机制给员工工作打标签，然后给跑得快的高绩效员工以"胡萝卜"，给跑得慢的低绩效员工以"大棒"。但正如 M. 塔玛拉·钱德勒（M.Tamra Chandler）在《绩效革命》一书中所说的那样，员工发出的呼唤是："我们不是巴甫洛夫的狗。"

这种机制之所以失灵，源于其管理假设。绩效管理 2.0 认为，员工是在为了避免惩罚或得到奖励而做事，也即，员工做事的动机是外在动机。"但我们现在知道，人们更多是受内在回报激励，在做自己认为有个人回报和享受过程的事情的时候，他们会更努力，也做得更好。"艾尔菲·科恩（Alfie Kohn）通过广泛的研究，得到一个结论："从来没有研究认为，人们工作质量的长期提升是任何类型的奖励或激励项目的结果。"

管理者和人力资源从业人员认为绩效管理没用

通常，我们想当然地认为绩效管理是主管的一个管理工具，他们应该会很喜欢它，其实不然。先来看看管理者对绩效管理的一些反馈：

"每到考评季，于我而言都是一次痛苦的煎熬。项目团队持续攻坚近两年了，兄弟们一直都很拼，都很优秀，但没办法，按照活力曲线的要求，每次考评总要把几个人排在末位。但经过一轮又一轮绩效考评，团队里剩下的都是百里挑一的好兄弟了，我该把这个指标给谁呢？"

"和考评结果不好的员工沟通，就像上战场一样，有时即使十八般武艺样样用尽，仍会不欢而散！"

"像我们这样的研究型组织，要真正地出成果，需要很长的时间才行。强制地半年做一次绩效评价，导致大家都只关注短期的小改进，而不愿意做长期的大改进。"

乔治·米尔科维奇等人在《薪酬管理》一书中，讲述了一个故事，故事极其形象地反映出了主管在评价下属时所面临的压力和不情愿。故事是这样的，项目经理先是提交了一封对下属的评价邮件给 HR，内容如下：

邮件主题：人力资源——提交对乔·史密斯（Joe Smith）的绩效评价报告

乔·史密斯是我团队的程序员，他总是被发现
辛勤地在自己的岗位上工作。乔工作独立性强，从不
在工作时间与同事闲聊。乔从不
犹豫去帮助同事，并且他总是
及时完成指定的任务。乔经常延长
自己的工作时间，有时甚至忘记了
抽烟时间。乔绝对没有
什么虚荣心，即使他的工作很出色并且拥有渊博的
专业知识。我坚信乔可以被
评为高绩效员工，这样的人才不能被
放弃。

之后过了一段时间，项目经理又补发了一封邮件，内容如下：

补充邮件主题：人力资源

当我今天早上在写这份评价报告时，乔一直站在我身后盯着电脑屏幕。请只阅读此信奇数行（1、3、5……行）文字，那才是我对他的真实评价。

此致

项目经理

马克·墨菲（Mark Murphy）曾向全球 48 000 名 CEO、管理者和员工发起过一个调查，仅 13% 的管理者和员工认为他们的年度绩效评价是有效的，而在 CEO 的反馈中，这一数字只有低得可怜的 6%。

世界薪酬协会（WorldatWork）和希伯森咨询公司（Sibson Consulting）调查了 750 位高级人力资源从业人员，发现接受调查的人群中 58% 给自己公司的绩效管理体系评出了 C 或更糟的成绩。只有 47% 的人感觉这个体系有助于组织"实现战略目标"，仅有 30% 的人感觉员工信任这套体系。

根据 CEB 公司 2012 年的统计数据，企业管理者平均每年用在绩效管理上的时间约为 210 个小时，员工花费在绩效管理活动上的时间约为 40 个小时，假如按照美国劳工统计局 2010 年统计数据，管理者费用以 52 美元／小时计算，员工费用按照 22 美元／小时计算，一个规模为 18 万人的企业，每年在绩效管理上需花费约 3.3 亿美元（管理者与员工比例按 1∶10 算），对企业而言，这是一笔不小的开销。德勤在 2015 年也做过类似统计，称公司每年花费在绩效管理上的总时长约为 200 万小时，而其所带来的回报却微乎其微。

员工不喜欢它

根据盖洛普对美国做的一项调查的数据：

- 只有 21% 的员工完全同意绩效管理能够激励他们取得更好的成绩。
- 只有 18% 的员工完全认同好绩效能带来好的发展。
- 只有 30% 的员工完全同意他们的主管会带上他们一起制定目标。
- 只有 23% 的员工完全同意他们的主管提供了有意义的绩效反馈。

这组数据充分说明，员工对现有绩效管理认可度何其低，绩效管理已经成为阻碍他们发挥更大作用的绊脚石。

再来看看员工对绩效管理发自肺腑的控诉：

- "公司槽点虽多，但如果要排序的话，当前的绩效管理绝对可以排得上号……在考核压力之下，你身边的人，同时也是你的竞争对手，他如果表现得太好了，就会衬托出你的无能，下一个被淘汰的人就是你。于是，当他来求助时，你为什么要倾尽所能去帮他呢？"

- "由于绩效考核，很多人的想法都是先把这一年的绩效混到手，过了眼前这一关再说，对于那些需要长期投入、短期内见不到成效但对团队非常有好处的工作，现在根本没人想干，都图个'短平快'。都说要创新，绩效管理问题不解决，谁敢创新呢？"

- "有人觉得我们的绩效考核能激发人的活力，虽然失去了排在后面的人，但留住了排在前面的优秀人才。这想得真是天真！你们到底想过没？要排在前面，不需要努力向前跑的，只需要让别人跑不快或者掉坑里就行了。现在一出问题，首先讨论的不是如何快速解决问题，而是在讨论这是谁的错，讨论谁应该为这个问题背锅，何其悲哀！"

- "当一个人犯了错误之后，随之而来的很少是帮助，更多的是考核上的惩罚。因为害怕惩罚，所有人都小心翼翼、唯恐犯错，不再敢冒任何风险，甚至不再独自思考。常听到同事说这样的话：'这事我不能决定，我要回去请示下我主管'；'这个需要额外的投入，请跟我主管申请一下'；'这事和我主管说了吗'……在这个企业里，员工不再有一丁点儿做事的主动性，只是一个等待主管安排工作的'下水道工人'。"

- "软件行业本身就充满各种不确定性，需要不断地去尝试才能找到最终的正确答案。但在基于惩罚的考核文化下，多做多错，少做少错，不做不错。不管你做了多少事，一旦做错一件事那就等于把之前的全部贡献全给抹杀了。于是，为了绩效，大家就都开始能少做的尽量少做，能不做的尽量不做。"

绩效管理的可信度一直很低

管理者对下属的打分可信度究竟有多高？2000 年，迈克尔·蒙特、斯蒂芬·斯卡伦和梅纳德·果夫在《应用心理学杂志》（*Journal of Applied Psychology*）上发布的调研结果显示，两位老板、两位同事和两位下属为 4 492 名管理者打分，结果显示，因打分者个人偏好和意见不同，分数相差 62%，而实际上管理者的表现差异仅为 21%。打分针对的应该是被评估者的工作表现，但实际上，与被评估者相比，打分更能揭示评分者的信息。也就是说，打分揭示的是评估者个人的主观爱好，而非被评估者的客观情况。研究表明，在绩效评价中，约有 60% 反映的是评估者本人的特质，而不是被评估者的特质，这一现象被称为"特别评估者效应"。

也正因为如此，戴维·洛克（David Rock）等总结说："在神经科学研究的背景下，大多数绩效管理实践结果确实会扼杀本来希望改进的绩效。"执行绩效评估本身就会降低绩效。

全球主要企业绩效管理发展趋势概览

趋势1：废除绩效评级

2012年，奥多比（Adobe）公司率先宣布废除绩效评级，打开了企业界废除绩效评级的"潘多拉魔盒"。

奥多比是美国加利福尼亚州的一家本土公司，以发布创意软件而闻名天下，多年前便采用了员工排名绩效管理制度。这种强制分配体系从20世纪80年代开始风靡，即要求主管将员工进行曲线排名，将位于末位的10%的员工裁员，这一体系后来被出任通用电气公司CEO的杰克·韦尔奇赞誉为大型企业高绩效的核心组件。

每年1月，奥多比公司的11 000多名员工将结束上一年度的绩效考核，2月则意味着为了排名而明争暗斗的日子终于告一段落。而这种绩效考核导致了颇有争议的企业文化，使那些受挫的员工不得不另谋高就，其中有许多人恰恰对公司的成功发展起过关键作用。到了2012年年初，公司首席人力资源官莫里斯终于忍无可忍，开始对员工排名体系进行大刀阔斧的改革。

继奥多比公司之后，各大企业纷纷宣布废除绩效评级。

- 2013年11月，《彭博商业周刊》(Bloomberg Businessweek) 报道："微软废除了可憎的绩效评级制度。"
- 2015年7月，《华盛顿邮报》(The Washington Post) 报道："惊人之举，埃森哲将去除年度绩效考核和评级。"
- 2015年9月，《国家杂志》(National Journal) 报道："千禧一代如何逼迫GE抛弃绩效考核。"
- 2016年5月，CNNMoney 报道："高盛大刀阔斧改革绩效考核制度。"
- 2020年12月，阿里巴巴宣布不再强制实行"361"考核制度，即不再强制绩效考核一定要符合绩优员工占 30%，中等绩效员工占 60%，低绩效员工占 10%。
- 2024 年 5 月，DeepSeek 创始人梁文锋在接受采访时称，DeepSeek 没有 KPI 考核。

……

加入这一阵营的科技企业有瞻博网络（Juniper）、戴尔（Dell）、微软（Microsoft）和 IBM 等，专业服务公司如德勤、埃森哲、普华永道，以及其他行业先行者，如盖璞（Gap）、利尔电气（Lear）、奥本海默基金（Oppenheimer Funds）。

而其中最有代表意义的，是当初施行强制排名绩效考核的标杆公司——通用电气——也于 2015 年宣布正式废除了绩效评级，这基本标志着强制排名时代的落幕。虽然在这之后，伴随着全球经济压力加大，时而出现绩效评级"复辟"的身影，但终究挡不住时代的大趋势。天下苦强制排名久矣！

一个旧时代正在终结，一个新时代正在开启。

趋势 2：弱化绩效结果的应用

单一绩效结果的过强应用带来了很多问题。因此，越来越多的企业逐步开始弱化这种单一绩效结果的过强应用。

2016 年 2 月，IBM 在给内部员工的一封邮件中写道："Goodbye PBC, Hello Checkpoint"（PBC，即 Personal Business Commitment，IBM 的一种绩效管理方法），正式宣告终结其传统的一年一度的绩效评价机制，代之以新的被称为"Checkpoint"的机制。

过去，IBM 员工每年会收到一个固定的绩效评级，代表了员工在这一年工作成果的一个定性，这个评级会影响员工的薪酬、晋升等方面。从 2016 年开始，IBM 废除了这种过强应用单一绩效结果的做法，改为从以下五个维度去评估员工的工作表现。

- **业务结果**（Business Results）：直观地了解员工是否履行了他的岗位职责，达成了绩效目标。
- **客户成功的影响力**（Impact on Client Success）：对于内外部客户是否

提供了具有价值的服务。
- **创新**（Innovation）：不只是研发部门才需要创新，这里的创新指的是员工是否对其工作内容、流程、项目有不一样的改善。
- **对他人的责任感**（Personal Responsibility to Others）：对经理人来说是指其需要承担人员培养的任务，而对一般员工来说，则是强调对内、对外的合作精神。员工是否愿意帮助别人，为他人考虑，以最有效的方式进行过协同合作，创造更大的客户价值。
- **技能**（Skills）：员工技能提升应聚焦业务需要。在IBM"认知商业"战略下，员工需要具备的是完全不同的新技能。如同HR也在运用大数据招募及留任人才一样，员工需要知道如何围绕公司最新战略，有针对性地持续提升自己的新技能。

员工在设定目标时，就应从这五个维度去设定，同时，主管在定期同员工的绩效沟通过程中，也会从这五个方面去全方位评估员工的工作表现，而不再只是关注单一的业务结果维度的表现。

同时，这五个维度的评估结果，在应用时也有不同的侧重。比如业务结果影响薪酬，技能则影响长期发展。这样，员工在各个维度的表现，都能得到认可，避免了唯绩效论现象。

更重要的是，企业不再强调绩效结果一定要如何应用于薪酬和回报，而是将薪酬调整权力下放给了管理者，管理者是最了解员工的工作表现的，他们可以根据员工的综合表现进行相应的薪酬激励，而非僵化地应用一个绩效结果。

趋势3：更加注重绩效辅导和沟通

奥多比公司废除绩效评级之后，取而代之的是叫作"Check In"（核查）的模式，这是一种更为频繁却非正式的绩效谈话，核心在于解构从前那种呆板的评级方式和年度反馈的报告架构，用以支持季度、月度，甚至每天的绩效谈话。莫里斯和其他主管用其新理念"Check In"模式来培训经理们，把此种模式称为"持续的教育"（Ongoing Education）。

IBM在取消一年一度的绩效评级之后，取而代之的是叫作"Checkpoint"

的绩效管理系统。为此，IBM 内部还专门有一个手机 app——ACE，是"Appreciation""Coach""Evaluation"三个单词首字母的缩略，把欣赏和辅导提到了非常重要的位置。IBM 希望通过这套系统，强化绩效实施过程中主管和下属的实时互动，鼓励开展"持续的绩效反馈"（Continuous Feedback）。

GE 在这方面走在更前面，内部专门开发了一个绩效管理 app，叫 PD@GE，其中 PD 是"Performance Development"（绩效发展）的首字母缩略。PD@GE 一方面鼓励主管实时对下属进行辅导，GE 把这叫作"接触点"（Touchpoint），另外一方面也鼓励下属主动寻求主管和其他同事的反馈，GE 把这叫作"洞见"（Insight）。这样，下属可随时随地开展自下而上和自上而下两个方向的绩效反馈，随时感知自己在过程中的绩效表现，帮助自己更好进步和成长。

在中国的大型企业中，腾讯一直以宽松的管理为大家津津乐道。不过，这也带来了管理者和员工过程沟通不足的问题，因此，从 2022 年年中起，腾讯从公司层面也要求各级管理者在每个考核周期里，除进行正常的目标沟通和绩效评价结果沟通外，还应当和员工再做一次正式的中期绩效辅导，以强化公司的绩效辅导文化。

总结起来就是，企业越来越将绩效管理的重心，从绩效评估向前转移到了绩效辅导，试图通过强化过程中的沟通和辅导，来帮助下属成长和达成更高绩效，实现组织和个人的双赢（见图 2-5）。

图 2-5 绩效管理重心变化对照

绩效使能时代的到来

在人工智能时代，企业外部环境存在诸多不确定性，企业不能再单纯以"管理"的视角去看待员工的绩效，而应更多地从"使能"的角度去帮助员工达成更好绩效，这是一个观念上的巨大转变。

人工智能时代外部环境的不确定性

在人工智能时代，企业所面临的外部环境，无论是从结果维度，还是从过程维度，都存在不确定性。

（1）结果的不确定性：人工智能需要以大数据和计算作为支撑，而数据的开放涉及各国的政策环境影响。比如在中国，数据的开放程度较高，企业拥有很多客户相关数据，因而在算法具备的情况下，可以从海量数据中提取出相关模型，实现智能分析和智能学习；而在欧洲，数据受隐私法非常严格的保护，企业要想获取到足以支撑机器学习的海量数据，需要花费很多精力，甚至是不可能的。那么，对全球化企业而言，基于中国的海量数据而构建的人工智能，是否也同样适用于欧洲？这有待检验，从而影响了企业的进一步全球化拓展。再比如，基于美国路况和交通规则构建的无人驾驶汽车，是否也同样适用于中国的路况？也未可知。所以，要实现全球通用的人工智能，还有很多难题需要企业去攻克和解决。

（2）过程的不确定性：未来，随着物联网的兴起，联网的将不再只是手机和PC机，而是数以十亿计的设备。谷歌无人驾驶汽车每秒钟可以产生1GB左右的图像数据，而全球目前的汽车保有量是10亿辆，未来如果实现无人驾驶，可以想见数据量的惊人膨胀程度。这样的数据量，靠传统计算机，甚至是传统计算机构成的云计算，都无法满足运算需求。因此，计算能力的下一步发展方向是量子计算机，以及由量子计算机所组成的量子云计算。而谷歌量子AI实验室科学家在《自然》杂志上发表文章指出：量子计算领域即将迎来历史性的里程碑，小型的量子计算机会在5年内逐渐兴起。但即便如此，量子计算机的研发，以及未来量子通信这些领域，都是不确定的。即使在量子计算领域走在前沿的谷歌也表示："量子计算的投资者预计只能在长期获得回报。"

正是这样的高度不确定性，导致企业不能再像之前一样，先规划好一个确定的战略，然后基于战略制定目标，最后再把目标在企业内层层向下分解，直到最基层员工。而应该是采取更为敏捷的做法，充分授权每一个员工，发挥每一个员工的自主性，采取自下而上的方法去制定目标，汇聚群体智慧，共同形成强大的创造力和探索洪流。

新时代需要新的绩效管理机制！绩效使能时代已然到来！

什么是绩效使能

绩效使能的定义

绩效使能，是指以激发员工内在动机为目的，充分满足员工自主、胜任和关系三种基本需求，从而释放其创造性的新型绩效管理方式，也就是绩效管理 3.0。

这个定义只重点强调了一件事情，即"激发员工内在动机"，这是绩效使能区别于传统绩效管理最显著的地方，将动机的关注点从外部转向内部，是"使能"员工，而不是"管理"和"控制"员工，是帮助员工发挥更大潜能，而不是胡萝卜加大棒。

可能有不少人会问：那么，我作为商业组织的企业主，我的目标是要赢利，绩效使能的目的如果不是像传统绩效管理那样强调员工在岗位职责上的贡献，那么企业何以赢利？

莫惊慌！

中国古代文学博大精深，其中往往蕴藏着深刻的道理。让我先来说一个小谚语故事，名字叫"赵襄主学御"，出自《韩非子·喻老》。

【原文】

赵襄主学御于王子期，俄而与期逐，三易马而三后。

襄主曰："子之教我御，术未尽也？"

对曰："术已尽，用之则过也。凡御之所贵，马体安于车，人心调于马，而后可以进速致远。今君后则欲逮臣，先则恐逮于臣。夫诱道争远，非先则后也。而先后心皆在于臣，上何以调于马？此君之所以后也。"

【白话文】

战国赵襄子向王子期学习驾车技术，没多久就要跟王子期比赛。比赛时，他三次改换马匹而三次都落后于王子期。赵襄子说："你教我驾车的技术，是否留有一手，没有完全教给我？"王子期回答道："我已经把技术全都教给您了，只是您在使用的时候有问题。不管驾驶什么车辆，最重要的是，马套上辕，要跟车辆配合稳妥；人赶着马，注意力要放在人的指引与马的奔跑相协调上，然后，才可以加快速度，跑得很远。现在，你在我后面，一心只想追上我；你在我前面，又怕我追上来。其实，驾驭（引导）马匹长途竞争，不跑在前面，便是落在后面。而你无论在前面还是在后面，注意力全都集中在我身上，还顾得上与马匹的奔跑协调一致吗？这就是你落在后面的原因了。"

在这个故事中，赵襄子与王子期赛马，之所以屡屡失败，并非因为马匹不好，而是因为他始终把关注点放在了他的竞争对手王子期身上，始终想着如何才能赢，而不是如何把自己的马赛好。赢是结果，赛马是过程，没有好过程，何来好结果？

企业与外部竞争，赢自然是终极诉求，但如果过分关注赢这件事，把关注点放在了结果和竞争对手上，而不是如何自我提升这个过程上，就会像赵襄子一样，"三易马而三后"。

绩效使能，就是要将企业对绩效的关注点，从结果转向过程和员工的内心，从驱动员工转向使能员工，驱动是用外力驱赶，是外在动机，是胡萝卜+大棒；使能是用内在兴趣和意义感激发，是内在动机，是兴趣+自主+胜任+关系的复合体，这一切做好了，好事自然成！那些急于求成的人，最后往往功败垂成，而那些一心做事的人，最后却功成名就，就是这个道理。人的精力是有限的，如果焦点都放在了结果上，那么在做事时就会分心，事情就不会做得非常完美。

从动机层面看绩效使能

前已述及，绩效使能瞄准的是员工的内在动机的激发，这是绩效使能与传统绩效管理最大的区别。如果将绩效使能（也即绩效管理3.0），与传统绩效管理（绩效管理2.0）、绩效评价（绩效管理1.0）放在一张图里，那么它应该如图2-6所示。

图 2-6　绩效管理三个时代与动机状态

绩效管理 1.0 →绩效管理 2.0 →绩效管理 3.0，对员工动机的关注点始终是在向内转移，只有到了绩效管理 3.0，即绩效使能，才最终真正地完成了整个迁移过程，真正地回到了激励的源头。相应地，激励效果也依次增加，只有到了绩效使能时代，对员工的激励才实现了最大化。

绩效管理从 1.0 到 3.0 三个时代的变迁，反映了企业在探寻员工激励这个问题上，越来越接近问题的本质。终于在这一次，逼近了问题的核心。这似乎有点像人类探寻物理世界一样。从亚里士多德的基于经验的探寻，到牛顿的基于经典物理的探寻，到爱因斯坦和玻尔、费曼等基于量子的探寻，一步步逼近了真实物理世界的本源。绩效管理 1.0 对人员的激励，正如亚里士多德时代对能源的使用一样，得到的是刀耕火种般的原始能量；绩效管理 2.0 对人员的激励，有如牛顿时代对机械能的使用一样，大幅提升但仍有很大的浪费；只有到了绩效管理 3.0，才有如对核能的利用一般不可限量。

爱因斯坦质能方程为：$E=mc^2$。按照这个公式计算，一克反物质与一克物质碰撞而湮灭时释放出的能量，相当于当今世界上最大的水电站 12 个小时发出的能量总和。绩效使能所蕴含的能量，也正像这质能方程所蕴含的那样巨大，如果能把它释放出来，那将是多么的可观！

神奇的内在动机

相信你在阅读上面的内容时，一定在想一个问题：为什么绩效管理要从外在动机转向内在动机？为什么说内在动机才是激励的本质？好问题！接下来我就带你体验一下动机之旅！

动机发展史上，有两大主要流派：一是弗洛伊德（Freud）的精神分析学派，二是赫尔（Hull）的实验心理学派。

精神分析学派弗洛伊德认为，人主要由性（Sex）和攻击（Aggression）这两种驱力所驱使。

实验心理学派赫尔认为，人主要由四种驱力所驱动，分别为：饥饿（Hunger）、口渴（Thirst）、性（Sex）、避免疼痛（Avoidance of Pain）。

这两种理论在驱动力发展史上长期占据统治地位。它们确实能有效地解释大部分人的行为。比如，当你饥饿时，一盘美味的牛排足以让你为之而奋斗，这时你的驱动力就是减少**饥饿**；曹操行军时，也曾用望梅止渴的方式驱动着整支队伍前行，这时队伍前行的驱动力就是减少**口渴**。

但正如时下流行的那句话所说的那样，"**生活不只是眼前的苟且，还有诗和远方**"。

古希腊有一个关于潘多拉的神话，道出了好奇心的魔力：

相传普罗米修斯创造人类，并盗取了火种之后，作为惩罚，宙斯用黏土做成了地球上第一个女人，就是潘多拉，用以作为惩罚送给普罗米修斯的弟弟埃庇米修斯。潘多拉于是和埃庇米修斯生活在一起。不久后，普罗米修斯带给埃庇米修斯一个大盒子，并反复叮嘱他一定不能打开，但潘多拉是一个好奇心很重的女人，普罗米修斯的反复叮嘱反而使她更加想打开盒子，她想："普通的一个盒子何必藏得这么隐蔽？而且又盖得这么紧，到底为什么呢？"趁埃庇米修斯外出时，潘多拉悄悄打开了盒子，结果里面并没有潘多拉所期待的东西，而是无数的灾祸虫害。在潘多拉打开盒子以前，人类没有任何灾祸，生活宁静，那是因为所有的病毒恶疾都被关在盒中，人类才能免受折磨。由于潘多拉的好奇，灾难与瘟疫逃出来，从那时起，灾难日日夜夜、处处危害人类，使人类受苦。

在慌乱与害怕中，潘多拉赶紧关上了盒子，结果留下盒子中唯一美好的东西——希望。自此，虽然人类不断地受苦、被生活折磨，但是心中总是留有可贵的希望，才能自我激励。在死亡以前，希望永远存在，人生也绝对充满了美好的希望。

潘多拉为什么不顾反复叮嘱，非要打开魔盒一看究竟？这就是好奇心的魔力所在，人类天性好奇，凡事总想探索一番。

撇开神话不说，从心理学角度而言，越来越多的心理学家发现，用上述两种理论，很难解释很多行为：

（1）1925 年，达希尔（Dashiell）发现，即便是处于饥饿状态下的兔子，在一定条件下，也会抛下身边的美味食物，去探索"**趣味**"空间。这显然有违赫尔驱力理论中的"**饥饿**"驱力。按照赫尔的理论，兔子在饥饿状态下，食物应当是兔子的主要驱力，但实际上情况并非如此。

（2）1930 年，尼森（Nissen）发现，兔子会穿越电网，"**甘愿**"忍受电击疼痛去探索对面的"**趣味空间**"。这也有违赫尔的驱力理论。按照赫尔的理论，兔子应当避免触碰电网，以**避免疼痛**，但实际情况也并非如此。

（3）更进一步，很多心理学家发现，小孩对很多事物生而保持**好奇**，总想去探索一番。驱使着人类去不懈探索未知世界的并非**饥饿**、**口渴**、**性**和**避免疼痛**这些驱力。

（4）英国雷丁大学动机科学实验室（Motivation Science Lab）主任村山（Murayama）做过一个实验，当在人们面前呈现一个魔法时，人们甚至甘愿被电击一次，以此作为交换条件去探索这个魔法。村山更进一步的实验表明，好奇心和美食一样，刺激的是人脑纹状体的相同部位。

心理学家爱德华·德西（Edward L.Deci）等正是基于这些发现，将这种不由外部力量驱使，根植于人内心的三大基本需求，称为内在动机。德西指出，人的这三大基本需求包括：自主、胜任、关系。

- **自主**（Autonomy）：希望对自己所做的事有选择自由，而非被迫。
- **胜任**（Competence）：希望自己能掌控环境，胜任工作。
- **关系**（Relatedness）：希望归属于某一群体，这是人的社会属性的体现。

这三大基本需求构成了内在动机的核心要素，驱动着人不停地探索未知世界，展现出无穷的创造性。

为了更好地理解内在动机，我们先来看看外在动机的作用。**外在动机是指以获取诸如金钱、奖品、食物等物质类激励作为行动目标的动机**。比如，每天搬 1 000 块砖，如果是为了获得 100 元酬劳，那么这 100 元钱就是外在动机。

当目标非常明确时，外在动机可以很好地发挥作用，它能非常精准地激发员工为之努力。所谓重赏之下，必有勇夫，就是这个道理。但是，外在动机在**针对创造性工作时**，就显得特别无能为力。

科学研究表明：

（1）**内在动机有利于激发个体的创造性**。内在动机驱动的人，其创造性强于外在动机驱动的人。事实上，外在激励会削弱人们的内在动机。

（2）**内在动机能很好地激发个体更深层地理解事物的本质**。心理学家做过一个实验，让两组学生学习多篇文章，然后让他们进行复述，同时告诉其中一组学生，他们每复述一篇文章会得到1美元。实验结果表明，有金钱激励组学生记忆的内容要多于没有金钱激励组，但他们对文章理解的深度远不如没有金钱激励组学生。这充分说明：外在激励可以增强机械记忆，却减弱了对事物本质的追求。可理解为得到了数量，却牺牲了质量。

（3）**内在动机能让人更有恒心和毅力**。基于内在动机工作的员工，在一项工作上坚持的时间会更长；与之相反，基于外在激励工作的员工，当外在激励存在时，他们工作很努力，一旦外在激励撤销，员工的工作兴趣会立马减退。

（4）**内在动机能激发个体的挑战意识**。研究表明，当工作是员工自主选择时，员工的承诺意识更强，也更愿意选择有挑战性的任务去挑战自我。心理学家为此也做过一个实验，让两组学生选择不同难度的任务去完成，并给其中一组学生一定额度的金钱激励。实验结果表明，金钱激励组学生更倾向于选择容易的任务去完成，而没有金钱激励组学生则更倾向于选择超出他们当前能力的任务去挑战自我。

（5）**内在动机能增强个体幸福感**。理查德·舒尔茨（Richard Schulz）通过一个研究发现，处于内在动机状态下的人，患疾病的概率更低，死亡率也更低。

综合起来，**内在动机让人们跟随兴趣、自主选择、体验到挑战的乐趣**，因而从长远来看，内在动机驱动的人更富有创造性，更有毅力，能取得更大的成就，身心也更健康。

Performance
Empowerment

第3章 ——

绩效使能深度解析

有人曾问1981年诺贝尔物理学奖获得者阿瑟·伦纳德·肖洛（Arthur Leonard Schawlow）：高创造力的科学家和低创造力的科学家之间有什么区别？他的回答是："努力于爱好是最重要的。"许多成功的科学家并没有最好的天赋，但他们却是那些始终被好奇心驱使的人，他们总是设法想知道答案是什么。肖洛对科学创造力的观点，强调了内在动机的重要性：对于创造性工作，真正激励工作的，是工作本身很有趣，包括令人兴奋、令人满意和充满挑战性。大量证据表明，当人们受到内在激励，而不是外在激励（如期望的评估、监督、与同事竞争、受上级命令或承诺的奖赏）时，他们最富有创造力。

在人工智能时代，当一切低端、可重复的工作日益被智能化后，这个世界实质上是科学家的世界，只有那些能充分发挥科学家潜能的企业，才能在这个竞争高度白热化的市场掌握主动权，无往而不胜。而对科学家群体，采用传统的胡萝卜加大棒的做法，只会制约他们的创造性。所以，绩效管理不能停留在1.0时代的单纯考核，也不能停留在2.0时代的绩效考核+目标管理，而更应该前进到3.0时代的绩效使能模式，从深层的动机层面去孵化和培育科学家的内在动机。

要更好地了解内在动机，我们需要全面地了解人的整个动机，将内在动机放到整个动机框架中去理解，才更能看清内在动机的巨大价值。

动机图谱

人的动机状态，大致可以分为三种类型：动机匮乏、外在动机和内在动机。动机匮乏是指一个人在做任何事情时都提不起兴趣，觉得对任何事情都缺乏掌控感，无能为力，有一种无助感。外在动机是指人做事的主要出发点是达成某个外在的目的。内在动机则指个体认为工作很有趣，沉浸其中，工作本身就是对做这项工作的最好激励。

用一张图来表示时，动机图谱如图 3-1 所示。

动机类型	动机匮乏	外在动机				内在动机
调节类型	调节匮乏	外部调节	内投调节	认同调节	整合调节	内在调节
控制感知	淡漠	外部	部分外部	部分内部	内部	内部
自主状态	非自主决定					自主决定
控制过程	无力掌控、无助感	服从、外部奖励和惩罚	自我控制、内部奖励和惩罚	价值与意义认同	自我追求与外在融合	兴趣、乐趣、内在满足

图 3-1　动机图谱

在这张图谱上，动机匮乏和内在动机分处于图谱的两端，分别代表动机的两种极端状态，人处于动机匮乏状态时是一种无能为力的状态，而处于内在动机状态时是一种充满活力、精力充沛、极富创造力的状态。而外在动机则介于两者之间。

外在动机又按自主程度的不同，存在四种不同的子动机状态，分别是：外部调节、内投调节、认同调节、整合调节。

下面将逐一解读。

动机匮乏

当一个人处于如下两种状态之一时，就处于动机匮乏状态。

（1）不值得做：一件事情没有价值和意义，不是自己想做的，且不能从中得到任何外在回报。

（2）不能做：一件事情虽然有一定的价值和意义，或者做了这件事后能得到一定的回报，但自己或者能力不够，或者没有任何掌控权，从而事实上什么也做不了。

一个人，不管他是追求"外在"回报，还是享受工作"内在"乐趣本身，他至少都是有意愿的，这个"外在"回报或"内在"乐趣调动着他的心力、体力和脑力为之努力。但当一个人处于动机匮乏状态时，他对这件事无欲无求，这是一种最被动做事的状态。

举例来说，如果一个组织分工过细，每个部门单独负责产品的某一小部分，部门之间存在很厚的部门墙，相互之间存在竞争关系，那么当一个工人发现了一个需要系统改进才能解决的产品问题时，他可能就会觉得这件事情虽然有意义，但由于牵涉的面太广，不在自己能力范围之内，因而在系统改进这件事情上，处于一种动机匮乏状态。

又比如，如果一个组织存在很强的绩效导向文化，当其他部门遇到困难请求他支援时，虽然他有能力完成这个"支援"动作，但由于这样做本身并不会给他带来任何实质直接绩效好处，那么他对支援这件事就表现出一种动机匮乏状态，从而拒绝支援。

小时候，在我们村里，小伙伴们都宁愿上山打柴，或者下地种田，也不愿意去学校念书。为什么会这样呢？那时的教育方式比较简单粗暴，每天老师教我们认字、背课文，然后第二天听写，错一个字打一竹棍，几乎每个人都挨过打，一堂课挨上一二十竹棍是很正常的事，每天放学回家的时候，很多小伙伴的手都还处于疼痛和麻木状态。于是，对很多小伙伴而言，每天上学都如坐针毡，寄望于老师今天生病了或者因为其他事情耽搁而无法到校，再或者老师今天心情好不用听写了，从而免遭一难。很多小伙伴念到小学三年级，或者至多到五年级，就再也不想继续念下去了。然而，放学后的情景却完全不同。每当三五个小伙伴凑在一起放牛时，如果谁手里有一本小人书，就是通称的连环画，大家就会围坐在一起兴致盎然地阅读和讨论起来，往往会就一本小人书讨论到很晚才回家。很多内容我至今还记得很清楚，比如《哪吒闹海》《大闹天宫》《三打白骨精》《牛郎织女》《呼家将》《鸡毛信》《林海雪原》这些。此外，那时武侠小说很盛行，比如金庸先生的《天龙八部》《倚天屠龙记》，很多小伙伴都是晚上用手电筒躲在被窝里通宵看的。其实，课本里也是有很多像这样有趣的小故事的。如果从动机角度来解释，那时大家之所以不想去上学，并非他们不想读书，而是因为他们觉得学校老师太过严厉，课程设置也比较死板，让他们觉得自己很笨，觉得自己根本不是读书的料，也就是上面所述的第二种状态（不能做），从而处于动机匮乏状态。后来禁止了老师对学生进行体罚。

如今，教学方法日新月异，学校除了会用电视、电脑等多种形式吸引学生的学习兴趣，让学生觉得学习是一件有趣的事外，学校还在课程的安排上少了很多死记硬背，更多地以启发学生心智和素质培养为主，注重遵循学生的学习规律，由浅入深展开学习过程，让学生觉得自己能学好。解决好愿意做和能做这两方面的问题之后，学生对学习就不会再像我们那个时代一样处于动机匮乏状态了。

外在动机

外部调节

一个行为，如果完全被外部奖励或者惩罚所驱动时，那么这个行为就处于外部调节动机状态。外部奖励或惩罚要能起作用，必须具备如下两个特征。

（1）**直接**：奖励或惩罚与行为之间有明显的关联关系。

（2）**显著**：奖励数额必须足够具有吸引力，或者惩罚足够有威慑力。

举例来说，对一个博士来说，他的主要兴趣是做课题研究，但当他加入一家企业时，被安排去做软件编码工作，他可能觉得这有悖于他加入企业的初衷，内心不愿意做这项工作。但如果这家企业给他的待遇足够有吸引力，不去做软件编码可能会让他失去这份工作，那么他可能最终接受了这样的工作安排。在这里，企业的薪酬回报和这份工作安排之间的关系是直接的（不做就会丢掉这份工作）和显著的（薪酬足够有竞争力），所以对这位博士的行为起到了外部调节作用。

再比如，在一些企业内部，不少员工每做一件事情，都会将邮件抄送给自己的主管，希望主管能把这件事情记在他的绩效上。对这类员工，他做事的动机是希望得到主管的绩效激励，本质上就是一种外部调节动机。做事的动力是为了获得外部认可与激励。

在一家强绩效导向企业里，员工 A 和员工 B 在同一个小组共事，B 在负责一个产品的需求管理，某次他们通过内部通信工具私下交流时，A 向 B 提到了主管对于产品的一个想法，得到了员工 B 的赞赏。在不到 1 分钟的时间内，A 就将同 B 交流的内容，原样拷贝了一份，通过邮件重新发送给了他们共同的主管 C，并抄送 B。A 的这个动作，本身并没有为工作增值，仅仅是为了获得主管 C 的认可才做的。这个动作就是受外部调节动机所驱动的。更进一步，A 仅会在有主管在场的情况下，才会把自己认为"好"的想法贡献出来，当他评估认为主管无法感知到自己的贡献时，就不会去做。所以可以说，A 的行为已经泛化到做任何事情都是为了获得认可或回报，具备典型的外部调节导向。

外部调节在工作和生活中非常普遍，即人们通常所说的胡萝卜加大棒，它可以迫使人们服从，或者诱使人们去做某件事，效果似乎立竿见影。但它的副作用也是极其明显的。首先，只有外部奖励或惩罚直接且显著，才能引出人们的行为的话，一旦外部奖励或惩罚取消，人们的行为也就自动迅速消失，可持续性非常差。处于这种动机驱使的人，只是把工作当作获取外部奖励或避免外部惩罚的手段了，他们通常非常焦虑，甚至抑郁，身心健康状态较差。另外，他们通常追求的都是工作的数量，而不是工作的质量。

内投调节

在外部调节动机驱动下，个体做某件事，是因为这件事能给他带来某个外在奖励，或者不这么做会受到某种外部惩罚。也就是说，与行为关联的是外部条件，是一种外部控制。与外部调节不同，内投调节指的是个体内化了某些外部规则，从而在没有外部条件存在的情况下，也会去做事的一种状态，是一种内部自我控制。处于这种状态下的个体，通常觉得自己"应该""必须"去做这件事，不这么做会让自己感到内疚、负罪、有压力，做了后会让自己觉得很有面子、很骄傲。

处于内投调节状态时，个体会很在意他人对做某事的看法，希望得到他人的认可，特别害怕被他人拒绝和否定。在一项工作遭遇挫败时，会陷入深深的自责之中。特别地，在一个组织中，如果存在相互比较的文化时，这种现象会特别普遍。

比如，在很多企业里都有一种加班文化存在。曾经不少次，当辛苦工作至晚上 10 点终于把工作完成准备起身回家时，发现身旁的同事都还在加班，于是不好意思转身离开，只得按捺住回家的想法，继续待着和大家一起加班。这种陪加班的行为，本身并不会给工作带来增值，也没有人强制一定要这么做，只是因为如果不这么做，会让自己觉得很内疚，其他人都在努力工作时，自己先走了，大家会不会觉得自己在偷懒呢？这就是典型的内投调节动机在驱使。

内投调节有点类似一个人吃东西时，只是把外部规则吃到身体里变成了内部规则，但并没有真正消化。如果说外部调节是因为有一双眼睛在外部盯着，那么内投调节只是把这双眼睛放到了心里，从外部监控变成了自我监控，但并没有改变被控制的本质。例如，学生考试时，如果只是因为老师在场他才没有作弊，那么这种行为属于受外部调节动机驱动，如果他是觉得作弊行为会被别人看不起才没有作弊，那么这种行为就属于受内投调节动机驱动了。再比如，不少人之所以想减肥，就是因为害怕别人说自己胖，虽然事实上别人可能并没有这么说过，但此时他减肥的动机，就是内投调节动机了。在一些发展中国家，个别行人通常习惯了随意穿行马路，不看红绿灯，但是当他们旅游到文明程度更高的国家时，他们想随意穿行马路时，环顾四周看到身旁的路人都在自觉遵守交通规则，大多也会被迫遵守起交通规则来。在内心里，他们并没有真正认同交通规则的必要性，是处于一种迫于外部压力而不得不这么做的动机状态，即内投调节状态。

认同调节

当一个人认同某件事的价值以及其重要性时，就处于认同调节动机状态了。相对于内投调节而言，认同调节的自主性又前进了一步，之所以要做某件事，不是迫于外部压力或自我压力才去做，而是因为这件事于自己而言很重要，是有意义的。

举例来说，当上级给下级安排一个工作，只是单纯地把任务分配给下属去做，而并没有告诉他为什么要这样做，做了后能给组织和个人带来什么价值时，员工做这项工作时，通常就会处于动机匮乏或者外部调节动机状态。但如果上级告诉他，完成这个工作后，会大大地提升客户的满意度，同时给组织创造一大笔营收，也会让他日后具备这一方面的能力优势，员工在认识到这个层面后，动机状态就会提升至认同调节动机状态。再比如，如果一个人戒烟，只是因为家人不允许他再继续抽烟，那么他就处于外部调节动机状态，但如果他认识到抽烟会对内脏造成损伤，严重危害健康，那么他就处于认同调节动机状态。

虽然认同调节具备了一定的自主做事意愿，但个体并未将它同个体其他意愿有机整合形成一个整体，因而会时常感受到冲突。例如，通常大家会感受到的工作和生活不平衡，就是认同调节状态下的一种矛盾表现。一方面，个体认为某项工作对自己而言很重要，因而在该项工作上花费了较多时间，长期加班到很晚才回家，另一方面，又觉得自己没有抽时间陪伴家人，于是感受到强烈的冲突。

整合调节

在所有的外在动机中，整合调节是自主性最强的外在动机状态，实现了对外部规则的最佳内化。个体完全认同做一件事的价值和意义，同时，也能将做事的意愿同个体其他动机状态有机整合成一个整体，同个体其他部分是一致的，从而较少感受到冲突和矛盾。处于整合调节动机状态时，个体会觉得工作和生活是一个整体，而不是对立的，不存在工作和生活需要平衡一说。整合调节动机导向的人，善于从工作中追寻和发现意义，并有机集成到自我价值实现之中。有研究表明，正念可以促进整合调节动机状态的达成。

由于是"自主"地在做事，个体在认识一件事情的价值和意义时，往往能将其统一到其过往的价值体系之中，从而很少有"被迫"的感觉。

例如，在中国通信业相对落后的时期，国内的通信市场被几大国际电信巨头所把持，当时华为决心将所有资金投入研发一款C&C08交换机，打破这种垄断态势，于是招聘了几位刚毕业的年轻人加入，任正非当时向他们描绘了这样做的巨大前景，在困难时期经常向大家传递一个伟大的愿景：未来"世界通信行业三分天下，华为有其一"，于是这批年轻人没日没夜地努力钻研，牺牲了几乎所有的业余时间，最终将交换机成功研制出来。这批初期加入华为的年轻人当时所处的状态，就是一种整合调节动机状态。事实上，初创企业大多也处于这种状态，虽然其工作强度很大，但员工极具活力和拼搏精神。之所以能做到这一点，正是因为员工具有极大的自主性、认可工作的价值和意义、将奋斗视为日后工作和生活的全部，愿意为之一搏。

内在动机

内在动机是动机的高度自主状态。个体之所以做一件事，完全是因为这件事充满趣味、有乐趣，个体乐在其中，是行为的发起者和"创始人"，而不是为了追求某个外在的奖励或避免某个外在或内在的惩罚，工作本身就是对工作最好的激励。

处于内在动机状态下时，个体的自主、胜任和关系三个基本心理需求得到高度满足，精力充沛，充满活力，极富创造力，行为可持续性最好，身心处于最健康状态。

如果一件事情本身代表着一种责任的时候，它的最好动机状态最多是整合调节动机状态，而如果事情本身还能让个体觉得有趣且好玩时，它就可以到达内在动机状态了。所以区分一个动机是否是内在动机，"有趣"且"好玩"是一个很好的判断标准。

一方面，内在动机的好处是如此多，另一方面，它在这个物质世界中又极其脆弱和易受干扰。无数研究表明，当一个人对某个事物本身很感兴趣，处于内在动机状态时，如果提供直接且显著的外在激励，通常会把他的注意力从内部拉向外部，变成了获取这个外在激励的一种手段，于是，原有的内在乐趣、内在动机荡然无存，或者所剩无几。

爱因斯坦曾在《自述》一文中形容得非常贴切，他说：

> 人们为了考试，不论愿意与否，都得把所有这些废物统统塞进自己的脑袋。这种强制的结果令我如此畏缩不前，以致在我通过最后的考试以后有整整一年对科学问题的任何思考都感到乏味……因为这株脆弱的幼苗，除了需要鼓励以外，主要需要自由；要是没有自由，它不可避免地会夭折。认为用强制和责任感就能增进观察和探索的乐趣，那是一种严重的错误。

伟人之所以成为伟人，取得举世瞩目的巨大成就，不是因为有某种外界所强加的责任在驱动他，而是因为他深刻洞悉了内在动机的奥秘，基于兴趣和爱好，自主地做事，乐在其中。爱因斯坦的这段话，完美地道出了内在动机的关键：

（1）你不能通过强迫他人而增强他人探索事物的兴趣。

（2）内在动机的维持，需要自由（自主）。

（3）内在动机易受外在奖励的影响。

这一切，恰是爱德华·德西和理查德·瑞安（Richard M.Ryan）两位内在动机泰斗自1969年以来，用了近50年的时间所揭示的内在动机理论精髓。

当工作很枯燥、简单、偏执行时，外在动机尚有其用武之地，但当工作十分有趣、复杂、偏创新时，唯有内在动机能发挥出惊人的激发效果。这就是我们发现诺贝尔奖无法用金钱激励出来的原因所在。要有大创新，必须内心觉得这项工作很有趣，发自内心愿意去做这件事，工作本身就是对工作最好的激励和回报，外在的追求只会拉低创新的水准。用一张图说明内在动机与外在动机间的关系，如图3-2所示。

图3-2 内在动机与外在动机激励效果图

动机图谱下的绩效管理

如果把绩效管理放到动机图谱上，得到的分布图是图3-3这样的。

动机类型	动机匮乏	外在动机				内在动机
调节类型	调节匮乏	外部调节	内投调节	认同调节	整合调节	内在调节
控制感知	淡漠	外部	部分外部	部分内部	内部	内部
自主状态	非自主决定					自主决定
控制过程	无力掌控、无助感	服从、外部奖励和惩罚	自我控制、内部奖励和惩罚	价值与意义认同	自我追求与外在融合	兴趣、乐趣、内在满足
绩效管理	任务分配、机械执行	绩效评价、绩效薪酬、强制比例	自上而下目标	自下而上目标、教练式辅导	愿景/使命	去掉绩效管理、自主探索
典型实例	官僚机构、生产线	KPI	PBC	OKR	合伙人、自管理组织	20%时间、自由职业

图3-3 动机图谱下的绩效管理

绩效评价、绩效薪酬与强制比例

通常的绩效评价，以及基于绩效付薪的做法，本质上就是一种外部调节动机状态，这是一种员工为了获得相应的回报才去做事的状态。实施这种做法的组织，很难想象一旦没有绩效评价作为"紧箍咒"后，员工还会不会干活儿。他们总会有这种担忧。在这样的组织里，从主管到员工，都会认为，只有评价和薪酬才是员工的动力。华为曾一度非常看重员工的绩效表现。在华为，绩效是分水岭，是晋升、加薪的必要条件；只有那些在实际工作中已经取得了突出绩效，且绩效考核横向排名前 25% 的员工，才能进入干部选拔流程。不光针对干部，所有员工的晋升都要看绩效，员工的年终奖励要看绩效，员工的任职资格认证（一种岗位任职能力评定方式）要看绩效，员工调岗要看绩效……可以说，在华为，没有一个好的绩效，寸步难行。正是这个原因，员工会特别看重绩效，只做能出绩效的工作，那些需要付出额外努力但又难以见到成效的工作，鲜有人碰。同时，由于在每个群体中都有严格的考评比例限制，例如 A 不能超过 15%，B+ 不能超过 40%，B 不能超过 40%，C/D 不能低于 5%，团队中的员工为了获得好的考评，时常存在争绩效的现象。在这种考核体制下，一个团队不论有多优秀，总会存在 C/D，因此如果张三帮了李四，那么最后考评时李四的绩效表现可能就会好于张三，张三落到 C/D 序列的可能性也就更大，于是竞争大于合作也就在所难免了。有一个寓言故事恰到好处地评述了这种现象。

> 两人在草原上遇到狮子，正准备跑时，其中一人停下来赶紧换上跑鞋，另一个人好奇地问："你换跑鞋做什么呢？换了也跑不过狮子呀！"那人回答说："我不需要跑过狮子，我只需要跑过你就可以了。"

所以，这种竞争性绩效考核带来的是一种相互倾轧的不合作文化。为了生存，员工之间会明争暗斗，广泛存在的部门墙也正是类似的组织绩效考核机制所带来的痼疾。

我的一个同事曾经在华为内部针对一个 200 人左右的典型研发团队做过一个动机水平的调查问卷，数据显示，这个团队的整体动机状态介于外部调节动机和内投调节动机之间。这从数据上印证了动机图谱的可靠性。事实上，这个研发团队在华为内部是一个相对优秀的团队。可想而知，其他团队的动机水平会是什么样的状态。

事实上，华为在 2008 年之前，内部实行的是一年四次考评，每个季度考评一次，员工间的考评差距拉得不是特别大，绩效比例以及绩效的应用也相对比较弱化和灵活，主管有很大的决定权，通常会更加强调团队协作。那时华为员工的整体动机水平大致处于认同调节动机水平及以上，员工普遍充满活力，"胜则举杯相庆，败则拼死相救"的协同氛围非常浓烈。

再用这张图谱回过头去分析索尼的绩效主义现象时，你会有一个更清晰的认识。最初索尼在没有实行绩效主义时，大家很有激情，敢于冒险，动机水平处于认同调节、整合调节甚至是内在动机水平，一旦实行绩效主义，就将员工的动机状态拉低到了外在动机状态，而更高水平的动机，意味着更高程度的自我努力、活力和创新，所以索尼的绩效主义在拉低员工动机水平的同时，也拉低了员工的努力程度和创新意愿，结果也是意料之中的事。

绩效主义不光毁了索尼，同样会毁了华为，毁了任何实行绩效主义的企业。因为它拉低了员工的动机水平，把基于意义与认同、兴趣与爱好的高自主性动机状态拉回到了单纯追逐外部回报的低自主性动机状态，剥夺了员工的自主、胜任和关系三个基本心理需求，让员工丧失了创造性。当你像考核体力劳动般考核脑力劳动的时候，丧钟也因此而敲响。可喜的是，华为等企业意识到了这一点，自 2015 年 10 月份起，在内部广泛地开展了 OKR（目标与关键结果）绩效管理变革，这对释放员工的创造性大有裨益。

自上而下目标制定

当在绩效评价的基础上增加并强化绩效目标的制定环节以后，动机水平又前进了一步。在每个考核周期开始时，主管会事先告诉员工这一周期的目标是什么，这无形中给员工增加了一种自我约束，员工此后就知道要朝这个方向去努力。当偏离目标的时候，员工会感到内疚，也就是说，员工内化了组织的要求，从外部调节动机转变到了内投调节动机。

例如，在华为，2008 年 PBC 的引入强化了目标管理，这本身是一大进步。遗憾的是，华为在引入 PBC 的同时，也强化了强制比例以及绩效的应用，因而，目标管理所带来的价值，很快就被强制比例和强绩效应用毁灭殆尽。

自下而上目标制定、教练式辅导

如果目标制定采用的是自下而上方式，那么员工的自主性将相应得以增强，此时，员工因主动参与了目标制定过程，目标是自己定出来的，而不是被强制分派的，因而对目标的价值与意义有较深刻的理解，对目标的认同感大为增强，动机水平也就提升至认同调节动机状态。

教练式辅导，是一种站在员工视角的辅导，旨在帮助员工更好地达成绩效，所以它提升了员工的自主性和胜任感知，同时也能增强员工与主管之间的关系，从而，在一定程度上满足了员工的三个基本心理需求，也就提升了员工的动机水平。

谷歌的 OKR 是一种很好的目标管理方式，它强调让员工自我设定目标，而且倡导一种挑战性目标设定氛围，这能促进员工的自主性和胜任感知。同时，谷歌内部的平等氛围，也强化了员工的关系感知，这就是谷歌的 OKR 能很好地发挥作用的关键所在。本书后面章节将详细展开介绍 OKR。

愿景/使命

如果一个组织是靠愿景/使命激发员工做事的，那么这个组织就能吸引很多有志追求这个愿景/使命的人才加入，为之而奋斗。当绩效管理进化到这个层次时，员工的动机水平就处于整合调节动机状态。这就是初创公司的员工这么有活力的原因所在，也是微信团队创始人张小龙竭力希望保持微信团队的"小团队"性质的原因所在。

但是，这并不意味着只有小团队才能达成整合动机状态，在大型组织同样也是可行的。在大型组织，通过设置明确的组织愿景/使命，然后匹配这一愿景/使命细化分解出若干工作任务，并将这些任务放到一个中央任务分发平台上，鼓励员工结合自己的优势去主动认领，从而最大限度地满足员工的自主诉求。

华为在试点 OKR 时，内部就采用了这种方式。一个团队开发了一个任务自认领的 IT 平台，就像一个任务集市一样，所有的任务都会统一放到这个任务认领平台上，员工看到任务后，如果感兴趣，那么就可以把任务认领到自己名下，如果这个任务比较大，那么他还可以向主管申请调集其他同事一起参与进来，从而形成一个临时项目团队，共同去完成该任务。这种方式极大地改变了传统的单一任务指派方式，员工具备了一定的自主性，在组织任务范围内具备了一定的选择权。

自主探索

如果能完全废除绩效评价，以及伴随而来的强绩效应用，不加束缚地允许员工进行自主探索，那么，员工的动机水平就可以达到最好的状态，即内在动机状态。内在动机是一种基于兴趣和爱好自主做事的状态，事情本身一定是有趣且好玩的，而且员工的自主、胜任和关系三个基本心理需求得到了最大程度的满足。

通常，只有在科研机构群体、自由从业者群体中可以达成这种状态。但是，企业也并非什么都不能做，类似谷歌的 20% 自由时间、3M 的 15% 时间，允许员工在一段时间里做他想做的任何事情，这就可以达到一种内在动机状态。

典型企业的动机图谱

关于动机图谱，有一套专门的调查问卷进行测评（详细问卷参见本章后面的"动机状态评估"一节）。我的同事曾用这套问卷对华为公司典型研发团队进行过测评，参与测评人数约 189 人，结果得分如图 3-4 所示。

外部调节	内投调节	认同调节	整合调节	内在动机
15.05	17.3	16.31	15.72	15.53

图 3-4 华为公司典型研发组织动机水平

从这张图可以清晰地看到，华为典型研发组织的动机状态是内投调节动机状态，即员工已经熟悉了华为的企业文化、各项规章制度和研发流程，不这样做事会让他们感到内疚或自责，这也正是华为强大企业文化的成功之处。同时，由于该团队主管较为放权，员工普遍工作年限大于5年，不少员工已经能理解所从事工作的价值和意义了，因此第二显性的动机水平达到了认同调节动机水平状态。

自主性动机与控制性动机

无论是外部调节动机，还是内投调节动机，本质上都是受一种控制因素所控制的，因而通常也把它们统称为控制性动机。而认同调节动机、整合调节动机以及内在动机，做事的动因大部分或者全部基于事情本身，因而通常也把它们统称为自主性动机。

三个基本心理需求

我们都知道，人要生存，首先需要基本的物质条件，空气、水和食物就是人得以生存的基本物质条件。但人是社会性动物，有着复杂的心理活动，除了物质营养外，还需要心理营养。

动机图谱描绘了人的各种动机状态序列，这背后隐含的是人的三个基本心理需求的满足程度，它们分别是：自主、胜任和关系。

自主（Autonomy）

从字面意义上理解，自主即"自我管理"，这意味着，个体的行为是自我调节的，而非受某个外在力量所左右，是一种自愿做事的状态，个体能体验到一种选择自由，觉得自己是行为的主动发起人。当行为是由个体主动发起时，个体具有较高的动机水平。

自主是人的一个基本心理需求，自主程度较高的人，身心更健康。相反，如果自主被剥夺，身心健康会受到削弱。有两个实验对此进行了论证，一个是英国的"白厅研究"，一个是美国的"阿登屋养老院实验"。

我们都知道，在传统层级化组织里，高级别人员有如组织的大脑，负责复杂的战略规划，并承担来自组织内外部的经营压力，而基层有如组织的双手，工作相对简单，负责将组织的战略规划付诸实施。那么，相比而言，你认为哪一类群体的工作压力更大？哪类群体因工作压力而导致的死亡率更高？来看看英国的白厅研究有什么发现。

白厅研究

白厅，英文名为 White Hall，是英国伦敦市内的一条街，它连接议会大厦和唐宁街。这条街及其附近坐落着英国国防部、外交部、内政部、海军部等一系列政府机关，因此"白厅"也成了英国行政部门的代称。

英国共开展过两次以政府工作人员为研究对象的"白厅研究"，第一次白厅研究始于1967年，对17 530名男性英国公民进行了长达7年半的跟踪研究；第二次白厅研究始于1985年，分多个研究阶段并延续至今，第二次白厅研究的初始研究对象为10 308名英国公民，其中1/3为女性。

第一次白厅研究发现，低级别男性员工相比高级别的男性员工来说，前者10年期死亡率是后者的3倍。是什么因素把这些低级别员工置于如此危险的境地呢？在排除其他因素影响的情况下，导致这一差异主要是因为低级别员工对工作缺乏掌控力，他们基本上就是在等着上级给自己布置任务，自己对干什么、怎么干和何时干没有话语权。而那些高级别员工通常拥有更多决策权和自由度。也就是说，是低工作控制导致了高死亡率（尤其是冠心病患病率）。高级别管理人员虽然责任大、压力大，但权力也大，所以他们的压力远不如想象的那么大，真正承受着巨大压力的是那些对自己工作完全没有自主权的低级别员工。

第二次白厅研究将调查对象扩大到女性员工，从而让研究更具普遍意义。这次研究在第一次基础上，补充调查了员工的"决策力或控制力"，其中设置的问题包括："是否可以选择自己在工作中从事哪些项目？""在工作中是否可以决定何时停下来休息？"等。从而让调查人员得以精细地分析工作控制力和冠心病致病之间的相关性。研究人员发现，社会地位并非导致高冠心病患病率的主要因素，真正的"生命杀手"是员工对自己所从事的工作缺乏控制力和话语权。

白厅研究证实，当人们对工作缺乏自主性时，其危害是多么大。这一研究启发了芝加哥大学的珍妮·通（Jenny Tung）和约阿夫·吉拉德（Yoav

Gilad），他们成立了一个研究小组，对 49 只中等地位的恒河猴做了类似研究。两位研究人员把这些猴子分成 4～5 组。一般来说，猴群的潜规则是："先到者地位较高，后到者地位较低。"于是，只需操纵猴子加入小组的顺序，即可操纵猴子在猴群中的等级关系。之后，通过对这些猴子的血液进行分析发现，某些基因在等级高的个体中更常见，而其他基因则常见于等级低的个体中。当一些猴子的社会地位得到提升后（意味着它们的掌控力得以增强），与之相应的控制免疫力的基因表达随即改变，这些猴子的身体状况几乎立刻得到了改善。文章最后指出："晋升是疗效最好的药物。因为成功，所以活得长久。"事实上，从更深层去分析，不是晋升本身，而是晋升到更高等级所带来的自主，才是影响健康的真正原因。如果晋升到更高层级，没有带来相应的自主性的提升，那么这样的晋升于健康而言就不会起到实质性作用。

再来看看美国的"阿登屋养老院实验"又有何发现。

阿登屋养老院实验

阿登屋（Arden House）养老院位于美国康涅狄格州，是当地最好的养老院之一。1976 年兰格（Langer E.J.）和罗丁（Rodin J.）在此做了一项著名的研究。养老院共四层，首先他们随机挑选了两层楼，让住在这两层的老人分别接受两种实验处理。四楼的老人接受了"责任感提升"的训练，而二楼的老人则作为对照组进行比较。

实验的过程是这样的：养老院的管理人员分别给两层楼的老人开了个会，表示养老院会把他们的生活安排得尽可能舒适而且令人满意，还向他们说明了他们能够享受的服务。但给两组老人传达的信息有着重要的不同。

"责任感提升"组的老人（四楼的老人）得到的信息是：

（1）你们可以自己决定房间的设施布置，告诉我们你们想做的改变和你们希望做的事情。

（2）养老院给你们准备了一份礼物——一棵植物，你们可以选择要不要，也可以选择要哪一种，选择了以后请你们好好照顾自己的植物。

（3）下周四、五晚上各放映一场电影。如果你们想看的话，可以在两天之中选择一天。

而对照组的老人（二楼的老人）得到的信息是：

（1）我们的责任就是给你们创造一个幸福的家，我们将尽全部的努力在各方面帮助你们。

（2）养老院为你们准备了一份礼物——每人一棵植物，以后护士每天会替你们浇水照顾。

（3）下周四、五晚上各放映一场电影。稍后将会通知安排你们哪一天去看。

不难看出，这两种信息的最大差异在于："责任感提升"组的老人（四楼的老人）在生活中有选择的机会，可以自主地调节自己的生活；而对于二楼的老人来说，虽然得到的东西和前者基本相同，但是大部分的决策是由养老院来做出的，他们只是被动地接受。

这一实验过程持续了 3 周。研究者在实验前后运用两份问卷分别进行了两次测验，一次在管理员开会前的一周，一次在开会后的 3 周以后。其中一份由老人填写，涉及对自身控制感的评估以及在养老院生活的满意程度。另一份由各层楼的护士填写（她们并不清楚研究者在进行实验），问卷要求她们评估老人们在快乐、机敏、依赖、社交、活力等方面的水平，并记录下他们的饮食、睡眠习惯。对第二周老人们观看电影的情况也予以记录。

研究的结果显示两组老人的差异非常显著："责任感提升"组的老人报告说他们更快乐也更有活力，对他们的机敏程度的评定也高于对照组。而对研究并不知情的护士的评估结果更有说服力，她们观察到"责任感提升"组的老人有 93% 的状况都得到了提高，而对照组只有 21% 的老人的状况向积极方面变化。另外和他人的交往上也表现出明显的不同，"责任感提升"组的老人与他人的接触增多，与各类工作人员长时间地交谈，而对照组则改变很少。看电影也是如此，前者有更多的人选择去观看电影。

在这项研究结束之后的 18 个月还进行了后续研究，其中最重要的发现也许是：在这 18 个月的间隔当中有 30% 的对照组老人离开了人世，而"责任感提升组"中去世的老人比例仅为 15%！

兰格和罗丁从研究中得出结论：对于一个被迫失去自我决策权和控制感的人，如果我们给他一种较强的自我责任感，提高他对生活的控制感，那么他的生活质量会提高，生活态度也会变得更加积极。"衰老和机敏性的降低并不总是因年老而导致的不可避免的结果。事实上，通过让老年人重新获得决策权和胜任感，一些因年老而引起的消极因素是可以被延缓、逆转，或者防止的。"

这项研究的实际意义非常显著，它让美国各级养老院和医院意识到单单给老人们提供服务是不够的，还需要尽可能地让老人们能够"自己做主"。如1997年凯恩（Kane）等人的调查显示，老人特别希望自己能控制和选择的活动包括就寝及起床时间、饮食爱好、室友选择、日常护理、财产支配、电话使用，等等。

即便在我们一向认为以纪律和控制闻名的军队里，自主通常也是决定战争胜负的关键所在。要打胜仗，有时就得是"将在外，君命有所不受"，主帅要有随机应变的自主权，能因应战争需要灵活调整作战方式。如果违背这一原则，则很难取得胜利。隋炀帝就是一个反面典型。

公元612年，隋炀帝调集全国百万雄兵，亲征朝鲜半岛北部小国高句丽。从兵力对比上看，隋军占有绝对优势。然而，隋炀帝却向部属诏令："凡军事进止，皆须奏闻待报，毋得专擅"，要求前线指挥官的一举一动，都要向他汇报，得到批准后方可进攻，从而贻误了很多战机。与此同时，隋炀帝还专门在军中另外设置了一个纳降使，规定："高丽欲降，即宜抚纳，不得纵兵。"这一做法从另一角度钳制了前线将帅的战争主动权。高句丽正是抓住了这点，有把握时就突袭，打不赢时就假降，从而各个击破，隋炀帝第一次举全国之力的亲征以失败而告终。

与此相反，英国名将纳尔逊正是因为充分授权下属，成功击败了不可一世的拿破仑法西舰队，建立了英国此后持续百余年的海上霸权。

1805年10月21日，英法两国间特拉法尔加海战打响，拿破仑王朝的法西联合舰队有战列舰33艘，处于优势，英国纳尔逊则有27艘战列舰。

战争打响后，纳尔逊将英国舰队分成两个支队和一支预备队。一个支队由其率领，负责突破敌舰队中央，切断其前后联系；另一个支队由柯林伍德率领攻敌后卫；预备队负责消灭旗舰，令对方陷入混乱，最后逐个歼灭被分割的法西舰队。在帆船时代，为最大化火力发射，两军对战时通常采用排队射击模式，即两军排列成相对平行的两行，互相射击，直到一方由于伤亡过重而投降，同时，这种安排也方便进行集中化控制，将领一般位于阵列的中央，通过旗帜号令各战舰。纳尔逊一改这种传统作战模式，大胆地尝试垂直于敌舰的直插模式和法西舰队对战，英军战舰和法西舰队在海面上形成直角模式排列。这种阵形非常不利于英军而十分利于法西舰队。为充分调动将士的主动性，纳尔逊在作战方式上给予了下属极大的自主权，只要求他们充分发挥积极主动、敢于近战的精神，其他一切皆可便宜行事，无须事事奏报。纳尔逊的这种做法令各舰长备受鼓舞，在同法西舰队的作战中灵活机动。与之相反，法西联合舰队则完全采用传统的集中式控制方式，"一切行动听指挥"，舰队任何行动都必须听中央旗舰的号令，作战死板。

不幸的是，战斗打响不久后，纳尔逊在作战中身负重伤，但这丝毫没有影响英军作战士气。事实上，其他战舰上的将士对主帅受伤一事竟全然不知，整个作战一如计划地进行，直至两小时后最终获胜，而此时，纳尔逊因身负重伤最终牺牲。

在这次海战中，英国取得巨大胜利。法国海军精锐尽丧，法西联合舰队21艘战舰被俘、1艘战舰战沉，而英国皇家海军军舰则无一损失。此战一举奠定了英国此后长达1个世纪的海上霸权地位。

军事作家尼科尔森（Nicolson）说："纳尔逊事实上只是创建了一个市场，一旦创建后他就让企业自主运转，而他的舰长们也正是把自己当成企业家那样在经营这场战争。"

胜任（Competence）

任务挑战程度在个体的掌控范围，能恰好适配个体的能力，能达成所期望的结果。曾经路过一条正在维修的道路时，发现两个小孩在不住地用脚踩地上的硬泥块，我很好奇，于是停下脚步，想看看他们在做什么。原来两个小孩在比赛看谁踩碎的硬泥块多。踩硬泥块本身是一件枯燥的工作，但加入没有任何物质激励的"比赛"成分后，两人均从中体验到了极大的乐趣。所以，让一个人在工作中不断地挑战自我，就可以提升他的内在动机水平。

胜任感源自社会学习理论的创始人班杜拉（Albert Bandura）的自我效能感（Self-efficiency）概念。班杜拉指出，自我效能感是个人对自己完成某方面工作能力的主观评估，这一评估结果将直接影响一个人的工作动机。你大概知道，围观效应通常能够提高被围观人的绩效表现，但你知道这是为什么吗？为了证实围观效应对人的影响，桑纳（Sanna）曾做过一个实验来对此进行论证。

围观效应对人们绩效的影响

1990年，桑纳进行了一项研究。在这项研究中，他让参与者必须记住一份有20个单词的清单。

实验开始后，先给参与者一段时间记忆单词，然后进行一个练习实验，在练习实验之后，一些参与者收到了错误的负向反馈（他们被告知记忆的单词数低于平均值），另外一些参与者则收到了错误的正向反馈（他们被告知记忆的单词数高于平均值），还有一些参与者没有收到任何反馈。

然后，参与者被要求再做两次回忆实验。在回忆过程中，一些参与者会被评价者观察，而其他人则单独工作。

研究发现，绩效反馈对单独工作的参与者的绩效表现影响不大，无论是给他们正向反馈，还是负向反馈，抑或不给反馈，其绩效表现差异都不大。但当有观众在场时，与无反馈相比，负向反馈挫败了人们的胜任感知，而正向反馈则提升了参与者的胜任感知。因此，当有观众在场时，那些胜任感知较好的个体，其绩效表现明显提高；而那些胜任感知较差的个体，其绩效表现甚至出现了不同程度的下降。

桑纳的这个实验说明：当有观众在场时，对成功的期待会引起绩效改善，因为其提升了参与者的胜任感知；而对失败的期待则会引起绩效下降，因为其削弱了参与者的胜任感知。一方面，围观效应确实存在，相比于单独工作时的场景而言，围观能显著提升那些渴望成功的人的绩效表现；另一方面，如果人们在工作中总是被打击，不断地体验到挫败感，就会信心全无，那么围观非但不能提升绩效表现，反而会有损绩效表现，对被围观者来说，这个时候颇像犯人被押着游街、被围观，是莫大的耻辱，也许打个地洞钻进去的心都有，这肯定不能起到激发其奋进的作用。

桑纳进一步将围观效应归纳成如下几条：

（1）简单任务引起对成功的期待，而困难任务引起对失败的期待。

（2）当执行简单任务时，观众在场会引起正向结果期待，但当执行困难任务时，观众在场则引起负向结果期待。

（3）高胜任感以及正向结果期待提升绩效表现，低胜任感及负向结果期待降低绩效表现。

而在日常生活中，父母们经常有一句话这样说："好孩子是夸出来的。"这句话不无道理，因为这能提升孩子们的胜任感知。而与此相反，如果不这么做，其负面效应也是很明显的。

戴维·凯利（David Kelley）曾在 TED 演讲《如何打造你的创造力自信》（*How to build your creative confidence*）中分享过一个小故事。他在三年级的时候有一个很要好的朋友叫布莱恩。一天，布莱恩正在做手工，他用老师放在水池下的陶土做一匹马，忽然，跟他同桌的一个小女孩把头凑过来，想看看他做的是什么东西。然后，这个小女孩说道："真差劲，那看起来一点儿也不像马。"布莱恩听后，心情非常糟糕，他把肩膀耷拉着，然后把陶土捏成一团，丢进了垃圾桶。在这之后，凯利再也没见过布莱恩做类似的手工。

这则小故事说明，当一个人的胜任感被打击之后，对一个人的影响可能是终身的。很多人认为自己不是一个富于创造性的人，其实并不是这样，他们只是因为在一些事上遭遇了他人的"差评"，从而影响了他们的自信心。班杜拉告诉戴维·凯利，他开发了一个小程序，可以帮助人们重获胜任感。

很多人都有"蛇恐惧症"，害怕看到蛇和摸到蛇。班杜拉邀请一些被试进入房间，对他们说："隔壁房间有一条蛇，我们要走进去。"多数被试回答："天哪，有蛇在那，太恐怖了，我肯定不会进去。"班杜拉于是把被试带到双面镜前，首先让他们观察蛇在房间里的活动，让他们逐渐适应。然后，他把被试带到打开的房间的门口站着，让他们往里面看，并逐渐适应。这之后，还有很多其他循序渐进的步骤，让他们逐步进入房间，带着焊工那种皮手套，去触摸蛇。当这些被试最终触摸到蛇的时候，他们惊讶地发现，实际情况要比他们想象的好很多。这些与生俱来对蛇感到恐惧的人竟然说："瞧，这条蛇是多么漂亮。"他们甚至可以把蛇放在膝盖上。班杜拉把这套方法称为"引导性掌控"（Guided Mastery）。

最让人惊奇的是，那些经历了所有程序最后触摸到蛇的人，他们对生活中其他事情的焦虑也都减轻了。他们更努力，更坚持，在失败面前表现得更有韧性，他们获得了一种新的自信，即胜任感。

这个案例再次说明，一旦人们重获胜任感，他们就会重新焕发工作动力，胜任感是人类重要的基本心理需求之一。

这又让我联想起皮克斯的一部经典动画片《欢乐好声音》(*Sing*)，同样讲述了当胜任感被激发后所释放出来的强大力量。

小象女孩米娜拥有完美的歌喉，一直渴望成为一名歌唱家，但是生性害羞，对自己没信心，害怕唱不好被别人嘲笑，因而一直没有勇气登台演唱。

在参加海选时，米娜极度紧张，踢倒了话筒，月伯乐鼓励她说："不要让恐惧阻碍你做自己热爱的事情。"可是，还没等到米娜开口，就被迈克推了下去，并被迈克各种嘲笑，错失了一次展示自己的机会。

机缘巧合的是，米娜成了月伯乐的表演助理。剧院被毁后，米娜在废墟中四处游荡，不经意间唱出了那首 *Faith*，被月伯乐听到。这让月伯乐大为惊叹，原来这个女孩竟有着天籁般的歌喉，于是不断鼓励她登台演唱。最终，当米娜鼓起勇气，克服了舞台恐惧症唱出第一句后，她胆怯地看了看台下的观众，发现掌声如雷鸣般响起，观众非常喜欢，这极大地激发了米娜的自信，于是，她终于在舞台上轻松自如地放飞了自我，唱出了天籁之音。

小象米娜在唱出第一句之后，观众的掌声激发了米娜沉睡已久的胜任感，是对米娜最好的激励，从而帮助她迈出了最关键的一步，释放了她的音乐天赋。

关系（Relatedness）

所谓关系需求，指的是人们渴望拥有一种相互尊重、彼此信赖的感觉。在关系融洽的氛围中，个体对外部规则的内化程度较高。也正是出于这个原因，一些团体一般都极力宣扬加入团体后所有人都是一家人，都是兄弟姐妹，从而增强大家对团体的主动和积极的内化。

内奥米·艾森贝格尔（Naomi I. Eisenberger）等人曾做过一个实验，在这个实验中，他让一些被试在团队活动中被其他团队成员孤立，然后通过核磁共振扫描的方式扫描被试的大脑反应，结果发现：那些被拒绝的被试，其右腹侧前额叶皮层（right ventral prefrontal cortex，即 RVPFC）和前扣带回（anterior cingulate cortex，即 ACC）活跃程度明显高于被接纳的被试，而右腹侧前额叶皮层和前扣带回主管大脑和身体疼痛，这说明，一个人被社会孤立，和被其他人痛打一顿，对他所造成的打击，本质上具有同等的感受和效果。人类的关系需求源于其生理层面的构造。

我曾经在企业里做过一段时间的员工关系工作，参与处理过一些员工心理异常事件。从中我发现一个规律，相较于合住的员工来说，那些独居的员工更易遭受心理困扰，出现心理疾病。这也从一个侧面反映出关系需求于人的重要性，当关系需求被剥夺时，个体身心将因此受到极大影响。而新加坡国立大学杨潞龄医学院心理系黄子斌团队，则从一个更专业的角度分析了独居对老人所造成的影响。他们曾做过一个专门研究，追踪分析了2003年至2011年间共2 553名年满55岁年长者，其中包括189名独居年长者。排除其他因素后，在平均3～4年的追踪期间，独居老人死亡率比非独居老人高出66%。分析称这很可能是因为他们缺乏社交生活。

其实，中国古代早就有"士为知己者死，女为悦己者容"的说法。《史记·刺客列传》里记载了这个故事。

士为知己者死

晋国士大夫豫让先后在范氏、中行氏门下做过门客，一直得不到重用，于是投奔知伯，受到了知伯的重用。后来韩、赵、魏三家分晋后，赵襄子诛杀了知伯，用他的头颅饮酒。豫让逃遁到山中，感叹道："嗟夫！士为知己者死，女为悦己者容。吾其报知氏之仇矣。"决心为知伯报仇。于是隐姓埋名。为了接近赵襄子，他甚至不惜伪装成打扫厕所的仆人。在首次刺杀失败后，为了不让他人认出自己，他把身上涂上油漆，装作全身生癞疮的人，又为了不让别人听出自己的声音，不惜吞炭……虽最后刺杀失败，但体现了士大夫不事二主的气节。

豫让的事迹说明，上下级间如果关系融洽，下属会忠心耿耿地为上级付出一切。这种上下级间的关系在中国文化中根深蒂固，占据着非常重要的位置，为历朝历代主流文化不断推崇。诸葛亮愿意出山为刘备"鞠躬尽瘁，死而后已"，同样也是有感于刘备的三顾茅庐和知遇之恩。更进一步，专业的研究也表明，领导和成员间的关系LMX（Leader Member Exchange）是影响成员绩效的一个重要变量。当领导者和员工间相互信任、彼此尊重时，会形成良好的互动和信息交换关系，此时LMX质量较高，领导和下属的这种LMX

关系称为 LMX 的内圈；而当领导者和员工间缺乏信任，互动较少，主管基于单向的行政命令分配工作，员工基于单向的行政命令机械做事时，LMX 质量较低，这种 LMX 关系称为 LMX 的外圈。处于 LMX 内圈的员工倾向于制定更有挑战性、更具体的任务，领导者也倾向于提供更多的反馈和给予更多的工作机会；而处于 LMX 外圈的员工则倾向于制定比较保守的目标，被动等待领导分配任务（见图 3-5）。

图 3-5 LMX 与目标挑战性之间的关系

那些与领导关系良好的下属，比起那些与领导关系差的下属，往往担负了更多的责任，其工作绩效更优秀，对团队的贡献也更大。白金汉（Buckingham）和考夫曼（Coffman）曾对 5 000 名管理人员做过一个调查分析，结果表明：员工跳槽与否的关键性决定因素是他们是否认为他们的领导者关心他们。

不光领导和下属成员之间的关系很重要，团队成员之间的关系也同样重要。现今的很多工作，都需要团队成员之间围绕一个共同的目标紧密协同，才能取得很好的效果。也正是这个原因，美军海豹突击队为了促成团队成员之间的充分信任关系，设计了一系列相应的训练项目，其中一个特别有名的训练项目就叫水下基础爆破训练。

美军的魔鬼训练项目

众所周知，美国是一个个人至上主义国家，在加入海豹突击队之前，学员的个人意识都特别浓厚。而军队要在瞬息万变的危险环境中制胜，必须联合行动，团队意识尤为重要，任何的单打独斗都可能给整个团队带来毁灭性打击。所以,加入海豹突击队的第一步,就是要磨灭团队成员的个人主义思想。整个训练过程中广泛强调团队协作,强调"团队之中无个人"(There's no I in the team),试图建立团队成员间良好的信任关系。

水下基础爆破训练的所有项目,几乎都需要团队成员协同才能完成。在训练的第一天,教官把学员按 5~8 人分成一组,在接下来的 6~8 个月中,小组成员将一直共同工作。这些训练项目包括圆木蹲扛、夜间导航训练、小艇训练等。

- **圆木蹲扛**:所有队员要一起扛起一根木头,然后蹲下,重复这样的动作,直到协调一致。在这一过程中,团队成员之间的协同非常重要,所有成员必须保持默契,一起用力抬起木头,又一起蹲下,否则整个行动就会失败。
- **夜间导航训练**:一对蛙人在没有全球定位系统和视力装备的情况下,潜泳数英里(1 英里约 1.6 公里)抵达任务区域。这个过程中这对蛙人一个人拿着表、一个人拿着指南针,他们之间的沟通全凭拍打和握手。
- **小艇训练**:橡皮艇小组由 7 名学员组成,其中两侧各 3 名划桨手,还有 1 名帮助导航的舵手。橡皮艇小组需合力穿越浪高 2~3 米的激浪地带划行几英里。整个过程中,除非人人挥桨,否则划船穿越猛扑过来的海浪极其困难。每一支桨必须与舵手发出的划桨指令保持同步,每个人必须用相同的力气,否则船会转向,与海浪迎面相对,被毫不客气地拍回到海滩上。

通过这样反复的训练,团队成员会保持一种高度的信任关系和默契感,形成一个协同整体,大大提升整体战斗力。这种信任关系甚至会伴随学员一生,很多学员在退役后仍保持着联系。

乔治·梅奥曾做过一个研究,那些上下级、同级关系比较融洽的团队,其工人缺勤率显著降低。其中有一个案例特别具有说服力。在加利福尼亚州南部的一个工厂里,有一个小部门的工人被誉为"像海狸一样工作的人",其工作效率高出工厂平均值 20%,并且 90% 的工人几乎全勤。这个部门是如何做到这一点的呢?梅奥通过研究发现,秘密就在团队负责人身上。这个团队的实际负责人是一个年长的领班助理和一个"带头工人"。这两人都深信团队凝聚力是工厂里的头等大事，是可持续生产所必需的条件。"带头工人"会花很多时间帮助其他工人，帮助他们克服技术上的困难，并热心地作为团队与外界联络的中间人，使团队与外部的关系平滑。当一个新工人加入时，他会耐心地倾听他的心声，并把他介绍给其他的工作伙伴，设法帮他和其他人建立起和谐的关系。当新工人熟悉工作几天之后，他还会替他办理一张通行证，带他四处参观，了解公司的装备线以及他在整个工厂里所负责的职务。"带头工人"还会听取老工人和新工人所倾诉的任何个人问题……正是通过这一系列举动，帮助团队成员之间建立起了良好的关系，降低了缺勤率，提升了生产效率。所以，梅奥说：

> 工人们要同他们的伙伴在工作里继续合作的愿望是人类很强的诉求。行政管理上如果忽略这种愿望，或是有想压服这种人类冲动的愚蠢企图，都会立刻引起行政管理的彻底失败。在费城，效率专家假定经济刺激是最重要的，这一假设是不正确的。在组成工作团队的条件没有齐备之前，经济奖励的办法压根儿不会发生作用。

基本心理需求与绩效使能

这三个基本心理需求是普适的，所有人都有这三方面的心理需求。当外界环境能够促进这三个基本心理需求的满足时，个体充满活力和创造性、精力充沛；当外界环境威胁这三个基本心理需求的满足时，个体创造性匮乏，很容易焦虑、抑郁、倦怠。

这三个基本心理需求的英文首字母组合，恰好就是CAR。它就像是一辆载人的汽车，当加满油时，把你成功送达目的地，当油量不足时，会半路抛锚，让你无法继续前行。

至此，动机这座高楼大厦就全部构建起来了。三个基本心理需求是这座大厦的支柱，它的强弱决定着动机水平的高低，满足这三个基本心理需求时，个体动机水平右移（朝内在动机方向迁移），削弱这三个基本心理需求时，个体动机水平左移（朝外部调节动机方向迁移）。

从图 3-6 可以清晰地看到，无论是只有绩效考核的绩效管理 1.0 时代，还是加入了自上而下目标管理但仍需考核的绩效管理 2.0 时代，其动机都是控制性动机，只有开始强调价值与意义、开展自下而上目标制定，甚至去掉绩效考核时，才进入到了绩效管理的 3.0 时代，即绩效使能时代。

动机类型	动机匮乏	外在动机				内在动机
调节类型	调节匮乏	外部调节	内投调节	认同调节	整合调节	内在调节
控制感知	淡漠	外部	部分外部	部分内部	内部	内部
自主状态	非自主决定					自主决定
控制过程	无力掌控、无助感	服从、外部奖励和惩罚	自我控制、内部奖励和惩罚	价值与意义认同	自我追求与外在融合	兴趣、乐趣、内在满足
绩效管理	任务分配、机械执行	绩效评价、绩效薪酬、强制比例	自上而下目标	自下而上目标、教练式辅导	愿景/使命	去掉绩效管理、自主探索
典型实例	官僚机构、生产线	KPI	PBC	OKR	合伙人	20%时间、自由职业
绩效世代		绩效管理 1.0				
		绩效管理 2.0		绩效管理 3.0		
动机控制性	动机匮乏	控制性动机		自主性动机		
	三个基本心理需求的满足程度，决定了动机水平的高低					
心理需求	胜任（Competence）		自主（Autonomy）		关系（Relatedness）	

图 3-6 动机图谱与基本心理需求

自主、胜任和关系是人类的三大基本心理需求，不光在工作中，在游戏中更是体现得淋漓尽致。凡是能满足这三个基本心理需求的游戏，总让玩家欲罢不能。2018 年流行的《青蛙旅行》游戏就是其中之一，它在推出后的短短数周之内，就霸占了苹果 app 排行榜榜首。中国科学院心理研究所博士、副研究员李会杰认为，这款看似制作粗糙的游戏，暗含了对人类三个基本心理需求的满足，他分析说：

> 在游戏中，养一只青蛙，玩家既可以体会亲密关系，比如时不时收到青蛙邮寄回来的明信片和带回来的特产，看到青蛙旅行中结识的朋友等，又不需要付出太多的精力和情感，只需要收割三叶草和准备食物即可。

青蛙是独立自主的，你想或者不想它，它都在那里；你爱或者不爱它，它也都在那里。玩家可以提供自己想提供和能提供的，不干涉青蛙的生活，这种不被干涉且独立自主的生活，是当今很多青年人理想的亲密关系，特别是理想的亲子关系。

总之，游戏没有复杂的通关，让玩家觉得自己能够胜任；同时"蛙"与"娃"同音，很容易唤起女性玩家的母性一面，体验到浓浓的亲子关系；另外，游戏给"蛙"很大的自主……所有这一切，让这款游戏迅速获得了中国玩家尤其是女性玩家的青睐。

关于动机的一些结论

关于动机，爱德华·德西和理查德·瑞安这两位动机领域的泰斗在《自主决定理论》(*Self-Determination Theory*) 一书中系统阐述了如下发现。

（1）自主、胜任和关系是人类的三大基本心理需求，如果能促进个体这三个基本心理需求，个体内在动机得以增强，与之相反，当个体这三个基本心理需求遭到削弱时，个体的内在动机相应被减弱。

（2）凡是强化外部管控的手段，包括激励或惩罚等，势必会转移个体的外部控制感知，从而削弱个体的自主性，降低个体的内在动机水平。

（3）凡是促进个体心理感知的方式，包括正向反馈、增强工作的价值和意义等，势必会转移个体的内部控制感知，从而提升个体的自主性，提高个体的内在动机水平。

（4）当个体既感受不到工作的价值，或者虽然能感受到工作的价值但觉得自己无能为力时，就处于动机匮乏状态。

（5）当人际氛围是支持性氛围（如互帮互助）时，能促进个体的内在动机水平；当人际氛围是控制性氛围（如相互竞争）时，会削弱个体的内在动机。

（6）当外在激励与工作之间的关系直接（"Do this and you will get that"）并且显著（数额较大）时，对内在动机的挤出效应明显，个体的内在动机会被严重削弱。

基本心理需求的影响因素

个体的基本心理需求受两个主要因素的影响，一是个体自身的自主归因取向，二是环境的自主支持度。

个体自主归因取向：个体倾向于将事物感知为支持还是控制。高自主取向的人，倾向于感知到环境的积极方面，将环境视为一种支持性环境；低自主取向的人，倾向于感知到环境的消极方面，将环境视为一种威胁和控制手段。个体自主归因取向通常会受到原生家庭的影响。在父母管教比较严格的家庭里成长起来的小孩，通常倾向于将环境感知为控制因素，对环境的信任度较低；而在父母比较宽容和理解的家庭里成长起来的小孩，更倾向于看到环境的积极面，将环境感知为支持因素，对环境的信赖度较高。个体自主归因取向是个体根据过去的经历在判断环境时的一种倾向。

环境自主支持度：环境对个体的信任和支持程度。高自主支持环境倾向于信任并授权个体自主行动，尽可能站在个体角度去思考个体的诉求，为个体提供支持和帮助，较少对个体进行控制和胁迫；低自主支持环境则倾向于不信任个体，忽视个体的诉求，对个体进行较多的控制，个体活动的自由度较小。在组织内部，当管理者更愿意授权时，个体感知到的自主支持度更高；反之，当管理者独断专横时，个体感知到的自主支持度较低。

个体自主归因取向和环境自主支持度与个体基本心理需求间的关系如图 3-7 所示。

图 3-7　个体基本心理需求影响因素

个体自主归因取向和环境自主支持度，强烈影响着个体基本心理需求，而个体基本心理需求，又强烈影响着个体的绩效表现和自我调节能力。这表明：当个体基本心理需求得到满足时，不仅能带来高绩效，还能促进个体的自我调节能力，避免抑郁、焦虑等心理疾病，让个体更加充满活力。而环境自主支持度与个体自主归因取向，共同影响着个体的基本心理需求满足程度，当环境是高自主支持环境，即倾向于个体可得到授权和理解时，个体基本心理需求满足度提升；当个体是高自主取向型的，即倾向于将环境理解为积极和支持性环境时，个体基本心理需求满足度更高。

该图还揭示了一个现象，虽然环境自主支持度和个体自主归因取向均对个体基本心理需求存在显著影响，但两者的影响程度存在差异，环境自主支持度对个体基本心理需求存在更大的影响。也就是说，虽然过去的经历会影响个体的基本心理需求满足程度，但当下的感知才是更关键的。原生家庭的影响固然存在，但不是唯一要素。所以组织可以通过提升管理者的领导能力，让管理者具备教练式辅导能力，理解和支持下属，同样可以获得较高的基本心理需求满足度，从而提升员工的绩效表现。

奖励与内在动机之间的关系

爱德华·德西分析了 1971～1996 年间累计 128 篇有关奖励的论文后，得到了奖励对内在动机的影响，如图 3-8 所示。

图 3-8　奖励方式对内在动机的影响

注："+"表示对该项有增强作用；"-"表示对该项有减弱作用。

无条件任务奖：参与任务即有奖，不再设置任何其他条件。

参与奖：参与指定任务一定时长后才会获得的奖励。

完成奖：完成指定的目标任务后才能获得的奖励（绝对比较）。

绩效奖：只有达到特定绩效水平后才能获得的奖励（相对比较），比如，比其他 80% 的人完成得好。

用更通俗的方式表述，就是：

- 积极性反馈信息（如表扬）整体上对内在动机起促进作用。
- 外在奖励整体上会削弱人的内在动机，尤其是可预期的外在奖励对内在动机的削弱作用最明显，意外奖励对内在动机影响相对较小。
- 在预期奖励类型中，对内在动机的削弱效果由强到弱依次是：完成奖＞参与奖＞绩效奖＞无条件任务奖。

布鲁诺·弗雷（Bruno S. Frey）在《不只是为了钱》(*Not Just For the Money*) 一书中列举了如下几个场景。

场景 1-1： 一个和父母相处得十分融洽的小男孩，最初自愿帮助清理自家草坪。每次在他清理完草坪后，父亲都会付他一笔钱以作酬劳。

场景 1-2： 一个小女孩突然收到了父亲送给她的一辆自行车，父亲告诉她，这是作为感谢她最近帮助修剪草坪的礼物。

场景 2-1： 你的朋友邀请你去他家就餐。在就餐结束后，你从钱包里掏出一笔钱给他以作饭资。

场景 2-2： 你去餐馆就餐。在就餐结束后，你向服务员支付了相应餐费。

场景 3-1： 在一所大学，有部分教授特别敬业，每周有效教学时间经常大于 8 小时，但有部分教授却不太负责，每周教学时间经常小于这一建议课时。然后，学校教务处统一发布了一项规定，强制要求所有教授每周授课时长必须达到 8 小时。

场景 3-2： 教务处挑选那些十分敬业的教授，组成一个官方代表团去一个美丽怡人的城市参加一个重要会议。

场景 4： 你去拜访你的一个朋友，他原本答应去机场接你，但当你到机场时，发现接你的不是你朋友，而是一位陌生女士。她告诉你说："你的朋友有事耽搁了，他让我来接你。"

场景 1-1 在做事和回报之间建立起了一种直接关系，很容易想到，以后小男孩只有在父亲为他的清理草坪这个行为付费的前提下，他才会做这件事。可事实上，他原本是乐意做这件事的。也就是说，父亲的"付费"行为，实际上"挤出"了他原本的内在动机，把清理草坪这个动作从内在动机驱动变成了外在激励驱动。而在场景 1-2 中，激励是不期而遇的，小女孩收到礼物时，感受到的是父亲对她的一种感谢和认可，她也很少会在修剪草坪和礼物之间建立一种直接关联，修剪草坪不一定就有礼物。在这种情况下，她的内在动机水平非但不会受损，甚至还会提升。

相信没有谁会像场景 2-1 那样去做，如果真这样做了，朋友就做不成了，可能你的朋友以后也不会再请你去他家吃饭了。也就是说，在关系比较亲密的人之间，付费这个动作将大大损害彼此的亲密关系，从而削弱了原本的内在动机。但场景 2-2 所讲述的现象，则很自然，你的付费动作不会削弱餐馆老板的内在动机，这原本就是一种交易行为，你和老板之间也谈不上有什么情感连接，因此也就没有任何内在动机可以"挤出"。甚至，你去得越多，越是愿意为你的消费买单，反而越能提升老板服务好你的热情。

在场景 3-1 中，学校一刀切地发布一项规章制度的做法，只会让原本很敬业的那些教授，也把自己的教学时间限定在 8 小时。也就是说，这种管控方式，对这部分教授的内在动机造成了"挤出"效应。而在场景 3-2 中，学校挑选敬业教授参加重要会议的做法，则会被教授们理解为是一种认可和感谢，从而提升他们做事的内在动机水平。

场景 4 则是一个综合场景。你的朋友没能来机场接你，接你的是一位陌生人。你该向她付费吗？你可能需要和她聊一聊。如果她是你朋友的朋友，那么你就不能付费，否则你的朋友就会很难堪，这和场景 2-1 是一样的。但如果她只是你朋友从市场上叫的一位出租车司机，这个时候你就应该为此付费，你的付费动作也不会有什么损害。

那么，外在激励到底什么时候会损害内在动机，什么时候不会损害甚至反而会促进内在动机呢？来看一下图 3-9。

图 3-9 激励方式与激励强度

这张图系统地展示了外在激励与内在激励之间的转换关系，图中用了 A、B、C 三条线分别标示了转换路径。

A：当个体对一件事的初始内在动机水平较低，且外部激励不显著时，个体通常不会有做事的动机，但一旦他主动选择做这件事，就很可能从中感知到趣味性，从而提升内在动机水平。

B：当个体对一件事的初始内在动机水平较低，且外部激励显著时，个体通常倾向于去做这件事，如果他将这种激励视为一种认可，那么外在激励就会"挤入"内在动机，提升他的内在动机水平，但如果他只是希望得到这份回报，则不会提升其内在动机水平。

C：当个体对一件事的初始内在动机水平很高，且外部激励显著时，外部激励将对内在动机造成"挤出"效应，削弱其原本的热情和兴趣，损害其内在动机。

为更便于你理解外在激励的挤入与挤出效应，我准备引用布鲁诺·弗雷的如图 3-10 所示的几张小图来进行说明。

a) 先挤入后挤出　　b) 直接挤出　　c) 直接挤出且不可恢复

图 3-10　激励的挤入与挤出效应

这里有三种情形。

情形（1）：当激励强度不是特别强时，外在激励被个体视为一种支持和认可，而非一种控制手段，因此个体的内在动机将适度增强。一旦激励超过一定量（图 3-10a 中 B 点），再加大激励强度，就会对个体的内在动机造成"挤出"，削弱个体的内在动机，直到内在动机被彻底挤出为止（图 3-10a 中 C 点），个体彻底变成了传统经济学所说的"经济人"，此后继续加大激励强度，个体将完全在外在动机驱使下行动，直到激励强度加大到 Rd 时，个体做事的动机水平才恢复到 B 点时的状态（图 3-10a 中 D 点）。换言之，用了额外

$Rd-Rb$ 的激励量，重新补偿内在动机的损失。

情形（2）：部分内在动机，不容有任何外在激励加入，一旦出现外在激励，则内在动机将立即被"挤出"，直到内在动机被彻底挤出为止（图 3-10b 中 C 点），个体彻底变成传统经济学所说的"经济人"，此后继续加大激励强度，个体将完全在外在动机驱使下行动，其行为表现与情形（1）类似。

情形（3）：还有部分内在动机，不容许有任何外在激励加入，一旦出现外在激励，则内在动机立即被"挤出"，且挤出之后再也无法通过加大激励强度恢复个体做事动机。

关于管控如何削弱内在动机，这里还有两个故事。

第一个故事是爱德华·德西在《我们为什么要做我们做的那些事》（*Why We Do What We Do*）一书中提到的。德西的一个侄女原本酷爱读书，每天会花上好几个小时沉迷其中。后来，学校为了提升学生的阅读量，要求所有学生每天必须阅读 1 个小时。自此以后，他的侄女在看书时，会不断地看时间，看离 1 个小时还有多长时间，1 个小时到了以后，她就会把书往旁边一扔，不会再继续看了。也就是说，学校的这种管理动作，削弱了他的侄女原本的阅读兴趣，当阅读变成了一种责任时，就不会再体验到其中的乐趣，阅读的时间也比原来少了很多。

第二个故事是关于每天一万步的。如今大家越来越关注自身的健康了。美国心理学会有一个研究表明，每天走上一万步，将大大减少患心脏病的概率。因此，为了让大家动起来，一些企业开展了"每天一万步"活动，要求所有员工把自己的走路步数"晒"出来，并且会进行排名，排在前面的会有相应的奖励。自此以后，大家走的步数越来越多，有人甚至每天走路步数超过 6 万步，换算成公里数的话相当于一个马拉松里程，即 42 公里。

惊叹之余，想了解一下他们何以如此厉害，然后我们发现了如图 3-11 所示的这款"跑步神器"，只要把手机放上去，它会自动摇晃"计步"，一天轻轻松松达

图 3-11 网上售卖的自动计步神器

到 6 万步！

不少人坦言，他们原本是很喜欢走路的，但自从公司有了这样的强行要求之后，他们只能另辟蹊径以达成目标。而且，当活动结束后，他们每天走的步数，甚至大大低于活动之前。这就是"管控"对内在动机的"挤出"效应，它蚕食了内在动机，把运动变成了枯燥的责任和义务。

评估与创新

阿马比尔（Amabile）在 1979 年做过一个实验，把艺术院校的学生分成两组，给他们每人一套相同的艺术材料，让他们用这些材料做出一幅拼贴画。其中一组被安排在评估期望环境下，他们被告知会有专人来对他们的绘画成绩做出评价，为他们"指出好的地方并挑出差的地方"，他们还被告知："因为我们知道大家对评估是感兴趣的，我们会在两周之内给大家发去一份记录每位评委评价的报告。"而另外一组则未被告知将会被评价，只是告诉他们，研究的重点不是拼贴画本身，而是这个制作活动对于他们随后心情的影响，这样做是为了打消他们对自己的拼贴画会被评估的顾虑。结果，被告知会被评价的那一组在拼贴画上的创新性，要弱于未被告知的那一组。这证实了评价对创新的削弱作用。

为了更进一步验证绩效评价是否对真实组织中的创新也存在这种削弱作用，阿马比尔等人在一个大型高科技公司中开展了一项相关研究，结果表明：来自外部的预期批判式评估与低创造性是有关联的。

此外，通过对来自 3 个行业中的 7 家公司、26 个项目团队共 238 人的长达数年、多达 12 000 份工作日志的系统分析，阿马比尔等人得出这样的结论：

> 很明显，工作评估（包括看似不重要的非正式的评论）会在组织中激发情绪……某天全天的积极心情（还有特别快乐的情绪）与当天的创造性思维正相关；愤怒、害怕、悲伤的心情则同创造性负相关……当天的积极情感可以预测第二天以及此后（一定程度上）的创造力。

通过这项研究，阿马比尔等人发现了一条从评价到创造性的影响路径：消极评价影响员工心情，而员工心情最终影响员工创造性。

奖励与创新

阿马比尔在 1985 年还做过一个实验，把一批年轻实验者随机分成两组，让他们先作两首诗，然后，其中一组被告知如果他们能再作一首诗，就会获得奖励（外在激励组），而另外一组则被告知作诗会启发人的思维（内在激励组）。实验结果表明：在没有任何条件影响的情况下，两组所作的前一首诗歌的创新程度相当，但随后获得外在激励的组，其诗歌的创造性反而相比于最初时下降了，而内在激励组的诗歌的创造性却显著地提升了。再次证实了外在激励对创新的削弱作用，以及内在激励对创新的促进作用。

哈丽雅特·祖克尔曼（Harriet Zukerman）曾于 1967 年对比分析了美国 55 位诺贝尔奖获得者在获奖前后 5 年的表现，发现这些获奖者在获奖后 5 年内，其平均论文发表数量和质量相较于获奖前 5 年均出现明显下降，甚至合作性也出现下降，其表现明显差于那些诺奖潜在提名者。

不少诺奖获得者在获奖后感受到了被之前的同伴和团队孤立，他们称，在获得诺奖后，曾经的亲密合作者纷纷离去，因而，就合作性而言，诺奖"中伤"了他们之间曾经亲密无间的合作关系。一位诺奖获得者沮丧地写下了下面这段话：

> 自从获奖后，再也不能像之前那样专注地去做很多事了，好比一个人走到了一个十字路口，他必须要做出一个决定。**如果可以，我宁愿放弃这许多的荣誉，只想回到从前去安心地做事**。可是你要怎么才能做到这一点呢？你得先卸下这许多已经叠加到你身上的责任，还得不断地同新来的责任做斗争。这说起来容易，做起来难！

另一位诺奖获得者安德烈·利沃夫（Andre Lwoff）则这样描述诺奖带给他的变化：

> 诺奖让我从一个小跟班一跃成了大明星。这于我而言简直就是一个严峻的考验。我完全不习惯到处露面，这让我完全没法继续工作……我生活得一点都不开心……以前，我可以一门心思都扑在工作上，然而一夜之间，这一切就都变了，我发现我莫名其妙地要去面对各种各样的责任、义务……

对科学家而言，他们是内在动机驱动的，工作本身就是对工作最好的激励，过早地出名和获得各种荣誉，对他们的创造性而言，无疑将是一种严重的破坏，即便是最负盛名的诺贝尔奖也不例外。

而在另外一个领域，乔治·博尔哈斯（George J. Borjas）和柯克·多兰（Kirk B. Doran）两人于2013年分析了数学领域的最高奖项菲尔兹奖获得者在获奖前后的表现，试图发现该奖项对获奖者产生了哪些影响。菲尔兹奖（以下简称菲奖）相当于数学领域的诺贝尔奖，每四年颁发一次，每次仅有2～4人获奖，用以表彰那些做出重大贡献的年轻数学家，获奖者年龄必须低于40岁，希望在他们刚刚崭露头角做出重大突破时就及时认可他们，以此激励他们在未来做出更伟大的贡献。那么，结果如何呢？乔治·博尔哈斯和柯克·多兰研究了1920年后出生的47位菲奖获得者在获奖后的产出情况以及研究方向变化情况，并把他们与那些能力相仿、同样出生于1920年后的43位菲奖竞争者做了对比，结果发现：

- 菲奖获得者在其职业生涯里平均发文116.5篇，年均发文3.1篇，平均每篇被引用21次（截至2011年10月），首次发表论文的年龄为23岁，而菲奖竞争者的这一数据则分别为126.4篇、3.6篇、17.5次和24岁。
- 在菲奖获奖前的20～39岁阶段，菲奖获得者年均发文3.3篇，竞争者年均发文3.4篇，两者大致相当，但获奖后（40～59岁）阶段，菲奖获得者年均发文数下滑至2.9篇，而竞争者的这一数字却上升至4.1篇，获奖者年均比竞争者少1.2篇。
- 菲奖获得者在获奖后，每年发表论文的总引用量平均减少了44次，论文质量明显低于竞争者。
- 在菲奖获奖前，获得者和竞争者发生认知偏移（即到一个陌生领域去从事研究）的概率相当，大致均为5%，但在获奖后，菲奖获得者发生认知偏移的概率上升到了25%（竞争者在同一时期发生认知偏移的概率为10%）。

无数的实验反复论证了这样一个事实：外在激励削弱人的创造力，而内在激励则促进人的创造力。

对于那些不需要太多思考的重复性工作，正如行为主义所言，外在激励可以提高他们重复这些行为的外在动机，但如果试图通过外在激励去提升人的创造力，就会适得其反。

大多数组织里，在外在激励的刺激下，员工通常倾向于聚焦那些能快速提升效率和生产率的事，创新通常会排在其次，甚至被忽略掉。这就是那些提供高物质激励的组织，拥有很强的执行力，却创新匮乏的根本原因。

汤姆是如何把一个枯燥的工作变得有趣的

马克·吐温在《汤姆·索亚历险记》一书中记载了这样一个故事。

汤姆被波莉姨妈罚粉刷栅栏，汤姆觉得，刷栅栏可是一个苦差，他甚至央求他的小伙伴吉姆，希望吉姆替他刷栅栏（自己愿意帮他去镇上提水），可波莉姨妈盼咐了，不允许他替汤姆刷，所以吉姆不敢这样做……后来，汤姆另一个小伙伴本·罗杰斯吃着苹果从旁边经过，于是，他灵机一动，有了下面的这段对话：

"哎呀，你日子好过了，是不是？"

汤姆没有回答，只是用艺术家的眼光审视他最后刷的那一块，接着轻轻地又刷了一下，再像刚才那样打量着栅栏。本走过来站在他身旁。看见他那苹果，汤姆馋得直流口水，可是他还是继续刷他的墙。本说：

"嘿，老伙计，你还得干活呀，咦？"

汤姆猛然地转过身来说道："咳！是你呀，本。我还没注意到你呢。"

"哈哈，告诉你吧，我可是要去游泳了。难道你不想去吗？当然啦，你宁愿在这里干活，对不对？嗯，当然，这是你情愿的！"

汤姆打量了一下那男孩，说：

"你说什么？这叫干活？"

"这还不叫干活，叫干什么？"

汤姆重新又开始刷栅栏，漫不经心地说："这也许是干活，也许不是。我只知道这对汤姆·索亚来说倒是很得劲。"

"哦，得了吧！你的意思是说你很喜欢干这事？"

刷子还在不停地刷着。

"喜欢干？哎，我真搞不懂为什么我要不喜欢干呢。哪个男孩子能天天有机会刷栅栏？"

这倒是件新鲜事。于是，本停止了啃苹果。汤姆灵巧地用刷子来回刷着，不时地停下来退后几步看看效果，在这补一刷，在那补一刷，然后再打量一下效果。本仔细地观看着汤姆的一举一动，越看越有兴趣，越看越被吸引住了。后来他说：

"喂，汤姆，让我来刷点儿看看。"

汤姆想了一下，正打算答应他；可是他立刻又改变了主意：

"不——不行，本，我想这恐怕不行。要知道，波莉姨妈对这面栅栏是很讲究的，这可是当街的一面栅栏呀！要是后面的墙，让你刷刷倒也无妨，姨妈也不会在乎。是呀，她对这道栅栏是非常讲究的。刷这栅栏一定得非常精心。我想在一千，也许在两千个孩子里，也找不出一个能按波莉姨妈的要求刷好这道栅栏的。"

"哦，是吗？哎，就让我试一试吧。我只刷一点儿。汤姆，如果我是你的话，我会让你试试的。"

"本，我倒是愿意，说真的。可是，波莉姨妈——唉，吉姆想刷，可她不叫他刷，希德也想干，她也不让希德干。现在，你知道我该有多么为难。要是你来摆弄这栅栏，万一出了什么毛病……"

"啊，没事，我会小心仔细的。还是让我来试试吧。嘿——我把苹果核给你。"

"唉，那就……不行，本，算了吧。我就怕……"

"我把这苹果全给你！"

那只"大密苏里号"在阳光下干活，累得大汗淋漓的时候，这位离了职的艺术家却在附近的阴凉儿下，坐在一只木桶上，跷着二郎腿，一边大口大口地吃着苹果，一边暗暗盘算如何再宰更多的傻小子。这样的傻小子会有许多。每过一会儿，就有些男孩子从这经过；起先他们都想来开开玩笑，可是结果都被留下来刷栅栏。在本累得筋疲力尽时，汤姆早已经和比利·费施做好了交易。比利用一个修得很好的风筝换来接替本的机会。等到比利也玩得差不多的时候，詹尼·米勒用一只死老鼠和拴着它的小绳子购买了这个特权。一个又一个傻小子受骗上了当，接连几个钟头都没有间断。下午快过了一半的时候，汤姆早上还是个贫困潦倒的穷小子，现在一下子就变成了腰包鼓鼓的阔佬了。除了以上提到的那些玩意儿以外，还有十二颗石头子、一只破口琴、一块可以透视的蓝玻璃片、一门线轴做的大炮、一把什么锁也打不开的钥匙、一截粉笔、一个大酒瓶塞子、一个锡皮做的小兵、一对蝌蚪、六个鞭炮、一只独眼小猫、一个门上的铜把手、一条拴狗的颈圈——却没有狗、一个刀把、四片橘子皮，还有一个破旧的窗框。

这段对白生动地诠释了内在动机的奥秘。为什么小伙伴们愿意去干这个原本枯燥乏味的刷栅栏工作呢？汤姆通过下面这几个动作，就大大地提升了大家的动机水平：

（1）故意装作这个工作很有趣。于是，在小伙伴们看来，这项工作的趣味性就具备了，满足了内在动机基于兴趣做事这个前提。

（2）在小伙伴们请求让他们试试时，汤姆故意表现出很为难，这更加强化了小伙伴们对这份饶有兴趣的刷栅栏工作的渴望。当他们用自己手头的玩意儿交换这份难得的工作机会时，实际上是自己做出了一种选择，内心的自主欲望就被激发出来了。

（3）汤姆还强调了这个工作的重要性："这可是当街的一面栅栏呀……她对这道栅栏是非常讲究的。刷这栅栏一定得非常精心。我想在一千，也许在两千个孩子里，也找不出一个能按波莉姨妈的要求刷好这道栅栏的。"这样提升了做这件事的价值和意义。

汤姆的动机请参看图 3-12。

动机类型	动机匮乏	外在动机				内在动机
调节类型	调节匮乏	外部调节	内投调节	认同调节	整合调节	内在调节
控制过程	无力掌控、无助感	服从、外部奖励和惩罚	自我控制、内部奖励和惩罚	价值与意义认同	自我追求与外在融合	兴趣、乐趣、内在满足
				……	……	

图 3-12　汤姆在刷栅栏时运用的动机

于是，按照动机图谱，小伙伴们的动机水平已经提升至认同调节水平，甚至到了内在调节动机水平了，小伙伴们干得不亦乐乎。

于是，便有了下面这段更精彩的描述：

> 汤姆在旁边一直过得舒舒服服，悠闲自在，同伴很多，而且栅栏整整被刷了三遍。要不是他的灰浆用光了的话，他会让村里的每个孩子都掏空腰包破产的。
>
> 汤姆自言自语道，这世界原来并不是那么空洞乏味啊。他已经不知不觉地发现了人类行为的一大法则——那就是为了让一个大人或一个小孩渴望干什么事，只需设法将这事变得难以到手就行了。如果他是位伟大而明智的哲学家，就像这本书中的，他就会懂得所谓"工作"就是一个人被迫要干的事情，至于"玩"就是一个人没有义务要干的事。这个道理使他明白了为什么做假花和蹬车轮就算是工作，而玩十柱戏和爬勃朗峰就算是娱乐。英国有钱的绅士在夏季每天驾着四轮马车沿着同样的路线走上二三十里，他们为这种特权竟花了很多钱。可是如果因此付钱给他们的话，那就把这桩事情变成了工作，他们就会撒手不干了。

是啊，"这世界原来并不是那么空洞乏味啊"，**所谓'工作'就是一个人被迫要干的事情，至于'玩'则是一个人没有义务要干，但想干的事**。

内在动机如何成就马斯克的商业奇迹

或许你会认为汤姆的故事是马克·吐温天马行空的艺术虚构，但事实上，伟大的艺术从来都源于生活。接下来，让我们走进一个真实的企业传奇，一个关于内在动机如何激发非凡成就的震撼故事。

在这个星球上，成功一次的企业家比比皆是，但能够一次次改写历史的企业家却寥若晨星。马斯克，毫无疑问，是其中的翘楚。

瓦特用一台蒸汽机，掀开了工业革命的序幕；亚历山大·弗莱明用一剂青霉素，改写了人类对抗细菌感染的历史；莱特兄弟用一次飞行，开启了人类航空的新纪元；福特用一辆T型车，终结了马车的历史……这些伟人固然伟大，只是他们的一生，往往只聚焦在了一个领域。而马斯克与众不同的地方在于，他横跨了网络支付、运载火箭、新能源汽车、卫星互联网、人工智能、脑机接口、可再生能源、高速地下交通网络，乃至火星探索，样样开天辟地，件件震古烁今。一个人，如何在如此广袤的领域取得如此辉煌的成就？这不禁让人怀疑：他，究竟是地球的访客，还是未来的使者？

以火箭发射为例。马斯克从小就对科幻和太空探索充满兴趣，他阅读了大量相关书籍，并深受《银河系漫游指南》等科幻作品的影响。他一直渴望人类的外太空时代能尽快到来。在意识到传统航天发射成本极高，严重限制了人类探索太空的能力后，马斯克成立了自己的航天探索公司SpaceX，决定自己亲自参与到这一史无前例的进程中来。

在SpaceX，马斯克很多时候不像是一个指挥一切的首席执行官，倒更像是一个"首席工程师"。有时，他为了赶项目进度，会直接睡在工厂地板上。作为亿万身价企业家，他选择在硅谷与火箭发射场之间辗转，过着几乎"自我折磨"的高强度生活。

是什么支撑着他？

答案或许就在他的一句话中："我真正想做的是在有生之年能够登陆火星表面，为人类探索太空做出积极贡献！"对马斯克来说，工作不仅仅是赚钱的手段，更是一场关乎人类未来的使命。他的目标，不只是造火箭，而是将人类送上火星，为人类文明找到"第二家园"。这份内在的使命感与热爱，成为他无尽的动力源泉。对心怀内在动机的人来说，工作本身就是最好的奖赏，是推动他们不断前行的内在燃料。

在这一底层逻辑的驱使下，马斯克在寻找团队成员时，最看重的也是候选人是否秉持同样的内在动机。他的第一个核心员工——汤姆·穆勒，就是这样被发现的。穆勒从小就喜欢玩火箭，是一位资深的火箭发动机专家。高中时，一位名叫盖里·海因斯的老师留意到穆勒的数学天赋，于是问他："你数学学得真好，将来是不是想当一名工程师？"穆勒回答说，他想成为一名飞机维修工，因为他喜欢动手，喜欢能飞的东西。老师认为穆勒的潜力不止于此，于是继续问他："那么你是想做修飞机的人呢？还是想做造飞机的那个人？"这个问题极大地启发了穆勒，他觉得后者让他更兴奋。打那之后，穆勒就立志把毕生精力奉献给航天事业。大学毕业后，穆勒曾在一家名叫TRW

（汤普森·拉莫·伍尔德里奇公司）的公司工作了15年，在那里负责开发液体燃料火箭发动机。这家公司久负盛名，在太空领域颇有建树，将阿姆斯特朗送上月球的火箭发动机就是它制造的。在了解到穆勒的这些事迹后，马斯克决定亲自去见见他。于是，在2002年1月的一个周日，马斯克来到了穆勒工作的车间。当时，穆勒正在车间里扛着一台重达70多斤的发动机，对马斯克的到来，他不以为然，他一边忙着固定发动机，一边有一搭没一搭地回答着马斯克的问题。直到回答到第三个问题时，他才意识到自己需要放下设备，认真地与马斯克对话。这一幕凸显了穆勒对火箭工作的极致热爱。一个人在潜意识中做着的事，往往才是他内心最热爱的事。穆勒肩上扛的是发动机，心中装的却是对火箭事业的执着。

更令人印象深刻的是接下来的故事。马斯克邀请穆勒下周详谈，却被穆勒以"看超级碗比赛"为由拒绝了。他刚买了一台大电视，计划与朋友一起观赛。然而，马斯克并未放弃。他直接登门拜访，与穆勒和几位工程师朋友一起看比赛。不过，这场观赛聚会仅持续了一轮进球，随后就变成了火箭讨论会。对这群工程师来说，如何设计火箭远比超级碗更有趣。此时，内在动机甚至完胜了人类贪玩的天性。

随后，马斯克成功将穆勒招至麾下，对之委以重任，让他负责为SpaceX建造史上最强大的火箭发动机。穆勒加入后，又引荐了九年级就会编程的蒂姆·布扎，由他负责建造发射实验场；布扎则推荐了曾与他并肩作战的年轻工程师杰瑞米·霍尔曼，他很快成为SpaceX动力系统的核心人物；紧接着，霍尔曼又为SpaceX招来了机械加工部副总裁鲍勃·里根，他的加入直接为SpaceX节省了约50%的制造成本……正是通过这样一条人才链，马斯克组建起了一支由内在动机驱动的团队。

这支团队中的一些人被派到远离大陆的海上孤岛工作，吃的穿的全部依靠从外部空运。一位负责空投物资的飞行员是这样形容他看到的这群工程师的：

> "大家都穿得破破烂烂，白衬衫上沾满了煤灰和煤油污渍，看到直升机来了就蜂拥向前，就像是岛上的野生动物，急迫地等待着食物。"

不仅生活条件艰苦，工作强度也异常巨大。为了尽快实现火箭发射目标，这群人没日没夜地工作，每周 80 小时以上的高强度工作对他们来说早已是家常便饭。2006 年年初，为了赶在 2 月的头两周内完成猎鹰 1 号的点火测试，一位名叫阿尔坦的工程负责人连续工作了近 60 个小时没合眼。很难想象，一群来自大城市的工程师，愿意放下原本优渥的生活，甘愿吃下这样的苦。

《奇才：连续突破性创新者的创意启示录》系统研究了那些以多项突破性创新著称的人，发现所有的创新者在努力工作时都是最快乐的。居里夫人工作非常努力，她废寝忘食，经常在实验室的工作台上昏倒；爱迪生和特斯拉经常通宵工作。对他们而言，也许正如爱迪生所说："工作让地球成为我的天堂，我从不打算退休。"或许，这就是内在动机的神奇力量。当你心中充满热爱，眼里便全是甜蜜，脚下便尽是能量，何苦之有？唐僧会抱怨取经路途的艰辛吗？不会！灵山在心中，热爱足抵岁月寒。

正是这种对事业发自内心的热爱，让 SpaceX 工程师们创造了奇迹。仅仅数年间，这群工程师便在 2015 年实现了人类历史上首次火箭的可重复利用，将发射成本降低到了传统火箭的 1/10。到 2018 年，与旧式航天飞机相比，猎鹰 9 号进入近地轨道的成本，仅为它们的 1/23。仅 2024 年一年，SpaceX 就完成了 134 次有效发射，占全球有效发射总量的一半。

SpaceX 的成功，让无数人不禁发问：为什么是它？为什么不是资金更雄厚、资源更充沛、经验更丰富的老牌巨头们？比如波音和洛克希德？

若非热爱，何以非凡！对企业而言，若能汇聚一群由内在动机驱动的人，成功便会不请自来。

内在动机如何改写中国影史和游戏史

或许你还会质疑，会不会内在动机只适用于西方人，一到东方就水土不服了呢？那么接下来，让我们将目光投向中国本土，去探寻两个在华夏大地上真实发生的、由内在动机驱动的、令人瞩目的成功典范。或许，它们能彻底打消你的这一疑虑。

2025 年春节期间，中国电影春节档迎来了一部划时代的巨作——《哪吒之魔童闹海》。截至 2025 年 6 月 30 日，这部动画电影实现了惊人的 159 亿元票房收入，成为中国影史上首部票房破百亿的电影，其票房成绩更是排在榜眼的《长津湖》的2.8倍多，并强势跻身全球动画电影票房第1名，超越了迪士尼的《头脑特工队2》。令人震撼的是，这部刷新全球动画电影票房纪录的电影，并非出自那些声名显赫、作品等身的大导演之手，而是由一位仅有一部作品经验的"外行人"倾力打造。他，便是艺名唤作饺子、真名为杨宇的导演。

细扒饺子的成长经历，你会发现，这完全就是一个用热爱创造惊天伟绩的励志案例。

1980年，饺子出生于四川泸州一个普通家庭。自幼痴迷漫画的他，梦想将来成为一名漫画家。上海美术电影制片厂全系列、宫崎骏全系列、押井守全系列、皮克斯全系列、迪士尼全系列……每一部经典动画作品，他都如数家珍。然而，高考时，迫于"漫画家不切实际"的家庭压力，他最终放弃了艺校，选择进入四川大学华西药学院学医。

不过，医学院的学习并未熄灭他对动画的热爱。相反，当他接触到三维制作软件后，那份被压抑的梦想越发炽热。于是，大学期间，他一边兼顾专业课程，一边自学三维动画制作。从模仿到创作，从生涩到成熟，他一步步靠近自己的梦想。

大学毕业后，饺子毅然弃医从艺，投身动画行业。最初，他进入了一家广告公司担任动画师，但他很快发现，这份工作与他的梦想风马牛不相及。这家公司日复一日的机械劳作让他毫无成就感可言。于是，在工作一年后，他裸辞了，开始了长达3年零8个月的"闭关修炼"。

那段时间，他蜗居家中，靠着母亲微薄的养老金维持生计，每天过着客厅—卧室—厕所三点一线的生活。一连半个月都吃泡面，他却甘之如饴。为了梦想，他一人包揽编剧、分镜、建模、特效，硬啃《动画师生存手册》，一帧帧临摹迪士尼经典，甚至将《大闹天宫》的分镜扒下来反复研究。

2008年12月31日，饺子的第一部作品《打，打个大西瓜》横空出世。这部16分钟的动画短片，一经上映便横扫30多个奖项，包括柏林国际短片电影节评委会特别奖，被媒体誉为"国产动画最优秀的作品"。

然而，短暂的成功并没有让他此后的路变得有多好走。当时正值国产动画行业寒冬，即便有了代表作，饺子依旧面临无人问津的窘境。甚至有投资人直言："做动画不如开火锅店。"但他并未放弃。2015年，《哪吒之魔童降世》正式立项，但魔童哪吒的形象却遭到资本围剿。投资方要求他将其改成萌系人设，但他没有妥协，仍然坚持自己的艺术创作初心。为了这部作品，他抠细节抠到极致，哪吒形象设计了上百种，方才最终定版。在《哪吒之魔童闹海》里，妖族仙界大战中参与的角色超过2亿，土拨鼠大战环节甚至没有两只土拨鼠是相同的。申公豹变身镜头的毛发特效，还逼疯了两家外包公司，最后他只得亲自上阵，连续48小时不眠不休，测试178版渲染参数，调整340次光影角度，直至呈现出震撼效果后方才满意。

最终，他用自己的坚持，迎来了胜利的曙光。《哪吒之魔童闹海》不仅赢得了观众的认可，更以超百亿票房的壮举，改写了中国影史。这位横空出世的传奇导演，用行动书写了一个关于热爱的史诗，他让世人看到，只要心中有火，脚下有路，再遥远的梦想也能触手可及。

近两年同样用热爱改写行业历史的，还有另外一个人——游戏科学公司创始人冯骥。

2024年，中国游戏产业迎来历史性时刻——由游戏科学公司研发的3A级动作角色扮演游戏《黑神话：悟空》以现象级表现震撼全球游戏界。这部耗时7年打造的作品不仅斩获2 800万份销量、90亿元销售额的惊人成绩，更以单作之力占据当年国产游戏总销售额102.2亿元的88%，创造了"一骑绝尘"的商业奇迹。

在这部颠覆性作品的背后，站着一位"非典型"游戏人——游戏科学公司创始人冯骥。冯骥毕业于华中科技大学生物医学工程专业，同饺子一样，也是非科班出身的外行人。他酷爱游戏，大学期间长期泡在网吧里，一度落魄到向同学借钱生活。毕业后，为了生计，他进入一家小公司担任游戏策划。但他极其讨厌游戏公司在游戏中设置游戏道具进行收费的做法，认为这有损游戏玩家的体验。2007年，他甚至为此专门写下一篇6 000字檄文《谁杀死了我们的游戏？》，直指资本异化导致游戏沦为"持续性收割用户的数字牢笼"。在冯骥看来，游戏的初衷应该是"创造有趣的东西"。

正是这种对创造有趣游戏体验的执着追求，促使冯骥在2014年走上了创业之路，创立了游戏科学公司。当行业仍沉迷于"短平快"的氪金手游时，他毅然于2017年启动《黑神话：悟空》项目。面对3A游戏的技术壁垒、超长研发周期带来的资金压力，以及本土高端游戏人才的匮乏，他带领团队以愚公移山的精神持续攻坚：重构虚幻引擎的底层代码、研发物理毛发渲染系统、搭建基于中国神话的美术体系。历经 2 500 余天的淬炼，这部承载东方美学与硬核玩法的大作终在 2024 年 8 月横空出世。

《黑神话：悟空》的全球成功，标志着中国游戏产业实现了从"代工者"到"定义者"的质变。它打破了"国产无 3A"的魔咒，更向世界证明：当创作回归本心，中国团队同样能打造出征服全球玩家的顶级作品。正如游戏结尾的隐喻——历经八十一难的斗战胜佛，终将重写属于自己的神话。

在这个世界，最终能在历史上永久留下痕迹的人，从来都不是那些在前人栽好的树下乘凉摘果的幸运儿，即便他们富甲天下，但财富生不带来死不带去，最后两眼一闭一场空，而是那些心怀炽热梦想，披荆斩棘，将不可能化为可能的孤勇者。热爱，是他们手中的利剑，足以劈开岁月的冰霜；坚持，是他们脚下的磐石，足以承载梦想的重量。热爱是内心熊熊燃烧的内在动机火焰，能熔化现实的铜墙铁壁，锻造出一部部震撼人心的伟大作品。念念不忘，必有回响；坚持到底，终见曙光。成功或许会迟到，但从不缺席；苍天或许会对一个人的努力短暂沉默，但从不辜负那些执着追梦的有心人。

现状评估

动机状态评估

在了解了绩效使能框架之后，想必读者一定非常急于想问一个问题：我如何得知我所在组织的动机水平是怎么样的？本节将为你提供一种评估方法。这套评估方法是基于爱德华·德西开发的内在动机测评问卷（见图 3-13）进行的，问卷一共 18 道题，每道题给出了为什么工作的理由，要求被调查人员根据描述和实际的一致程度进行打分，1 分表示完全不一致，7 分表示完全一致。

具体评估时，建议通过现场问卷填写的方式去开展，将该问卷表格打印在一张 A4 纸上发放给团队成员，在填写前的介绍语中，只恳请大家如实填写，不做任何有倾向的引导，并强调问卷是匿名的，只需要员工给出最符合实际的得分评估即可。这样问卷的回收率和可信度都比较高。

序号	问题描述	得分
1	我选择这份工作，希望通过它达成某种生活。	
2	我看重工作提供的这份收入。	
3	我问过自己这个问题，我似乎不能管理好与这份工作有关的重要任务。	
4	从这份工作中我感受到极大的学习乐趣。	
5	工作已经成了我自己的一部分。	
6	我希望在工作上能够成功，否则我会很愧疚。	
7	我选择这份工作，是为了实现我的职业目标。	
8	我选择这份工作，是因为工作中充满了很有意思的挑战，这让我感到很满足。	
9	我选择这份工作，是为了挣钱。	
10	我选择这份工作，将它作为我生活方式的一部分。	
11	我希望我能胜任这份工作，否则我会感到很失望。	
12	我不知道我为什么要工作，我们的工作条件比较差。	
13	我希望成为生活的"赢家"。	
14	我选择这份工作，希望通过它实现一些重要目标。	
15	我选择这份工作，是因为我想体验到成功完成挑战性任务后的那种满足感。	
16	因为这份工作给我提供了安全感。	
17	我不知道为什么工作，我们被寄予了太多期望。	
18	因为这份工作是我生活的一部分。	

图 3-13 内在动机状态评估问卷

在大家填写完后，对问卷进行回收和整理，按照表 3-1 中的规则对得分进行汇总统计：

表 3-1 动机状态评估规则

	动机匮乏	外部调节	内投调节	认同调节	整合调节	内在动机
题号	3、12、17	2、9、16	6、11、13	1、7、14	5、10、18	4、8、15
得分						

然后看哪个维度得分最高，则表明该团队主要是受该种动机所驱动。同理，也可以分析看看第 2 高的维度是哪个维度，它同第 1 高维度之间的距离如何，例如，如果第 1 高的维度是外部调节动机状态，但第 2 高的维度是内在动机状态，则这可能意味着团队本身的工作是非常有趣味的，只是因为管理上叠加了过多的外部激励或者管控因素，对内在动机产生了"挤出效应"。

基本心理需求状态评估

如果更进一步想评估团队整体的基本心理需求满足程度，爱德华·德西也提供了一份问卷（见图 3-14）。问卷一共 21 个问题，要求被调查人员根据描述和实际的一致程度进行打分，1分表示完全不一致，7分表示完全一致。

序号	题目	得分
1	我能自由决定我的工作和生活而不受任何约束。	
2	我真的特别喜欢和我打交道的那些人。	
3*	我经常觉得我在工作上有些吃力。	
4*	我会感受到生活上的压力。	
5	从周边同事给我的反馈来看，我能很好地胜任我的工作。	
6	我和大家相处很融洽。	
7*	我喜欢独处，没有特别多的朋友。	
8	一般来说，我都会畅所欲言地表达自己的想法和观点。	
9	我会把经常和我互动的那些人当成我的朋友。	
10	最近我又顺利地掌握了一些有趣的新技能。	
11*	日常生活中，我经常性地做那些被告知不得不做的事。	
12	我觉得周边的人都很关心我。	
13	绝大多数时候，我觉得完成手头工作并不是很困难。	
14	每天和我互动的人都会特别在意我的感受。	
15*	在我的工作中，我没有太多机会展现自我。	
16*	我没有太多特别亲近的人。	
17	日常生活中，我觉得我可以真实地做自己而不用隐藏什么。	
18*	和我经常打交道的那些人似乎并不是特别喜欢我。	
19*	我经常觉得在工作上力不从心。	
20*	日常工作中，我不能自由决定如何开展我的工作。	
21	大家对我都特别友好。	

图 3-14 基本心理需求状态评估问卷

同动机状态评估一样，建议在具体评估时，也通过现场填写问卷的方式去开展，将如上表格打印在 A4 纸上发放给团队成员。在大家正式开始填写前，简单介绍下调查的目的，是希望更好地了解团队的整体现状，并告诉大家调查是匿名的，只需要员工给出最符合实际的得分评估即可。

在大家填写完后，对问卷进行回收和整理，带有星号标记的题号（3、4、7、11、15、16、18、19、20）需要做反向记分处理，即实际得分 = 8 − 打分，然后按照表 3-2 中的规则对得分进行汇总统计：

表 3-2　基本心理需求状态评估规则

	自主	胜任	关系
题号	1、4、8、11、14、17、20	3、5、10、13、15、19	2、6、7、9、12、16、18、21
均分			

然后看看团队三个基本心理需求的整体满足情况，在这三个基本心理需求中，哪个心理需求满足得最好？哪个满足得最差？差距有多大？可以就这些问题进行探讨。一般而言，当三个基本心理需求维度得分都较高时，代表团队整体比较健康，内在动机水平相应也会比较高。如果其中某一维度或所有维度都比较差，则需要再深入分析寻找根源并针对性地改进。

Performance
Empowerment

第 4 章 ——

OKR：一种绩效使能方法

何为 OKR

OKR 是英文 "Objectives & Key Results" 的首字母缩略，中文意思即**目标与关键结果**。

本·拉莫尔特（Ben Lamorte）在其所著的《OKR：源于英特尔和谷歌的目标管理利器》一书中对 OKR 是这样定义的：

> OKR 是一套严密的思考框架和持续的纪律要求，旨在确保员工紧密协作，把精力聚焦在能促进组织成长的、可衡量的贡献上。

这个定义从实操层面描述了 OKR 的几个关键特征。

- **严密的思考框架**：OKR 包含 2 个组成部分，即目标（O）和关键结果（KR）两部分。OKR 强调，在做一件事情时，需要先明确目标，找到做事的价值和意义，只有在真正认清了一件事情的价值和意义后，才去思考如何达成这个目标的衡量方法，即关键结果。通过这两部分的有机组合，避免了员工从一开始就只见树木不见森林，陷入具体的指标细节，而忽视了隐藏在这些指标背后的真正价值所在。事实上，那也正是 KPI 的问题所在。
- **持续的纪律要求**：OKR 特别强调同业务节奏的匹配性，而不是僵化地按照半年或者一年为周期去制定。如果业务节奏较快，那么可以将 OKR 的开展周期定为季度；如果业务节奏相对较慢，那么可以将 OKR 的开展周期定为半年或者一年。最重要的不是采用哪个周期，而是要匹配业务的需要。并且，OKR 强调过程中要不断地评估 OKR 的进展，直到达成 KR 的各项关键要求。
- **确保员工紧密协作**：与大多数传统的绩效管理方法不同的是，OKR 特别强调过程的透明与公开。以往，员工在制定目标时，目标大多只对主管和员工可见，对其他人则不可见，而 OKR 默认是对全员公开的，团队成员之间彼此能够很好地相互了解对方的目标是什么，进展是什么，从而能够更好地增进团队成员之间的了解，促进协作。OKR 倡导的是公开透明的团队氛围。
- **精力聚焦**：OKR 建议 KR 通常 3～5 条即可，过多反而导致精力不聚焦，根据二八原则，要把主要精力集中在少数关键结果的达成上。
- **做出可衡量的贡献**：KR 通常是定量的，KR 要能精确地指出其达成对业务究竟有多大的促进作用，这是 KR 的一个自然属性。任何时候，如有可能，都应当尽量避免主观描述 KR。
- **促进组织成长**：KR 的达成，始终要能促进 O 的达成，O 才是真正的价值和意义所在。也就是说，O 要能指出对组织产生了哪些关键贡献，要能促进组织成长。

相比这个冗长的定义而言，我更喜欢将 OKR 中的 O 比作一种追求和方向，将 KR 比作通向这个方向的里程碑。O 和 KR 共同构成了 OKR 的两层结构。在实际开展过程中，很多团队为了更好地支持关键结果的达成，会再将 KR 细分成若干任务，即 Action，这样，OKR 就扩展成了 O-KR-Action 三层结构，包含 Action 的 OKR 三层结构如图 4-1 所示。

在 OKR 三层结构中，O 和 KR 是必选的，Actions 则是可选的。

每个组织都有自己的使命，按照谷歌前首席人才官拉斯洛·博克（Laszlo

Bock）的理解，使命是永不可达的，例如谷歌公司的使命是："整合全球信息，使人人皆可访问并从中受益。"这个使命对谷歌而言，可以无限逼近但永远不可能完全实现，这是谷歌存在的价值，每一代谷歌人都要为之而努力。使命是一个组织的终极目标，在使命之下是愿景，愿景是企业5～10年的奋斗目标，它相对比较具体，勾画出了企业未来的发展方向。为了一步步地实现组织愿景，组织还会制定细化的战略。

目标（Objectives）
我想实现什么
（定性描述）

关键结果（Key Results）
实现目标需要达成哪些关键结果
（定量描述）

任务（Actions）
KR执行过程中，可根据需要进一步将
KR分解成若干任务
（该步可选）

图 4-1　OKR 三层结构

OKR 源于组织战略。更准确地说，O 通常需要支撑组织战略的达成，而 KR 则要支撑 O 的达成，如果有 Action 的话，Action 要支撑 KR 的达成，这是一种逐级支撑的关系，共同服务于整个组织的使命体系。

如果从生命周期角度去看组织的使命（Mission）、愿景（Vision）、战略（Strategy）、O（目标）、KR（关键结果）、任务（Actions），它们是一个从宏观到微观逐步包含的关系，如图 4-2 所示。

图 4-2　使命、愿景、战略、OKR、任务典型生命周期图

整个 OKR 达成过程，类似攀登珠穆朗玛峰的过程。攀登珠峰的难度非常之大，乔恩·克拉考尔在其《进入空气稀薄地带：登山者的圣经》一书中，给出了这样一组数据："自英国人 1921 年首次造访以来，珠峰共夺走了 130 个人的生命，差不多每 4 个到达山顶的登山者中，就有 1 个人死亡。"而 OKR 特别强调目标要有挑战性，这一点和登顶珠峰特别吻合，于是，以"登顶珠峰"作为 O，我们得到了这样一个 OKR：

O，登顶珠峰；KR1，3 天内从大本营登上 1 号营地；KR2，2 天内登上 2 号营地；KR3，3 天内登上 3 号营地；KR4，1 天内从 3 号营地登顶珠峰。

为了帮你更好地理解，我用一张图形象地表示，如图 4-3 所示。

图 4-3　登顶珠峰 OKR 示例

通过这个示例，你是否对 OKR 有了一个直观的认识？登顶珠峰需要跨越 3 个里程碑点，即 1～3 号营地，分别对应 4 个 KR，当这 4 个 KR 都达成后，登顶珠峰的目标也就达成了。

一定要注意区分目标（Objectives）和任务（Actions）。目标是有价值和意义的，通常需要至少 1 个月以上的时间才能完成。一位摩托罗拉公司的高层经理曾说过这样一句话："目标究竟是什么并不重要，只要它是合理的。关键是起到激励作用，在内部引发化学反应。"而任务则是具体一件件的事，通常只需数天即可完成。例如,"实现汽车电池续航的技术突破"可以看成一个目标,"组织 5 次技术研讨"则是一个具体的任务。

如果从更深层机理去解剖 OKR,发现它比传统 KPI 更进了一步,它更加强调做事的意义和价值这一点,这实际上将人的动机水平从外部调节或者内投调节动机状态推进到了认同调节、整合调节动机状态,甚至是内在动机状态,如图 4-4 所示。

动机类型	动机匮乏	外在动机				内在动机
调节类型	调节匮乏	外部调节	内投调节	认同调节	整合调节	内在调节
控制过程	无力掌控、无助感	服从、外部奖励和惩罚	自我控制、内部奖励和惩罚	价值与意义认同	自我追求与外在融合	兴趣、乐趣、内在满足
绩效管理	任务分配、机械执行	绩效评价、绩效薪酬、强制比例	自上而下目标	自下而上目标、教练式辅导	愿景 / 使命	去掉绩效管理、自主探索
典型实例	官僚机构、生产线	KPI	PBC	OKR	合伙人	20% 时间、自由职业

图 4-4 OKR 的动机水平

所以,本质上,相对于传统的绩效目标制定方法,诸如 KPI 和 PBC,OKR 是一种受更高级动机状态驱动的方法,是一种接近绩效使能状态的方法。

OKR 的前世今生

前已提及,相较于其他方法,OKR 是一种更有效、更能发挥员工自主性和创造性的目标管理方法。但 OKR 并非新生事物,它已经走过了一段很漫长的路。

自 20 世纪 50 年代信息时代开始以来,企业纷纷发现,传统的只做绩效考核的方式,扼杀了工人的工作热情和主动性。20 世纪 30 年代的霍桑实验已经证明人不仅是经济人,更是社会人。经济人是理性的经济模式,如果给工人 100 块钱工人能搬 100 块砖的话,那么当给工人 200 块钱的时候,他应该要能搬 200 块砖吧?但人不是动物,不只是为了生存,更要生活。生存仅仅是物欲的满足,生活则是心理需求的满足。但 20 世纪 30 年代还处于大工业时代,工厂对工人的技术能力要求不高,人力的可获得性也很高,因此没能充分认识到这一点。伴随着 20 世纪 50 年代信息时代的来临，企业更多地需要知识型人才，而不只是体力劳动者。德鲁克 1954 年发表《管理的实践》一书，系统地提出了基于目标的管理方法（Management By Objectives，MBO），它是德鲁克所提出的最重要、最有影响力的概念，并已成为当代管理学的重要组成部分。目标管理的最大优点是它倡导一种目标比指标更重要的理念。指标关注的是管控和执行层面，而目标则意味着价值和意义，让工人看到了搬砖的背后，是建一座伟大的教堂，从意义层面去激发他们自主自愿的工作热情，而不是用皮鞭去驱使他们。

德鲁克《管理的实践》一书具有划时代意义，开启了一个全新的绩效管理实践的时代。众多企业纷纷实践 MBO 管理方法。时任英特尔公司 CEO 的安迪·格鲁夫对德鲁克推崇备至，很快在英特尔公司引入了这一方法。然而，格鲁夫对执行力有着偏执的追求，他在引入 MBO 时，除了强调 Objectives，同时也更强调如何量化地评估目标（O）的 Key Results，最终将 MBO 演变成了同时包含 O 和 KR 两部分内容的目标管理方式，即 OKR。格鲁夫出版过一本书，叫 *High Output Management*，也就是说，格鲁夫引入 MBO 方法，是希望帮助英特尔提高生产率和实现高产出。在英特尔，以近乎刻板的方式准确地遵循摩尔定律。这种对生产率的苛刻要求，催生了英特尔内部的高执行力文化。为此，有人写过一本书，书名就叫《只有偏执狂才能生存》，书名恰如其分地评价了格鲁夫的个人特质。

那么，你不禁要问，既然 OKR 这么早就推出了，那为什么业界其他大企业没有跟进这一实践呢？事实上，在德鲁克提出 MBO 之后，诞生了很多目标管理方法，包括 SMART、KPI、OKR 等，如图 4-5 所示。

MBO	SMART		OKR
彼得·德鲁克	乔治·多兰	KPI	约翰·杜尔引入到谷歌

1967　1973　　1981　1984　　1990　　1999　　2015

图 4-5　各种目标管理方法出现的时间顺序

这些方法在不同的企业有不同的应用，其中又以 KPI 在企业界有着最广泛的应用。KPI 本质上等同于 OKR 中的 KR，只是它从平衡计分卡的四个维度（财务、客户、内部运营、学习与成长）规定了 KR。

1999 年，硅谷风险投资人约翰·杜尔（John Doerr）将 OKR 从英特尔引入到了谷歌，伴随着谷歌两位创始人所刻意营造的创新文化、对野心目标的执着追求以及开放透明的工程师文化氛围，OKR 在谷歌发挥了创新发动机的作用。当全球有感于谷歌生生不息的创新能力时，开始关注到它所应用的 OKR，自此，OKR 在硅谷企业和全球其他企业中开始大行其道。

这一事实也表明，OKR 早已有之，但真正把 OKR 视为创新驱动器的，谷歌是第一家。或者换句话说，谷歌的 OKR 不同于英特尔的 OKR。现今广为人知的 OKR，通常也是源起于谷歌的 OKR，而非英特尔的 OKR。两者有着相似的形体，却有着不同的灵魂。英特尔搭建起了 OKR 的框架，但只有配合了谷歌的开放、平等、自由的文化氛围后，创新才如虎添翼。

OKR 与传统绩效管理的异同

那么，是哪些关键实践让 OKR 成了创新的驱动器呢？通过在华为长达 2 年多的实践，我发现了 OKR 与传统绩效管理的诸多不同之处：

（1）结构不同。
（2）框架理念不同。
（3）目标制定方式不同。
（4）目标公开方式不同。
（5）辅导方式不同。

下面将逐一解释之。

不同点 1：结构不同

看人看长相，看工具看结构。在对事物未做深入了解前，这往往能让我们获得对事物最直观的认知。而第一眼看过去，OKR 和传统绩效管理工具（如 KPI）首先在结构上就有着根本性差异。

举一个接地气的例子。假如你今年要给自己定一个瘦身目标，如果采用

KPI 方式来定，你会怎么定呢？

我曾就这个问题问过我的不少学员，答案大同小异。

目标 1：减重 10 公斤。
目标 2：腰围缩小 10 厘米。
目标 3：体脂率低于 20%。

这些目标对吗？对，但远不够好。为什么不够好呢？因为它们只是在指标层面描述瘦身，而完全没有触及这些指标背后的意义。请问，你为什么一定要减重 10 公斤？减重 8 公斤不行吗？你的腰围为什么只缩小 10 厘米？缩小 15 厘米瘦成"一道闪电"不是更好吗？体脂率又为什么非要低于 20%？22% 就会危及生命吗？你做这些究竟是为了什么？**抛开目标谈指标，如同丢掉罗盘航行，航行得越快，迷失得越远**。

那么，假如用 OKR 工具来为瘦身定一个目标，怎么设定 OKR 呢？

答案因人而异。2023 年，华为邀请我回去给华为的 HR 同事再讲讲 OKR。其间，我问了大家同样的问题，其中一位华为朋友的 OKR 是这样设定的。

O：让自己能以更健康的身心状态陪伴女儿。
KR1：保持规律作息，每日睡眠时数不少于 6 小时。
KR2：健康饮食，素食比例提升至 60%。
KR3：坚持锻炼，每周保持 2.5 小时中等强度有氧运动。

在这位朋友的 KR 里，没有任何一条提到"减重""减腰围"或"降体脂率"，因为他的核心诉求不在这些数字上，他真正想实现的，是"以更健康的身心状态陪伴女儿"。他 50 多岁了，有一个刚上幼儿园的可爱小女儿。巨大的年龄差让他担忧女儿的陪伴问题。他说："我的女儿不在意她爸爸是个胖子，更不在意他爸爸的腰围有多粗，她只需要她爸爸在陪伴她时有一个好的状态，能和她一起玩，能和她一起笑，能包容她的小脾气。"从这个目的出发，他的 KR 聚焦在让自己"睡得饱、吃得健康、动得适度"上。我完全认同他的 OKR。你的 O 定在哪，你的 KR 就应该定在哪。**KR 是指标，O 才是目标，指标应服务于目标，而不能本末倒置地错把指标当目标**。

如表 4-1 所示，对比 KPI 和 OKR 两种模式下的目标设定，你有发现两个工具在结构上的不同吗？

表 4-1　KPI 和 OKR 两种模式下的目标设定

KPI	OKR
目标 1：减重 10 公斤 目标 2：腰围缩小 10 厘米 目标 3：体脂率低于 20%	O：让自己能以更健康的身心状态陪伴女儿 KR1：保持规律作息，每日睡眠时数不少于 6 小时 KR2：健康饮食，素食比例提升至 60% KR3：坚持锻炼，每周保持 2.5 小时中等强度有氧运动

你有没有发现，OKR 相比于 KPI，结构上的根本不同，在于 OKR 比 KPI 多了一个 O。如果把 OKR 的 O 去掉，OKR 和 KPI 在结构上没有丝毫差异。KR 指关键结果（Key Results），KPI 指关键绩效指标（Key Performance Indicator），叫法不同，实则完全一样。所以我常说，OKR 的灵魂在 O 上，是 O 赋予了 OKR 全新的生命力。KR 和 KPI 都是在做数学题，都追求量化，追求数字上的精准性，它们就像是打靶射击时要精准瞄准的靶心；O 则是在做语文题，它追求讲清楚做事的价值和意义，就像是远航时手中指引方向的指南针，致力于让"方向大致正确"。人类天生擅长语言，却拙于数字。婴儿 1 岁就能咿呀学语，但通常要到 3 岁左右，经过刻意练习才能掌握简单的数字运算。唐代大诗人骆宾王 7 岁时就能创作出"鹅鹅鹅，曲项向天歌"这样的绝佳诗句，因而跻身大诗人之列，但伟大的数学家的平均年龄却要到 37 岁，年龄中位数也要到 35 岁，史上最年轻的数学家洛多维科·费拉里（Lodovico Ferrari），推导出四次方程的一般解时，也有 18 岁。丛龙峰和张伟俊在合著的《自我觉察》一书中说得好，对领导者，"一旦你脑子里都是硬邦邦的数，心里面就很难有活生生的人！"你看不到活生生的人，你就定不出好的 O，于是，你很容易重新回到 KPI 思维里打转转。可以说，在加入 O 后，OKR 有效避免了唯数字论现象，避免了绩效主义现象。O 和 KR 组合在一起，在冰冷的数字和鲜活的意义之间达成了和解，实现了数学和语文的平衡，左脑和右脑的平衡，现实和远方的平衡。而管理的本质，不就是做平衡吗？在这个意义上，我坚定地认为，OKR 是最好的目标管理工具。

不同点 2：框架理念不同

传统组织的绩效管理，基本遵循着从目标制定、绩效执行、绩效评价和绩效沟通的"四步曲"，如图4-6所示。

这套传统绩效管理"四步曲"环环相扣，始于目标制定，终于绩效沟通，上一步骤的输出是下一步骤的输入。也就是说，员工制定了一个目标之后，需要严格地、不打折扣地执行，在绩效评价时，需要评估员工当初制定的目标完成了多少，据此打出员工的绩效结果分数，然后就该绩效结果和员工进行沟通。而绩效结果将直接影响员工的升职、加薪等物质回报，并对评价结果特别不好的员工实施末位淘汰处理。

由此可以看出，这是一套基于胡萝卜加大棒式的绩效管理方法，本质上是受后端的物质激励和惩罚（淘汰）所驱动。这直接导致员工在设定工作目标时，会刻意压低自己所能达到的目标水平，不愿意设定有挑战性的目标，然后在绩效评价时，又刻意地夸大自己的成果表现，以图给主管留下自己超预期达成了原定目标的印象。在采用传统绩效管理模式时，我曾遇到过很多类似的案例。比如，某次制定目标时，为了避免人才流失，上级部门A要求下级部门B制定一个与员工离职率相关的目标，离职率将作为一个关键考核项，于是B部门基于当时已有离职信息做了一个初步评估，认为在当年不做任何干预的情况下，离职率大概会在7%，如果想一些办法挑战一下的话，控制在5%以内也是可行的，但为了保险起见，最终上报的离职率数据目标是7%。也就是说，部门上报的目标，是不怎么努力就可以达成的目标。绩效考核和强绩效应用的压力成了部门的沉重包袱，压制了部门出于意愿而奋斗的热情。

图4-6 传统组织的绩效管理"四步曲"

OKR则不然，它将目标管理和评价管理分离开来。目标管理专注于目标的设定和目标的达成及反馈，而评价管理环节专注于对所做贡献给予公正评价和回报，如图4-7所示。

也就是说，OKR将传统的铁桶一般的绩效管理"四步曲"拆解成了上下两个半环。上半环专注于目标管理，下半环聚焦于公正的评价管理。这看似是一个小小的变化，却恰是绩效管理领域的一大步，它将绩效管理成功推进到了绩效使能时代（见图4-8）。

图 4-7 引入 OKR 后的绩效管理框架

图 4-8 传统绩效管理与 OKR 模式下的绩效管理流程对照

OKR 模式下，绩效评价无须看当初目标的完成率，而只关注最终绩效贡献的大小。也许员工在制定目标时制定了一个特别具有挑战性的 OKR，比如：2018 年销售收入较上一年翻番。而实际上在绩效评价时，员工只提升了 50%，即目标完成率只有 50%，但这 50% 已经非常难得了，在团队中的贡献也是属于数一数二的，那么员工的最终绩效评定结果仍然可以是卓越。

在 OKR 模式下，目标完成情况仅用作改进，不用作奖励和惩罚。也就是说，OKR 的出发点是员工发展，传统绩效管理方式的出发点是员工评价，一个是发展导向，一个是评估导向，这两者在理念上存在巨大差异。当公司是发展导向时，员工对负面评价意见会更开放，更容易接受批评和意见，而如果公司是评价导向时，由于和利益休戚相关，员工必然会以封闭的心态去看待主管的评价意见，其结果必然是：一方面主管想尽各种方法收集员工不胜任的证据，试图说服员工承认在某方面做得不够好，而另外一方面员工也在想尽各种方法收集自己已经胜任的证据，两者很难在同一个频道上沟通。

不同点 3：目标制定方式不同

传统绩效管理方法在制定目标时，更多地强调目标需要自上而下层层分解。关于这一点，有很多这样的描述，诸如：

- "高层看战略，基层看执行。"
- "高层要有使命感，中层要有危机感，基层要有饥饿感。"
- "高层用脑，基层用手。"

……

似乎，思考是高层的事，基层无须思考，只需要按照高层的指示去执行即可。也因此，部分企业在应用 OKR 时，把 OKR 用成了另外一种自上而下任务分解的工具，然后发现 OKR 和传统绩效管理工具并无不同。

实际上，OKR 更强调自下而上的目标制定，即让员工充分发挥其主动性，帮助组织一起寻找突破方向，制定组织 OKR，然后思考自己能为这个组织目标做些什么，制定个人 OKR。在从组织目标制定到个人目标制定这整个目标制定过程中，员工都要充分参与。员工不是仅仅被告知组织目标，而是在一起"打造"属于他们共同的组织的未来。这能增强员工对组织目标和个人目标的承诺感，从"要我做"变成"我要做"，从"被动执行"变成"主动参与"。当员工觉得目标是自己的目标，而不是被强加的目标时，其基于意愿而付出的热情才会被点燃。

关于哪种目标制定方式更有效，业界对此也早有研究。美国马里兰大学管理兼心理学教授、目标制定领域的泰斗埃德温·洛克（Edwin A. Locke）指出，针对非知识型劳动者（如伐木工），目标是由上级指定，还是下属自己制定，绩效并无明显差异。然而，针对复杂的知识型工作，自下而上构建的目标会更有效。

不同点 4：目标公开方式不同

传统绩效管理假定，目标是上级和下属之间的约定和承诺，因此只需要主管和员工双方知晓即可。也就是说，传统绩效管理模式下，目标只在主管和员工之间可见。但OKR则全然不同，员工制定的OKR，默认情况下是全公司可见的。公司内任何一个员工，都可以随时查阅其他成员的OKR。详见图4-9。

图 4-9　目标公开方式对比

首先，传统绩效管理模式下，目标是封闭的，员工无法便捷地看到其他相关同事的目标，而OKR模式下，目标是开放的。这种全员可见的方式，能更好地增进团队成员之间的相互了解，从而促进协同。

其次，传统绩效管理模式下，信息是自上而下单向流动的，主管能看到下属的目标，但通常下属无法看到主管的目标。这种设计更像是为了实现某种监控。主管可以随时跟踪下属的目标完成情况，并以此作为考核下属的指挥棒。但很多时候，下属却并不了解自己的工作对组织的价值和意义，自己被框定在具体的任务执行上，更像是在搬砖，而看不到心中的教堂。当OKR默认公开全员的目标后，员工除了可以横向看到自己同事的目标，还能看到更上层组织的目标。这样，一方面员工能清晰地感知到自己的工作对组织的价值，另一方面，这打开了员工的目标视野，对那些主动性和积极性比较高的员工而言，在完成本职工作后，他们可以思考如何更好地为更上层组织做出更大贡献。

管理学上的"霍桑效应"曾经给出一个启示："当人们意识到自己正在被关注或者被观察时，会刻意去改变一些行为或者是言语表达。"这事实上就是公开带来的围观效应。公开显著增强了员工对目标的承诺感。事实上这种现象在我们生活中随处可见。打开你的微信朋友圈，你会发现那些经常在朋友圈晒自己的跑步数据，并且得到大量点赞和评论的朋友，其坚持运动的时间也较长，更容易养成健康的生活习惯。这是一种自发的公开承诺，它不同于自上而下的目标承诺，因而可持续性也更好。

知名目标软件供应商 Betterworks 曾给出一个数据："仅仅将目标公开，就可促进员工绩效提升 20%"，这一数据表明：公开的效应是显著的。

不同点 5：辅导方式不同

在传统绩效管理模式下，绩效辅导似乎是主管的特权：主管提供绩效辅导，下属被动接受主管辅导。也因此，很多员工反馈说，绩效辅导像是在例行公事，十分无趣。主管把下属叫到一个小屋子里，关上门，时而语重心长，时而谈笑风生。在这整个过程中，由于地位的不对等以及信息的不对称，下属只得被动接受，这实际上算不上是沟通，沟通是信息的双向流通，这顶多只能算作信息的上传下达。而于主管而言，这或许就是公司要求的不得不做的一次例行公事。这种局面让很多企业的绩效辅导最后只是走走过场，并无实质效果。也正是出于这样的原因，很多企业干脆就认为绩效辅导没有用处。

OKR 倡导开放平等的氛围。由于目标是全员公开的，所有成员都能看到其他人的目标，以及目标的推进情况。因此，每个人都可以对他人的目标完成情况进行点赞和评论。"三人行，必有我师。"其他人的评论意见于被评论人而言，就是一种非正式的辅导，我称这种辅导方式为"社交化辅导"。如果你把 OKR 当作员工发布的一个帖子，那么其他人就像是在逛贴吧一样，可以随时对员工的这条"帖子"进行回帖操作。这种社交化辅导不仅拓展了辅导的广度，同时也增强了辅导的趣味性，寓教于乐。想想，为什么我们对于微博、微信等社交媒体如此沉迷？本质上正是因为这些软件允许彼此之间进行互动。现在，任何一个新闻 app，如果没有回帖功能，都算不上是一个健全的 app。很多时候，评论比新闻本身更有趣，大众智慧真的是无穷的。如果能把 OKR 也变得这么有趣，能从这无穷的评论智慧中汲取营养，对企业和员工而言，其效果都是毋庸置疑的。这种绩效辅导方式是全天候实时触发的，任何员工在任何他想表达的时候，都可实时在线给出一条评论，而不需要像传统绩效管理那样，要定期地由 HR 去催促主管，提醒他们应该要做绩效辅导了，辅导应该是随时、随地，发生在任何两个人之间的事。

用一张图来对比两种辅导方式的话，那么正如图 4-10 所示。

图 4-10　传统模式下与 OKR 模式下绩效辅导对照

OKR 与内在动机

在了解了 OKR 与传统绩效管理方式的异同之后，相信你已经认识到了 OKR 的威力所在。现今 OKR 的版本有很多，有英特尔版，有谷歌版，以及其他众多初创企业版本。在这众多版本中，谷歌的 OKR 之所以能很好地激发员工的创新意识，正是因为它很好地体现了内在动机的核心理念。如果用一张图来描述 OKR 和内在动机的关系，那就是图 4-11 这样。

图 4-11　OKR 与内在动机关系

（1）OKR 强调自下而上制定目标，让员工有基于自己兴趣和特长选择工作的自由，这正好体现了内在动机里的"自主"要素和"趣味"要素，是"我要做"而非"要我做",尽可能地使工作由内在动机驱动。

（2）OKR 不考核目标完成率,目标完成情况仅用于改进,是发展导向而非评估导向,这一切都是为了避免"外在激励"对内在动机造成破坏性影响。

（3）OKR 强调目标要有野心,是为了让员工在挑战自我的过程中感受到"胜任感"。

（4）OKR 强调目标要全员公开,打破了信息的不平等,营造起了一种平等的成员"关系";同时,公开也有利于营造成员你追我赶的氛围,成员可以据此知道自己目前的贡献水平,感受到"胜任感"。另外,公开是社交化辅导的基础,社交互动增强了工作的趣味性,从而也就强化了成员对工作的内在兴趣,使工作由内在动机驱动。

（5）OKR 可以全员相互评论,这让 OKR 变得更加有趣,而评论本身又帮助自己了解当下的绩效表现,可以很好地促进个体的胜任感知。

OKR 真的有用吗

OKR 于企业而言真的有用吗?华为两年多的实践对此给出的答案是肯定的。2017 年,华为做过一次绩效管理满意度调查,结果发现：开展 OKR 的团队在绩效管理各维度的满意度全面高于采用传统绩效管理方法的团队,其中对团队合作、工作自由度、发挥个人特长、组织开放度等方面的促进作用最为明显。并且,那些开展 OKR 的团队,没有一个愿意再退回去应用传统绩效管理方法。这意味着,OKR 确实显著改善了员工和主管的工作体验,一旦团队的管理理念切换到基于内在动机的 OKR 模式上,团队有如装上了核燃料一般,充满活力和激情,绩效表现也会上一个台阶。

价值点 1：打破官僚层级束缚,实现更为灵活的工作形式

当组织变大后,不可避免地会产生较多的组织层级,而随着组织层级的加深,组织日趋官僚化。工作的开展更多地依赖于行政命令的方式,工作任务自上而下逐层传递,而员工也逐渐养成了等任务的习惯。应该说,这种瀑布式结构在稳定的外部环境下是适用的,在领导力有效的情况下,它具备较强的执行力,上级指哪儿,下级就打哪儿,类似部队的运作模式。但这种结构，在面对不稳定的外部环境时，就显得非常不灵活和反应迟钝。所谓船大难调头，就是这个道理。春江水暖鸭先知，当外部风向已经转变时，能及时感知变化的"鸭"们却没有决策权，而"赶鸭人"此时仍穿着厚厚的衣服站在岸上，对这水里发生的一切全然不知，错失知春时机。

OKR倡导自下而上的目标制定方式，员工充分参与组织目标及个人目标的制定，具有更大的自主权。因此，一旦团队目标确定下来后，所有人就都对团队未来的努力方向达成了共识，拥有了一个共同的团队目标。这个共同目标不是指令式灌输到组织基层员工的，而是同基层员工共同制定的，员工在这个过程中充分参与，表达了其意见和建议，员工对最终团队目标更具承诺感。在此后达成目标的过程中，团队通过一个叫作OKR集市的方式进行OKR调度。OKR集市是一个存放和认领OKR的公共平台，类似我们通常进行货物交易的货物集市，只是这里的货物换成了一个个待实施的OKR。主管和员工都可以把OKR带到任务集市去"交易"。作为买家的员工，可以从OKR集市挑选他感兴趣的OKR去实施。作为主要卖家的主管这个时候做些什么事呢？他主要负责任务仲裁和任务的清仓处理工作。

OKR制定： 每个团队中都一定存在一部分确定性OKR，这部分OKR是团队承接公司战略分解后必须要完成的OKR，因此，这部分OKR在同团队交流之后会直接输入OKR集市。而对于不确定性目标，则由员工申报给主管，主管结合公司战略方向进行综合把握。一般而言，只要同组织的战略偏差不大，建议鼓励员工积极地做一些有益探索，或许就会迸发出一个大创新。

OKR仲裁： 如果一个OKR有多人认领，主管需要根据员工的准备度，优先把OKR分配给准备度高的员工去实施。

OKR清仓： 如果一个OKR始终没人认领，主管需要根据忙闲原则，将OKR分配给特定的员工，从而确保所有OKR都被执行，最终达成组织目标。

传统工作开展模式和OKR下工作开展模式如图4-12所示。

这一转变能带来诸多好处。

从要我做到我要做的转变：无论是主管还是员工，都在围绕 OKR 集市开展工作。员工不再需要等直接主管分配工作，而是可以基于自己的能力和兴趣，选择合适的 OKR 去实施。换句话说，OKR 是自己认领的，而不是被强制分配的。这就在一定程度上增加了员工工作的自主性，提升了员工的主人翁意识。

图 4-12 传统绩效管理与 OKR 模式下的工作开展模式对照

扁平化组织层级：对于员工而言，他只需要关注 OKR 集市即可。主管只在某些特定场合才会进行干预（OKR 出现无人认领以及多人认领情况）。因而，对于员工而言，公司似乎就只有两层结构：直接主管和员工。更高层级的主管如果需要派生任务，他只需在 OKR 集市中增加一个 OKR 即可，本质上他和直接主管的角色是等同的。事实上，采用这种 OKR 集市的团队发现，团队 90% 的 OKR 都会在 OKR 截止日期前被认领和实施，只有 10% 的 OKR 会出现无人认领或多人认领的情况。也就是说，主管只需要对 10% 的 OKR 进行干预。所以，在开展一段时间后，这个团队发现，主管终于从繁杂的任务协调中解脱出来了，可以腾出更多时间去做更有意义和价值的工作了。主管也从原来单纯的"管"和"理"更多地变成了服务的角色。

价值点 2：员工更加敢于挑战自我

在 2015 ~ 2017 年开展 OKR 的两年间，我们始终会问那些使用 OKR 进行绩效管理的团队主管：用了 OKR 后，团队成员自主制定挑战性目标的比例有没有变化？按照 OKR 开展周期的长短，我们将制定挑战性目标的员工比例绘制在一张图上，如图 4-13 所示。

图 4-13　挑战性目标随 OKR 开展时间的演进

OKR 开展效果在第 1 个周期时并不明显，约有 10% 的员工主动制定挑战性目标，不少员工基于惯性仍会对组织的这一变革持观望态度。此后，随着 OKR 开展时间的拉长，员工疑虑逐渐解开，愿意制定挑战性目标的员工比例会继续攀升，大约在开展 3 个周期之后，平均而言，团队中敢于制定挑战性目标的员工比例大致会提升至 30%，此后该值趋于稳定。这一组数据说明，OKR 点燃了团队中主动性和积极性高的员工群体的工作热情，主动思考的员工比例逐渐上升，被动等待任务分配的员工比例在逐渐降低。同时，团队氛围更趋向合作，逐渐打破独狼文化，形成社区协作文化。

价值点 3：对员工绩效的促进

公开能够带来围观，围观带来绩效促进。谷歌前 CEO 埃里克·施密特曾分享过一个有趣的案例。

一张公告带来的革命性改进

2002 年 5 月一个周五的下午，拉里·佩奇在谷歌网站上闲逛。他键入搜索词条，想看看会搜出什么样的页面和广告，而得到的结果让他非常不满意。他键入一个搜索请求，虽然谷歌弹出许多相关的自然搜索结果，但有的广告却与搜索词条完全不沾边。如果搜索的词条是"川崎 H1B"，搜索结果中会包括许多律师帮助移民申请 H-1B 美国签证的广告，但没有一条是有关搜索词条所指的川崎老款摩托的；如果键入的词条是"法国洞穴绘画"，那么你会搜出标题为"在某某处购买法国洞穴绘画"的广告，广告中出现的网上零售商一眼就能看出不会拥有法国洞穴绘画（甚至连复制品都没有）。谷歌的关键词广告搜索引擎本应按照搜索词条筛选出最搭配的广告，谁知却偶尔会为用户搜出如此无用的信息，这让拉里不寒而栗。

当时，埃里克仍觉得谷歌是一家普普通通的初创公司。但是，之后的72小时发生的事完全颠覆了他的这种感觉。在一家普通的公司，如果首席执行官或创始人看到某款产品有问题，便会把负责人叫来问责，还会召开两三次会议，商讨可行的解决方案，然后决定应该采取的行动。大家会就解决方案的实施制订出一份计划，经过一系列的质量保证测试之后，再将方案付诸实施。在一家普通的公司，这个过程一般会花去几周的时间。然而，拉里并没有这么做。

拉里把自己不喜欢的搜索结果打印出来，把存在问题的广告特意做了标记，又将打印出的文件贴在办公室墙壁上的公告板上。他在纸张上端用大写字母写了"这些广告糟透了"几个字，然后便回家了。他没有打电话，也没有给任何人发电子邮件；他没有召开紧急会议，也没有对任何人提及此事。

第二周周一清晨5点5分，一位名叫杰夫·迪安的搜索引擎工程师寄发了一封电子邮件。他与其他几位同事（包括乔治斯·哈里克、本·戈麦斯、诺姆·沙希尔以及奥尔坎·塞尔奇诺格鲁）都看到了拉里在墙上的留言，也觉得拉里评价这些广告糟糕在情理之中。但是，这封电子邮件不仅是对创始人的意见表示附和，也不仅仅是发表督促大家深入调查这种不痛不痒的陈词滥调。杰夫在信中详尽地分析了问题出现的原因，提供了一份解决方案，并给出了5人利用周末时间编写出的解决方案模型以及超链接，还附加了测试结果，证明新模型与当时通用的系统相比有哪些优越性。这份解决方案的细节烦冗且专业性强，但其大意就是：我们准备计算出"广告相关度数值"，以此来评估广告与搜索请求的相关性，然后根据得出的数值来决定广告是否出现，以及出现在页面的什么位置。广告的先后排列应以其相关性为判断标准，而不是只以广告主愿意支付的费用或每条广告所获的点击量为依据，这个核心理念成为谷歌AdWords引擎赖以生存的基础。由此，一项价值几十亿美元的业务应运而生。

这件事最重要的细节是什么？广告根本就不属于杰夫及其团队的管辖范畴。他们只是碰巧在那个周五的下午来到办公室，看到了拉里的留言而已。他们明白，既然谷歌的使命是"整合全球信息，使人人皆可使用并从中受益"，那么糟糕（也就是无益）的广告（即信息）就自然是个问题了。因此，即使牺牲周末时间，他们也决定解决这个问题。这几位员工并不直接负责广告业务，即便广告业务出了问题也不会归咎到他们头上，但他们竟然贡献出周末时间，不仅解决了别人的问题，还通过解决方案为公司实现了赢利。这个例子将谷歌企业文化的力量彰显得淋漓尽致。杰夫及其同事对谷歌的当务之急熟谙于心，也明白自己可以放手解决任何阻碍谷歌成功的严重问题。如果他们失败了，没有人会以任何方式斥责他们；如果他们成功了，也没有人（包括广告团队的成员）会对他们的成绩起嫉妒之心。实际上，并不是谷歌文化将这5位工程师在短短的周末变身拯救公司的"忍者"，而是一开始谷歌文化就吸引了这5位"忍者"加入公司。

OKR的一大优势就是，它默认是对全员公开的，员工可以查阅到公司内部其他任何人的OKR，包括周边同事和主管的OKR。我发现一个规律，在传统绩效管理模式下，员工通常只会关注主管的目标，这一习惯在OKR试点初期同样表现得特别明显。尽管所有其他人的OKR都公开了，但员工并不会主动去查阅其他相关同事的OKR，这可能是传统绩效管理模式下员工间的相互不信任所导致的。而随着OKR的开展，大概开展两个周期以后，员工逐渐改变了原来的做法，开始广泛关注和自己工作相关的同事的OKR，平均而言，一个员工会查阅15～20位同事的OKR。通过查阅他人的OKR，一方面增进了对其他同事工作的了解，同时也增进了工作思路的相应启发，提升了员工绩效。

这里分享三个真实的案例。

案例1：通过OKR，低绩效员工成功脱去低绩效标签

员工小张加入公司快5年了，绩效一直不是很好，中间还拿过一次C，影响了自己好几年的回报和晋升。主管对小张的评价是：小张做事很踏实，主要的不足是工作思路不清晰，缺乏想法。

但开展OKR后，主管发现小张从去年年底到今年有非常明显的变化，绩效表现也大幅提升。进一步了解后发现，原来小张在工作中会主动通过内部OKR IT平台去看其他同事的OKR，了解他们都在做什么，以及他们是怎么做的，从中获得了大量的思路启发，从而不断成长和转变工作思路，提升

了自己的绩效表现。

现在，无论是主管还是其他人，都感到小张明显的进步。

小张正是得益于 OKR 的信息公开，从其他同事的工作思路中得到了启发。小张原本并不缺乏工作积极性，缺的只是工作方法和思路，而 OKR 弥补了传统绩效管理中目标和开展过程不透明的短板，加强了过程信息的流通和分享，从而让曾经的低绩效员工重新焕发了活力。

案例 2：通过 OKR，拓展了高绩效员工的贡献视野

员工小李是团队的高绩效员工，工作能力强，工作主动性和积极性也一直很高。在开展 OKR 以前，由于只能看到直接主管的目标，因此小李在完成本职工作后，会主动向主管寻求更多的工作，但即便如此，仍不能满足小李的工作热情，小李总觉得自己还可以做更多事。

在开展 OKR 后，小李感觉视野一下子被打开了，不仅能看到直接主管的 OKR，还能看到直接主管的主管的 OKR……这个链条可以一直向上追溯到很高层级的主管。小李从更高层主管的 OKR 中看到，大团队今年在重点强调产品的云化转型。而当时阿里巴巴的云产品在国内占据了半壁江山，处于领先地位。阿里巴巴每年都会举办一次云栖大会，面向社会开放，展示其在云计算领域的突破性进展。小李觉得自己应该主动补齐云产品相关的能力，于是自掏腰包，请了两天假从西安去杭州参加这次云栖大会，获得了非常大的启发。他将这些思路带回到工作中，给团队其他人也带来了全新的视角，对促进团队整体云化转型起到了非常积极的作用。

这一案例充分说明，OKR 打开了员工的视野，能力强的员工可以在 OKR 开放透明的氛围下得到充分释放，为组织做出更大的贡献，而不再像以前那样被框定在特定的小组织内，生是直接主管的人，死是直接主管的鬼，影响力始终无法突破到更大范围。

案例 3：对创新力的释放

在实施 OKR 之前，某研究部门一直将专利数量作为一个考核指标，考核部门内近 1 000 名主管和员工，以期推动公司在行业中的话语权。实施几年后发现，专利数量确实在不断上升，但一直没有突破性专利出现。换句话

说，这些专利事实上并没有为公司带来实质性的贡献，没有给公司构筑起坚实的技术堡垒。一次，总裁在同部门员工开座谈会时，问他们对专利指标这件事怎么看？不少员工都反馈，每年都有专利指标考核压力，因此，为了完成这一指标，就不会过多从长远去考虑，而是产生一个可以形成专利点的想法后，再处心积虑地想着如何能把这个专利拆解成几个小的专利，这样就可以满足专利指标的要求了，但实质上，这一拆解过程耗费了大量精力却没能产生任何价值，是一种资源浪费。

在实施 OKR 后，总裁在整个组织里完全废弃了 KPI，转而只给大家设定了一个方向：期望大家能产出"大杀器"级基础创新，至于这个创新是专利还是产品，交给下级去自行判断。按这个方向实施后，大幅减少了组织中的内耗，将所有人的精力聚焦到如何产生突破性大创新这个点上，部门当年虽然在专利数量上较上一年有所下降，但在专利质量上产生了质的飞跃，逐步快速构筑起了公司在众多创新领域的护城河。

在创新领域，如果目标定得过于具体，只会限制创新者的想象空间，让他们疲于应付指标的达成，这个时候，自下而上地通过 OKR 让每个人自主制定目标，最能激发个体的创新热情。

价值点 4：更公正的绩效评价

传统绩效管理模式下，员工的工作由主管分配，员工的绩效结果由主管给出。而主管在分配工作时，通常会根据自己的判断，将重要的工作交给他心目中能力强的员工，而那些能力相对不足的员工，可能始终只能做些无足轻重的工作。到了绩效评估时，重要的工作通常贡献也更大，于是，优秀的员工因为做了更重要的工作而获得了更好的绩效。因此，很多时候，员工会觉得是主管的工作分配决定了他们的绩效，绩效掌握在主管的手中，是自己所无法左右的。

OKR 打破了这种任务分配关系。正如价值点 1 中所提到的 OKR 集市那样，组织的任务被存放在一个公共的 OKR 集市上，所有人都有均等的认领机会。员工所需要做的，只是不断地提升自身的技能，让自己的能力和任务难度匹配，有能力完成更多更重要、更复杂的任务。能者可以多劳多得。最终，在绩效评定时，自己认领了多少任务一目了然。在这种情况下，绩效是自己创造出来的，而不是主管分配的。

价值点5：提升组织氛围

积极正向的组织氛围，是任何一个高绩效组织所必不可少的要素之一。很多企业（如微软）每年都会委托第三方针对企业做一次全面的组织氛围调查，以诊断企业存在哪些文化和氛围问题，作为企业改进的重要输入。

华为也不例外。为了对比OKR的开展效果，我们对比分析了OKR试点团队与非OKR试点团队在组织氛围上的差异，结果发现：OKR试点团队在各个维度的得分大大高于非OKR试点团队。尤其是在周边协同、成长与发展、信息的公开透明以及工作自主性4个维度上，OKR试点团队员工的感知与非OKR试点团队的差异最为明显。这说明，OKR显著地提升了团队的组织氛围。

价值点6：对领导力的改变

在开展OKR之初，不少团队主管认为OKR和传统绩效管理并没有多大不同，他们已经习惯了那种指令式管理模式，把习惯当成了真理。

在开展OKR两年后，我们询问了大约50名团队主管一个同样的问题：你认为OKR和原来的绩效管理最大的不同有哪些？通过对他们的回答进行归类统计，得到如表4-2所示的差异点频率分布。

表4-2　OKR和原来的绩效管理的差异点

差异点	出现频率
公开透明	15.94%
自下而上	14.49%
敏捷	11.59%
简化	5.80%
自由灵活	4.35%
……	……

从主观视角看，OKR和PBC最主要的差异有三点。

- **公开透明**："OKR最好的地方是它是公开的，OKR能同平时的工作结合在一起，每两周大家会刷新一次，大家制定OKR的时候更聚焦，同业务是强关联的，这样员工能很快看到自己的成长，成就感更强。"

- **自下而上**："在开展 OKR 前，目标通常都是从上往下分解，不会关注下属的兴趣点，就是单纯地从上往下分，员工缺乏参与感。"
- **敏捷**："OKR 的开展节奏更适配业务，这是最关键的。"

这些反馈清晰地表明了一个事实：在开展 OKR 后，主管的管理理念发生了天翻地覆的变化！当我们再问他们一个问题：如果未来再让你选择的话，你会选择 OKR 方式还是以前的方式？结果，没有一个主管愿意再回到过去的模式，以下是他们的一些反馈。

- "我会毫无疑问地选择 OKR，不会再回到过去的方式了。当前已经实现了团队氛围的一些转变，现在不再是树状的管理方式，加入了很多自下而上的方式，增加了很多主动性。"
- "OKR 简化了，促成了大家的思考，团队目标也在不断变化，目标偏移后，大家能够不断匹配、调整。即便是回到原来的绩效管理方式，也会把这些好的做法带回去。"
- "肯定选 OKR，原来的绩效管理方式弊端很明显，太死板了，不利于业务交付及员工激发。"
- "会继续用 OKR，翻开这一页后，就再也不愿意回去了。"

这些反馈充分说明，主管已经完全接受了 OKR 所倡导的自主、公开、敏捷等理念，并充分体验到了它所带来的好处。那位主管说得多么坚决："翻开这一页后，就再也不愿意回去了。"

OKR 的开展是一个系统工程

经过 10 年的 OKR 研究和实践，我对 OKR 形成了三大核心认知：首先，它是一种绩效使能方法；其次，它的底层逻辑植根于激发个体的内在动机；最后，它代表了当前目标管理领域的最佳范式，是最好的目标管理工具。

然而，任何先进的管理理念与方法论，要实现其预期价值，都需要经历系统化的落地过程。OKR 同样如此！企业要想充分释放 OKR 的潜能，必须将其视为一个完整的系统工程（见图 4-14）。这个系统包含五大关键环节：

OKR 制定、OKR 对齐、OKR 使能、OKR 复盘和 OKR IT 系统。只有将这五大环节有机衔接和系统实施，才能确保 OKR 在实践中真正发挥其应有的价值。

图 4-14　OKR 系统实施的五大关键环节

在接下来的第 5～9 章中，我将对这五大关键环节逐一展开深入讲解，帮助你洞悉其中奥妙。

Performance
Empowerment
第 5 章 ——

定好 OKR

管理工具的核心本质可归结为三大要素：理念、结构与逻辑。这三者相辅相成，共同定义管理工具的独特性，缺一不可。理念是工具的灵魂，承载其核心信念，回答"为什么要用"；结构是工具的骨架，塑造其基本形态，明确工具"是什么"；逻辑则是工具的血脉，规范其运作节奏与路径，指引"如何做"。理念、结构和逻辑三者有机结合，方构成一个管理工具的完整体系。

KPI 之所以是 KPI，源于其奉行"胡萝卜 + 大棒"的外在动机理念，其结构由"指标 + 数字"构成，无数字则不成 KPI，其逻辑则分为生成与实施两环：

- 生成逻辑为，先定义指标，再赋值指标。
- 实施逻辑为，先监控过程，再评估指标达成得好坏并据此进行奖惩。

OKR 之所以是 OKR，是因其秉持"工作本身就是对工作最好的奖励"的内在动机理念，这是 OKR 的灵魂。结构上，OKR 是三层结构，由"目标（O）+ 关键结果（KR）+ 行动（Action）"三部分组成。其逻辑同样分为生成与实施两环：

- 生成逻辑为，先定义 O，再定义 KR，接着再生成 KR 的 Action。
- 实施逻辑为，先做好 OKR 使能过程以确保拿到想要的结果，再对 OKR 进行复盘和改进。

可以看到，OKR 的生成逻辑好比树木生长，先扎根（O），再长树干（KR），最后再生出树叶（Action）。任何时候，当我们提及 OKR 时，请先在脑海里构建出如图 5-1 所示的结构图。

图 5-1　OKR 三层结构

接下来在这一章里，我们来亲身实践一下，如何完全从零开始，以什么样的逻辑生成 OKR 三层结构中的 O 和 KR 这两个核心部件。

如何写好 O：O 的句法结构解析

OKR 是有结构的，并且 OKR 结构的灵魂在 O 上。O 就像指南针，它为我们的行动指明了方向。只有写好了 O，才有可能找到正确的 KR。所以，在制定 OKR 时，写好 O 这一步非常关键。

在写 O 时，建议遵循两段论结构：

　　　　　做成什么（动词 + 名词），为了什么（动词 + 名词）

"做成什么"指明要达成什么结果，"为了什么"指明达成前述结果有何意义，这两部分配合在一起，才是一个完整的 O 的描述。但遗憾的是，现实生活中到处都是急于求成者，他们在定目标时，只讲要什么，不讲为什么。

翻翻你公司的年度目标，是不是满篇尽是"收入×××亿元""利润××亿元""用户×××万人"这样的字眼？每当看到O里只写了要"做成什么"的时候，我总是不厌其烦地问上一句：这样做是为了什么？商业的成功，是要讲客户价值的。如果你讲不清楚这样做是为了什么，那么在多数情况下，你要做的事就难以激发出埋藏在团队成员心底的那股子劲儿，甚至于，你要做的事压根儿就不成立，是你一厢情愿，是你拍脑袋拍出来的。

曾经，我在辅导一家公司制定年度OKR时，老板最初的O写的是"今年营收翻番"。于是，我"斗胆"问了一句："为什么营收要翻番？"由于从来没有人问过这一看起来天经地义的问题，我能从这位老板的表情上解读到他满脸的不屑：居然有人问出这么显而易见的问题。在解读到他表情传达的含义后，我补充问道："今年的目标为什么不是营收翻半番，或者翻两番，而一定要翻番呢？翻番后对我们究竟意味着什么？"这一问题问出之后，老板不情愿地陷入了沉默，在表面的风平浪静下，隐藏的是他思绪的暗潮涌动，他在迅速调动所有能调动的脑细胞，飞快地思考着如何回应我提出的这一问题。两分钟过后，他回答说，之所以营收要翻番，是因为公司在融资时发现，这样能让投资者相信公司业务的发展潜力，能让公司融到一大笔钱，从而帮助公司储备足以支撑未来两年的研发开支，而这对公司来说至关重要。我继续反问道："我们有可能减少对融资的依赖，自我造血吗？"在听到这个问题后，他快速拿出手机，查阅了过去一年的业务收入数据，并基于市场行情做了一些推测，发现公司下一年度实际上可以做到盈亏平衡，因而对融资的依赖其实并没有那么大。并且，一旦公司能做到年内盈亏平衡，就会成为市场上财务最健康的企业，自然而然会获得资本市场的青睐。问题问到这里，答案其实很清晰了。公司根本没有必要为了一味地追求扩大营收来达成融资目的。之后，公司高管群策群力的讨论之后，公司最终设定了两个O。

O1：合理化公司三大主营业务的营收结构，年内实现整体盈亏平衡。

O2：积极融资，确保获得足以支撑公司未来两年的研发开支。

原来的"营收翻番"目标，被下调成了"营收增长60%"，变成了O1下的一个指标。实际情况是，公司后来的营收增长了80%，年内还整体盈余了1个亿。在看到公司健康的财务状况后，公司获得了资本市场很高的关注度，当年超额达成融资目标。年底，公司老板请我参加他们的年会，感激地对我说："况老师，你年初向我提出的那两个问题，值 1 个亿！"

分享这个故事，不是要炫耀我在 OKR 领域的功力有多深，而是想表明，O 的结构自有其不可思议的力量。事实上，我只是沿着 O 的结构，问了老板 O 的后半部分是什么，而老板也愿意重理自己的思路，去补全 O 的两段论，如此而已。对大多数老板来说，由于过往习惯了向下属传达"我要这个，我要那个"，因此 O 的"做成什么"部分对他们来说通常都不是难事，这对他们来说易如反掌。但他们很少思考为什么要做成这些，也许源于直觉，也许源于经验，也许源于灵感，也许源于竞争对手的刺激，也许源于融资的需要……但不管源于什么，其实都应该把它清晰地表达出来。**管理即相信，管理即看见。优秀的管理者，要把自己内心的相信，变成众人眼中的看见。**阿里巴巴流传着一句话：因为相信，所以看见。但其实能做到这点的，寥寥无几，对绝大多数人来说，你只有让它眼见为实，他才会发自内心地相信它。加利福尼亚州多明尼克大学的盖尔·马修斯博士的一项研究发现，那些把目标清清楚楚写出来的人，比不这样做的人的达成概率高出近 40%，而如果你愿意把这一目标以及目标的达成进度和团队成员及时分享，这一比例甚至可以高达 80%。因此，管理者在制定 O 时，一定不要省略 O 的后半部分。"做成什么"很重要，但同样重要的是，要讲清楚这样做是"为了什么"，把它清楚楚楚、明明白白地写出来（见图 5-2）。

图 5-2　O 的两段论结构

下面是遵循两段论结构的一些 O 的示例，没有加粗的前面部分指明了要做成什么，后面加粗的部分在回答为什么要这么做。

O1：推出东南亚版淘宝，深度渗透线下零售，**扭转本地消费者对线上购物的认知。**

O2：实现 X 产品在功能上首次追平竞争对手，**为未来全面超越竞争对手奠定基础。**

O3：重塑产品用户心智，**实现从"便宜货"到"便宜好货"的用户认知转变。**

O4：拿下华南地区的咖啡直销零售市场，**将华南地区打造成公司咖啡直销大本营。**

O5: 推出一款很棒的最小化可行产品，**成功验证产品商业模式**。
O6: 实现客户在新系统上的秒级登录，**提升客户体验**。
O7: 用绝无仅有的性价比和客户体验吸引新用户，**实现 5 日活跃用户数指数级增长**。
O8: 确保公司推出的任意服务都达到无损复原级别，**让客户体验如丝般顺滑**。
O9: 提升客户批量交易速度，**让批量交易安全且快如闪电**。
O10: 加速新特性交付速度，**做到始终领先竞争对手推向市场**。

如何写好 KR：KR 的句法结构解析

KR 一定要支撑 O，O 为 KR 定义了存在背景。

如果说 O 代表的是理想主义，负责点燃人们内心的梦想情怀，激发他们对诗和远方的渴求，那么 KR 代表的则是现实主义，它致力于帮助人们脚踏实地、一步一个脚印地去走向远方。

通常来说，KR 遵循两个 M 原则：要么是度量型（Metric），要么是里程碑型（Milestone）。

度量型是最常见的类型，它通过量化的数值标明要做到什么程度。例如：

- 提升手机启动性能至 1 秒以内。
- 实现单品 5 亿元的营收额。
- 成功获取 3 个头部客户。
- 产品日活跃用户数（DAU）达到 1 亿。

度量型 KR 又可以进一步细分为正向型、负向型和范围型。

- **正向型 KR**：一般采用诸如"增加""建立""提升""扩大"等字眼进行描述，例如上面示例中的"提升手机启动性能至 1 秒以内"就是一个正向型 KR。
- **负向型 KR**：一般采用诸如"减少""降低""消除"之类字眼进行描述，常见的如"降低产品运营成本 10%""消除 80% 灰黑产业链对平台买家造成的干扰"。

- **范围型 KR**：还有一些 KR，它不是一个单一数值，而是有一个起止范围。例如"将产品运营成本控制在 3%～5%""维持咨询顾问的使用率在 70%～80%"。范围型 KR 具有更大的灵活性，当实际达成情况落入范围内时，都视为 KR 已达成。

在实际工作中我们发现，并非所有 KR 都可以用数值去量化表示，在一些情况下，用里程碑表示 KR 的推进程度可能会更合适一些。举例来说，我是负责产品开发的，那么我的 KR 可能是"发布 3 个功能"，这个时候 KR 是数值型 KR。但也有可能，我在这一 OKR 周期中，只负责开发一个推送通知功能，我的 KR 就可以写成"发布上线产品推送通知功能"，那么这个时候 KR 就变成了里程碑型 KR 了。例如在第 4 章中举的登顶珠峰的 OKR 例子。

O：登顶珠峰，挑战自我极限。
KR1：3 天内从大本营登上 1 号营地。
KR2：2 天内登上 2 号营地。
KR3：3 天内登上 3 号营地。

这里的 3 个 KR 都可以被视作里程碑型 KR，"1 号营地""2 号营地""3 号营地"是登顶珠峰过程中要达到的 3 个里程碑。

当我们无法用数值型 KR 去描述 KR 时，我们可以尝试采用里程碑型 KR 来表示。需要注意的是，里程碑型 KR 并非意味着 KR 就是定性的，它实际上是在结果维度标识了一个终点。我们经常会用"完成""达到""实现"这样的结果性词汇来描述里程碑型 KR。

这样，KR 的句法结构通常就如表 5-1 所示了。例如下面这个 O 的 4 个 KR。

表 5-1 KR 句法结构

KR 类型	KR 句法结构
度量型	动词 + 数量词 + 名词 或 数量词 + 动词 + 名词
里程碑型	动词 + 名词 或 名词 + 动词

O：实现公司产品在核心功能上首次追平竞争对手，成为头部客户首选。
KR1：剖析竞争对手 30 个核心产品功能点（度量型，动词 + 数量词 + 名词）。
KR2：完成 30 个核心功能点的开发和上线（度量型，动词 + 数量词 + 名词）。
KR3：30 个核心功能通过客户验收（度量型，数量词 + 动词 + 名词）。
KR4：进入政府采购短名单（里程碑型，动词 + 名词）。

需要说明的是，无论是 O 的句法结构，还是 KR 的句法结构，它们都只是你思考的脚手架，不要刻板地把它当成数学公式一样去机械套用。在 OKR 应用的初期，你可以把它当成你的学步车，帮助你稳步前行，而一旦你掌握了制定 O 和 KR 的要领和精髓，你大可甩开它，自由地健步如飞。

是否应该在 OKR 中列明实现路径

不少人在撰写 OKR 时，喜欢采用"通过×××，做成×××"这样的句式。

O：通过"××"战役，在春节前后达到 3 亿 DAU。
KR1：依靠 ×× 极速版，春节前 DAU 峰值突破 3 亿。
KR2：通过丰富的垂类内容、大量签约 MCN、进行活动策划和运营、给予流量扶持等做法来保持留存率，保证春节前 DAU 峰值突破 3 亿。
KR3：依靠春晚红包，春节后 3 个月 DAU 平均值达到 3 亿。

表面上，这种写法既提供了路径也阐明了结果，显得很完整，但实际上这样做存在明显的弊端。

弊端 1：偏离本质，舍本逐末

O 是目标，是目的地，是终局，而非过程路径；KR 更是如此，它是英文 Key Results（关键结果）的缩写，本身就指的是"结果"，同样不是路径。过早地将实现路径写入 OKR，会模糊 OKR 的结果性这一特征，是对 OKR 定义的误解。

有人之所以要刻意在 OKR 中加入路径，是为了区别于传统的 KPI，让它显得与 KPI 有所不同。完全没有必要！这不过是在"为赋新词强说愁"，给 OKR 增加了一种自欺欺人的人为修饰。本质上，KR 就是"KPI + 数字"，完全不用回避两者的这一相似点，OKR 和 KPI 的根本不同，既是理念上的不同，也是结构上的不同。结构上，OKR 比 KPI 多了一个 O，赋予了数字以灵魂和意义。刻意在 OKR 中添加路径，不仅无助于区分，反而容易让 OKR 失去焦点，最终舍本逐末！

弊端 2：增加目标的不确定性，自废武功

在 OKR 中过早添加路径，还会让目标变得极不稳定。OKR 的三层结构中，O（目标）是方向，应当足够稳定，它在整个目标周期中最好不要变化，就像任正非先生所说的那样，方向得大致正确才行；KR 也应当相对稳定，它可以基于更好达成 O 的需要定期（例如半年）做出适时调整；Action 则应当足够灵活，它甚至可以以天为单位去更新，这才能反映出足够的市场和客户灵敏度。没人能一开始就定义清楚要具体做哪些事，具体事项都是在实际推进工作的过程中灵活应变产生的。当不确定性极高的 Action 被写进 OKR 时，事实上徒增了 OKR 的不确定性，让 OKR 失去了应有的稳定性，变得极不稳定。难怪经常有人抱怨目标总是在变，其实很多时候不是 O 和 KR 在变，是 Action 在变，而 Action 天生就应该变。很多人不明白这一点，因此无论如何也定不好目标。

弊端 3：锁死路径，制约创新

在 OKR 中携带"实现路径"，甚至会制约我们的创新。现实场景中，很多问题都可以一题多解，抵达同一目的地的路径往往有多条。既然条条大路通罗马，那我们就完全没有必要事先就指定某条抵达路径，而错过了其他可能。《牛津创新手册》一书中下面的一段描述，对此给出了有力的论证。

> 研究认为：于创新而言，人们可能连哪些是最相关的资源、哪些是最优路径都不清楚。**创新型组织需要警惕"路径依赖"。如果一个组织过早选择了一个特定的实现路径，它也许（如果幸运的话）会获得先导优势，但同时它也被这种特定的路径"锁定"了。**完全可能存在一种更优的路径，而当这一路径恰巧被其他组织找到了，则原来的先行者将面临很大危机，因为对它们来说，此时的转换成本太高，为时已晚。因此专家建议，**在项目初期，在尚未充分了解替代方案的情况下，最好避免被某一特定的路径"粘住"，要对不同（或对立的）的观点、方案和路径持开放态度。**

这一论证同样适用于 OKR 的制定过程，在制定 OKR 时，切莫急于锁定实现路径，而应花精力去澄清想要的结果，把更多的路径可能性，留待 KR 确定之后制定 Action 时去探索。

弊端4：冗长拖沓，失去重点

在OKR中加入实现路径，还会导致OKR变得异常冗长，丧失简洁性。就像前面OKR例子中的那条KR，"通过丰富的垂类内容、大量签约MCN、进行活动策划和运营、给予流量扶持等做法来保持留存率，保证春节前DAU峰值突破3亿"，一个KR中罗列了5个实现路径：

（1）丰富的垂类内容。

（2）大量签约MCN。

（3）进行活动策划。

（4）进行活动运营。

（5）给予流量扶持。

最后发现其实还有其他可能路径，实在无法一一穷举，于是在最后加了一个"等"字来草草收工。实际上，这条KR的核心就一个："保持产品留存率不滑坡，稳定在历史值××%。"把KR写成这样会不会更简洁一些？至于前面列出的那5个实现路径，如果真能支撑KR的达成，完全可以把它们移到Action中去，或者把它们留给下层组织去分解。

汇总起来，在OKR中加入实现路径有4大弊端：

（1）OKR的本质是结果，而非过程，在OKR中添加路径，**偏离了OKR的本质**。

（2）在OKR中过早添加实现路径，相当于是在自缚手脚，**过早地锁死了创新**。

（3）将不确定性极大的路径加入本应相对确定的OKR，**徒增了OKR的不确定性**。

（4）将过多的路径描述加入本应聚焦的OKR，让OKR显得异常冗长，**让OKR丧失了本应具备的简洁性**。

OKR是一个三层结构：O（目标）和KR（关键结果）聚焦于结果，而Action（行动）才是实现路径。除非你确信实现路径是唯一且稳定的，否则应避免将路径细节纳入OKR中。O和KR的核心任务是明确"要达成什么"，而具体的"如何达成"则应交给更下层的Action去探索和展开。这种设计确保了在不确定的环境中，组织能够保持灵活性和创新力，从而更好地应对变化与挑战。

如何写好OKR：好OKR的CLASSIC标准

不少人都会问：我们用什么标准来衡量一个OKR写得好或不好呢？常常听到的回答是：SMART。SMART是5个英文单词的缩写，它代表目标的5个方面，分别是：

- Specific（具体的）
- Measurable（可衡量的）
- Achievable（可实现的）
- Realistic（实际的）
- Time-bound（有时限的）

乔治·多兰（George Doran）于1981年最先提出SMART标准，并发布在《管理评论》（*Management Review*）杂志上，文章标题为《制定管理目标的SMART方法》（*There's a SMART way to write management's goals and objectives*）。此后，SMART标准几乎成了检查一个目标是否是好目标的唯一标准。然而，绩效管理专家迪克·格罗特（Dick Grote）认为，SMART原则已经过时了：

> 陈旧的SMART原则其实是实现目标的最大障碍，然而通常情况下人们制定目标时只有这一个选项。SMART原则在判断目标本身是否正确上毫无作用。也就是说，制定符合SMART原则的目标很容易，但制定出来的并不一定是明智的。
>
> 更糟的情况是，SMART原则鼓励人们制定低目标。没人愿意制定看起来不可实现或不符合实际的目标，但管理者手下最弱的下属有可能抓住"可实现的"和"实际的"做文章，以制定最容易实现的目标当理由。然而实际上，只有制定高目标，即困难的、有挑战的、令人紧张的目标才能鼓励人们付出最多努力，有最佳表现。

罗斯·A.米勒·汉森（Rose A. Mueller-Hanson）和伊莱恩·D.普拉科斯（Elaine D. Pulakos）是美国绩效管理专家，两人长期致力于研究并帮助企业成功推进绩效管理变革，他们在合著的《变革绩效管理以驱动高绩效》

(*Transforming Performance Management to Drive Performance*）一书中阐明了SMART标准的弊端：

> 在审视了超过10 000名员工的个人目标后，我们发现：那些严格遵循SMART标准制定目标的员工，其绩效并没有因此就变得更好。
>
> 事实上，没有证据证明SMART标准可以提升组织业绩。基于我们多年的研究，我们可以得出的结论是：组织花费在制定SMART目标上的时间并不值得。组织应当将时间更多地花费在帮助管理者如何设定有意义和挑战性的目标上，是否遵循SMART标准反而没有那么重要。

退一万步，即便SMART标准适合用来衡量无结构的KPI，它也依然不适合用来衡量OKR，因为OKR是有结构的。OKR的O和KR组成了两层结构，O指明方向和意义，KR明确如何衡量（数值型）或者要达成哪些关键里程碑（里程碑型）。在OKR结构中，O是灵魂，KR要围绕O去构建。O和KR是存在差异的，你不能用同样的标准无差别地同时判别有差别的两样东西，否则标准就会失去指导意义。基于我过去在企业进行的大量OKR实践，我发现，好的OKR要符合CLASSIC标准，而非SMART标准。CLASSIC 7个字母分别代表制定OKR时应关注的7个方面，其具体含义如下。

- **有客户价值（Customer-Oriented）**：无论是O还是KR，都要面向客户，把为客户创造价值作为最终目标。很多时候，我们都喜欢从内部视角去写OKR，而往往忽视了客户视角。例如，"打造一款市场销量第一的产品"就是站在组织内部视角制定的O，客户才不关心你是否销量第一，客户关心的是你的产品对他有没有价值、好不好用、服务好不好。所以，如果站在客户视角制定O时，O更应该是类似"为用户提供一款能远程精准诊断常见肺炎的产品"这样的描述。记住，只要有可能，尽可能让你的OKR靠近客户，而不是远离客户。

- **有数量限定（Less）**：在数量上，OKR应当少而精，要抑制住面面俱到的冲动。同一目标周期里，O的数量建议不超过5个，同一O下KR的数量建议不超过4个，我把这简称为制定OKR的"五四原则"。

哈佛商学院教授约翰·科特发现，那些成果卓著的 CEO 有一个共同特点：完全专注在少量的核心目标上，并要求他们的下属持续而明确地围绕这些核心目标努力。霍尼韦尔前 CEO 拉里·博西迪和商业顾问拉姆·查兰也发现："如果一个领导者说'我有 10 项要务'，这说明他根本不知道自己真正想要什么，不知道什么对他是最重要的。你需要找到几个能够影响公司业绩的现实目标和要务。"少而精的 OKR 是确保将资源投入到对组织未来发展至关重要的战场上的关键。

- **有承接**（Aligned）：这包括以下 3 个方面。

  O 的纵向承接：你的 O 应当向上承接组织战略，支撑组织战略的达成。在某些情况下，如果上层组织的战略不清晰，或者你要做的事没有被包含进上层组织的战略中，你也不要气馁，这反倒是你大展拳脚的时候。你要打开视野，把目光聚焦在内外部客户上，思考你能给内外部客户创造什么新的价值，它们就是你的 O。例如，如果公司战略是"成为行业领先的环保科技企业"，作为开发部负责人，你的 O 可以是"开发一款可降解的环保包装材料，为客户提供更环保的解决方案"。

  KR 的纵向承接：你的 KR 应当向上承接 O，支撑 O 的达成。由于 O 通常是定性的，它需要 KR 对它做定量展开。没有 KR 的定量支撑，O 就会变成空洞的口号；反过来，没有富有诗意、鼓舞人心的 O，KR 就很容易变成唯数字论的 KPI，失去了浸润心底的力量。例如，如果你的 O 是"开发一款可降解的环保包装材料，为客户提供更环保的解决方案"，那么你可以有两个 KR：KR1 可以是"在一季度内完成 3 种环保材料的研发"；KR2 可以是"3 种环保材料全部通过 10 个核心客户的测试验收，入选客户年度重点采购名录"。

  OKR 的横向承接：你的 OKR 应当和其他相关 OKR 彼此形成支撑关系，共同支撑更上层组织的 OKR 的达成。这意味着，如果你对其他团队或其他团队成员有依赖，你需要和他们达成一致，在他们的 OKR 中有体现；反过来，如果其他团队或其他团队成员的 OKR 对你有依赖，你也需要在你的 OKR 中有体现。例如，假设你的 O 是"推出一款智能家居设备，为客户提供更便捷的生活方式"，而产品设计团队的 O 是"优化智能家居设备的用户体验，为客户提供更直观的操作界面"，那么你的 KR 中需要体现与设计团队的协作，例如"与设计团队共同完成 3 轮客户测试，确保产品体验的满意度达到 90 分以上"。

- **鼓舞人心（Stimulating）**：O 应当具有很强的感染力，能够激发团队或自己为之奋斗。例如，"再造一个微信，满足企业级客户内部的沟通需求"就是一个非常鼓舞人心的 O。大家都知道微信非常成功，截至 2024 年 9 月 30 日，微信产品合并月度活跃用户数达到 13.82 亿，是公认的国民级即时通信软件，如果能再缔造一个微信级软件，那无疑是件非常令人兴奋的事。

- **简明易记（Simple）**：O 还应当简洁易记，能让人脱口而出，这样的目标才能被人记住，起到很好的方向指引作用。长而难记的目标通常很难深入人心。只要有可能，尽可能地用一句话表述清楚你的 O，让它更易于理解和传播。

- **有挑战性（Incredible）**：人们在面对一个难度适中的挑战时动力最充足，这在心理学研究中被称为耶克斯–多德森定律（Yerkes-Dodson Law）。依据耶克斯–多德森定律，最佳激励水平位于枯燥乏味和焦虑不安之间的中点，如图 5-3 所示。

图 5-3 耶克斯–多德森定律

在设定 OKR 时，KR 要具有足够挑战性。检验一个 KR 是否具有足够挑战性，有一个很好的测试方法，即如果你认为一个 KR 成功和失败的概率是一半一半，那么它就是一个具有足够挑战性的 KR。一般来说，OKR 的信心指数介于 50%～70% 为宜。更进一步，神经科学家贝里奇（Berridge）和罗宾逊（Robinson）指出：当人们完成挑战目标后，体内会生成多巴胺，这会让人们感到快乐。挑战不仅意味着数量上的挑战，还意味着质量上的挑战。建议在制定KR时采用"质数成对法"：用一个KR指明数量，用另一个KR指明质量。这样做的好处是，避免了只关注数量而忽视质量的做法。例如，你制定了一个KR是"公司全年发明专利数突破100件"，这个KR指明的是专利的数量，你可以再制定一个关于专利质量的KR，比如"新增专利为公司整体创收额同比上一年提升30%"。这两个KR一个事关数量，另一个事关质量，从而避免了数量增长而质量不提高甚至下滑的现象。

- **具体（Concrete）**：KR应当尽可能量化，用数据说话。在这点上，KR和KPI是一致的，不可衡量就不可管理。例如，"努力确保客户不流失"就是一个不可衡量的KR，应当明确指出"确保客户流失率不高于××%"。我们说过，KR一般有两种类型：数值型和里程碑型。"销售收入达到10亿元"是一个数值型KR，而"完成新产品发布"则是一个里程碑型KR。另外，KR还应明确具体的责任人，以便于后续的具体实施。

我们说过，O是大教堂，KR是度量衡，把上面描述的CLASSIC标准列在一张图上，如图5-4所示。

大教堂（O）	度量衡（KR）
• 鼓舞人心（Stimulating）：目标要能点燃他人，能激发团队为之奋斗，如"再造一个微信" • 简明易记（Simple）：目标简洁易记，能让人脱口而出，从而强化目标对团队的指引作用，长而难记的目标通常很难深入人心	• 有挑战性（Incredible）：KR要具有足够挑战性，成功概率介于50%～70%最好 • 具体（Concrete）：KR应尽可能量化，用数据说话，从而方便实时度量目标达成情况

- 有客户价值（Customer-Oriented）：OKR必须是客户导向的，要能为客户创造价值
- 有数量限定（Less）：遵循"五四原则"，即同一目标周期里处于进行中的O的数量不超过5个，同一O下KR的数量不超过4个
- 有承接（Aligned）：O应当承接组织战略，支撑组织战略的达成；KR应当向上承接O，支撑O的达成。另外，OKR要同相关依赖方沟通达成一致，完成OKR间的握手

图 5-4　判断OKR好坏的CLASSIC标准

CLASSIC 在英文里的意思是"有代表性的、典型的、最优秀的"，按照 CLASSIC 标准去制定 OKR，会让你的 OKR 更有代表性、更具典型性、更优秀！

为了帮助你更立体地看出 CLASSIC 标准和 SMART 标准的不同，我将 CLASSIC 标准和 SMART 标准做了如表 5-2 所示的对照分析。

表 5-2　CLASSIC 标准与 SMART 标准对照表

CLASSIC 标准	SMART 标准
有客户价值（C）：OKR 要始终面向客户	SMART 标准是在语法层面检查一个句子是否标准，它不管这个句子具体说了什么，以及这个句子对客户而言是否有价值
有数量限定（L）：OKR 要符合"五四原则"，一个团队或一个人在同一目标周期里的 O 不应超过 5 个，同一 O 下 KR 的数量不应超过 4 个	SMART 标准仅针对单一目标，没有针对目标整体。换言之，SMART 标准并不管你有多少个目标
有承接（A）：O 要承接上层组织的战略，KR 要完备支撑 O 的达成。另外，OKR 要同相关依赖方达成一致，完成 OKR 间的握手	SMART 标准写出的目标是无结构的，它只关心目标本身，不关心这个目标向上承接了什么
鼓舞人心（S）：O 要鼓舞人心，点燃内心的激情	SMART 标准不关心目标对他人而言意味着什么
简明易记（S）：O 要简明易记	SMART 标准不关心目标的长短
有挑战性（I）：KR 要具有足够挑战性	SMART 标准在这点上和 CLASSIC 标准是相反的，它强调可实现的和实际的，而 OKR 则鼓励制定看似不可能的具有挑战性的目标
具体（C）：KR 要具体，一般而言 KR 有两种类型：里程碑型和数值型	SMART 标准和 CLASSIC 标准仅在这点上有一些相似之处。SMART 标准的具体的、可衡量的、有时限的，全都包含在 CLASSIC 标准的"具体"里面了： · 有时限的一般对应里程碑型 KR · 可衡量的一般对应数值型 KR 做到上面这两点，一个 KR 就是具体的

从上面的对照可以看出，SMART 标准和 CLASSIC 标准有太多不一样的地方，两者重合的地方很少。SMART 标准是无结构的，它更适用传统的单一 KPI 指标。OKR 是结构化的，你不可能用无结构的 SMART 标准去衡量一个有结构的 OKR，这就是为什么我们要抛弃过时的 SMART 标准，转而拥抱更立体、全面和有结构的 CLASSIC 标准。

下面我们来看一些例子。例如，某电商企业客户服务部下的产品开发部制定了如下 OKR。

O：提升智能客服产品"小智"的日活跃用户数，成为全国日活跃用户数最多的智能客服产品。
KR1：峰值日活跃用户数突破 5 000 万。
KR2：在线智能问题解决率提升至 80%。
KR3：提升单位客服人员可支撑的交易量级至 500 万元/人。

如果用 CLASSIC 标准去衡量这个 OKR，它是否是一个优秀的 OKR 呢？我们来逐一检查下。

- 这个 OKR 的 O 下只有 3 个 KR，符合"有数量限定"原则。
- O 是要成为全国日活跃用户数最多的智能客服产品，而国内标杆企业的日活跃用户数为 3 000 万，因此 KR 也能有效支撑 O 的达成，符合"有承接"原则。
- O 也非常简明易记，符合"简明易记"原则。
- 成为全国日活跃用户数最多的智能客服产品这一 O，也足够鼓舞人心，符合"鼓舞人心"原则。
- 目前智能客服产品的日活跃用户数仅为 500 万，要达到 5 000 万，相当于要提升 9 倍，这一 KR 也具有足够挑战性，符合"有挑战性"原则。
- KR 均是量化的，很具体，符合"具体"原则。

然而，作为客户服务部，它的主要价值应当是提升客户的网购体验。如果客户在网购平台上购物顺利，和商家没有任何纠纷，他完全没有必要去求助智能客服产品。但这个部门下的产品开发部却将提升智能客服产品的日活跃用户数作为目标去努力，这完全背离了部门的初衷。其结果必然是，客户因在网购时不断收到智能客服产品的打扰而变得对该网购平台非常反感。也许，智能客服产品的峰值日活跃用户数上来了，但客户却逐渐不堪其扰而慢慢离开该网购平台。所以，这个 OKR 符合"CLASSIC"的所有其他标准，却唯独不符合"有客户价值"这一标准，这让它成为一个糟糕的 OKR。它需要从头调整，重新围绕客户价值去定义真正的目标。

再举一个我团队的例子。我的 HR 团队新来了一个小田同学，她制定了如下 4 个 OKR，如表 5-3 所示。

表 5-3　一位新同学的 OKR 示例

O	KR
O1：参与构建公司级目标管理平台	KR1：跟进目标管理系统项目开发进程，准确、快速熟悉业务及其变化，参与梳理目标管理系统需求，深入体会项目开发过程的各个阶段 KR2：收集整理需求和跟进总结目标管理系统在试点部门的使用情况，沉淀经验＋收集了解非试点部门的建议及需求 KR3：目标管理系统运营，开发用户使用指南，对员工和管理者进行用户调研，维护目标管理用户手册，快速解答用户疑问和征集用户需求
O2：参与目标管理赋能	KR1：深入了解各部门在目标制定和目标管理过程中的难点和需求 KR2：配合搭建完善、立体的目标管理体系。结合内外环境、业务方向及岗位核心要求分析、辅助考察与决策
O3：公司组织绩效框架搭建	KR1：查看和学习相关的组织绩效知识以及组织管理知识，梳理近期组织战略大会的内容，配合梳理搭建组织框架及流程，并提出自己的输入
O4：参与实现公司高绩效团队DNA 的产品化	KR1：快速、准确了解项目工作，熟悉业务及其变化，建立对高绩效项目的基本认知，思考如何产品化，并尝试推进高战斗力产品化的进程和评估技术难点

当她拿着这份 OKR 来找我时，我问了她几个问题。

- 这份 OKR 让你觉得兴奋吗？每个 O 的价值点是什么？你有没有被它点燃？
- KR 主要从结果维度去描述，类似"收集整理×××""跟进×××"这样的描述是过程动作而非结果，它容易让我们失去焦点，抓不住重点，我们还能怎样去找到这些动作所要达成的结果呢？
- KR 完成后，是否意味着 O 就完成了？

对第一个问题，她笑了笑，没有给我肯定的答案。很显然，她的 4 个 O 中，3 个都是以"参与"开头，那她在这里面的角色就只是配角，这很难让人兴奋起来。而在她罗列的 O1 的 3 个 KR 中，大量的都是过程动作。O1 的 KR1 一连用了四个动作词汇："跟进""熟悉""梳理""体会"，看上去她要做很多事，但我想问的是：这些动作做完后，它要达成的结果是什么呢？我们能否找到一个唯一、简单的结果去替换这些动作呢？在 KR 中，我们要明确的是结果，结果是唯一的，但实现的路径可以有千万条。正如条条大路通罗马一样，我们不应该把去罗马的路径作为我们的 KR，而应该把什么时间点到罗马作为 KR。我们都认同这个世界是变化的和复杂的，没有必要用路径去把自己限制住，认准你的北极星即可。她的诸多 KR 中，竟然没有出现一个数字，这是她的 KR 的最大问题。可以想象的是，当 3 个月后，她再来回顾她的 OKR 达成情况时，她可能自我感觉良好，因为她确实做了这些动作，但事实上并没有将工作推进多少。如果我们把她的 OKR 用 CLASSIC 折线图表示，如图 5-5 所示。

CLASSIC 标准	差	中	好
Customer-Oriented（有价值）		○	
Less（有数量限制）			○
Aligned（有承接）			○
Stimulating（鼓舞人心）	●	○	
Simple（简单易记）			○
Incredible（挑战）	●		
Concrete（具体）	●		

图 5-5　CLASSIC 折线图示例

于是，我和她一起做了下面几个动作。

- 删去了占她精力不多的 O3，确保精力聚焦在主要工作上，即 O 要简明易记。
- 更进一步梳理了 O，O 要明确价值和意义，要能点燃她，即 O 要鼓舞人心。
- KR 要从结果维度去展开，不能停留在动作层面，动作层面可以留待 KR 明确后，在 Action（举措）中去明确，即 KR 要具体。
- KR 也要具有足够挑战性，这样才能倒逼我们进行打法的调整，以取得更大的业绩，即 KR 要具有挑战性。
- 重新审视每一个 O 下的 KR，看它们是否能完备支持 O 的达成，即 KR 对 O 要有承接。

这样，她的 OKR 就变成表 5-4 所示的 3 条。

当我们一起梳理完上面这份 OKR 时，她的兴奋之情写在了她的脸上。每个 O 都明确了价值和意义，方向清晰。而 O 的 KR 则指明了 O 要达成什么结果和推进到何种程度,是可衡量的,并且对她来说,这些 KR 也颇具挑战性。

表 5-4 新同学修改后的 OKR 示例

O	KR
O1:共同搭建公司级目标管理平台,推进公司目标管理系统升级	KR1:有效支撑项目运作,确保项目关键人满意度达到 80% 以上 KR2:挖掘形成至少 2 个重大产品改进点,完善产品易用性 KR3:基于新系统开发一份目标管理用户指南,用户评价在 4.5 分以上(满分 5 分)
O2:完善员工层面目标管理赋能体系,升级员工对目标管理的认知	KR1:开发一门面向员工的目标管理赋能课程 KR2:以员工喜闻乐见的形式,开发两三个面向全员的目标管理推广"记忆点"
O3:实现高绩效团队 DNA 的产品化,为未来在公司全面推进奠定坚实基础	KR1:开发 1.0 版本,完成一个模块基本功能的开发 KR2:输出一份简明易用的产品用户手册

接下来我们再来看一个 HR 部门的 OKR 示例。

O: 创建世界上最好的工作场所。
KR1: 对公司 257 名员工逐一进行访谈,找到 HR 部门需要改进的地方。
KR2: 将新员工的流失率从 20% 降低到 5%。
KR3: 将员工净推荐值(eNPS)从 50% 提高到 90%。

这个 OKR 存在哪些问题?

作为 HR 部门,"创建世界上最好的工作场所"确实很鼓舞人心,但这个 O 只说出了一半——要做到什么,却没有给出这样做是为了什么。

- 创建世界上最好的工作场所,是为了吸引更多优秀人才吗?
- 创建世界上最好的工作场所,是为了提升现有员工的幸福感吗?
- 创建世界上最好的工作场所,可以为公司带来业绩提升吗?

一个好的 O,首先要"有客户价值",对 HR 来说,就是要对组织有价值。如果从这个角度去思考,O 的最终的样子可能会是:

- 创建世界上最好的工作场所,吸引业界顶尖人才加入公司。
- 创建世界上最好的工作场所,成为世界上员工幸福感最高的企业。
- 创建世界上最好的工作场所,提升员工奋斗意愿。

前半句是要做成的事,后半句是做成这样后希望达成的目的。

我们再来看 KR。

- KR1 要"对公司 257 名员逐一进行访谈"。应该说，这个 KR 非常具体，也很具有挑战性，但访谈只是手段，访谈后可能会发现非常多 HR 部门需要改进的地方，我们是每个都改进吗？显然不现实！更有可能的是识别出前 5 个或前 10 个改进点。所以，KR1 应当把这一点明确下来，否则大家大费周章地做了大量访谈，最后可能并没有找到真正需要改进的点。另外，从投入产出比的角度看，如果能做到科学地随机抽样，那么抽样访谈也可以获得和全量访谈同样的效果，这样我们就没有必要做全量访谈。试想，当前公司只有 257 名员工，全量访谈倒也还可以展开，如果公司像华为那样，有 20 万员工时我们该怎么办？我们要善于借用科学方法去巧干，通过进行人员抽样，并结构化访谈提纲，用最低的成本识别出公司需要优先解决的问题。也许全量调研 + 抽样访谈会是个不错的选择，也许还有更好的办法。很多人在写 KR 时，喜欢把实现路径一并写进去，我认为这样做是错误的，它会束缚住我们的手脚。KR 应该只关注结果，而不应该携带实现路径。实现路径总是灵活多变的，很多问题都可以一题多解。我们应当努力地去厘清我们希望达成的结果是什么，而把实现路径放到 Action 中去描述。
- KR2 要"将新员工的流失率从 20% 降低到 5%"，这非常具体，针对的是新员工群体，也明确了为了降低流失率而努力的目标。然而，为什么只针对新员工呢？对一个只有 257 名员工的公司，新员工的比例能有多大呢？并且一般来说，在一个组织里，对组织业绩影响最大的通常是组织里的骨干员工。那么，骨干员工的离职率是否也应该要关注进去呢？或者，如果组织当前骨干员工的离职率原本已经很低了，那么是否要继续保持住使其不下滑呢？这个问题没有回答。
- KR3 希望"将员工净推荐值从 50% 提高到 90%"，这个 KR 非常具有挑战性，对组织也很有价值。一个员工愿意向他人推荐公司，说明他对公司有很高的归属感。这个 KR 非常棒。

现在，我们还需要思考的一个问题是：当我们完成上述 3 个 KR 后，是否可以完备地实现 O？

O 一共有 3 个 KR，分别是要找到改进点、降低新员工离职率和提升员工净推荐值。你有没有发现，KR1 只关注了找到改进点，但是并没有说要闭环改进多少改进点。识别改进点本身并不会带来员工体验的改善，只有真正地去改进才会带来不一样。我们再回到 O 上来考虑，O 是要"创建世界上最好的工作场所"，那么，当我们"改进了员工的主要关注点、降低了新员工离职率、提升了员工的推荐意愿"，我们是否就是世界上最好的工作场所了呢？似乎我们也不能得出这样的因果逻辑。所以，这个 O 的 KR 是不完备的，它不一定能完备支撑 O 的实现。

总而言之，遵循 CLASSIC 标准的 OKR，才更有可能制定出高质量的 OKR。如若不然，大多数时候大家得到的都是低质量的 OKR，甚至只是套用了 OKR 形式的 KPI。

OKR 制定与实施：一种实操方法

现在，你知道了什么样的 O 是一个好 O，也知道了什么样的 KR 是一个好 KR，还知道了用什么标准来整体评判 OKR。但这是否就足以让你制定出好的 OKR 了呢？还不能，你离成功还差临门一脚。

OKR 背后的理论基础是内在动机，它是一种实操性很强的目标管理方法。能否通过 OKR 促进企业的创新，取决于企业能否通过实操激发员工的内在动机。在实操中，不少企业基于"胡萝卜+大棒"的激励理念来应用 OKR，最后把 OKR 用成了 KPI，非常令人惋惜，这相当于把瑞士军刀用成了菜刀。为了帮助大家真正用好 OKR，应用 OKR 促进创新，这里介绍一种端到端的 OKR 实操方法，如图 5-6 所示。

图 5-6 OKR 制定流程

这里包含几个关键步骤：

（1）**团队 OKR 制定**：团队成员采用目标众筹方式，群策群力共同讨论制定出团队 OKR，明确团队未来的努力方向。

（2）**个人 OKR 制定**：以团队 OKR 作为参照大方向，输出个人 OKR，明确个人未来的努力方向。

（3）**OKR 围观与刷新**：OKR 是公开的，无论是团队 OKR 还是个人 OKR，所有人均可以查阅团队/个人 OKR 并评论，团队 Leader/个人可以基于评论意见和建议刷新团队/个人 OKR；同时，OKR 又是敏捷的，体现了和业务充分融合的特点，当外界环境发生变化后，团队 Leader/个人可以实时刷新团队/个人 OKR。

下面将逐一展开讲解这 3 个步骤的具体开展方法。

关键步骤 1：团队 OKR 制定

团队 OKR 有必要吗

经常听到很多企业在问一个问题：团队目标有必要吗？团队目标和个人目标是否二者只选其一即可？

我喜欢回到事情的本质上去看问题，即便在十分灵活的人文领域也依然如此。事情的本质，就是第一性原理。亚里士多德说："在每个系统探索中都存在第一性原理。第一性原理是基本的命题和假设，不能被省略和删除，也不能被违反。"

那么，这里的第一性原理是什么呢？

> **团队目标第一性原理**：当以团队为中心的个人目标和团队目标结合使用时，团队绩效将显著提升，并且超越在其他目标条件下的团队绩效。

用通俗的话表达就是，最高水平的绩效出现在这样的条件下：个体同时对自己的绩效和团队的绩效都有高水平的承诺，但对团队绩效的承诺度稍高。这样的区域被称为目标的"最大化收益区域"，即图 5-7 所示的阴影三角形区域。

图 5-7 绩效承诺度与绩效表现关系

如何证明？

德博拉斯·克朗（Deborath F. Crown）和约瑟夫·罗斯（Joseph G.Rose）做过一个实验，来验证各种条件下团队的绩效表现。图 5-7 也出自其研究论文。

实验是这样的，实验者被要求参与一个任务游戏。这个游戏要求个体使用 27 个字母来造词，然后团队成员再一起用个体造出的这些单词去造句。团队中每个个体得到的是一些不同的字母（在此之前，已经有一个专门的测试群体测试了这些字母列表，以确认每个被试拿到的是相同难度的字母组合）。这个任务允许个体衡量自己的绩效（以个体为中心的绩效），以及个体对团队绩效的贡献（以团队为中心的绩效），还有团队的总绩效。

被试首先根据指导语参加前测练习，前测中要求被试以三四个字母尽可能多地造词。研究者要求被试将这些词放入他们个人的词汇列表，同时要求被试根据指导语要求用团队成员所造词汇列表尽可能多地造句。在 30 分钟的游戏练习中，被试个人的绩效将被汇总成表，在每个单词被放入个人的词汇列表之前不能用于团队的造句活动。团队创造的每个句子必须包含每个成员所造的单词，而每个成员对团队贡献的单词数量则不设上限。

在接下来的 30 分钟的游戏（即正式的实验阶段）中，除了根据实验设计赋予不同的目标条件，游戏的规则与前一阶段完全一致。

一旦一个字母被某个个体在团队造句过程中使用过，该字母将不能再被重复使用。不过为了促进团队的造句成绩，个体可以更换其词汇列表中的单词。此外，被试可以将他们自己列表中的字母贡献给团队内的其他成员，但是这样组合起来所造的单词将不计入任何一方的个人成绩。

实验通过分层随机指定的方法将实验对象分成以下六组目标条件。

（1）没有指定目标：例如，请你们尽力而为。

（2）只给一个以自我为中心的个体目标：例如，请构造7个单词，每个单词至少包含3个字母。

（3）只给一个团队目标：例如，请造5个句子，每个句子必须包含每个成员的由3个字母构成的单词。

（4）同时给一个以自我为中心的个体目标＋团队目标：（2）和（3）的组合。

（5）只给一个以团队为中心的个体目标：例如，为团队最后的句子贡献17个字母。

（6）同时给一个以团队为中心的个体目标＋团队目标：（5）和（3）的组合。

所有目标要求都属于具体且具有挑战性的目标。350个被试作为独立样本参加了测试。在这里，具有挑战性的目标指的是通常只有10%的被试能够达到的水平。

六组目标条件下最终团队绩效表现的相应数据如表5-5表示。

表5-5 目标条件对团队绩效影响分析：各组平均造句数量和标准差

目标条件	平均造句数量	标准差
没有指定目标	3.11	−0.84
以自我为中心的个体目标	1.88	−1.20
团队目标	3.39	−0.90
以自我为中心的个体目标＋团队目标	2.46	−1.07
以团队为中心的个体目标	3.01	−0.96
以团队为中心的个体目标＋团队目标	4.30	−1.01

或许，将这六组数据绘制成一张柱状图会更清晰（见图5-8）。

图5-8 各种目标条件下团队平均绩效表现（造句数量）柱状图

从这六组数据可以看出,"以团队为中心的个体目标＋团队目标"组合条件下,团队绩效实现最大化,其绩效表现比无指定目标高出38%,也显著优于其他所有目标条件下的团队绩效表现。进一步的分析也表明,这种目标组合可以解释各团队间25%的绩效差异。

在绩效主义盛行的企业里,大多施行的是以自我为中心的个体目标。从图 5-8 可以看出,此时团队的绩效表现是最糟糕的。然后,一些团队发现了这个问题,认识到了个人英雄主义对团队绩效的伤害,于是试图在以自我为中心的个体目标之上增加一个团队目标,这比单纯以自我为中心的个体目标好了一些。但这两种情况下的绩效表现,甚至还不如不设置任何目标场景。也正是因为这样的原因,一些团队认为个人目标设置没有价值,干脆就去掉个人目标,转而只保留团队目标。依据图 5-8,这种转变可以显著提升团队绩效,至少好过不设置任何目标场景。但只设置团队目标的做法,远不是最优策略。真正最佳做法是在采用团队目标的同时,员工制定以团队为中心的个人目标。所以,以后不要再质疑个人目标设置的价值了,你需要做的是将个人目标引导到以团队为中心的团队目标上来,让个体既能看到团队目标,也能看到自己对团队目标的贡献度,一切围绕团队目标去开展工作。心中有太阳,脚下有力量!

拉法斯图(LaFasto)和拉森(Larson)根据其多年研究指出:**决定团队能否成功的唯一重要因素就是这个团队是否有一个明确的、令人振奋的目标**。这句话指出了成功团队的目标的两个重要特征:明确的和振奋人心的。前者正是 KR 的显著特征,KR 要求以量化的方式明确定义成功的标准,后者正是 O 所要承载的,要求目标必须能鼓舞人心,从这个意义上分析,团队 OKR 能完美反映拉法斯图和拉森的这一研究成果,将团队带向高绩效。

团队 OKR 如何制定

通常,按照传统绩效管理的做法,团队目标是逐层自上而下分解下来的,就像瀑布一样从上往下倾泻下来,下层组织只能无条件接受并执行。这似乎是天经地义的,毕竟,下层组织要支撑上层组织达成其目标。但也正因此,做事的价值和意义在一层层向下分解的过程中逐渐流失,最终,到基层团队那里,目标变成了单纯的指标,建教堂变成了单纯的搬砖。如果你回过头再去看一眼动机图谱，你会明白，在缺失了做事的价值和意义后，也就缺失了自主做事的意愿，缺失了内在动机，这其实是降低了团队的动机水平，最终要让团队行动起来，只能重新回到胡萝卜加大棒的时代。这或许就是为什么很多企业认为团队不推不动，只能棍棒底下出人才。

OKR则采用全然不同的方式制定团队目标，它用自下而上的方式达成了组织预期。这是怎么做到的呢？这种目标制定方法叫OKR众筹法，它源自谷歌，并在其他企业中成功验证了其有效性和普适性。OKR众筹流程如图5-9所示。

图 5-9　OKR众筹流程

OKR众筹通常在一次集中会议上完成。团队主管召集所有团队成员参会，一起讨论众筹出下一阶段的团队OKR。整个过程共分为5个步骤。

步骤1： 团队主管首先系统总结团队过去的工作业绩及差距，并给出工作方向建议。团队主管介绍完之后，可以征询一下大家是否有疑问，并对大家的疑问一一澄清，确保所有团队成员都理解了这份报告。这些输入信息非常重要，它给团队后续的讨论奠定了基调，避免了漫无边际的讨论。

步骤2： 接下来开始团队目标的众筹。让每个团队成员结合团队目标、个人工作职责以及工作兴趣思考接下来团队需要达成哪些目标，才能让团队做得更好。每个团队成员贡献1～2条团队OKR。在这一过程中，团队主管作为团队一员，也需要提交1～2条团队OKR。

步骤 3：团队主管汇总所有团队成员输出的团队 OKR 建议，逐一让提交人讲解其所提交 OKR 的价值和意义，解答其他团队成员的疑惑。在所有团队 OKR 都讲解完毕之后，所有团队成员进行投票选出最重要的 3～5 条 OKR，形成最终的团队 OKR。

步骤 4：团队主管综合大家的团队 OKR，提交上级主管进行审批。

步骤 5：如有必要，可结合上级主管的意见进行相应的增补，并再次召集讨论会，就变化部分同团队成员进行沟通，达成一致理解后定稿形成最终的团队 OKR，并正式向全员公示。

上面是团队 OKR 众筹的通行做法，在实际实施过程中，为了加快团队 OKR 的收敛速度，可以将团队成员基于业务相关性分成若干个研讨小组。例如，一个团队有 20 个人，其中有 2 个员工在共同做 A 业务，3 个员工在共同做 B 业务，5 个员工在共同做 C 业务，剩下 10 个员工在共同做 D 业务，那么可以基于业务相关性将这 20 个员工分成 A 业务研讨组、B 业务研讨组、C 业务研讨组和 D 业务研讨组，这样，在步骤 2 目标众筹时，就以 A、B、C、D 4 个研讨小组为单位，邀请其输出 3～5 条团队 OKR，然后团队主管再基于所有小组贡献的团队 OKR 进行投票表决，形成团队 OKR。也就是说，只需把参与角色从员工替换成"研讨小组"即可，其余流程保持一致，如图 5-10 所示。

图 5-10　以小组为单位的 OKR 众筹流程

通过 OKR 众筹，所有团队成员都充分参与了团队目标的制定过程。团队目标不再是主管拍脑袋定出来的，而是集所有团队成员的智慧共同制定出来的（见图 5-11）。

图 5-11 传统目标制定方法与 OKR 众筹法对照

通过这种方式，大大增强了团队成员对团队目标的共识程度，团队目标真正变成了大家的共同目标，而不再只是主管的目标。一项调查研究发现，采用传统团队目标制定方法时，大约只有 9% 的员工清楚他们的团队目标是什么。我们曾对采用 OKR 众筹的团队做过一次员工访谈，所有员工均能清晰地说出他们的团队目标是什么，也就是说，通过 OKR 众筹，这一比例提升至 100%，显示出团队成员对团队目标的共识程度是多么惊人，团队目标已经深入他们的内心，他们已经发自内心地在为之不懈奋斗。

关键步骤 2：个人 OKR 制定

在前几节中，我们已经提到，只有团队目标或只有个人目标，都不能让团队达到最佳状态，只有当团队目标和以团队为中心的个人目标结合使用时，团队的绩效表现才达到最佳水平。所以，团队目标固然重要，但个人目标也不能忽视。

那么，个人 OKR 要如何制定呢？

事实上，在有团队 OKR 作为基础输入之后，个人 OKR 的制定就变得极其简单了。个人 OKR 制定流程如图 5-12 所示。

参与角色	活动
团队成员	团队 OKR 众筹 → 3. 全员评论（主管和团队成员）
员工	1. 结合团队 OKR 及个人兴趣制定个人 OKR 初稿 → 2. 个人 OKR 录入 IT 平台 → 4. 个人 OKR 刷新

图 5-12　个人 OKR 制定流程

员工在制定个人 OKR 时，需要思考如何承载团队 OKR。以此为前提，个人 OKR 制定流程包含如下步骤。

步骤 1：员工结合团队 OKR 及个人兴趣，思考自己可以在哪些方面为团队目标做贡献，形成自己的个人 OKR 初稿。

步骤 2：将个人 OKR 录入公共的 OKR IT 平台，以便所有团队成员都能便捷地查阅和评论。

步骤 3：邀请主管和其他团队成员对自己的 OKR 进行评论，以确认是否有遗漏和不当的地方。

步骤 4：结合他们的意见刷新个人 OKR。

由于 OKR 是公开透明的，上述步骤 3 和步骤 4 可能会在任意时刻发生。例如，员工 A 制定了一条 OKR，并发起邀请其他团队成员进行评论。但此时其他团队成员由于还没有考虑清楚员工 A 的 OKR 对自己的影响，因而暂时无法给出评论意见。但过了两周之后，其中一个团队成员发现员工 A 的 OKR 中有一条 KR 定低了，会影响自己 OKR 的达成，因此给员工 A 提了一条评论意见。于是，员工 A 在收到这条评论意见后，刷新了自己的 OKR。

将传统个人目标制定方法和个人 OKR 制定方法做一下对比，你会发现两者的巨大差异（见图 5-13）。采用传统方法制定目标时，主管为下属指派目标，然后下属只是被动地接受并执行，对于为什么要这么做以及这样做能产生什么价值缺乏深层次的理解。OKR 则不同，在 OKR 模式下，下属的目标是下属自己制定的，当然，也不是天马行空地想做什么就做什么，还需要以团队 OKR 作为输入，同时，制定出来的个人 OKR 要接受所有团队成员的评论。这一看似细微的变化，却是革命性的。以前目标是"强加"给自己的，现在目标是自己自主制定的，其他人的评论也只是建议而非强制执行，这增加了员工对自己制定的 OKR 的主人翁意识，大大提升了员工对目标的承诺感，后续员工必将全力以赴地去达成该 OKR，员工真正地变成了内在驱动，而不需要不断地使用胡萝卜去诱惑，不需要不断地使用大棒去鞭策了。

图 5-13 传统个人目标制定方法与个人 OKR 制定方法

可能有主管会担心，这种方式是否太过放纵下属了。如果下属的目标和团队目标偏离太大，而自己的评论意见下属又不理睬时怎么办？通常，下属都会特别乐于接受主管的评论意见，但确实会存在下属不理会主管的评论意见的情况。这个时候，主管切忌使用强制手段强迫下属去按照自己的意志行事。如果主管这么做了，就会大大扼杀其他团队成员的创造性，之后所有团队成员都会变成听话的乖孩子，不愿意再违背主管的意愿，所有人都变成主管的回音壁了。所以，这个时候不妨给下属一定的时间和一定的自由度，让下属去尝试，看看他这样做是否确实可行，也许就成功了呢？伟大的创新不正是脱胎于无数失败中的吗？

这里我举一个我们在 OKR 开展过程中的实际例子，或许能给你一些启发。

从 40 分钟到 4 分钟

某部门正在开发一款新产品，为配合新产品的上市，需要配套开发一款自动化集成验证工具。但集成测试框架开发出来后发现，整个验证时长需要近 40 分钟。这一过程耗时太长，无法满足产品快速迭代测试的需要，因此决定着手对集成测试框架进行性能优化，缩短产品验证时间。

经过研发人员一段时间的努力之后，验证时长从 40 分钟缩短到了近 15 分钟。但此后，无论想什么办法，都发现收效不大，性能优化陷入了停滞。当时时间是 10 月中旬，而按原计划，如果在 10 月底不能再进一步缩短验证时间，将大幅影响整个产品的上市。

这个时候，团队成员 A 提出，如果采用业界的 Docker 技术的话，可能会大幅提升运行性能。但当时负责该优化方案的项目主管认为，这一技术在内部并无成功应用的先例，兄弟部门类似解决方案中采用的则是动态加载技术。项目主管本来打算让 A 按照动态加载思路去开展优化，但当时部门刚开始试点 OKR，他不希望打击 A 的主动性和积极性，于是勉强同意了 A 的建议，允许他用 3 天时间试一试。

但 3 天过去了，A 没有任何回应。

考虑到对项目的影响，于是项目主管打算两条腿走路，一方面继续支持 A 在工作之余尝试 Docker 技术方案，同时再安排另一位动态加载方面的技术牛人，按照动态加载思路开展优化。

10 月底很快就到了，整个优化进展仍然不如人意。

又过了两周，到了 11 月中旬的一天快下班时，A 突然给项目主管发了一条信息：Docker 方案成功了，启动非常快，整个测试过程可以大幅降低至 4 分钟左右！

项目主管对 A 的"宽容"拯救了整个项目！

主管基于风险和管控方面的考虑，通常会假定下属如果不按照自己的意志去做，就会捅出大娄子，而实际上，如果主管能给下属一些"宽容"，也许会更有效，就像上面这个案例一样。

关键步骤 3：OKR 围观与刷新

在 OKR 制定过程中，围观是非常重要的一个步骤。无论是团队 OKR 还是个人 OKR，在制定完成后，都需要录入到一个公共的 OKR IT 平台中，供其他团队成员查阅和评论。这一过程和我们在微博上发布一篇文章、在微信朋友圈里发一条信息、在贴吧里发一个帖子本质上是一样的。在公开场合发布信息意味着一种承诺，这一过程显著增强了员工对 OKR 的承诺感。

团队 OKR 初稿制定并录入 OKR IT 平台后，团队主管应发起围观请求，邀请所有相关团队成员就团队 OKR 发表意见，由于团队成员在 OKR 众筹过程中已经充分参与了团队 OKR 的制定，因此团队成员可能不会有太多异议。此时团队主管应重点关注团队外部人员的意见，如有可能，应尽量确保每一个相关人员都充分表达其意见，从而获得他们对本团队 OKR 的充分支持。

个人 OKR 同样如此，员工在完成个人 OKR 初稿制定并录入 OKR IT 平台后，也需要发起围观请求，邀请相关人员就自己的 OKR 发表意见。在这一过程中，主管应当充分营造一种畅所欲言的氛围，鼓励所有团队成员相互评审和提出意见，从而增强团队成员之间的相互了解。主管应当控制住自己总是迫不及待想第一个发表意见的冲动，尽可能地让下属先发表意见，自己最后评论。否则，主管在评论后，其他团队成员如果有不同意见，就会迫于心理压力不愿再表达出来，从而错失听取意见的机会。

在 OKR 开展之初，我们曾经发现一个奇怪的现象。虽然 OKR 公开了，但团队中很多 OKR 的浏览量只有个位数，并且除了主管和员工自己，压根就没有其他团队成员浏览过。这说明，相互评论的氛围不会自然而然地形成，这取决于团队氛围。进一步的分析发现，主管比较愿意授权的那些团队，团队成员勇于表达自己的意见，评论氛围较好；主管倾向于以管控为主的那些团队，团队成员总是尽可能地隐藏自己的意见，习惯于服从和执行，评论氛围较差。所以，当你发现团队成员间相互评论数比较少时，可能意味着你的团队氛围出现了问题，主管需要审视自己的管理风格是否有不当之处，是不是平常的"一言堂"伤害了下属表达的欲望。

设定什么样的目标更好

成长型思维与固定型思维

如果从思维模式上进行区分，人可以分为"固定型思维"和"成长型思维"两大类型。

（1）**固定型思维**：这部分人在工作中倾向于向他人展示自我，证明自己很能干，能胜任安排的工作。他们非常在意他人的看法和评价，一直试图证明自己的价值。在面对困难和挫折时，他们会非常沮丧甚至抑郁。

（2）**成长型思维**：这部分人在工作中倾向于关注自己能否不断学习和自我提升，他们不太在意他人的看法。在面对困难和挫折时，他们看到更多的是机会。

"今天很残酷，明天很残酷，后天很美好，但大部分人死在了明天晚上。"这句话反映出阿里巴巴的思维模式就是成长型思维。在面对困难和挫折时，阿里巴巴始终看到的是"后天"的美好，而不是今天和明天的残酷。这种成长型思维，持续影响着阿里巴巴数万名员工，已经融入了阿里人的血液之中。

把星巴克带入巅峰的 CEO 霍华德·舒尔茨曾经在一家大型跨国公司任副总裁，享有丰厚的待遇，公司给他配有专车、一个开销账户以及随意支配的差旅权限。然而，当他了解到星巴克咖啡的高品质之后，对星巴克咖啡产生了一种炽烈的爱。当时星巴克只不过是西雅图一家拥有区区 6 个店面的小公司。霍华德起初认为自己愿意去星巴克，星巴克应该求之不得。然而，情况却并不是这样的。在他数度恳求加入星巴克之后，才获得了一次星巴克创始人团队与其正式面试的机会。更令他意外的是，这次正式面试最后还以失败收场。星巴克创始人团队认为这个年轻人的想法确实很好，只不过这要求星巴克做出非常大的改变，太冒险了。不过，这个消息并没有击倒他，在被拒绝后的第二天，霍华德给星巴克创始人之一的杰瑞去了一通电话，再次态度坚定地说明了自己能给星巴克带来什么价值，星巴克如果不按他的建议快速发展会面临什么困境。他对杰瑞说："杰瑞，这不是我的问题，这是你的问题，是关系到星巴克生死的大问题。关于星巴克的前景我们已经谈论过多次了，这是你的公司，是你的愿景。你是唯一可以实现这个愿景的人。人是需要有点儿勇气的，你也是。别让他们动摇了你的信心。"他的坚定执着打动了杰瑞，杰瑞最终说服了其他创始人，促成了霍华德的加入。霍华德有感而发："自那以后的 15 年里，我一直在想，如果我当时就认命，接受他们的决定，那会怎么样？大多数人被一份工作拒绝时都会转身离去。"霍华德一直有一个观点："一旦你越过了似乎不可逾越的难关，接下来的小坎儿就比较容易跨过去了。只要坚持下去，大多数人都可以实现并超越梦想。我总是鼓励别人把梦想做得大一些，把基础打得好一些，像海绵吸水一样吸收各种信息，不要害怕与世俗观点相抵触。"在他身上体现的，是面对困难时百折不挠的精神，他从困难里看到的是机会而不是挫败，这正是拥有成长型思维的人的一大特质。与之相反的是，很多年轻人会因为一次高考失利就痛不欲生，还有些创业者因为一两次创业失败而心灰意冷，正是试图证明自己的固定型思维模式害了他们。

乔治·萧伯纳有一句名言："一般人只看到已经发生的事情，然后只会问为什么会这样；而我梦想的是那些从来没有发生过的事情，然后问为什么不那样。"前者是固定型思维，后者是成长型思维。世界正是由无数这样胸怀梦想、敢于把不可能变成可能的成长型思维的人推进的。

绩效型目标与学习型目标

与思维模式对应，目标也大致分为两种类型。

（1）**绩效型目标**：心理学家把那种追求在他人面前展现自我才华，表现得比他人更好为目的的目标称为绩效型目标（performance goal）。例如，确保个人上半年销售业绩在部门的排名进入前三名。

（2）**学习型目标**：心理学家把那种以追求自我能力提升和自我成长为目的的目标称为学习型目标（mastery goal）。例如，提升谈判水平，同区域三大主要客户建立长期战略合作伙伴关系。

拥有固定型思维的人通常更喜欢制定绩效型目标，因此绩效型目标又称表现型目标；拥有成长型思维的人更喜欢学习型目标，因此学习型目标又称成长型目标。

绩效型目标

如果你的目标是绩效型目标，你就会喜欢自我展现，渴望获得他人的好评，把获得考评 A 作为自己的追求。你目标导向很强，始终关注结果，而不关注如何达成结果，也许你总是觉得过程索然无味，而只有目标能给你带来一些心动。在设定目标时，你希望目标不要太具挑战性，让你难于达成。

你实际上一直在做一道证明题，证明自己比他人能干，证明你的自我价值。获得他人的好评和称赞会让你很舒服，让你看起来更聪明和更有抱负。

研究表明，对于比较确定和简单的工作（比如每小时搬 100 块砖，每天走 1 万步），设置一个明确的考核目标，能够激发员工最大限度的冲刺和参与热情，获得很高的效率和产出。想想也是，如果你的主管告诉你，他会根据你最终的绩效输出情况来评判你的能力，你一定会尽力去展现自己的才华，让自己表现得更能干，争取达到 A 的水准。

但这其实也有两面性。如果你的目标是获得 A 绩效，并以此证明你确实很聪明。而后当工作越来越难，你发现你不再能轻易获得 A 时，你就会很有挫败感，认为自己"并不聪明"，从而不再尝试或害怕尝试。

因此，当目标非常有挑战性，需要更多的创造性时，绩效型目标非但不能起到激发作用，反而让更多的人觉得很有挫败感。由此也可以看出，绩效目标导向很强的人，更易沉浸在失败的痛苦之中而难以自拔，更易抑郁。

学习型目标

如果你的目标是学习型目标，你就会倾向于把目标设置得很有挑战性。你很少把是否达成一个既定结果作为评判你成功与否的唯一依据，你更关注你在追逐目标的过程中学到了什么，自我能力提升了多少。换句话说，你的关注点不只在最终结果那一点，而是从你的起点位置到终点位置的那一整段路。

你实际上是一个永恒的运动员，始终在朝目标迈进而不停息。你喜欢挑战自我，路途的艰险并不会让你止步，反而会让你觉得旅途充满刺激和乐趣。

因为你追求的是自我成长，因此即使最终你并没有走到终点，但至少你朝终点方向迈进了一段，这也足以让你觉得很欣慰，不至于沉浸在失败中难以自拔。你会不断总结自己在此过程中学到的新知识和新技能，并再次发起冲锋，百折不挠，少一些自责、多一份豁达。

应该设定绩效型目标还是学习型目标

那么，绩效型目标和学习型目标，哪个更好一些呢？

答案是：要看情况。

心理学家安德鲁·埃利奥特（Andrew Elliot）和他的同事做过一个实验，

他们让一批学生作为实验对象参与一个英文拼词游戏，学生可以通过一些写有字母的、可以翻转的骰子组合出尽可能多的单词，心理学家会依据他们拼出的单词数来给他们打分。

- 心理学家对其中一部分学生（A组）说：这个研究的目的是比较大家解决问题的能力，看看谁更强。
- 心理学家又对其中另外一部分学生（B组）说：实验的目的是了解怎么才能玩好这个游戏。

也就是说，A组的目标是绩效型目标，关注成员之间绩效表现的相互比较；B组的目标则是学习型目标，关注游戏本身。

实验者又告诉A组和B组各一半的学生，如果他们表现好的话，他们将获得额外的奖励。

实验结果表明，当拼词本身并没有让他们获得额外奖励时，绩效型目标组学生和学习型目标组学生的表现相当；但当有额外的奖励时，绩效型目标组学生的表现更好一些，其绩效表现比学习型目标组高出50%。

这个实验说明，关注自我成长的学生对外在激励并不太感兴趣，而对那些努力学习只是为了证明自己很能干的学生而言，附加在这上面的外在激励对他们就会特别有吸引力。

后来研究者又做过另外一些实验，让实验参与者做一些很复杂的、不熟悉的和十分具有挑战性的任务，结果发现了截然相反的情况，拥有成长型思维的人比拥有固定型思维的人表现出了更强的韧性和耐力，他们在完成这类任务上的优势也比拥有固定型思维的人更明显。

美国空军曾对飞行员设定了明确的绩效目标，对他们在某一期限内降落飞机的数量有严格要求，然而，飞行员的绩效非但没有提升，反而在不断下降。南卫理公会大学的唐·范德维尔（Don Vandewalle）做过一个研究。结果表明，那些关注绩效型目标（如达成销售指标、被同事视为优秀员工）的销售人员在推销产品时，表现反而不如那些关注学习型目标（如探究如何成为更优秀的销售）的同行。

总结起来就是：当工作相对比较容易，既定的绩效型目标会更有激发作用，在这类目标上，拥有固定型思维的人的优势更明显，他们希望借此证明自己很能干；当工作相对较难，需要更多的创造性和坚持时，学习型目标会更有激发作用，此时拥有成长型思维的人的优势更突出。固定型思维可以促成量的提升，而成长型思维可以带来质的提升。

未来的世界是多变和复杂的世界，简单、重复的工作将越来越多地被机器替代，人类的工作将越来越多地向复杂多变的工作转变。如果从这一角度分析，那么在设定OKR时，设定学习型目标无疑会更好。

Performance
Empowerment
—— 第 6 章

做好 OKR 对齐

OKR 制定之后，下层组织须立即着手分解上层组织的 OKR，与上层组织 OKR 进行对齐。唯有实现 OKR 对齐，组织方能上下同欲形成合力。否则，两层组织的 OKR 将像鸡同鸭讲，各团队就会各行其是，甚至相互拆台，造成组织内耗。

两种目标分解思维

目标怎么分解好呢？我们先来看一个生活化的例子。

2025 年年初，在一次网上公开课上，当我让大家以一个生活化场景为例来制定目标时，一名网友即兴制定了下面这个目标。

总目标：让全家人吃饱饭，度过 2025 年

总目标定下来了，现在要分解这一总目标，应该怎么分解好呢？

由于这个家庭由爸爸、妈妈和 2 个孩子构成，要完整对齐"让全家人吃饱饭"这个总目标，一种思路是把"全家人"进一步分解成具体的对象，

责任到人，于是，一种看似天衣无缝的对齐方式就这样产生了，如图 6-1 所示。

```
                总目标：让全家人吃饱饭，度过2025年
        ┌───────────────────┼───────────────────┐
  子目标1：让爸爸吃饱      子目标2：让妈妈吃饱      子目标3：让2个孩子
  饭，度过2025年           饭，度过2025年           吃饱饭，度过2025年
```

图 6-1　让全家人吃饱饭目标分解示例

这种目标分解方式存在什么问题吗？初看起来，它非常"工整"，子目标与总目标做到了无缝衔接，但只要稍加思考，就会发现这其实是一种拙劣的分解方式——该有的部件都有，却毫无品质可言。而这正是物理分解思维在我们脑海里作祟的结果。

什么是物理分解？就是分解出来的各个子目标之间井水不犯河水，互不相干。

判断某个目标分解是不是"物理分解"，其实很好鉴别，你只需看分解后的子目标，能否用简单的加减法凑成总目标即可。比如，在"让全家人吃饱饭"这个例子中，总目标就等于三个子目标的简单机械加总：

让全家人吃饱饭 = 让爸爸吃饱饭 + 让妈妈吃饱饭 + 让孩子吃饱饭

这个案例看起来有些滑稽，但类似案例在大大小小的企业中比比皆是，只是换了一种表现形式，变成了如图 6-2 所示的样子。你若不信，不妨翻翻你公司的目标管理文件，看看其中有多少正是这样生硬拼凑的"物理分解"，我敢保证你一定"收获颇丰"。

```
                    公司目标：全年营收翻番
        ┌───────────────────┼───────────────────┐
  子目标1：A产品营收翻番   子目标2：B产品营收翻番   子目标3：C产品营收翻番
```

图 6-2　企业中典型的物理分解示例

相比"让全家人吃饱饭"这样赤裸裸的例子，上面的示例虽然穿上了业务的马甲，但本质上它和"让全家人吃饱饭"并无二致，它的总目标仍然等

于三个子目标的简单加总：

公司全年营收翻番 = A 产品营收翻番 + B 产品营收翻番 + C 产品营收翻番

物理分解不会让目标分解这个动作产生多少增量，它形似而神不似，看起来分解得很完美，实质上让目标变得更加割裂了，非但无益，简直有害。

那么，要怎么分解才好呢？

答案是：化学分解。

什么是化学分解？就是分解后的子目标与子目标之间存在相互协同关系，它们在打组合拳。就像 2 个氢原子和 1 个氧原子在进行化学反应一样，它们最终能生成一种全新物质——水分子。

仍以"让全家人吃饱饭"为例，如果对它进行化学分解，要怎么分解呢？一种可能的分解方式如图 6-3 所示。

```
总目标：让全家人吃饱饭，度过2025年
├── 子目标1：努力工作，增加收入×%（开源1）
├── 子目标2：投入×%资金合理理财，增加收入×%（开源2）
└── 子目标3：减少×项非必要开销，节省×%（节流）
```

图 6-3　让全家人吃饱饭化学分解示例

子目标 1 和子目标 2 主打开源，子目标 3 主打节流。它体现了"吃饱饭"的三个努力方向。三个子目标之间存在相互支撑关系。努力工作增加的收入、节省出来的开支，都可以作为合理理财的支配资金，而如果合理理财收入可观，又可以降低一些工作方面的压力，也可以让开支不那么拮据。总之，三者之间不是简单的加总关系。

再如"全年营收翻番"这个公司目标，如果对它进行化学分解，一种可能的分解方式如图 6-4 所示。

在这种分解方式中，公司主目标的实现从核心产品改进、新产品发布、提升售后服务质量、与新合作伙伴合作四个维度去发力，相互之间既存在独立性，也存在一定的协同性。如果显著改善了核心产品的主要短板（子目标 1），就会在发布新产品（子目标 2）时更容易吸引到现有客群和新客群，也会降低售后服务的压力（子目标 3）；同样，如果新产品发布能取得成功（子目标 2），就会吸引更多的优质合作伙伴加入，有效促进合作伙伴的收入（子目标 4）；如果能提升售后服务质量（子目标 3），好的服务与产品体验将共同提升客户满意度和复购率（子目标 1）；新合作伙伴的加入（子目标 4），将持续拓展公司产品的口碑，促进现有产品的复购（子目标 1）和新产品的发布（子目标 2）。

```
                    公司目标：全年营收翻番
    ┌──────────────┬──────────────┬──────────────┐
子目标1：改善核心   子目标2：发布两款  子目标3：提升售后  子目标4：与50家新
产品的主要短板，   新产品，每款产品实  服务质量，增强服务  合作伙伴达成合作协
提升核心产品客户   现年营收5 000万元  黏性，将年度客户流  议，借助合作伙伴的
满意度，NPS评分                    失率从20%降至10%   力量实现销售收入3
至70分以上，推动                                     亿元
复购率增长20%
```

图 6-4　企业中典型的化学分解案例

有没有发现，弄清一个目标分解究竟是物理分解还是化学分解其实很容易，这有点像美国最高法院大法官波特·斯图尔特（Potter Stewart）曾经说过的那句名言："我无法清晰地定义它，但我一看到它，我就能准确地分辨它。"是的，只需粗略地看上一眼，你就能从化学分解后的目标中获得信心，因为它体现出了对目标的深度思考，而简单的物理分解，除了让你看到责任摊派，很难再得到其他额外的启发了。

在目标分解时，请尽可能多地进行化学分解，少进行物理分解。

三种典型对齐方式

当我们把视野进一步扩大，试图厘清两层 OKR 之间的对齐关系时，根据下级 OKR 和上级 OKR 中的 KR 之间是一对一完全对齐、多对一完全对齐还是一对多部分对齐，可将 OKR 对齐方式分为镜像对齐、裂变对齐和聚合对齐三种类型，如图 6-5 所示。

我们将在下一小节中，通过案例来深入理解这三种对齐方式。

图 6-5　两层 OKR 的三种典型对齐方式

三种典型对齐方式案例

举例来说，公司有这样一个 OKR。

O：年内成为东南亚最值得信赖的电商平台，让客户能放心购物，满意而归。
KR1：上线智能质检系统，实现 90% 商品的自动化质量检测。
KR2：建立商家信用评级体系，覆盖 80% 的活跃商家。
KR3：优化客户投诉处理流程，确保 95% 的投诉在 48 小时内解决。
KR4：在 100 个主要城市引入第三方质量认证，提升平台商品的可信度。

方式一：镜像对齐（一对一完全对齐）

下级直接把上级的 KR 作为自己的 O，下级 O 和上级的 KR 之间是一对一对齐关系。这种对齐关系中，下级的 O 和上级的 KR 就像做了一个镜像一样，一模一样，因此把它叫作镜像对齐。

以上面的 OKR 为例，现在公司技术部负责开发智能质检系统，其 OKR 可以直接承接公司级 OKR 中的 KR1。

O：上线智能质检系统，实现 90% 商品的自动化质量检测。
KR1：完成智能质检系统的核心算法开发，准确率达到 95%。
KR2：实现系统与平台商品库的全面对接，覆盖 90% 的商品类别。
KR3：完成系统性能优化，确保检测响应时间小于 1 秒。

这样，技术部的 OKR 和公司的 KR1 之间就是镜像对齐关系（见图 6-6）。

```
                     ┌─ O：年内成为东南亚最值得信赖的电商平台，让客户能
              公     │    放心购物，满意而归
              司     │        │
                     │   ┌────┼────┬────┬────┐
                     └─ KR1：上线智能  KR2：……  KR3：……  KR4：……
                          质检系统，实
                          现90%商品的
                          自动化质量检测
    - - - - - - - - - - - │ - - - - - - - - - - - - - - - - - - - -
                     ┌─ O：上线智能质检系统，实现90%商品的自动化质量检测
              技     │
              术     │   ┌─────────┬─────────┬─────────┐
              部     │  KR1：完成智能质  KR2：实现系统与  KR3：完成系统性能
                     │   检系统的核心算法  平台商品库的全面  优化，确保检测响应
                     └─  开发，准确率达到  对接，覆盖90%的  时间小于1秒
                         95%              商品类别
```

图 6-6　OKR 镜像对齐关系

方式二：裂变对齐（多对一完全对齐）

裂变对齐是指上级的某一个 KR 被下级的多个 O 对齐，就像上级的 KR 发生了裂变一样。通常，这些 KR 会由一个或多个下级部门来进行承接。这种对齐方式尤其适用于需要跨部门协作的上级目标。

本例中，公司 OKR 中的 KR2（建立商家信用评级体系）需要多个部门共同协作才能达成：

- 数据部负责收集和分析商家数据。
- 产品部负责设计信用评级系统的前端界面。
- 运营部负责推动商家参与信用评级。

3 个部门的 OKR 如表 6-1 所示。

表 6-1　数据部、产品部、运营部的 OKR

数据部 OKR	产品部 OKR	运营部 OKR
O：建立商家信用评级的数据基础 KR1：完成 80% 活跃商家的数据收集与清洗 KR2：开发商家行为分析模型，准确率超过 85%	O：设计并上线商家信用评级系统 KR1：Q1 完成信用评级系统的 UI 设计，用户满意度达到 90% KR2：6 月 30 日前完成商家信用评级系统的开发，实现与数据部的分析模型无缝对接，上线运行后零重大故障	O：推动商家参与信用评级 KR1：完成 80% 活跃商家的信用评级注册 KR2：通过激励政策提升商家参与度至 90%

3个OKR共同对齐公司OKR的KR2，这种对齐就是裂变对齐（见图6-7）。

```
公司 ┤
     │  O：年内成为东南亚最值得信赖的电商平台，让客户能
     │     放心购物，满意而归
     │  ┌──────┬──────────┬──────┬──────┐
     │  KR1：……  KR2：建立商家信用评级体  KR3：……  KR4：……
     │           系，覆盖80%的活跃商家
```

数据部O：建立商家信用评级的数据基础
- KR1：完成80%活跃商家的数据收集与清洗
- KR2：开发商家行为分析模型，准确率超过85%

产品部O：设计并上线商家信用评级系统
- KR1：Q1完成信用评级系统的UI设计，用户满意度达到90%
- KR2：6月30日前完成商家信用评级系统的开发，实现与数据部的分析模型无缝对接，上线运行后零重大故障

运营部O：推动商家参与信用评级
- KR1：完成80%活跃商家的信用评级注册
- KR2：通过激励政策提升商家参与度至90%

图6-7 OKR裂变对齐示例

方式三：聚合对齐（一对多部分对齐）

有时候下级部门用一个O同时承接上级O中的多个KR，而不是完整承接某一单独的KR，这个时候下级部门的OKR相当于聚合了上级部门的多个KR，从而与之形成了一对多的聚合对齐关系。

仍以上面讲述的公司OKR为例。公司客户服务部的职责涉及用户投诉处理和商家信用管理，其OKR可以同时承接公司级OKR中的KR3（优化用户投诉处理流程）和KR4（引入第三方质量认证）。

O：提升客户满意度，打造高效透明的客户服务体系。

KR1：优化客户投诉处理流程，确保95%的投诉在48小时内解决（承接公司级KR3）。

KR2：在100个主要城市引入第三方质量认证，百分百覆盖核心商品类别（承接公司级KR4）。

KR3：建立用户反馈联动机制，驱动相关部门年内闭环90%的用户体验问题。

KR4：提升客户服务水平，客户满意度达到90%。

从而形成了一对多的聚合对齐关系（见图6-8）。

公司
- O：年内成为东南亚最值得信赖的电商平台，让客户能放心购物，满意而归
  - KR1：……
  - KR2：……
  - KR3：优化客户投诉处理流程，确保95%的投诉在48小时内解决
  - KR4：在100个主要城市引入第三方质量认证，提升平台商品的可信度

客户服务部
- O：提升客户满意度，打造高效透明的客户服务体系
  - KR1：优化客户投诉处理流程，确保95%的投诉在48小时内解决（承接公司级KR3）
  - KR2：在100个主要城市引入第三方质量认证，提升平台商的可信度（承接公司级KR4）
  - KR3：建立用户反馈联动机制，驱动相关部门年内闭环90%的用户体验问题
  - KR4：提升客户服务水平，客户满意度达到90%

图6-8　OKR聚合对齐示例

上述三种对齐方式各具特色，适用于不同的管理场景。当公司OKR中的KR指标单一且责任明确时，镜像对齐是最直接的选择，它能够确保目标清晰、责任到人；当公司的KR是一个综合性指标，需要进一步拆解为多个子目标时，裂变对齐则为更合适的方式，它能够通过多部门协作实现目标的层层落地；至于聚合对齐，它更适合那些综合性职能部门，尤其是中后台部门，这种对齐方式能够同时承接多个上级KR，实现多个指标在本团队的充分整合与协同。

无论选择哪种对齐方式，核心原则始终是确保下级OKR能够有效支撑上级OKR的实现，同时保持目标的一致性和可执行性。

超越OKR，拥有小梦想

前面介绍的是两层组织之间的OKR对齐，其实还有一种对齐，是短期目标与长期目标的对齐。

一般来说，OKR非常敏捷，聚焦的周期相对较短，通常为2个月至1年。

例如，字节跳动的 OKR 周期为双月，华为的 OKR 周期以季度和半年居多，而硅谷公司（如谷歌、英特尔等）则以季度为周期。这就决定了 OKR 是动态的，它反映的是组织在因应环境需要而敏捷地变化。

此时，如果组织能有一个长期追求，它就能有效抵御外部环境的短期动荡。对公司来说，这个长期追求是组织的使命和愿景；对团队来说，这个短期追求是团队的小梦想。关于使命和愿景的讨论已经比较多了，这里分享一个后台开发团队的小梦想。

对一个产品开发团队来说，团队的主要职责通常无外乎按照客户的需求开发一个又一个有特性的产品，这可以反映在它的 OKR 中。然而，我曾见过一个与众不同的团队，它除了有 OKR，还有一个更为长期的小梦想。

这个团队是企业内部的工具开发团队，基于企业的管理需要，开发企业内部的绩效管理系统、薪酬系统、招聘系统。一般而言，产品开发人员都希望自己能开发那些能直接在市场上应用的产品，因为它们的用户群更广，并且最为重要的是，它能给公司带来实实在在的真金白银。想象一下，有两个机会摆在你面前：一个是开发一款供全球几十亿人使用的通信产品，一个是开发一款供企业内部不足 10 万人使用的内部企业 IT 系统，你会选哪个？相信绝大多数人会毫不犹豫地选择前者。也正因此，这个团队一直苦于吸引不到优秀的开发人才。团队负责人一直在思考：怎么才能突破这一限制，开辟出更广阔的新天地呢？

在一次公司例行的内部产品汇报会上，团队负责人同公司 CTO 谈起了这个苦恼。公司 CTO 鼓励他说："公司也并没有限定说，你们开发的产品只能给公司内部用啊。如果你们开发的产品内部应用不错，为什么不考虑扩大它的应用范围呢？"这句话极大地启发了工具开发团队的负责人。

回到团队，他召集团队成员一起共创："我们还能做些什么，才能让我们团队的产品走向外部，成为像 SAP、Peoplesoft 一样成功的产品呢？"这一提法点燃了团队成员，仿佛打开了他们心中的那扇窗，大家开始重新以商业化的视角审视现在的产品：

- 这个地方的通用性太弱了，需要重构。
- 产品界面不够友好，用户使用门槛会比较高。
- 产品性能比较差，难以支撑大批量并发访问。

这些发言大大地超出了团队负责人的预期。以往，当其他部门吐槽他们的产品时，他们大多是以防卫的姿态在做辩解，而这次，他们居然自己揭起自己产品的短了。这是一股神奇的力量。乘着这股子劲，团队负责人提议订立一下团队的小梦想。大家群情激昂，字斟句酌，一直讨论到深夜，最后达成共识，生成了团队的小梦想：

让我们的 SaaS 平台超越单一组织，成功实现商业化。

他们对此的解读是：

我们不应该只局限于满足公司内部使用。我们应该放眼全球，以业界顶尖 SaaS 平台作为我们的对标对象，逐步超越，适机商业化，用外部商业化催化产品的快速迭代升级，并吸引越来越多的顶尖人才加入，一起共建。

有了这个小梦想，团队就变得异常笃定了。远期目标是要成功实现商业化。这一周期、下一周期、下下周期，都应瞄准这一长期目标去设定 OKR。他们设定了未来一年的 OKR。

O：年内实现产品的"诺曼底登陆"，成功迈出产品商业化的第一步。
KR1：按照商业化产品要求完成公司 SaaS 平台设计。
KR2：依托公司丰富的业务场景，实现对 3 个典型业务场景的垂直穿透。
KR3：产品用户体验全面超越市场上主要竞争对手 10%。
KR4：面向社会举办一场产品发布会，吸引 100 多家企业参会，并签约至少其中 10 家。

他们把这一年称为产品元年，意味着这一年主攻的是产品开发，为下一年的商业化打基础，这样，下一年就自然被他们规划为商业化元年。不一样的团队小梦想，指引着团队制定了不一样的 OKR。也让团队在之后制定 OKR 时，能始终瞄准小梦想而不偏航。小梦想和一个个的 OKR，编织成了通向成功的美丽画卷（见图 6-9）。

这个团队沿着小梦想不断前进，一个个的 OKR 构成了前进路上傲人的里程碑。时至今日，团队已经成功迈出商业化步伐，步入了他们的商业化元年。产品的满意度和口碑也直线走高，成了可以比肩其他业务的明星产品，彻底改变了该团队在公司的地位。

图 6-9　小梦想指引下的团队 OKR

这种状态，是否也是作为团队管理者的你梦寐以求的呢？

小梦想自有一股力量，它在梦想与现实之间催生了一种强大的张力。在这股张力的牵引之下，你能带领团队轻易地摆脱平凡，走在追求卓越的路上。小梦想让你的团队能清楚地意识到差距，让你团队的 OKR 形散而神不散，把精力聚焦在长期价值的实现上。

所以，只要有可能，就尽可能给你的团队定一个小梦想吧。它可以是 1～2 年的，也可以是 3～5 年的，或者更为长期的，这取决于你所在的行业。相对来说，ToC 行业是短周期属性，小梦想周期以 1～2 年为宜；ToB 行业和高科技研发领域则通常是长周期的，小梦想周期以 3～5 年为宜。

如果你实在无法为团队设计一个相对长期的小梦想，我也建议你在相对较短周期 OKR 的基础上，再迈出一步，制定一个更为长期的 OKR，以实现长短周期的兼顾，既不太过于短视，也不太过于理想主义。一般而言，如果你的 OKR 周期是季度的，建议你再设定一个年度 OKR。这样，年度 OKR 关注长期，季度 OKR 关注当期。季度 OKR 服务于年度 OKR，同时在复盘季度 OKR 时，再次审视年度 OKR 的可行性。若有必要，也可调整年度 OKR，以增强它对后续季度 OKR 的指引作用。年度 OKR 和季度 OKR 间的关系如图 6-10 所示。

图 6-10　年度 OKR 与季度 OKR 结合图示

OKR 出征仪式

当 OKR 制定完毕并充分对齐后，很多团队习惯于默默地往下推进。然而，此时如果能给团队来一个小小的 OKR 出征仪式，就像军队出征前的战前动员一样，往往能更好地鼓舞士气。同时，出征仪式也是在正式地告诉所有成员：我们的 OKR 制定阶段已经结束，现在正式进入实施阶段了。

在 OKR 出征仪式上，O 的负责人首先和大家一起回顾这个 O 的生成过程，再次帮助大家理解：为什么定了这些 O？它们对上层组织的 OKR 有哪些贡献？对客户有什么贡献？O 的负责人一定要向大家传递他对实现这些 OKR 的信心，充分发挥 O 鼓舞人心的特点。

之后，O 的负责人可以邀请各个 KR 的负责人分别上台分享这些 KR 的 Action，不光要实现目标清晰，还应尽可能实现路径清晰。KR 责任人也要表达出他们对达成其所负责 KR 的信心和渴望，一定要有眼里放光、志在必得的精气神。

OKR 出征仪式上，还应明确下述几点。

- 团队后续要采用什么节奏进行 OKR 回顾？是周会，还是双周会或月会？
- 在实施 OKR 时应遵守哪些共同约定？例如，当出现不得不调整 OKR 的情况时，应及时做出调整，但所有调整都应知会所有相关方，以确保同步调整。

- OKR 推进过程中的相关信息在什么地方进行共享？是直接记录在公司的 OKR IT 系统中，还是依托内部的知识管理平台进行共享，或者就只是存放在一个公共的服务器里？由于 OKR 强调公开透明，因此必须让大家能便捷地获取到 OKR 推进过程的中间资料。

在 OKR 出征仪式上，还可以邀请有影响力的重要人员到场，讲讲他们对大家的期待，给大家加油打气，以示支持。重要人员可以是上级领导、合作伙伴或者重要客户，即使他们什么也没说，他们到场本身就是对团队最好的支持。

霍桑效应告诉我们："当人们在意识到自己正在被关注或者观察的时候，会刻意改变一些行为或者语言表达。"通过让 O 负责人和 KR 负责人当众分享他们的思考和行动计划，可以强化他们对 OKR 的承诺，把团队带向一种高能状态。

OKR 出征仪式是团队即将开赴前线时的最后动员，也是强化大家的 OKR 承诺感的好时机，不要轻易地跳过这个环节。只有在完成了 OKR 出征仪式之后，团队目标制定阶段才算结束，团队才算真正进入 OKR 实施阶段。

Performance
Empowerment

第 7 章 ——

做好 OKR 使能

再雄心万丈的目标，如果没有脚踏实地的行动，最终都会沦为空中楼阁。要让 OKR 真正发挥作用，离不开一套系统的"使能"机制。我特意使用了"使能"这个词，而非我们惯用的"跟进""推进"或"跟踪"，为什么？因为这些传统词汇与 OKR 的理念格格不入，它们是工业时代的产物，带有浓厚的管控色彩。试想，当你说要"跟进"或"跟踪"某件事时，你传递的是一种不信任和控制的信号。当你说要"跟踪"我的 OKR 进展时，我内心难免会感到抵触和抗拒：你是担心我无法完成目标吗？你是害怕我懈怠吗？你是想榨干我的每一分每一秒吗？这或许正是许多公司管理层热衷于推行 OKR，而员工却对此冷漠甚至敌视的根源所在。当你还在用"跟进"和"跟踪"这样的词汇时，你已经在管理者与被管理者之间筑起了一道高墙，而这恰恰是 OKR 实施的最大障碍。

OKR 不需要冰冷的"监控"，需要的是温暖的信任；不需要强制的约束，需要的是智慧的授权；不需要外部的鞭策，需要的是"不待扬鞭自奋蹄"式的内在驱动力。如果公司希望在 OKR 实施中有所作为，那么请思考：如何才能创造一种"使能"的氛围和条件，让员工自主自愿地投入工作？使能的真谛在于创造适宜的环境，激发员工的潜能，"使"他们"能"更好地做成事。这就好比一位智慧的园丁，他的职责是提供充足的养分和水分，然后静待花草恣意生长。

语境决定心境，心境影响行为，行为塑造新环境。公司总是期望员工能够更加自驱，那么我们能否从改变语境开始，进而创造一种积极向上的氛围？请摒弃"跟进"和"跟踪"这样的词汇，转而拥抱"使能"。让信任取代监控，让授权取代约束，让内在驱动力取代外部压力。唯有如此，OKR才能真正落地生根、开花结果。

OKR 使能飞轮

一旦你制定并对齐了 OKR，团队就应该进入作战状态。作为团队领导者，应该转动 OKR 使能"飞轮"。飞轮的转轴是"信任"，由"信任"这根转轴辐射出去的是"行动学习""回顾会"和"OKR辅导"三个扇面，它们共同构成了 OKR 使能飞轮（见图 7-1）。

图 7-1 OKR 使能飞轮

OKR 使能扇面 1：落实行动学习

屁股决定脑袋。不同的角色，对同一工具有着不同的诉求。一方面，OKR 开展的过程中，如果不能让员工从中感受到学习和成长，那么对员工而言，OKR 只不过是管理者用以榨取员工智慧的花样玩法而已；另一方面，

OKR 如果不能促使组织拿到更好的结果，那么它必将很快被管理者遗弃。行动学习的独特价值在于，它巧妙地平衡了员工个人发展与组织绩效提升的双重需求：既关注个人的学习成长，又确保组织目标的达成，实现个人与组织的双赢。

行动学习是什么

行动学习，简言之，就是在行动中学习，在干中学、在学中干，边学边干、边干边学。传统的学习模式是先学习，再实践。这种学习方式非常适合传统的工业世界，工人们在上岗前需要经过系统培训，以掌握产品的相关知识和技能，然后再带着这些知识和技能在具体岗位上照章办事。然而，在今日复杂多变的商业世界中，这种学习模式非常低效和落后。2021 年年底，字节跳动率先撤销了专门负责员工培训的人才发展中心，正是基于这样的认知。公司在裁撤内部邮件中这样说：

> 有些职能在一定阶段有意义，但未能适应公司的发展，就可能会失效；有些职能在别的公司可能有价值，但与我们公司的需求脱节，团队积累的技能和经验，一段时间内也不太符合公司的需求方向；有些部门和团队的工作，变成"过家家"的游戏，员工很忙，部门空转，但实际没有创造很大价值，不仅浪费公司资源，也制造很多噪声，浪费其他员工时间。

互联网面临的商业环境是如此瞬息万变，我很难想象一个身处大后方、未闻枪鸣炮响的专职人才培养部门，能够给到真正在一线战壕中摸爬滚打的战士们多少"培养"。早就该撤销人才培训部了，早就该采用更加行之有效的行动学习方式了。

行动学习是 20 世纪 40 年代由雷格·瑞文斯（Reg Revans）首次提出的。像拓扑心理学的创始人、实验社会心理学的先驱库尔特·勒温（Kurt Lewin）一样，瑞文斯原本也是一位物理学家，之后才转到人力资源领域。行动学习最先是他在解决威尔士和英格兰煤矿的生产力与士气问题时提出来的。瑞文斯敏锐地意识到，要解决这个问题，不应该求助于外部专门的培训力量，而应该让工人从自己的视角去质疑，让他们用自己的经验去寻找解决办法，让他们自己解决自己的问题。这样做的效果大大出乎意料，与相邻煤矿相比，采用瑞文斯这种方法的煤矿，其生产力要高出30%以上。

20世纪70年代，在瑞文斯担任东伦敦急救服务机构负责人时，他开始着手解决伦敦医院所面临的问题。通过确定潜在问题、对实践框架进行概念化以及为急迫问题寻求实际而持久的解决方法等一系列步骤，瑞文斯总结形成了早期的行动学习方法。

此后，行动学习方法经过多年不断地在不同的组织中的实践和持续迭代，日臻完善。行动学习的宗旨是四个真实：用**真实**的人，在**真实**的时间解决**真实**的问题，并取得**真实**的结果。行动学习始终秉持一个认知，即在解决问题的过程中，学习是开发突破性思维和取得重大成功的关键。瑞文斯还专门提出了行动学习等式：

$$L（学习）= P（程序性知识）+ Q（洞察性提问）$$

等式中的L（learning）意指真正的学习，P（programmed knowledge）意为程序性知识，Q（questioning insight）意为洞察性提问。程序性知识是用来解决有确定性答案的常规性问题的。常规性问题有点像谜题（puzzle），谜题可能很复杂，有时甚至需要用专业的技能才能解决，但谜题毕竟有固定的答案。行动学习不是要解决谜题，它要解决的是那些没有固定解决方案的难题。而解决的关键在于有洞察力的提问，洞察性提问是行动学习的根本。瑞文斯告诫经理人，在陌生、冒险和混沌的情况下，提出实效的、有洞察力的问题，比仅掌握程序性知识更重要。行动学习需要程序性知识，但更需要的是洞察性提问，一个组织里的成员，如果既具备丰富的程序性知识，又在此基础上进行了洞察性提问，那他取得的成果是难以想象的。请记住这个等式。

行动学习强调实践导向和员工参与导向，它把学习的权力还给了在一线战斗的战士们，让他们在同敌人的厮杀中相互启发，即学即用。行动学习不需要专家，不需要专职的"人才培训中心"，它需要的是一个由面临共同难题的人所组成的行动学习小组。正如瑞文斯所说："小组是行动学习的核心要素，它就像刀的刀刃。"

行动学习太适合OKR了。一方面，OKR要解决的，正是那些没有固定答案的挑战性难题，而非常规事项；另一方面，OKR大多需要多人一起来完成，这又非常适用行动学习小组的方式去探询。

华为 OKR 圈子：一种自发呈现的 OKR 行动学习案例

在华为 OKR 变革过程中，我们发现一个很有意思的现象。一些团队会自发地围绕团队的大 O，形成若干个"OKR 圈子"。这些团队往往只会组织大家一起共创出团队的大 O。然后，团队中的活跃分子就会积极地行动起来，他们会自行组队形成圈子，并生成若干个小 O 去支撑团队大 O。通常，每个圈子的小 O 下都会有 3～5 个 KR，每个 KR 都会有具体的团队成员去分别负责（见图 7-2）。

图 7-2 华为 OKR 圈子图示

大家会围绕 O 或 KR 的一些关键难点进行相互探询和相互启发。很多时候，圈子里谁也不比谁更专业，但大家会就某一核心问题进行提问和反思。例如，一个圈子的小 O 是要"大幅提升产品的开发速度"，这个小 O 下的一个 KR 是"将单次用例集执行时间从 10 分钟降至 10 秒以内"，这非常具有挑战性。负责该 KR 的成员于是和圈子的其他成员做了一次深入探讨，但圈子里其他成员知道的和他一样多，也没有相关的优化经验。但大家问了一些非常好的问题：

A 成员：这看起来确实非常难，不知道其他团队的实践是什么样的？

KR 负责人：是的，我从公司内网上参考了一些之前其他团队的优秀实践，但可供我们参考的经验不多，它们的用例开发语言是 C++ 语言，而我们主要用的是 Python 语言。

B 成员：两种编程语言之间的差异为什么这么大？

KR 负责人：C++ 语言编写的用例会首先被编译成机器可直接执行的二进制，而 Python 语言编写的用例不会进行事先编译，而是在用例执行的过程中进行即时编译，这就导致 Python 语言的执行速度非常慢。

A 成员：我们有可能要求测试成员把测试用例的编程语言统一切换为 C++ 语言吗？

KR 负责人：不太可能，测试团队懂 C++ 编程的人不多，用 C++ 语言编写用例对他们来说太难了。

B 成员：我们一共有多少个测试用例？

KR 负责人：大约 2 000 个。

B 成员：每次运行，这 2 000 个测试用例都需要执行一遍吗？

KR 负责人：是的。

B 成员：那每次提交运行时，真正需要重跑的测试用例有多少呢？

KR 负责人：这个问题还没人分析过。出于谨慎，大家每次都会选择全量测试一遍。不过，每次代码更新应该只会影响相当少一部分测试用例。这么看来，大部分用例只是在做无谓的"陪跑"。如果我们能得出测试用例和代码之间的关系图（这块技术相对比较成熟），每次就不需要全量运行所有 2 000 个测试用例了，测试运行时间可以大幅缩减。当然，出于谨慎角度考虑，可以每天夜间再做一次全量测试，从而兼顾到效率与安全性。

B 成员：看上去是一个不错的选择。

A 成员：是的，值得尝试一下，看看能减少多少无关用例的时间消耗。

可以看到，通过上面的对话，KR 负责人自己找到了问题的解决方案，OKR 圈子里的其他成员只是在恰当的时间问了恰当的问题。

那个时候，我们只是发现这种模式非常有效，所以把它作为公司的 OKR 优秀实践向其他团队大力推介。我们没有意识到，这个 OKR 圈子，事实上就是瑞文斯所说的行动学习小组，这种运作方式，事实上就是瑞文斯所说的行动学习模式。在 OKR 圈子中，小 O 的负责人就是行动学习小组的催化师，他负责组织各个 KR 责任人，就 OKR 面临的困难和挑战启发大家不断反思，共同探索，在解决问题的过程中学习，在学习中不断地解决问题。在这种方式下，由于小 O 的负责人往往是自发产生的，他们具备非常强的主人翁意识，工作士气通常都很高，同时，由于圈子成员在过程中有非常多的交流和互动，他们在这个过程中往往成长得非常迅速。

在看到了 OKR 圈子所展现出来的巨大效能之后，我把这一做法凝练在了华为的 OKR IT 系统中。这样，员工可以方便地借助 OKR IT 工具，灵活创建 OKR 圈子，敏捷地支撑团队大 O 的完成。这算是我们在 OKR 开展早期的一种自发的行动学习探索。这种方法的效果立竿见影。2017 年年底，在分析华为一年一度的组织氛围调查结果时发现，采用 OKR 圈子方式的团队，员工在能力提升维度的打分显著高于没有采用这种形式的团队。员工报告说他们的能力提升得更快，而管理者也普遍反馈说这些员工积极主动做事的意愿更高，自驱力更强。

AAR：一种行之有效的行动学习方法

在诸多行动学习方法中，行动后回顾法广受企业青睐。行动后回顾（After Action Review，AAR）方法源于美国陆军。过去，军人的培训和实战是分离的。正所谓平时多流汗，才能战时少流血。然而，现代战争越来越复杂多变，军人在执行作战任务时，会面临很多新的情形。如果只依靠平时的训练，是很难支撑任务的达成的。为此，美军总结了行动后回顾法。每次执行任务之后，行动小组会立即召开小组会议，回顾这次任务有哪些地方做得好，哪些地方做得不好，在具体的行动中学习，并将经验教训带入到下次行动中。

AAR 的目的是避免在未来再犯同样的错误，并快速固化过去的成功经验，发现新的改进机会，提升成员的应对能力，从而提升整个团队的未来绩效。AAR 方法不仅广泛应用于美国军队，还拓展到了美国的各行各业，包括航空业、政府单位及众多私营企业。美国政府 2020 年出版了一本书，名为《如何开展行动后回顾法》（*How to Conduct an After Action Review*），用以指导美国执法部门如何有效开展 AAR。该书对 AAR 的定义是：

AAR 是在特定培训或事件之后开展的一项活动，它以团队为单位，让所有参与者都有机会一起反思、感知、观察，从而识别出可供借鉴的经验或教训，用以改善未来在相似场景下的绩效。

从这个定义可以看到 AAR 的 3 个典型特征：以团队为单位、集体反思、未来导向。对团队成员来说，AAR 意味着这是一个相互学习和成长的过程；对团队来说，它意味着团队业务将不断精进。

AAR 似乎是为 OKR 量身打造的一般。如果你还记得我在第 4 章中讲到过的 OKR 的三层结构：O、KR 和 Action，在 Action 之后来一个 Review（回顾），就再合适不过了，边干边学，边学边干。

如何才能做好 AAR 呢？建议遵循如下六步法。

第 1 步：弄清意图

要弄清，当初行动的意图是什么？我们究竟想要通过这个行动实现什么？在 OKR 场景中，所有的 Action 都应该瞄准 KR，一个 Action 如果不能促成 KR 的达成，它就不是一个有效的 Action。

第 2 步：弄清现状

要弄清，当下实际上发生了什么事？怎么发生的？要真实地重现过去发生的事并没有那么容易。我们通常会带着我们的经历和背景去看待一件事，因而经常会仁者见仁、智者见智。为了消除偏差，可采用下面两种方法：

- 按事件发生的先后顺序进行回顾。
- 由成员回忆他们所认为的关键事件，并优先进行分析。

需要注意的是：

- AAR 的开展一定要及时。
- 遵循最大但相关原则，尽可能包含更多与此事件相关的参与者。
- 提前明确"解决争议或分歧"的机制，每次会前重申该机制。
- 就事论事：不批评，不指责，错误是学习的良机，不是秋后算账的素材。

第 3 步：总结得失

我们从中学到了什么新东西？如果有人要进行同样的行动，我们会给他什么建议？

- **分析因果关系**：我们做对了什么，才促成了那些成果？或者，我们做错了什么，才导致了那些问题？
- **提出解决方案**：以当下的经验，能否就类似行动形成适当的解决方案，以便在未来可以复刻当下的成功和避免再次出现当下的失误？
- **建立迭代循环**：下次再进行类似行动时，要先回顾本次的 AAR 成果。

第 4 步：将学习转化为行动

要明确，接下来我们该做些什么？哪些我们可直接行动，哪些需要上层团队决策，哪些需要依赖其他团队？另外，可采用三种时间长度来辅助思考。

- **短期行动**：可以被快速实施并可立即产生效益的行动。
- **中期行动**：影响系统、政策以及组织的行动。
- **长期行动**：与基本策略、目标以及价值观有关的行动。

注意：

- 在确定行动时，聚焦自己能力范围内的事情，少关注自己控制不了的外部力量。
- 找出表现良好且可以持续保持下去的事情。

第 5 步：采取行动

知识的力量在于行动，知识必须透过行动才会发挥效用，必须产生某些改变才是所谓的学习。要持续回顾第 4 步学习生成的行动直至其结束。

第 6 步：乐于分享

除了参与回顾的人，还有谁需要知道这些知识？他们最需要知道的是什么知识？杠杆性地把有用知识有效地传递给他们，以促成组织能力的整体提高。今天你分享了一个 AAR，可能会帮助到其他团队；明天其他团队分享了一个 AAR，也会大大加速你的工作推进。AAR 若能在更大的组织层面形成这样的积极分享氛围，整个组织都会因此受益。

一张典型的 AAR 表格示例如表 7-1 所示。

表 7-1　典型的 AAR 输出模板

O：		
KR1：		
Action：		
意图：		
现状：		
从中学到的经验	从中学到的教训	下一步行动
AAR 参与人：		AAR 日期：

AAR 方法在华为研发团队中被广泛地采用，它适用性广、简便易行。AAR 和 OKR 结合在一起有如虎添翼般的效果。OKR 为 AAR 指明相对长期的工作目标，是 AAR 开展的大背景；AAR 则通过高频、有效的互动，一方面促成了 KR 和 O 的最终达成，另一方面也促成了团队能力的快速提升。

OKR 使能扇面 2：开好 OKR 回顾会

OKR 回顾频率

很多企业误以为 OKR 是一把神器，制定完就行了，然后等着它发挥神奇的效果。事实一再证明，天上不会掉馅饼。要想 OKR 在组织中切实地发挥效果，需要脚踏实地、一步一个脚印地去实施 OKR。

OKR 是动态的，在 OKR 实施过程中管理者和团队成员之间需要有更高频的实时互动，这也是 OKR 与传统 KPI 的一个显著区别。关于这一差异，可以画一个形象的对比图（见图 7-3）。

传统 KPI 更注重一开始的目标分解以及最后的绩效考核，所以在这两个时期有明显的波峰波谷期。尤其是在考核期，因为涉及与利益的挂钩，大家都额外重视，会投入大量精力以确保每一份投入和贡献都被充分计入绩效考核事迹。传统 KPI 在过程中的互动相对没有那么高频，而 OKR 则自始至终都需要保持高频的互动，它需要不断地回顾进展、分析得失，直到最后的复盘为止。图 7-3a 和图 7-3b 曲线下方的阴影面积代表了管理者需要投入的精力。对比图 7-3a 和图 7-3b 也可以看出：OKR 实际上需要管理者投入更多的精力。因此，百度公司在其面向全公司管理者发布的《OKR 45 问 45 答》才会说："OKR 对每一级管理者的要求都比较高，管理者不仅要更懂下属的业务，关注他们目标实现的过程，还要跟上下充分对齐，确保上下同欲，跟下属的沟通要比以前更加到位。"

图 7-3　KPI 与 OKR 互动频率对比

理想汽车创始人李想在实施 OKR 后不无感慨地说："OKR 救了理想，但周报和日报救了 OKR。"无独有偶，我一个同学加入快手时，恰逢快手引入 OKR。在经历了半年的 OKR 模式之后，他感慨地说：

"加入快手，最大的收获是学会了如何让团队的人不摸鱼。"

我们都很好奇，追问他快手是如何做到这一点的。他回答说：

"每 2～3 个月定 1 个 OKR，多开例会，一周 3 次，一次 1 个小时，团队工作公开透明，工作进展直接在在线文档中详细列出，这样每个人都知道其他人每天在做什么，想摸鱼都无处可摸了。"

字节跳动也类似。字节跳动的 OKR 周期比其他公司都要短。按字节跳动的说法，通过每 2 个月 1 个 OKR 周期的做法，字节跳动在一个年度里实际上获得了 6 个 OKR 周期，相比于那些按季度为周期开展 OKR 的企业，字节跳动比它们多出了 2 个 "季度"。

可以看出，无论是新能源汽车新秀理想，还是互联网翘楚字节跳动和快手，都在高频地进行 OKR 回顾，这或许是它们的 OKR 得以有效推进的法宝。

美国培训与发展协会（ASTD）曾做过一个研究："当人们口头上承诺他们要做一件事时，这件事完成的概率为 65%；如果在此基础上和他们再增加一个定期会议，那么他们完成这件事的概率将提升至 95%。"美国较早开展 OKR 实践的 OKR 专家克里斯蒂娜·沃特克（Christina Wodtka）建议以周为单位回顾 OKR 的完成情况。无论是来自国内的实践，还是来自国外的研究，都无一例外地表明，OKR 需要定期回顾。

以什么样的频率回顾比较好呢？

在这一点上，我赞同美国 OKR 专家巴特·邓·汉克（Bart den Haak）的观点：能快则快，短胜于长。什么意思呢？如果你能以天为单位进行回顾，就以天为单位进行；不能以天为单位进行回顾时，就以周为单位进行；不能以周为单位进行回顾时，以双周为单位进行……以此类推。但无论如何，OKR 的回顾周期最长不要超过 1 个月。如果你的 OKR 超过 1 个月仍无法知道它做得好还是坏，你可能需要反思下你的 OKR 制定的质量了。不可回顾，就意味着无法提供相应的反馈和采取进一步的行动，这是非常危险的。这意味着你在一个黑暗的胡同里跌跌撞撞，自己也不知道是在往前走，还是在向后退，向前走了多少，又向后退了多少，这些对你来说都是两眼一抹黑。组织一定要竭力避免这种状况。

如何开 OKR 双周会

典型情况下，OKR 以双周为单位进行回顾比较合适，既不太长，也不太短，这一方面赋予了组织一定的灵活空间，另一方面也避免了 OKR 制定之后就束之高阁的现象。双周会构成了 OKR 推进过程中一个个小的检查点，是驱动 OKR 不断向前的助推器。具体来说，在公司层面，每双周需召集各个事业群总裁召开 OKR 双周会，会上一起回顾公司 OKR 的达成情况。OKR 双周会应尽可能轻量化进行，不需要额外准备长篇大论的汇报材料，以能把 OKR 的推进进展说清楚为目的。OKR 双周会通常的回顾模板如表 7-2 所示。

表 7-2　OKR 双周会回顾表单

O:			责任人:		信心指数（0～100%）:					%
KR	KR 责任人		完成日期	握手方	握手点说明	KR 进展（0～1分）	KR 进展（详细说明）	KR 趋势	信心指数（0～100%）	KR 挑战点
	责任人	成员								
KR	KR1:									
	KR2:									
	KR3:									
	KR4:									

OKR 双周会重点回顾表 7-2 中黑框框住的"KR 进展（0～1分）""KR 进展（详细说明）""KR 趋势""信心指数（0～100%）"以及"KR 挑战点"五个部分。

- **KR 进展（0～1分）**：用 0～1 分标识 KR 完成度，1 分表示完全达成，0 分表示毫无进展，0.7 分表示达成得比较好。

- **KR 进展（详细说明）**：仅有数字标识的 OKR 进展，有时会让人感到迷惑，不知道这个进展数字代表什么具体含义，以及为什么是这个进展数字，所以需要进一步用文字详细说明具体的进展。

- **KR 趋势**：自 OKR 开始实施以来，该 KR 的推进趋势是什么样的？是一直在向前不断推进，还是最近几周一直无进展？我们需要在同上次进行精确数据对比的基础上，再呈现一个全局性的趋势，以更完整地把握 OKR 的推进状态。几种典型 KR 推进趋势线如图 7-4 所示。

a）缓慢推进型　　b）正常推进型　　c）波动型

图 7-4　KR 推进趋势线示例

- **信心指数（0～100%）**：用 0～100% 表示当前对达成这个 OKR 的信心指数。一个好的 OKR 在初始时应设定 50%～70% 的信心指数，即有 50%～70% 的达成可能性。随着时间的推移，现在这个信心是增强了还是降低了？信心指数是 OKR 推进风险的主观晴雨表，下级组织要通过它释放出是否存在困难的信号，上级组织则要通过它敏锐地捕捉到是否要更多地介入，不要轻易跳过这一环节。在实际标识时，既要标识 O 整体的信心指数，也要标识每个 KR 的信心指数，以便从整体和局部两个层面把握难点在哪里。

- **KR 挑战点**：从目前情况来看，达成这个 KR 还有哪些关键难点和风险点，可以在这一列中予以说明。OKR 达成过程中，与相关团队协同的情况也可以在此一并说明，以推动更好地协同。

需要说明的是，在评估 KR 进展时，有时出于简化目的，我们会直接看 KR 的完成度，即当前值与目标值对照，以确认完成了百分之多少。然而，如果要更完整地评估 KR，我们就不能仅仅看 KR 的完成度数值，而应全面地关注"3 个比"。

（1）**和目标比：我们有达成当期目标吗？是偶然达成还是持续达成？**

首先是把当前值和我们的 KR 比较，确认 KR 是否达成了。例如，我们的一个 KR 是"产品月活跃用户数达到 1 000 万"，而这周我们观察到的最近一个月的月活跃用户数为 1 100 万，相比于原定目标，我们已经达标。

这是否意味着我们就成功了呢？可能还不能得出这个结论。接下来我们要问：我们是偶然达成了目标，还是在持续地达成目标？是靠运气，还是确实是因为我们采取了什么有效行动促成的？由于这是我们第一次达成 1 100 万月活跃用户数，我们尚需继续观察这一数据在下一周的表现。

（2）**和过去比：我们有进步吗？我们能借此预测未来绩效吗？**

其次是和我们过去比，以确认我们是进步了还是退步了。仍拿上面的例子来说，如果上一周我们的月活跃用户数为 900 万，这周为 1 100 万，那么对照上周来看的话，我们这周确实进步了；但如果上一周我们是 1 200 万，这周是 1 100 万，虽然我们都达成了 1 000 万的目标，但这似乎意味着我们这周可能在走下坡路。

这样的分析对吗？你是否也是这么分析你的业绩达成情况呢？

事实上，很多时候我们都是像上面这样分析我们的进展。数据分析专家马克·格拉班（Mark Graban）告诉我们：单纯对照最近两次的数据，很多时候并不能告诉我们更多信息。我们还需要不断地对完成情况进行数据打点，以获取更多的数据洞见。格拉班在《度量成功》(*Measures of Success*) 一书中，介绍了唐纳德·J. 惠勒（Donald J. Wheeler）研究总结出的3条经验规则。

假定：围绕一系列数据序列，将超出其均值3个西格玛[⊖]处的数值定义为自然上限值，低于其均值3个西格玛处的数值定义为自然下限值。根据统计学数据经验法则，99%以上的数据会位于均线正负3个西格玛范围内。这意味着，在正常情况下，绝大部分数据应该都位于该自然上限和自然下限间的区域内。

当系列数据中出现下述现象时，意味着系统中存在有效信号，需引起关注。

- 规则1：任一数据点，只要它超出了数据的自然上限或自然下限，说明系统出现了不稳定信号。
- 规则2：连续8个数据点出现在均线的同一侧，说明系统有很大的可能性将稳定地提升/降低至该侧。
- 规则3：4个连续数据点中的3个数据点更靠近某一侧的自然上限/自然下限，而非均值时，说明系统有朝该侧发展的趋势。

我把上述3条规则称作"惠勒数据三律"。格拉班的《度量成功》和惠勒的《读懂数据》(*Making Sense of Data*)两本书提供了关于如何精细计算自然上限和自然下限的具体方法，如果读者感兴趣，可进一步查阅这两本书。

以某产品的日活跃用户数举例来说，今年1月该产品的日活跃用户数如表7-3所示。

表7-3 某产品1月日活跃用户数

日期	日活跃用户数（万）	日期	日活跃用户数（万）
1月1日	500	1月5日	505
1月2日	522	1月6日	520
1月3日	532	1月7日	517
1月4日	515	1月8日	505

[⊖] 你一定听说过大名鼎鼎的"六西格玛"，这里的"西格玛"含义与之类似，表示的是分组数据的标准离散程度。对一组单一数据 $X_1, X_2, X_3, \cdots, X_n$，如果将其平均变化值记为 $\bar{R}=[(X_2-X_1)+(X_3-X_2)+\cdots+(X_n-X_{n-1})]/(n-1)$，则 sigma $=\bar{R}/1.128$，分母1.128表示的是组内元素只有1个或2个时的离散常量，如果组内元素为3个时该值为1.693，为4个时该值为2.059……具体可查阅惠勒和尚贝尔两人著述的 *Understanding Statistic Process Control* 一书中的附录部分。

(续)

日期	日活跃用户数（万）	日期	日活跃用户数（万）
1月9日	390	1月21日	518
1月10日	580	1月22日	480
1月11日	570	1月23日	472
1月12日	577	1月24日	475
1月13日	517	1月25日	468
1月14日	511	1月26日	473
1月15日	502	1月27日	481
1月16日	503	1月28日	477
1月17日	515	1月29日	489
1月18日	521	1月30日	480
1月19日	524	1月31日	488
1月20日	506		

如果单看表 7-3，你能看出什么问题吗？很难对吧。你看到数据在不断地波动。那么，什么样的波动需要我们采取进一步行动，什么样的波动我们可以视为正常波动而无视它呢？这个时候我们需要画一张数据折线图，并标识出这些数据的均值、自然上限值（均值 +3 个西格玛）、自然下限值（均值 -3 个西格玛），如图 7-5 所示。

图 7-5　日活跃用户数分析图示（单位：万）

从图 7-5 我们可以看到，在大部分时间里，产品日活跃用户数围绕均线上下波动，这是一种正常现象，我们无须关注，这个时候系统是稳定的。当然，这同时也说明我们在这期间采取的提升日活跃用户数的行动并没有产生任何显著效果。

然而，根据惠勒数据三律，有几处数据比较意外。

- 第一处：1月9日的数据超出了数据自然下限，符合规则1，需要引起关注。
- 第二处：1月10～12日连续3日数据趋近于数据自然上限，符合规则3，也应引起关注。
- 第三处：1月24～31日连续8日数据均位于均线的下方，符合规则2，同样需要引起关注。

这些数据异常，要么是受我们所采取动作的影响，要么是受环境的影响。无论是哪种情况，无论是进步还是退步，我们都需要具体分析其中的原因。

如果数据显示我们进步了，我们要分析我们是如何进步的？是靠躺赢，还是因为我们做对了什么？反之，如果数据显示我们退步了，我们也要分析我们为什么会退步？确实是大环境的影响，还是我们做错了什么？

通过仔细地分析原因，可以帮助我们更好地找到业绩提升的驱动因素。这会让我们越走越有信心，而不是仅靠一腔热血莽撞地往前冲。当我们找到了驱动业绩的行为因子后，我们就可以借此预测未来绩效，并采取相应的举措去提升业绩表现。

（3）和行业比：同行动态如何？我们和同行的差距是在增大还是在缩小？

最后，我们还要和行业比，以确认我们是否在与时俱进。这非常必要。回到前面的例子，我们上年的月活跃用户数是500万，今年我们的目标是要冲到1 000万，应该说这是一个非常具有挑战性的目标。单纯对照目标，我们确实达标了。然而，我们再看我们的竞争对手，它上一年的月活跃用户数是1亿，到这周，它的月活跃用户数达到了2.5亿。当我们再放眼向外看，发现走在自己前面的竞争对手，当年实现了200%的增长。在这种情况下，我们会发现，我们非但不应该庆贺，甚至应该反思：为什么竞争对手比我们的体量大这么多，其增速还比我们快了一倍？任何时候，只要有可能，都不要忘记和同行去比一比，这是避免我们自嗨和成为井底之蛙的关键。

再举一个字节跳动的例子。一个员工给自己定了一个KR是"获取10个新企业客户"，然后综合"3个比"中的2个比，它的KR打分标准如表7-4所示。

表 7-4　字节跳动 KR 得分评定示例

KR	KR 完成度（和目标比）	行业分析	KR 得分
获取 10 个新企业客户	70%	行业普遍收缩，但我通过努力赢得了 7 个客户的签单，而实力相当的竞争对手只签了三四个同量级客户	0.7
	80%	我们签下了 8 个客户，但主要原因是运气好，其中一个客户带来了 5 个额外客户，竞争对手签约客户数同我们相当	0.5
	90%	我们签约了 9 个客户，但其中 7 个客户只带来了很少的营收，对完成目标没有太大帮助，竞争对手签约的客户数与我们相当，但整体创收多于我们	0.4
	100%	经济形势非常好，我们在 OKR 中期就完成了本周期所有目标，但竞争对手签单客户数是我们的 2 倍	0.3

可以看到，KR 的打分，并非等同于 KR 的完成度，KR 100% 完成并不意味着 KR 得分就是 1 分，如果这个 KR 的达成更多是因为外部大环境带来的红利，那么 KR 的得分就可以适度降低。在这个例子里，它的得分最低。也就是说，他的 KR 得分是综合了 KR 完成度和行业形势后的评定结果。有了这一评分标准，这位同学在每周的周会进行回顾时，就会直接以 KR 得分作为参照，对照上周分析这周是进步了还是倒退了，以及原因是什么，从而驱动自己不断进步。

在形式上，OKR 双周会的形式可以多种多样，有的团队会比较正式一些，在公司的会议室正常召开。还有的团队会把 OKR 双周会开成 OKR 啤酒会，团队成员一起到一个安静的小酒吧，大家围坐在一起，在畅饮啤酒的轻松环境中，分享这两周以来各自在 OKR 上所取得的进展以及遇到的挑战。

善于去发现里程碑

OKR 双周会让团队成员彼此看见的，是这两周以来团队 OKR 向前推进的进展。有时，这个进展是微小的，甚至一度让我们觉得进展不大。但不少时候，这可能只是我们比较的参照系太过靠近所致。这好比春天的禾苗，如果你只是拿它今天的生长高度和昨天的生长高度比，其增长微乎其微，但如果你拿这个月的同日和上个月的同日比，很显然它已经生长了一大截。在 OKR 回顾时，我们要注意找出 OKR 生长过程中的这"一大截"，把它显性地标识出来，这可以很好地激励团队成员的士气。

例如，一个团队的 O 是"进入国内母婴电商细分市场第一梯队"，这一

O 下有一条 KR 是"第 3 季度日活跃用户数达到 5 000 万"。在团队的双周会上，产品日活跃用户数波动幅度比较大，在 7 月第 2 周日活用户数均值达到了 1 000 万，第 4 周达到 1 500 万，第 6 周 2 000 万，第 8 周 2 200 万，第 10 周达到 3 000 万，第 12 周达到了 5 000 万。单纯看每双周的进展时，第 4 周相比第 2 周跨了一大步，增长了 50%，第 6 周相比第 4 周增长了约 33%，第 8 周相比第 6 周只增长了 10%，第 10 周相比于第 8 周又增长了约 36%，第 12 周完成了设定的 5 000 万日活跃用户数目标。对于团队业务的这种发展情况，我们要擅于抓住它的关键里程碑，借以提振士气。里程碑有哪些呢？我们可以从增长的速率和增长的总量两个维度去发现。

（1）单周日活跃用户数均值低于 1 亿时，每增加 1 000 万记为一个里程碑，例如 1 000 万、2 000 万、3 000 万……以此类推；单周日活跃用户数均值高于 1 亿时，以 5 000 万为一个里程碑，例如 1 亿、1.5 亿、2 亿……以此类推。

（2）单周日活跃用户数双周增长率高于 30% 时，记为一个里程碑。

（3）单周日活跃用户数达到全国前 2 时，记为一个里程碑。

（4）单周日活跃用户数达到设定的 5 000 万时，记为一个里程碑。

第（1）条和第（2）条是和自己比，第（3）条是和竞争对手比，第（4）条是和目标比。这样，基于团队的 OKR 里程碑就如图 7-6 所示。

图 7-6　OKR 推进里程碑

除了第 8 周在总量和增速两个维度都乏善可陈，从图 7-6 可以看出，团队整体推进进展良好，取得了很多值得庆祝的关键进展。不要吝啬在这些关键节点表达对团队的祝贺，要抓住这些关键里程碑，让大家看到 KR 取得的进展，借以激励大家一鼓作气，乘胜追击，取得下一个更大的突破。

这是从简单意义上的双周对比寻找的里程碑。如果团队业务发展形势向好，一直在增长，我们就可以简单地这样做。然而，很多时候团队的业绩是波动的，很可能这个双周的业绩增长不错，下个双周的业绩下滑得比较厉害，这时候我们就不能简单地像上面那样去发现里程碑了。

举例来说，一个团队在第 1～2 周的日均销售收入为 200 万元，而第 3～4 周的销售收入数据如表 7-5 所示。

表 7-5　团队第 3～4 周销售收入　　　　（单位：万元）

D1	D2	D3	D4	D5	D6	D7
170	175	160	175	180	250	270
D8	D9	D10	D11	D12	D13	D14
250	280	270	250	250	270	180

团队在第 3～4 周日均销售收入为 224 万元，对比第 1～2 周的增幅为 12%，由于团队所处行业还处于发展早期，竞争对手的增幅在 25% 左右，所以这一增长数据差强人意，算不上是里程碑。而如果我们对照第 3～4 周首尾两日数据，你会更沮丧，第 14 天仅比第 1 天多了 10 万元，增幅仅为 5.8%。这是否就是说，团队这两周的表现没什么可圈可点的了呢？是否就意味着团队没有什么值得庆祝的里程碑了呢？

我们不妨将团队这两周的销售收入数据绘制一张趋势图（见图 7-7）。

图 7-7　团队第 3～4 周销售收入趋势（单位：万元）

如果你还记得在"如何开 OKR 双周会"这一小节中提到的惠勒数据三律，你就会发现：第 3～4 周的销售收入数据中，在第 6～13 天连续 8 天的日销售收入均在均线（224 万元）的上方，命中了惠勒数据三律的规则 2。惠勒数据三律规则 2 告诉我们：连续 8 个数据点出现在均线的同一侧，说明系统有很大可能性将稳定地提升/降低至该侧。对该团队来说，这意味着团队的销售收入稳定地上了一个新的台阶。单纯地看这 8 天时，我们发现其日均销售收入为 261 万元，相比于第 1 至 2 周的 200 万元的增幅达到了 32%，这本身就是一个巨大的增幅，是一个值得庆祝的里程碑。我们可以通过对比图 7-8 中的均线看到，团队业绩水平稳定地上升到了一个新台阶。

图 7-8　团队业绩变化趋势（单位：万元）

当然，我们也注意到，一方面团队的平均业绩水平确实提高了，另一方面介于自然上限与自然下限的区间也变得更宽了，这意味着团队的业绩会出现更大的波动，我们在第 14 天也看到了这一情况。庆祝之余，团队要花点时间系统思考，如何才能减少团队业绩波动幅度。

推而广之，对于较为复杂的、业绩存在上下波动的团队。我们可以发现，惠勒数据三律中的规则中都隐藏着可能的里程碑。

规则 1 中隐藏的里程碑：当任一数据超出自然增长上限值时，这意味着可能出现了极其有利于我们提升业绩的因素，如果我们能识别出这个因素，就会找到驱动业绩的飞轮。

规则 2 中隐藏的里程碑：如果连续 8 次业绩数据均在均线的上方，意味着团队的整体业绩水平上了一个新台阶，这是一个值得庆祝的时刻。

规则 3 中隐藏的里程碑：如果连续 4 次业绩数据中，有 3 次更靠近自然增长上限值，就意味着出现了有利于团队提升业绩的因素，如果能找到这个因素，团队相当于插上了腾飞的翅膀，将朝着更高的业绩水平飞跃。

哈佛商学院企业管理学院教授和研究主任特雷莎·M. 阿马比尔（Teresa M. Amabile）在分析了大量团队的绩效表现数据后指出：

> 我们已经看到了进步的力量。这是我们的整个研究中最重要的发现之一：**在有意义的工作上取得进展可以改善工作心理，并提高长期绩效。真正的进步可以引发诸如满意、高兴甚至喜悦这样的积极情绪。**这可以促成成就感和自我价值感，以及对工作和组织（有时候）的积极看法。这样的想法和认知（以及那些积极的情绪）可以培养动机和促进深度投入，这对于持续高绩效而言是至关重要的。

据此，阿马比尔提出了影响积极工作心理最重要的进步原则：

> 在影响工作心理的所有积极事件中，**影响力最强大的是在有意义的工作上取得进步**；在所有的消极事件中，**影响最大的是与进步相反的挫折**。我们认为这是一个基本的管理原则：**促进进步是管理者用来影响工作心理的最有效的方法**。即使进步很小，人们对于向着重要目标稳步前进的感觉也完全关系到是经历美好的一天还是糟糕的一天。

美国绩效管理专家艾伦·L. 科尔奎特（Alan L. Colquitt）甚至认为：让员工知道工作进展，比告诉员工你对他工作表现的反馈，更能促进员工行为的转变，因为前者是就事论事的双向沟通，后者是主管的单向人为判断。员工真正想要的不是反馈本身，而是关于工作进展得如何的信息，是进展而不是反馈在激励着他们。

进展如此重要，但进展有时候又不易察觉，对身处其中的人来说，有时会觉得进展微乎其微。我们要善于发现进展，总结有意义的进展，用进展去激发员工积极的工作心理。进展可以是一些小成功或小突破，要善于从多维度看到事物积极发展的一面。

避免陷入盲目地"搬砖"细节之中

在进行 OKR 回顾时，很多时候我们容易只讲做了什么事，而不讲做了这些事后对 OKR 的推进有多大助益，从而陷入盲目地搬砖细节之中。

举例来说，我们有一个 OKR 如下。

O： 重塑产品用户心智，实现从"便宜货"到"便宜好货"的用户认知转变。
KR1： 引入 100 家头部品牌商家，实现 3 年免年费优惠政策。
KR2： 建立商品品控体系，分别对 30 个品类中排名前 10 的优秀品控商家返佣 10%。
KR3： 拓展 100 多个热门商品的采销渠道，为商家提供物美价廉的采销信息，帮助商家降低成本。

小李负责该 OKR 的 KR1，在某次进展回顾会上，小李这样讲述他的进展：

这两周我同商家引流团队做了交流，以确认他们可能给到商家的增收幅度有多大。目前他们还在做数据推演，预计下周可以给出结果。

你听了小李的这个描述，能明白小李的 KR1 向前推进了多少吗？显然不能。我们在描述 KR 进展时，应该回答的根本问题是：KR 向前推进了多少，面临什么挑战或风险？因此，小李应该这样来描述：

相比上周，这两周 KR 暂无明显进展，还处于前期准备工作之中。我们的思路是：先摸清楚我们能为头部商家创造多少价值增益，这样能更好地吸引优质头部商家加盟，从而让用户感受到我们平台上也有很多好货。因此，我们这两周主要在同商家引流团队做交流，希望他们能给出一个增收幅度预估数据。目前他们还在做数据推演，预计下周可以给出结果。

这样是不是更清楚了些呢？由于 KR1 是要"引入 100 家头部品牌商家"，从结果维度看，这两周并没有成功引入任何 1 家，所以这两周的 KR 实际进展为 0。在具体行动上，这两周主要在同商家引流团队交流。问题是为什么要同商家引流团队交流呢？因为商家引流团队能提供商家增收数据，这能更好地吸引优质头部品牌商家加盟，对未来 KR1 进展的推进有非常大的助益。而 KR1 的目的，就是要吸引更多优质头部品牌商家加盟，从而增加平台的商品品质和口碑，提升消费者对平台上的"好货"认知。

于是，在 OKR 回顾时，我们在嘴上讲的是我们具体在做工作，但眼里一定要回归到这项工作对 KR 到底有什么贡献这个问题上，同时心里也要始终装着 O，我们是在通过 Action 促成 KR 的达成，通过 KR 实现 O，要避免陷入盲目地搬砖细节之中，而忘记了我们要建的大教堂（见图 7-9）。

```
心里要装着O                    O
                    ┌──────────┼──────────┐
眼睛盯着KR         KR1        KR2        KR3
                    │
嘴上说的是        Action 1
Action            │
                 Action 2
                    │
                  ……
```

图 7-9　OKR 进展回顾关注点图示

OKR 使能扇面 3：做好 OKR 辅导

OKR 辅导有两种有效辅导方式：1 对 1 教练式辅导和多对多社交化辅导。前者主要发生在主管与员工之间，后者则发生在员工与员工之间。两种辅导各有其可取之处，如能组合运用，OKR 辅导效果将如虎添翼。

1 对 1 教练式辅导

OKR 回顾会通常是团队会议，所有团队成员一起彼此通报进展和风险，这也体现了 OKR 公开透明的特点：不仅 OKR 本身是公开透明的，OKR 的推进过程也是公开透明的。

但在推进 OKR 的过程中，仅做团队层面的群体沟通是不够的，还需要进行个体层面的 1 对 1 教练式辅导。大名鼎鼎的谷歌"氧气项目"，提炼了优秀管理者的八大特质，其中一个特质就是"花时间和员工进行 1 对 1 教练式辅导"。

在 OKR 回顾会上，团队成员已经呈现了他们的 OKR 进展和信心指数。作为团队负责人，你要敏锐地捕捉到：

- 哪些团队成员的 OKR 面临困难？
- 哪些团队成员间 OKR 的协同存在困难？

对这些问题，你需要在 OKR 回顾会后迅速地和他们做深入的 1 对 1 教练式辅导。

有些团队成员个性内敛，在 OKR 回顾会上可能只是公事公办地介绍 OKR 的进展，但对 OKR 推进的难点，则是一笔带过。这是很危险的。当大家都只在会上报喜不报忧时，我们实质上得到的是假进展而非真进展。对这种情况，要在双周会后和团队成员进行深入的 1 对 1 教练式辅导，让他们意识到这样做的危险。OKR 鼓励公开透明和开放坦诚，每个人都应实事求是地呈现 OKR 的真实进展情况，哪怕它是不好的。当发现 OKR 推进不顺利时，团队主管首先要做的不是去指责和追责，而应该是一起和团队成员分析出现这种情况的原因。这样做后，就会打消团队成员对于真实呈现 OKR 推进障碍的疑虑。

1 对 1 教练式辅导时，除了关注团队成员的 OKR 推进障碍，还应该关注团队成员的成长：

- 团队成员是进步了，还是落后了，或者只是在原地踏步？
- 他有什么新的发展诉求吗？
- 作为团队负责人，我能给他什么新的发展机会、锻炼机会吗？

就这些问题的沟通，可以让团队成员感受到：你在真正地关心他，而不仅仅是像推土机一样在推进工作。你和团队成员的信任感也会因此而加强。

在 1 对 1 教练式辅导过程中，管理者应把自己定位为教练，这样做的目的是启发员工做更深层次的思考，帮助他找到问题以及解决问题的具体办法。员工，而不是管理者，才是克服其所面临挑战的最佳人选，要帮助他们自己找到答案，而不是由你告诉他们答案，管理者只是引发员工思考的诱导剂。管理者要利用观察到的事实、现象或数据，通过开放式提问的方式去启发员工。一些可能会用到的开放式问题如下。

- 你的担心是什么？
- 你最希望做成什么样？

- 下次再遇到类似事情时，你会怎么做？
- 当初你是怎么想的？
- 当时你的感受是怎样的？
- 其他人可能会怎么想？

来看一个主管如何辅导员工不要在会议中开小差的例子（见表 7-6），或许大家会对 1 对 1 教练式辅导方法更有体会一些。

表 7-6　传统 1 对 1 辅导方法与 1 对 1 教练式辅导方法示例

传统 1 对 1 辅导方法	1 对 1 教练式辅导方法
主管：我注意到，在这次研讨会上你大部分时间都在看手机，没有参加讨论。这会让大家觉得，你在会议中的参与度不够，认为这个会议没有价值。我希望你下次开会时不要再看手机，更多地参与到讨论过程中来。你能做到吗 员工：不好意思，主要是最近我有太多急事要处理了。下次我会注意这一点 主管：好的，谢谢	主管：你认为我们这次研讨会开得怎么样 员工：我觉得还过得去 主管：只是"过得去"吗？呃……我注意到，在这次研讨会上你大部分时间都在看手机，没有参加讨论。你是有什么事吗 员工：不好意思，主要是最近我有太多急事要处理了。下次我会注意这一点 主管：嗯。不过我还是想和你一起看看，是不是会议本身有什么地方让你难以参与其中，以及我们如何能让你从中收获更多 员工：呃……坦率说，那些讨论和我没多大关系，而我又有很多邮件要紧急处理 主管：所以听上去你是觉得会议没有设计好，以致和你的相关度不大，是这样吗 员工：我不太确定。我认为这些研讨会是很必要的，只是和我的工作关联度不高 主管：明白了。我之所以和你探讨看手机这一点，是因为当你在会议中这样做时，会让大家觉得，你在会议中的参与度不够，认为这个会议没有价值，而这并不是我们想要的。我们讨论一下，这个会议要怎样设计，才能让你从中感受到更大的价值，有更多的参与，和你更相关 员工：也许讨论主题可以更聚焦一些，大家讨论的都是一些琐碎的工作项，没有围绕团队 OKR 去展开 主管：这个想法不错，正好下次轮到你来主持会议了。你刚才的建议特别好，下次我们就讨论讨论团队 OKR 的最新进展。关于如何进一步提升会议的价值这一点，你还有其他建议吗 员工：我想下次围绕团队 OKR 研讨就是个不错的开始，暂时没有其他更多建议了，如果有的话，我会及时和你沟通。特别感谢你刚才的反馈和倾听

传统 1 对 1 辅导是告知式，主管只是单纯指出了员工的问题，却并没有和员工一起探讨出现这样问题的原因，以及未来如何改进。而 1 对 1 教练式辅导方法则通过提问的方式，既让员工意识到了这样做带来的不良影响，也探讨了问题原因及解决方法，同时也有进一步行动。这会让员工觉得主管是

真正想要做得更好，而不只是在指责他。和传统 1 对 1 辅导方法一对照，两者效果孰优孰劣，高下立见。1 对 1 教练式辅导不仅能帮助员工成长，还能促进主管和下属之间的信任关系。如果你还记得 OKR 使能飞轮，一定还记得信任是 OKR 使能飞轮的核心。当信任建立起来后，OKR 使能飞轮也会转动得更轻松。当然，1 对 1 教练式辅导会更花时间，它需要主管更有耐心。

多对多社交化辅导

除了 1 对 1 教练式辅导，在 OKR 开展的过程中，主管还可以充分调动其他团队成员积极参与，相互发表意见，这一过程就叫作多对多社交化辅导。它有别于 1 对 1 教练式辅导方式（见图 7-10）。

图 7-10　1 对 1 教练式辅导与多对多社交化辅导

哪种辅导方式更有效呢？

一般而言，员工对正式辅导的普遍感知是过程偏严肃，比较有压力，从而接受起来不是很自然。设想你的同事和你的主管同时给你提了一条建议，哪种情况你接受起来会更没有压力一些？在这个社交媒体如此发达的世界，为什么那么多人会沉浸其中不能自拔？就是因为它体现了人性对社交的自然诉求。当初，美国全国广播公司（NBC）为了获取奥运转播控制权，豪掷 120 亿美元买下了从当时到 2032 年前的在美国范围内的奥运赛事转播权。然而，2016 年里约奥运收视数据显示，黄金时段通过电视观看奥运的人数较伦敦奥运下降了近 20%，这是自 2000 年以来的首次下降，而通过网站和 app 收看奥运的用户数却上升了 24%。并非年轻人不关注奥运，而是需要更多的互动和自主，电视直播的单向播出模式已经满足不了他们的这一诉求了，他们更喜欢通过微博、微信、抖音这类移动社交媒体看奥运，因为可以充分互动。

为什么我们不与时俱进，让更多和员工一起工作的同事参与辅导过程，实现社交化辅导呢？三人行必有我师，每个人都可以给你提供发展建议，从而构筑起一个强大的社交辅导网络，而非单纯依赖主管的单一辅导。

全球大数据权威、"可穿戴设备之父"、MIT 人类动力学实验室主任阿莱克斯·彭特兰（Alex Pentland）经过数年极具开创性的研究后发现：**激励协作带来的价值收益通常是激励个体所带来的价值收益的 4 倍**。研究表明，高绩效团队内部具备高度的协同性，优于那些仅有少量强协作关系的团队（见图 7-11）。

a）非全连接协作关系　　b）全连接协作关系

图 7-11　两种协作关系对照

按阿莱克斯·彭特兰的研究，图 7-11 中如果图 a 和图 b 分别代表 A 和 B 两个团队，那么团队 B 的绩效大幅优于团队 A，因为图 a 的协作主要集中在少数成员之间，是非全连接协作，而图 b 则是全连接协作，团队内任两个成员之间均亲密协同。

阿莱克斯·彭特兰通过一个案例成功证实了激励协作比激励个人更有效，这便是 2009 年全球著名的 DARPA 红气球挑战赛。该案例最初发表于美国《科学》杂志上，随后在《美国国家科学院院刊》做了进一步扩充论述。

DARPA 红气球挑战赛

2009 年，为庆祝阿帕网成立 40 周年，美国国防部高级研究计划局（DARPA）策划了一个红气球挑战赛，他们将 10 个红气球部署在美国本土 10 个未公开的位置，如图 7-12 所示。

1. 加利福尼亚州，旧金山，联合广场
2. 亚利桑那州，斯科茨代尔，查帕拉尔公园
3. 弗吉尼亚州，夏洛茨维尔，唐瑟勒公园
4. 加利福尼亚州，圣巴巴拉，蔡斯棕榈公园
5. 田纳西州，孟菲斯，汤姆·李公园
6. 佛罗里达州，迈阿密，科林斯大街
7. 特拉华州，克里斯蒂娜，格拉斯哥公园
8. 得克萨斯州，凯蒂，凯蒂公园
9. 俄勒冈州，波特兰，滨水公园
10. 佐治亚州，亚特兰大，世纪公园

图 7-12 红气球位置示意图

任何最先全部发现这 10 个红气球位置的个人或团队，可获得 4 万美元的奖金。DARPA 举办这项活动，意在找出通过互联网和社交媒体解决有严格时间限制任务的最有效的方法，以便在未来真的发生类似紧急情况（如灾后搜救）时能派上用场。

假如你的团队正在参与该项竞赛，为在这场竞赛中取胜，你会如何激励你的队员？惯常的做法可能是每发现 1 个红气球就给发现者提供一定数额的现金激励。是的，当年参加该项竞赛的 4 000 多支注册团队中，大部分团队也是这么设计它们的激励机制的。最终胜出的是麻省理工学院阿莱克斯·彭特兰教授带领的参赛团队，他们只用了 8 小时 52 分 41 秒就完成了该任务，获得了这项大奖。

他们的激励机制与其他团队截然不同，它激励个体的同时也激励团队协作，如图 7-13 所示。

戴夫是首个发现红气球的人，贡献最大，所以给予戴夫 2 000 美元现金激励；戴夫是卡罗尔推荐的，所以给予卡罗尔 1 000 美元的推荐费；而卡罗尔是鲍勃推荐的，所以也给予鲍勃 500 美元的推荐费；最后，鲍勃是艾丽斯推荐的，所以再给予艾丽斯 250 美元的推荐费。

图 7-13　彭特兰团队的激励机制

由于发现 10 个红气球的总奖金为 4 万美元，平摊下来一个球的激励奖金为 4 000 美元。按照阿莱克斯·彭特兰团队的激励方案，一个球的综合激励费用最多为 2 000+1 000+500+250=3 750 美元，剩下的部分（250 美元）则捐给慈善机构。

这样，阿莱克斯·彭特兰团队的激励方案既公平地激励了个体（让听得见炮火的人分最多的战利品），也最大限度地鼓励了团队协作，团队成员会积极扩散该信息并推荐更有才能的人（推荐有奖），让更多的人参与到红气球的搜索工作（发现有奖）中来，而不是担心其他人发现了更多的红气球而让自己错失一个机会。同时，这项工作还能为慈善机构做一定的贡献，工作本身也很有价值和意义！单纯为了金钱激励本身做事是外在动机驱动，而做有意义的利他的事则是内在动机驱动，两者结合最大限度地激发了个体的协作动因，这一激励措施在短短 36 小时内就成功动员了 4 400 人参加到该活动之中，并且其中 1/3 的参与者身处国外，他们积极利用自己的关系网络，通过社交媒体快速动员美国各地的朋友和家人参与活动，从而大大缩短了发现目标的时间。

这个案例充分说明，群狼胜于猛虎。一个高绩效团队，一定是团队成员充分协同的团队。为了验证这一效应是否同样存在于我国的组织，我们曾专门统计过一个 OKR 开展得很好的团队与一个刚开展 OKR 的团队的协同关系，发现和彭特兰教授的模型几乎完美吻合。

在图 7-14 中，每个圆球代表一个团队成员，圆球的大小代表该团队成员同其他团队成员的协作总量，圆球越大，表示该团队成员在团队中越活跃，与其他团队成员的协同性越好；每两个圆球之间有一个连接线，线的粗细代表两个团队成员之间的协作紧密度，线越粗，表示两个团队成员协作越紧密。

1 对 1 教练式辅导　　　　　　多对多社交化辅导

a) 团队 A　　　　　　b) 团队 B

图 7-14　两种辅导方式下的协作关系图示

从图中两个团队你似乎可以猜出来，团队 A 是刚开展 OKR 的团队，团队 B 则是 OKR 开展较好的团队。团队 A 是典型的传统指令式组织，最大的圆球代表的就是团队主管，这个团队的辅导模式是以主管为主的辅导，团队成员之间的互动并不多。团队 B 的氛围则相对宽松很多，其协作关系类似彭特兰教授所说的是全连接协同，在该图上有不少比较大的圆球，代表团队中的活跃分子相对比较多，同时，团队成员之间充分互动，形成了蜘蛛网般紧密协同的关系。可以想见的是，团队 B 成员的潜能释放程度要远高于团队 A。

所以，请尽可能多地运用多对多社交化辅导模式，通过充分的互动和协同激发团队成员的效能，使团队成为高绩效团队。

OKR 使能工作量分析

看上去，要转动 OKR 使能飞轮，我们在实施 OKR 的过程中，既要落实行动学习，又要开好 OKR 回顾会，还要做好 1 对 1 教练式辅导和多对多社交化辅导。可能会有人嘀咕：这是否意味着会大大增加我们的工作量呢？

是的，相比KPI那种少过程互动的模式，这肯定会增加一些工作量。但这些工作量的增加是非常必要的，是为了促进团队绩效达成和员工成长而做的有益互动。

行动学习由一个个的具体行动项触发，致力于以小团队为单位，在干中学、学中干，团队成员的能力在此过程中得以不断精进，团队绩效在此过程中也得以不断推进。

OKR回顾会通常每双周召开一次，团队成员一起阶段性地回顾团队OKR整体进展，并通过一个个小的里程碑鼓舞团队士气。

1对1教练式辅导按需展开，是管理者和员工深度交流的窗口。管理者既可以就员工在OKR开展过程中遇到的困难进行单独辅导，也可以为员工取得的阶段性进步由衷鼓掌，还可以指导员工未来的职业发展，让员工感受到管理者不仅关注事，也关注人，建立起良好的彼此信任关系。

多对多社交化辅导，是匹配新生代需求的优选辅导方式。很多时候，主管完全不用把辅导的担子都扛在自己肩上，完全可以充分调动团队成员的力量让大家进行相互反馈，实现社交化辅导的目的。

行动学习、OKR回顾会、1对1教练式辅导和多对多社交化辅导都发生在实施OKR的过程中，它们让所有的反馈都来得恰到好处，这些反馈能帮助我们看清当下自己的位置，指导我们如何更好地到达目的地。它们避免了传统的一年一次或一年两次进行绩效评估的做法，那个时候反馈为时已晚，一切都已盖棺定论，除了懊悔或窃喜，员工还能做什么？

作为管理者，你所做的一切，不都是为了让团队产出更高绩效吗？不都是为了让团队更加兵强马壮吗？从这个角度思考，你会反对为此而增加的必要的工作量吗？

一分耕耘，一分收获，请用心、用力地转动你的OKR使能飞轮！

Performance
Empowerment

第 8 章 ——

做好 OKR 复盘

　　你从山谷来，朝着山顶去，一路走过了不少崎岖与坎坷，经历了不少荆棘与泥泞。也许，你正接近山顶，"手可摘星辰"，志得意满；也许，你依旧在原地打转，"不识庐山真面目"，满心焦虑。但不管怎样，你已经走了好一阵子了。苏格拉底说："少了省思的生命根本没有意义"。现在，是时候停下脚步，对你之前走过的旅程进行一次深刻的复盘了。

　　"复盘"原本是围棋界的一个术语。优秀的棋手在每次下完围棋之后，都要把曾经走过的棋局重新再走一遍，分析当初为什么要这样走，这样走有哪些得与失。通过这种深度反思，棋手能够从中汲取经验教训，不断精进棋艺。

　　后来，复盘逐步被引入企业界。联想、阿里巴巴都十分擅长通过复盘沉淀组织能力。复盘的灵魂是把做过的事情从头再走一遍，分析过程得失，总结过程规律，让优秀的地方在未来继续优秀，同时让自己在未来不再次踩同样的坑。

　　然而，很多人把复盘做成了总结。事实上，复盘不等于总结，复盘远不止于此。总结是站在当下看过去，对过去已发生的事件的得失进行分析、归纳和总结，它关注的是过去发生的那些关键点和里程碑。复盘则更进一步，它是对过去发生的事实进行深度还原，并在此基础上进行结构化的过程推演：

- 当初我为什么要这么做？当时是怎么考虑的？
- 假如当初我不那么做，而是这么做，会有什么不同呢？
- 未来如果再来一遍，应该怎么做会更好？

复盘既要站在当下看过去，同时也要站在当下看未来。它不仅是对过去发生的事打一个结，更是为未来提供一种赢的可能。

很多公司的高管都希望自己的公司能成为彼得·圣吉所描述的学习型组织。而复盘，正是一种极其有效的组织学习方式。通过复盘，组织能够避免"猴子掰玉米"式的浅层次学习，在一次又一次的持续复盘之后，组织得以不断地向过去学习，向未来延展，呈现一种螺旋上升的进化态势。这样的组织，假以时日，必将日益精进，无往而不胜。

那么，OKR复盘应该怎么开展呢？

在多年推行OKR的实践中，我提炼出了一套高效复盘的OS-GAMES方法论。其中，OS（英文意为"操作系统"）是OKR复盘的**心法**，代表着复盘的核心思维和底层逻辑；GAMES（英文意为"游戏"）则是OKR复盘的**具体招式**，象征着复盘是一场充满挑战与机遇的组织进化之旅。OKR复盘的本质，就是以扎实的心法为操作系统，驾驭组织进化这场"游戏"，推动组织不断进化，赢得一个又一个的胜利。

OKR复盘心法：OS

曾经，我在企业中分享OKR复盘经验时，一位企业朋友问道：

> 我们部门的管理者都比较内敛，开会时大家总是客客气气的，不愿意提别人的问题，对这种情况，要怎么做才能打开大家的心扉呢？

这位朋友提的问题绝非个例，这种现象在很多企业中普遍存在。每个人都有自己的盲区，每个人又都希望自己是优秀的，不愿意看到自己的短板和不足，尤其不愿意被别人指出自己的不足。但如果我们不走出这一心理防卫，复盘就只能做到蜻蜓点水，浅尝辄止。复盘既是盘事，更是盘心，心门不打开，事情就会被心门挡在外面，复盘就盘不深入。

麻省理工学院教授、"企业文化之父"埃德加·沙因（Edgar Schein）指出："心理安全感能帮助组织成员克服防卫心理，让他们把关注点放在集体目标和问题预防上，而非聚焦于自我防卫。"哈佛商学院领导力和管理学专业教授艾米·C.埃德蒙森（Amy C. Edmondson）发现，心理安全感并非单个员工个体的特征，而是团队的一种群体特征。当人们感知到自己处于一个心理安全的环境中时，他们会乐于提出自己的想法、问题与担忧。心理安全感能带来七大好处（见表8-1）。

表8-1 心理安全感的七大好处

序号	心理安全感带来的好处
1	**直言不讳**：对所知道的或想要提出的问题直言不讳地提出来，而不用有太多顾虑
2	**清晰阐明想法**：当个体处于恐惧状态时，人脑会激活防御机制，抑制高级神经功能的运作，从而削弱思考、分析与创造的能力。而在心理安全的氛围中，大脑的神经系统则能够更充分地运转，使员工更容易清晰表达想法，并提出有价值的建设性见解
3	**促进建设性冲突**：心理安全感能够促进自我表达、敢于挑起有带来有益成果的冲突
4	**减轻失败感**：心理安全的氛围会让人减轻失败感，从而更容易接受失败并从失败中学习
5	**促进创新**：真诚交流的氛围有利于各种不同观点的充分碰撞，从而促进创新
6	**精力聚焦**：带着心理安全感，团队成员更容易将精力集中于团队目标而非自我保护
7	**强化责任意识**：心理安全感可以营造出一种有担当的气氛，鼓励人们冒一些影响人际关系的必要风险，确保高标准完成具有挑战性的任务，而不是放任自由散漫的工作氛围

心理安全感是OKR复盘的基石，是开启OKR复盘大门的"金钥匙"，它直接决定着团队复盘的质量。因此，在正式启动OKR复盘之前，我们必须投入足够的时间和精力，精心营造一个安全、开放的氛围，帮助团队成员卸下心理包袱，消除顾虑。切忌直奔主题、生硬切入，那样非但不会让复盘变得更快，还很可能让复盘流于形式，适得其反。

那么，怎样才能建立起大家的心理安全感呢？答案就隐藏在O和S两个字母之中。

O代表Open，意指开放自我

OKR复盘不是要问责，也不是用来做考核。这是OKR复盘能否做好的一个基本前提。如果你把OKR复盘做成了一个问责会，那大家一定会在会上拼命捍卫自己过去的做法，拼命为自己的过错辩解，大家不可能深层次地去剖析自己。所以，在复盘前，你要先打消大家对复盘的疑虑，清楚地告诉大家：

- OKR复盘是为了促成组织和个人的共同进步，是大家一起回顾过去和展望未来的过程。
- OKR复盘结果不作为任何激励上的负向应用。

只有这样，才能帮助大家卸下心中的防卫意识，客观地去面对他们过去的得与失。开放是内心的第一操作系统，在OKR复盘会上，建议：

- 实事求是地呈现自己过去推进OKR的过程。
- 毫无保留地袒露自己过去做事的心路历程。
- 努力站在旁观者的角度去看待OKR的得与失。

除了要具备心理安全感，组织成员还应当有很强的责任意识（见图8-1）。

	弱 责任意识	强
心理安全感 强	舒适区（首先要强化大家的担当）	学习区（OKR复盘最佳区域）
心理安全感 弱	冷漠区（OKR复盘条件不成熟）	焦虑区（减少顾虑，营造心理安全感）

图8-1 心理安全感与责任意识

- 一个组织，当它的成员具备很强的责任意识，同时又具备很强的心理安全感时，组织就进入了学习区（见图8-1右上角区域），这是OKR复盘的理想境界。
- 一个组织，如果成员没有责任意识，同时大家在组织中也没有心理安全感，组织就处于冷漠区（见图8-1左下角区域）。此时，组织成员对什么事都表现出漠不关心的态度，相互之间经常钩心斗角，工作也是出工不出力。在这种情况下进行OKR复盘就毫无意义。
- 一个组织，如果成员有很强的心理安全感，但就是责任意识淡薄，大家就会表现得和和气气，什么事都是友谊第一、成事第二的心态。这个时候的组织处于舒适区（见图8-1左上角区域）。要敢于打破大家的心理舒适区，把猴子背在他们背上，让他们更有担当，帮助他们步入学习区。
- 一个组织，如果成员有很强的责任意识，但缺乏心理安全感，大家有很多顾虑和担心，表现得忧心忡忡，这个时候组织就处于焦虑区（见图 8-1 右下角区域）。对于这种情况，就需要在 OKR 复盘前了解大家有哪些顾虑，并帮助他们打消这些顾虑，促使他们顺利进入学习区，拿到 OKR 复盘的门票。

S 代表 Sincere，意指真诚助人

一方面，我们要打开自己，不防卫；另一方面，我们也要真诚地帮助他人看到他们的不足。OKR 复盘是一种集体复盘，OKR 复盘会是一个互相帮助的过程。在 OKR 复盘会上，每个人的内心操作系统都应该是利他的，去帮助他人深层次地剖析自己，找出盲点，发现闪光点，帮助他在未来可以成为更好的自己，同时成就更好的组织。我曾经参加一些 OKR 复盘会，我发现，一些成员碍于面子，不敢如实地指出他人的不足之处，说话弯来绕去，听者不知所云，OKR 复盘会好似在猜灯谜；还有一些成员把大量的时间都花在了赞美他人的闪光点上了，结果 OKR 复盘会开成了夸夸会；也有一些成员，借 OKR 复盘会之机，指责他人支持不力、不当责，对他人大倒苦水，把 OKR 复盘会开成了 OKR 批判会。这些都是不对的，要坚决避免。利他是内心的第二操作系统，在 OKR 复盘会上，建议：

- 表达直截了当，不绕弯子。
- 剖析问题和寻找闪光点的比例应控制在 7∶3 以上。
- 基于事实，控制情绪，对事不对人

为了在 OKR 复盘会上营造出开放与真诚的氛围，我一般从如下几个方面着手。

（1）**会前抽样访谈**。一定要提前了解大家对这次复盘的看法，了解他们对复盘的顾虑。尽可能在会前就打消大家对复盘的顾虑。

（2）**场地布置**。场地应尽可能不要选在办公区，可以选一个静谧的茶馆或者景色怡人的酒店。这样的地点选取可以把大家拉离工作时的紧张和竞争

氛围，让大家在心理上放轻松。另外，在会场座位安排上，如果参会人员比较多时，可以让大家围坐成一个个小圈；如果参会人员比较少时，可以让大家围坐成一个大圈（见图 8-2），这样有助于拉近彼此的距离，减少防卫，打造 Open（开放）和 Sincere（真诚）的氛围。

图 8-2　OKR 复盘会现场座位安排

（3）**创造曝光机会**。参会者的性格各不一样，有的参会者讲起来会滔滔不绝，而有的参会者总是沉默寡言。为了在正式复盘会时撬开沉默寡言者的口，同时又管好滔滔不绝者的嘴，可以在正式复盘会前设计一些小环节。例如，给每人 100 秒时间，要求在这 100 秒内分享自己近段时间的一件丑事（或其他让自己觉得有些挫败、不开心的事）和一件好事（或其他让自己觉得有趣、令人兴奋的事）。分享内容的好坏无关紧要，重要的是让每个人都开口说话，并在这个过程中让他们感受到被其他人接纳，营造出一个安全的复盘场域。同时，100 秒分享时间这一限定，也能提前让参会者意识到做好分享时间控制的重要性。

（4）**正式复盘前宣读复盘的"最高指导原则"**。复盘专家诺姆·柯思（Norm Kerth）曾提出过一个复盘原则：

无论我们发现了什么，考虑到当时的已知情况、个人的技术水平和能力、可用的资源以及手上工作的状况，我们理解并坚信：每个人对自己的工作都已全力以赴。

他把这个原则称为复盘活动的最高指导原则，我对此非常赞同。复盘不应该变成一场人身攻击，复盘是为了从过去寻找到可以制胜未来的钥匙，让大家在未来不重复犯同样的错误，把偶然的成功变成必然的胜利。

这非常重要！

近几年来，我在复盘实践中不断打磨这一原则，最终我把柯思的最高指导原则演进成了下面这个更适合中国人语境的版本。

无论我们通过复盘发现了什么，我们都理解并坚信：
每个人都已对自己的工作全力以赴！
所有的发现，都只致力于在未来能取得更大的成功。
在复盘环节，找不到问题就是最大的问题！

不光强调大家在过去已全力以赴了，更把大家引向未来，同时还特别强调，复盘一定要能找出过去的不足，找不到问题就是最大的问题。我发现，让所有人参与复盘的人在复盘前放声朗读一下这一最高指导原则，效果异常得好，它能帮助大家就复盘的目的达成共识。

艾诺·凡戈·科里（Aino Vonge Corry）曾分享过一个不这样做的反面案例。在这个案例中，项目团队在经历了一阵持续的加班加点冲刺之后，仍然失败了。应该说，每个团队成员都很辛苦地在为项目付出，除了皮特。他每天按时回家，他以为没有人注意到自己偷偷溜出去，而且早上很晚才到公司。团队其他成员在私下早就对他有意见了。于是，在正式复盘前，大家一致认为，要在复盘时把皮特责任心缺失这一问题直接指出来。在复盘会上，复盘引导师没有向大家强调复盘的这一最高指导原则，因为他担心大家会对这一原则嗤之以鼻。此后，当复盘引导师让大家分析是什么原因导致了这次项目的不尽人意之处时，几乎除皮特外的每个团队成员都写下了皮特的名字。很明显，大家把矛头指向了皮特，认为他是导致项目失败的最大原因。当皮特看到有如此多的指责时，他一言不发地离开了复盘会现场。这让其他团队成员感到很错愕，他们原本希望皮特能向他们道歉或解释一下自己曾经的行为。然而，这一切并没有发生。会后，当复盘引导师私下找皮特交流时才得知，原来导致皮特在项目期间早走晚到的原因是他的妻子患了绝症，导致他在近段工作中没能尽责。如果我们在复盘开始前强调一下复盘的"最高指导原则",让皮特感到心理安全且安心的话,皮特也许会分享这个情况。然后,团队可能会找到在这种特殊时期皮特和大家合作的更好方式,或者帮他多分担一些,或者向公司申请额外的项目人力的支持。这样,项目团队会更多一些理解和支持,而不是抱怨和指责。

这是在复盘会前能做的几点。除此之外,更为重要的是,团队管理者要把功夫下在平时,在日常管理中要做到坦诚、真实、重视复盘,把复盘视为组织进化的机会,营造 OKR 复盘的氛围。

OKR 复盘招式:GAMES 方法

GAMES 代表 OKR 复盘的五个步骤,分别是:

回顾目标(Goal):当初制定的目标是什么?目标包括 O 和 KR 两个部分。

描述举措(Action):围绕 OKR,实际做了哪些动作?

评估结果(Measuring):当前 OKR 整体达成的情况如何?

探究规律(Exploring):当时采取的哪些举措是有效的,哪些举措是无效的?如果重新再来一次,怎么做会更好?

总结沉淀(Summarizing):回顾整个过程,有哪些得与失?哪些是对未来仍有启示、需要在未来加以注意的?哪些是场景相关、只在当时当下才会发生的?

接下来我将以一个案例,带你体验用 GAMES 招式进行 OKR 复盘的奥妙。

第 1 步:回顾目标(Goal=OKR)

首先来回顾一下,当初制定的目标是什么?这里的目标包括 O 和 KR 两个部分。图 8-3 是某公司的一个 OKR,它要打造一款用户喜爱的智能家居产品,为用户提供更便捷、更智能的生活方式,这是它的 O。在这个 O 下有 4 个 KR,一方面要完成智能家居产品的核心功能开发,并通过用户测试,另一方面也要在产品发布前完成至少 3 轮用户体验优化,确保用户满意度达到 90% 以上,输出对应解决方案,同时在产品发布后的第一个季度内,实现 10 万台的销售量,在这之后,还要建立起产品的用户实时反馈机制,确保产品发布后每月能闭环改进优化用户 90% 关键反馈。

```
                ┌─────────────────────────────────┐
                │ O：打造一款用户喜爱的智能家居产品，为用户 │
                │     提供更便捷、更智能的生活方式         │
                └─────────────────────────────────┘
         ┌───────────┬─────────────┬─────────────┬──────────┐
    ┌────────┐  ┌──────────┐  ┌──────────┐  ┌──────────┐
    │KR1：完成智能│ │KR2：在产品发布前│ │KR3：在产品发│ │KR4：建立用户实│
    │家居产品的核心│ │完成至少3轮用户体│ │布后的第一个季│ │时反馈优化机制，│
    │功能开发，并通│ │验优化，确保用户满│ │度内，实现10万│ │确保产品发布后每│
    │过用户测试   │ │意度达到90%以上，│ │台的销量    │ │月能闭环改进优化│
    │           │ │输出对应解决方案 │ │           │ │用户90%关键反馈│
    └────────┘  └──────────┘  └──────────┘  └──────────┘
```

图 8-3　回顾目标

第 2 步：描述举措（Action）

那么，针对这一目标，他们采取了哪些关键举措呢？我们以 KR1 为例来回顾一下（见图 8-4）。

```
                ┌─────────────────────────────────┐
                │ O：打造一款用户喜爱的智能家居产品，为用户 │
                │     提供更便捷、更智能的生活方式         │
                └─────────────────────────────────┘
    ┌────────┐  ┌──────────┐  ┌──────────┐  ┌──────────┐
    │KR1：完成智能│ │KR2：在产品发布前完│ │KR3：在产品发│ │KR4：建立用户实│
    │家居产品的核心│ │成至少3轮用户体验优│ │布后的第一个季│ │时反馈优化机制，│
    │功能开发，并通│ │化，确保用户满意度达│ │度内，实现10万│ │确保产品发布后每│
    │过用户测试   │ │到90%以上，输出对应│ │台的销售量   │ │月能闭环改进优化│
    │           │ │解决方案          │ │           │ │用户90%关键反馈│
    └────────┘  └──────────┘  └──────────┘  └──────────┘
         │
    ┌────┴──────────────────────────────────────────────────┐
    │ Action 1：与硬件团队合作，完成智能家居设备的核心硬件设计              │
    │ Action 2：开发智能家居app，实现设备与手机的互联                      │
    │ Action 3：设计并开发语音控制功能，支持主流语音助手（如 Alexa、Google Assistant）│
    │ Action 4：进行内部测试，确保核心功能的稳定性和兼容性                   │
    │ Action 5：招募100名外部用户进行Beta测试，收集反馈并优化产品            │
    └──────────────────────────────────────────────────────┘
```

图 8-4　描述 KR1 举措

如图 8-4 所示，KR1 落实到了五大 Action 中，至此，O—KR1—Action 的全景图就描述清楚了。

第 3 步：评估结果（Measuring）

那么，KR1 完成得怎么样呢？接下来他们需要对 KR1 的完成情况做一个评估。KR1 的负责人是小王、小李和小张，他们分别对 KR1 的完成情况进行了打分。

- **小王**认为 KR1 可以打 0.8 分，理由是核心功能已开发完成，并通过了内部测试，但用户测试反馈显示语音控制功能的识别率还有待提升。
- **小李**认为 KR1 只能打 0.6 分，因为虽然核心功能已开发完成，但用户测试中发现嘈杂环境下语音识别准确度差，严重影响用户对语音控制功能的评价。
- **小张**则认为 KR1 最多打 0.7 分，因为虽然核心功能已开发完成，但用户体验优化还不够充分，用户反馈中提到了操作复杂的问题。

经过讨论，团队最终将 KR1 的得分定为 0.7 分。

在完成对 KR1 的整体评估后，接下来继续分析各个 Action 的有效性（见表 8-2）。

表 8-2 评估 Action 的有效性

KR1：完成智能家居产品的核心功能开发，并通过用户测试	0.6 分
Action	有效性评估
Action 1：完成核心硬件设计	高
Action 2：开发智能家居 app	中
Action 3：开发语音控制功能	低
Action 4：进行内部测试	高
Action 5：进行用户 Beta 测试	中

从表 8-2 中可以看出，Action 有效性为"高"的有 2 项，为"中"的有 2 项，为"低"的有 1 项，整体表现尚可，但仍有改进空间。

第 4 步：探究规律（Exploring）

评估结果能帮助我们看到现实与预期的差距，而探究规律是要找出这些差距存在的根因。从第 3 步对 KR 和 Acton 的评估，你已经看到了这里面存在的差距，接下来，需要对这些差距做一个推演。

- 那些之所以有效（有效性为"高"）的 Action 为什么会有效？
- 那些不那么有效（有效性为"中"和"低"）的 Action 为什么会无效？
- 如果再来一次我们会怎么做？
- 还需要增加哪些 Action 进来，以帮助 KR 更好地达成？

失效原因分析往往是最难的。导致失效的原因有很多，如果我们不耐住性子仔细甄别，在分析原因时往往容易浅尝辄止，找不到真正的根因。

在根因分析时，5Why法（也称5问法）是一种简单而有效的根因分析方法，它最初由丰田汽车公司在生产过程中使用。该方法通过不断问"为什么"（Why），逐步追溯问题的根源，帮助团队找到解决问题的核心原因。关于丰田的5Why法，我们只需通过它最经典的对话案例就能深刻体会到它的力量。

> 问题：为什么机器停机了？
> 一问：为什么机器停了？
> 工人答：因为机器超负荷，保险丝烧断了。
> 二问：为什么机器会超负荷？
> 工人答：因为轴承的润滑不够。
> 三问：为什么轴承会润滑不够？
> 工人答：因为润滑泵吸不上油了。
> 四问：为什么润滑泵吸不上油了？
> 工人答：因为油泵轴磨损松动了。
> 五问：为什么油泵轴会磨损松动？
> 工人答：因为没有安装过滤器，油里混进了杂质！

接下来，我们就用5Why法来分析下Action 3（开发语音控制功能）的有效性为什么"低"。

> 一问：为什么语音控制功能的识别准确率这么低？
> 答：因为系统只考虑了安静环境下的语音指令，没有优化对嘈杂环境下的噪声过滤。
> 二问：为什么没有优化对嘈杂环境的噪声过滤？
> 答：因为开发团队对行业中适应复杂环境的先进算法了解不够，导致没有选择合适的算法来处理噪声问题。
> 三问：为什么对行业中适应复杂环境的先进算法了解不够？
> 答：因为团队研发人员是第一次开发语音控制功能，缺乏相关的行业经验和对先进技术的了解。

四问：为什么团队使用了没有经验的研发人员？

答：因为在项目立项之初，团队错误估计了语音控制功能开发的难度，认为只要有语音控制专业背景的人就能胜任开发工作，没有考虑到具体应用场景的复杂性。

五问：为什么错误估计了语音控制功能开发的难度？

答：因为团队没有充分借鉴外部专家的经验，也没有在项目初期进行足够的技术学习和外部咨询，导致在技术选型和开发过程中缺乏深度的专业支持。

分析到这里，我们知道了导致"语音控制功能开发效果不佳"的根本原因，是团队在技术选型时没有充分借鉴外部专家的经验，没有在项目初期进行足够的技术学习和外部咨询，导致未能充分考虑用户的实际使用场景，从而漏掉了对嘈杂环境的考量。

采用类似方法对 KR1 的其他 Action 有效性进行的全面分析如表 8-3 所示。

表 8-3　规律探究分析

高有效性 Action 分析	中低有效性 Action 分析	再来一次会怎么做
Action 1 和 Action 4 之所以有效，是因为团队在核心硬件设计和内部测试环节投入了大量资源，采取了测试驱动的敏捷实践，确保了核心功能的稳定性	（1）Action 3（有效性低）的语音控制功能开发效果不佳，主要是因为团队在技术选型时没有充分借鉴外部专家的经验，没有在项目初期进行足够的技术学习和外部咨询，导致未充分考虑用户的实际使用场景 （2）Action 2（有效性中）的 app 开发虽然完成了基本功能，但用户满意度一般，根本原因在于用户体验设计不够直观，操作复杂 （3）Action 5（有效性中）的用户测试虽然反馈了一些问题，促成了产品改进，但用户反馈问题质量不高，根本原因在于用户对产品缺乏了解，提不出高质量问题	（1）同外部语音技术专家合作，提前识别用户场景，优化语音控制功能在嘈杂环境下的识别度 （2）增加用户体验设计师的参与，重新设计 app 的操作流程，提升易用性 （3）在下一轮用户测试中，扩大测试范围，覆盖更多使用场景

第 5 步：总结沉淀（Summarizing）

在正式进行 KR 总结前，先让我们花点时间讨论一下：在总结沉淀部分我们究竟要输出到什么程度。

总结生成团队的简单规则

总结不是简简单单地对过去发生的事情物理性地打一个结。总结应该源于过去,但又要高于过去。总结是对过去的经验与教训的化学合成。如果你在探究规律阶段提炼出了2个氢原子和1个氧原子,那么在总结沉淀阶段,你需要把这2个氢原子(H)和1个氧原子(O)化学合成1个水分子(H_2O),这才是总结沉淀的要义所在。总结是要在事情的原因和结果之间找到关联,把一次成功变成可重复的成功,把一次失败变成永不再现的失败。

组织中往往不缺条分缕析的复杂规则,这些规则多如牛毛,很多时候甚至能把制定这些规则的人也弄得晕头转向。华为公司过去就是这样,为了确保产品的可靠性,不断地发布一个又一个规则,在发布新规则的同时,老规则又没有废止,并且新规则和老规则之间还经常打架和不兼容。事实上,在组织中真正发挥作用的规则少之又少,斯坦福大学教授凯瑟琳·M.艾森哈特(Kathleen M. Eisenhardt)把这些规则称为"简单规则"。凯瑟琳指出:**在一个复杂的商业世界中,规则越简单,组织越不易被繁文缛节捆住手脚,组织越能展现超强的生命活力**。例如,在围绕员工如何花销、如何出差、可以接受何种馈赠这类问题上,大多数公司都制定有复杂的政策,并设有专门的内审部门来审查员工出差报销的合规性,但奈飞(Netflix)另辟蹊径,只有一句话、5个英文单词:"Act in Netflix's Best Interest(以最符合公司利益的方式行事)。""最符合公司利益"指的是:

- 花你应该花的钱,否则就别花,而且这钱应该是为了工作。
- 出差时就像在花你自己的钱。
- 披露重要供应商提供的礼物。
- 只在不占有公司资源会影响工作效率或不合逻辑时,才这么做。

很显然,这条简单规则比用一个长长的文件去规定哪些项目可以报销、每个项目可以报销的金额上限、可以占用公司的哪些资源要有生命力得多。奈飞的这条规则可以刻印在每个员工心里,冗长的报销规定文件则只会存在于员工的电脑里。

凯瑟琳教授在其所著的《简单规则:如何在复杂的世界中繁荣》(*Simple Rules: How to Thrive in a Complex World*)一书中还介绍了这样一个企业案例:

20世纪90年代末,巴西货运铁路的状况非常糟糕,其运输线路中约50%的桥梁需要修复，20%的桥梁即将垮塌，另外还有几十列过时几十年的蒸汽列车仍在运行。1997年，拉丁美洲物流公司从巴西铁路局分家出来，负责接手管理巴西8条运输线路中的一条。公司新管理层面对的是过去铁路局乱花钱、人浮于事的官僚作风。为扭转局面，公司制定了4条简单规则。

（1）**收益优先**：将钱投在短期内就能带来更多收益的项目上。

（2）**成本优先**：在选择方案时，优选最省钱的方案。

（3）**速度优先**：在确定行动选项时，优选快速解决问题的选项。

（4）**物尽其用**：能重复利用的物资尽可能重复利用，减少外购。

这4条规则看似目光短浅，但对于刚刚从官僚体系中脱胎出来的拉丁美洲物流公司来说，就是需要乱世用重典。推行这4条规则后，公司很快就走出了危机。3年后，公司营业收入增加了50%，税息折旧及摊销前利润增长了2倍。2004年，公司成为拉丁美洲最大的独立物流公司，拥有拉丁美洲最大的铁路运输网，被评选为巴西最好的雇主之一，效果可谓立竿见影。

上文提到的华为公司流程的臃肿性，华为公司后来认识到了这一点，针对性地制定了一条简单规则，即"日落法"：

> 每增加一段流程，要减少两段流程；每增加一个评审点，要减少两个评审点。

公司以此日落法指导内部各种精简：

- 2016年10月26日，在"质量与流程IT管理部员工座谈会"上明确提出：流程必须持续简化，IT应用及文档文件要有日落法。
- 2017年1月11日，任正非在市场工作大会上指出：人才也要贯彻日落法。
- 2017年12月18日，任正非在落实日落法推动小组座谈会上讲话时强调：用3~5年时间逐步将管理体系简化，改变华为30年来积淀的复杂管理问题。

随着日落法的实施，华为公司的流程大为精简，效率显著提升。更为关键的是，日落法现在深入人心，流程、制度制定者在发布新规时，都会在潜意识里审视历史上的旧规则，以确认只在必要时才新增规则。

在 OKR 复盘时，我们需要总结出像奈飞、拉丁美洲物流公司和华为这样能指导未来行动的普遍的简单规则。

探究规律环节要尽可能多地做加法，不错失曾经经历的每一个关键场景和心路历程，就仿佛在对过去进行现场回放一般；总结沉淀环节则要尽可能多地做减法，让经验高度精简和凝练，就像军事家思考兵法一样。总而言之，探究规律是要把书读厚，总结沉淀则致力于把书读薄。

生成基于 KR1 的简单规则

团队已经对 KR1 的 Action 进行了全方位的剖析，并且已知道了总结沉淀环节要输出到什么程度。现在，是时候对 KR1 进行总结沉淀了。

团队结合对第 4 步的分析，总结出了 3 条适用于功能开发的简单规则。

- **用户至上**：在产品开发的每个环节，都要以用户需求为中心，确保功能设计与用户体验并重。
- **测试驱动**：基于产品功能需求先行设计测试用例，而不是等到产品功能需求开发出来后再设计测试用例，这样在功能开发完成后能立即进行测试验证，确保问题早发现、早解决。
- **内外协同**：在技术难点上，既要发挥内部团队的优势，也要适时借助外部专家的力量，确保技术方案的可行性。

测试驱动是成功经验，是团队做得不错的地方，在用户至上和内外协同方面是失败教训，是团队这次没做好的地方。对团队而言，这 3 条简单规则具有较强的普适性。它源于实践，同时又高于实践，形成了更一般的规律，值得以后遇到类似事情时借鉴。

循环往复，不断更新 KR1 的简单规则

在复盘 KR1 的过程中，团队总结出了 3 条简单规则：**用户至上**、**测试驱动**和**内外协同**。然而，随着对 KR2、KR3 和 KR4 的复盘，他们不断发现新的规律，因此需要将这些新发现与 KR1 的发现进行叠加审视，对其进行进一步的凝练和优化，使其更具普遍指导意义。通过将每个 KR 生成的简单规则放入"熔炉"中淬炼，团队最终生成了以下更为精炼有效的简单规则。

规则 1：用户至上。

"用户至上"是从 KR1 中提炼出来的核心规则，但在 KR3 的复盘中，团队发现这一规则需要根据业务属性进行调整。例如，在 KR3 的销售策略制定中，团队发现 ToB（企业客户）和 ToC（个人消费者）的需求差异巨大。ToB 客户更注重产品的稳定性和服务支持，而 ToC 客户更关注产品的易用性和性价比。因此，"用户至上"需要明确：**在 ToB 场景中，优先满足客户的功能需求和服务体验；在 ToC 场景中，优先满足用户的易用性和情感需求。**

之后，在复盘 KR4 的用户反馈优化机制建立过程中，团队发现，由于许多用户对产品的功能理解不足，导致反馈质量较低。后来，团队通过设立首席产品体验官头衔，邀请用户深度参与产品的使用，并为他们提供线上指导，帮助他们更好地理解产品，这不仅增加了用户的参与感和满意度，还提升了反馈质量。团队认为有必要将这一经验萃取出来，补充到"用户至上"这条简单规则中，其核心在于：**让用户成为产品的"代言人"，通过用户的深度参与来提升产品的使用效果和反馈价值。**

规则 2：测试驱动。

"测试驱动"这条规则在 KR1 中表现突出，但在复盘 KR2 时，团队发现测试的范围和场景需要进一步扩展。例如，在 KR2 的用户体验优化中，团队最初只针对核心功能进行了测试，忽略了边缘场景和特殊用户群体的需求。通过 KR2 的复盘，团队意识到"测试驱动"中的"测试"应涵盖三种典型场景。

（1）**核心功能**：确保基本功能的稳定性和可用性。

（2）**边缘场景**：覆盖特殊用户群体或极端使用场景。

（3）**长期使用**：模拟用户长时间使用产品的情况，发现潜在问题。

这一补充使"测试驱动"规则更具普适性，能够适应不同使用场景的需求。

规则 3：内外协同。

"内外协同"这条规则在 KR1 中得到了验证，并在 KR2 和 KR3 的复盘中进一步得到强化。例如，在 KR2 的用户体验优化环节，团队引入了外部用户体验专家，帮助发现了许多内部团队未曾注意到的细节问题。外部专家的中立视角为团队提供了宝贵的洞察，尤其是在产品设计的初期阶段，这种"外脑"的支持尤为重要。然而，完全依赖外部资源并不可行。在 KR3 的产品发布阶段，团队主要依靠内部资源完成了市场推广和销售策略的制定，确保了方案的落地性和执行力。因此，"内外协同"的规则需要进一步明确：**在探索和优化阶段，适当引入外部资源；在实施和落地阶段，主要依赖内部团队去策划。**

这样，通过对 KR1～KR4 的全面复盘，团队最终萃取出了 3 条简单规则，如表 8-4 所示。

表 8-4　简单规则列表

简单规则	来源	规则说明
用户至上	KR1 KR2 KR4	在产品开发的每个环节，都要以用户需求为中心，确保功能设计与用户体验并重。根据业务属性和产品阶段，分场景、分阶段优化用户体验： **场景**：ToB 场景中优先满足客户的功能需求和服务体验，ToC 场景中优先满足用户的易用性和情感需求 **阶段**：在产品投入市场后，持续邀请用户深度参与产品使用和反馈，提升反馈质量和用户黏性
测试驱动	KR1 KR2	在开发产品功能需求之前先开发测试用例，这样在功能开发完成后能立即进行测试验证，确保问题早发现、早解决。测试应覆盖以下 3 种典型场景： **核心功能**：确保基本功能的稳定性和可用性 **边缘场景**：覆盖特殊用户群体或极端使用场景 **长期使用**：模拟用户长时间使用产品的情况，发现潜在问题
内外协同	KR1 KR2 KR3	在技术难点和创新领域，既要发挥内部团队的专业优势，又要借助外部专家的力量，确保技术方案的可行性和创新性。具体而言： **探索阶段**：引入外部资源，以提供中立视角和宝贵洞察 **实施阶段**：主要依赖内部团队，确保方案的落地性和执行力

需要注意的是，总结沉淀环节生成的简单规则不能过多，最多不超过 10 条，最好 3～5 条，当规则多于 10 条时，就很难再称为简单规则了。在这方面，我们可以效法华为采用日落法：当规则多于 10 条时，每增加 1 条新规则，对应删除 2 条老规则，以确保简单规则始终简单。在实际操作中，每次 OKR 复盘时，我们都应把上一次复盘生成的内容再做一次回顾，看是否有共通之处，不重复造轮子。很多时候你会发现，简单规则就那么几条，不同的只是发生的场景，这个时候我们只需要深化对简单规则的场景解释就可以了。

总结环节还要生成行动计划

简单规则是具有普适意义的成功法则，它是指导团队未来相当长一段时间的行事指南。然而，总有些事项，它不够典型，不足以成为通行法则，却依然对我们当下成果的达成很重要。这些"非典型"事项往往是具体问题或细节优化，虽然无法上升到规则层面，但对 OKR 的达成至关重要。在这个时候,我们需要将它们纳入具体的行动计划中,通过闭环改进,确保每一个细节都能为目标的实现贡献力量。

以 KR1 为例,团队在复盘过程中发现了几个关键问题,并针对这些问题生成了 3 个具体的行动计划(见表 8-5)。这些计划不仅是对问题的直接回应,更是对 OKR 达成路径的优化和补充。

表 8-5 具体行动计划

行动计划	行动背景	具体行动
引入专家优化语音控制功能	在 KR1 的用户测试中,语音控制功能的识别率较低,用户反馈操作体验不佳,尤其是在嘈杂环境下的识别效果较差	**引入外部专家**:在 1 个月内成功引入一位外部语音技术专家,帮助团队重新设计语音识别算法 **算法优化**:在 2 个月内完成语音识别算法的重新设计,重点提升在嘈杂环境下的识别率,目标是将识别率提升至 95% **用户验证**:优化完成后,邀请用户进行小范围测试,确保新算法的实际效果
改进用户体验	在 KR2 的用户体验优化中,用户反馈 app 操作流程复杂,尤其是老年用户和初次使用者	**增加设计资源**:增加 3 名用户体验设计师的参与,重新设计 app 操作流程,重点简化用户操作步骤 **用户测试**:在新设计完成后,邀请目标用户群体(包括老年用户和初次使用者)进行测试,收集反馈并进一步优化 **迭代发布**:根据用户反馈,快速迭代发布新版本,确保用户体验的持续提升
扩大用户测试范围	在 KR3 的产品发布准备中,团队发现之前的用户测试覆盖场景有限,未能充分模拟真实使用环境	**场景扩展**:在下一轮测试中,覆盖不少于 10 个典型使用场景,包括家庭、办公室、户外等不同环境 **用户多样性**:邀请不同年龄段、职业背景的用户参与测试,确保产品在不同用户群体中的适应性

通过对这 3 个行动计划的闭环改进,团队能够有效提升 OKR 的达成效果。每一个行动计划都是对复盘中发现的具体问题的直接回应,它们虽然不足以成为普适性的简单规则,却是 OKR 达成过程中不可或缺的"最后一公里"。

OKR 复盘招式小结

至此,我们为 KR1 完成了一场完整的 G-A-M-E-S 之旅。在前两步中,Goal(回顾目标)和 Action(描述举措)是名词,代表着已经发生的事实,是复盘的基础;而 Measuring(评估结果)、Exploring(探究规律)和 Summarizing(总结沉淀)则是动词的现在分词,意味着在这些环节中,我们需要展开一系列深入的动作与思考。通过对每个 KR 进行结构化的 GAMES 复盘,我们能够沉淀出丰富的组织能力点,提炼出指导组织长期进化的简单规则,并制订出立即落地执行的行动计划,从而持续推动组织迭代升级,真正实现"将能力建在组织上"的目标。

除非遇到特殊情况，否则建议你严格按照 GAMES 步骤进行结构化复盘，切勿轻易跳过任何一步。优秀的复盘，不是"散打"，而是一套连贯的"组合拳"，只有步步为营，才能拳拳到肉，最终达成复盘的最大价值。

复盘频度

复盘是一项需要强大领导力和严格纪律支持的活动，同时也依赖于一个心理安全感强的工作环境。它必须是一个有意识、有组织的系统性过程，团队需要定期为其预留时间和空间，以确保复盘的有效性。在当今充满挑战与不确定性的商业环境中，复盘已成为不可或缺的成长工具。

那么，复盘应该多久进行一次呢？这取决于团队的类型和特点。通常来说，团队所处的业务环境越动荡，成员变动越频繁，复盘的周期就应该越短，这能让团队快速适应外部变化，及时调整策略，从而在复杂的环境中保持竞争力。反之，复盘的周期可以适当加长。不同团队类型的复盘频度建议如表 8-6 所示。

表 8-6 不同团队类型的复盘频度建议

团队类型	描述	复盘频度	单次复盘时长
传统团队	如人力资源、销售或财务团队，它们都以职能为导向，时间越长越稳定	季度	2～4 小时
项目团队	以解决问题、创新、变革为导向，具有短期性和跨职能性	双周	0.5～1 小时
协同工作组	职能保持不变，组成/成员不断变化	季度	4～8 小时
虚拟团队	可能以传统团队或项目团队为基础，但很少是协同工作组性质，团队成员通常分布在各地，很少面对面接触	月度	1～2 小时

复盘的核心在于结合 OKR 进行深度反思。正如美国哲学家约翰·杜威所言："我们并不是从经验中学习，而是通过反思经验来学习。"所以，不要害怕浪费时间去复盘。没有复盘过的经验，只能算作一盘散沙似的经历，再多无益。这就像你收集到了氢气（H_2）和氧气（O_2），除非通过复盘的催化作用让它们发生化学反应，否则你收集得再多，它们也永远无法转化为生命之源——水（H_2O）。有时，没有复盘过的经验，非但不会带来价值，还可能会酿成灾难。就像西方曾经盛行了数千年的放血疗法，人们盲目地相信放血能治百病，却未通过反思发现其危害，甚至连美国"开国之父"华盛顿也因这

一疗法而丧命，人们却浑然不觉。直至后来法国医生皮埃尔-查尔斯·亚历山大·路易斯通过对众多病例的系统复盘，才最终发现了放血疗法的危害，放血疗法之后才逐渐被遗弃。复盘，有时真能救命！

复盘之后，来个小庆祝

通过复盘，我们找到了更适合团队未来发展的简单规则，并产生了进一步的行动计划，也看到了我们取得的成绩。复盘是催化组织实现自我进化的有效机制，我在《盖亚组织》一书中对此有详细阐述。

但我们不应当止步于此！

我们应当乘势来个小小的庆祝，给团队再加把劲，让大家以更大的热情迎接未来更大的挑战。在快速变化的环境里，很多团队往往容易忽视这一点。它们一个项目接着一个项目地进行，却忘记了停下脚步，善始善终地完成这最后 5% 的收官庆祝。在历经艰辛完成一个项目后，团队成员往往已是强弩之末，亟须充电与鼓舞。而庆功会，正是这样一个绝佳的方式。

在庆功会上，我们可以为团队成员发放独具特色的项目纪念品，或者邀请更高层级的主管到场为大家加油打气。也可以组织一场公司外的欢乐聚会，回顾项目期间大家撸起袖子加油干的场景，重温那些"败则拼死相救"的瞬间，从情感上将大家重新带回那段并肩作战的燃情岁月，凝聚团队的情感纽带。正如"微信之父"张小龙曾送给团队成员的那张祝福卡上所写："再多自个儿风光的日子，也比不上一起拼搏的岁月，以此纪念我们共同度过的 2011。"一起奋战的团队感情弥足珍贵，一定不要让它轻易划走。在紧张的项目之余，稍做停顿，一起来一场酣畅淋漓的庆祝，这是团队未来再度风风火火闯九州的全新起点！

Performance
Empowerment
第 9 章 ——

选对 OKR IT 系统

OKR 的有效实施离不开 IT 工具支撑

OKR 要能大规模有效实施，有效的组织环境、解耦的结果应用和便捷的工具支撑三者缺一不可（见图 9-1）。

组织环境	结果应用	工具支撑
主管充分授权、员工成熟度较高且具有自主经营意识	目标完成率不直接应用于绩效评价	完备的 IT 支撑，支持 OKR 公开、敏捷和社交互动，支持便捷开展同行评议

图 9-1 OKR 有效实施的三个必要条件

下面将就这三个部分详细展开讨论。

OKR 有效实施要素 1：有效的组织环境

OKR 是基于内在动机理念构建的一种绩效使能方法，它特别适合具有一定自由度、主管充分授权、员工具有自主经营意识的团队。

1999 年，帕梅拉·蒂尔尼（Pamela Tierney）等人分析了一家大型药企

191名员工的创新绩效表现，发现只有当管理者和员工同时都是高内在动机驱动时，员工才最富创造性。如果主管是高外在动机驱动时，那些原本受高内在动机驱动的员工的创造性甚至会出现一定程度的下滑。

这个研究充分说明，管理者和员工的动机水平必须适配，不能一方面要求员工是内在动机驱动，另一方面自己却是外在动机驱动，而在实际管理活动中不断动用各种胡萝卜加大棒方式。理解了这一点，就可以很容易理解为什么那些胸怀改变世界梦想的人，通常不会在一家唯绩效论的企业中长时间做下去。橘生淮南则为橘，生于淮北则为枳。只有组织具备授权氛围，具备内在动机的土壤，一棵好苗子才能成为有用之"材"，否则只能成为"废材"。

OKR 有效实施要素 2：解耦的结果应用

OKR 得分一定要和绩效评价分离，只有这样才能让员工制定挑战性目标时抛弃心理包袱。

周京等人在 2003 年曾做过一个研究，首先根据员工的创造性将员工分成高创造性（High CPS）和低创造性（Low CPS）两类，然后再分别对这两类人群细分成若干组，分别采用自我评估（Self-assessment）、他人评估（Other-assessment）或者无评估（No-assessment）这三种评估方式，以检测各种不同评估条件对不同创新人群的影响（见图 9-2），结果发现：

图 9-2　不同创造性与评估方式的创新绩效

（1）对那些高创造性员工而言，采用自我评估方式时，其创造性最佳（自我评估/高创造性）。

（2）对高创造性员工，采用他人评估和无评估两种方式对员工创造性的影响并无明显差异（他人评估/高创造性、无评估/高创造性）。

（3）对那些低创造性员工而言，采用哪种评估方式对他们的创造性并无明显差异（自我评估/低创造性、他人评估/低创造性、无评估/低创造性），但相对而言，在采用他人评估方式时，其创造性表现略好一些，但差异并不显著（他人评估/低创造性）。

这一研究充分说明，采用自我评估的方式所带来的价值是显而易见的。对高创造性员工而言，它能促进其创造性表现；对低创造性员工而言，花时间在他们身上进行的他人评估所带来的收效微乎其微，这和让他们进行自我评估没有明显差异。一般而言，创新型企业在人才招聘时，都会刻意地识别创新人才，也就是说，进入企业的员工通常都是高创新的。如果你自信企业的员工都极具创造性，那么你大可放心大胆地取消显性的绩效评价，这样做能让企业更具创新性。

还记得在2012年率先在全球取消绩效评价的那家公司吗？它叫奥多比系统公司。2018年《财富》杂志报道了美国最适宜工作的100家公司中，它排在第26位。2017年，该公司共有960名员工申请了专利，人均专利数从废除绩效评价（2012年）前的0.57%提升到2017年的2.66%。现在，奥多比系统公司员工"真心感觉在这里工作非常幸运"。在取消绩效评价后的5年时间里，奥多比系统公司的股价上涨了近4倍。

OKR有效实施要素3：便捷的工具支撑

我们已经知道，OKR有5个固有特性：

- **公开透明**：默认情况下，OKR是全公开的，所有人均可见。
- **敏捷开放**：OKR制定后并非一成不变僵化地去执行，而是实时匹配外部环境的需要去调整。同时，OKR完成进展也要定期地知会相关人，促进协同。
- **自下而上**：OKR倡导自下而上的目标制定，从而释放员工的自主性，增加员工的承诺意识。

- **评价解耦**：OKR 意在做大蛋糕。在做蛋糕的时候，你心里应该想的是如何把蛋糕做得更大，而非想着怎么样才能分到更多的蛋糕。华为一位主管形象地打了这么一个比喻：OKR 意在打造一支崇高的作战部队。全体指战员心中想的，都是如何赢得最终的胜利。这种在作战时只想着赢得战争，而非想着分享胜利果实的做法，正是 OKR 同绩效评价解耦所要达成的效果。
- **社交互动**：开展 OKR 的过程中，团队成员之间应该围绕 OKR 进行密切交流和互动，通过互动实现社交化辅导，改变传统的单一的主管辅导模式，这也是高绩效团队的一个显著特征。

现在我们来探讨一下，假如没有便捷的工具支撑，这 5 个特性要怎么实现呢？

首先来看看如何实现公开透明这一点。在最初开展 OKR 的时候，我们没有专门的 IT 工具支撑，于是很多团队用了各种方式来实现这一点：

方法 1：**通过纸件方式实现**。团队主管把所有团队成员的 OKR 都打印出来，张贴在一面公共的墙上，供大家查看。

方法 2：**通过邮件方式实现**。团队主管把团队成员的 OKR 统一打包成一个附件，放在一封邮件中统一发送给所有相关成员。

方法 3：**通过文件共享服务器实现**。团队主管把团队成员的 OKR 集中放在一个公共的服务器位置，这样团队成员可以集中到一个位置去查看。

方法 4：**通过内部论坛实现**。内部论坛类似于百度贴吧，团队在内部论坛上发布一个帖子，把所有人的 OKR 都放在一个帖子里，供大家查阅。

现在我们来对比一下这几种方法的不足之处（见表 9-1）。

表 9-1 几种目标公开方法效果分析

方法	公开性	敏捷性	互动性	不足
纸件	●	○	○	公开性较好，但敏捷性和互动性较差。一旦目标发生变化，需要重新打印并张贴。同时这种变化也很难及时知会到相关人
邮件	○	○	●	可以邮件互动，但公开性和敏捷性均较差。现在邮件已经泛滥，附件方式查阅邮件极不方便，很少有人会打开附件去查看，实时性和动态性也比较差，难以体现围观效应

方法	公开性	敏捷性	互动性	不足
文件共享	●	●	○	公开性和敏捷性较好,既可以控制公开范围,也可以实时刷新和查看,但缺乏互动性
内部论坛	●	○	●	公开性和互动性较好,可以评论,但敏捷性较差,信息是静态的,个人的刷新和维护很不方便

(续)

可以看到,没有专门的 IT 工具支撑,现有其他方法无法有效地发挥 OKR 的特点。

更进一步,没有 IT 工具的支撑,当目标变化后,员工无法敏捷地更新其目标;没有 IT 工具的支撑,比较难便捷地查阅到上级、同级、下级的目标,从而实现上下左右目标信息的共享;而当团队成员分散在各个地方时,没有 IT 工具的支撑,大家也很难形成一个围绕 OKR 的社交互动氛围。

我们也知道,配合 OKR 一起实施的,有一个同行评议实践。现在我们再来看看,假如没有便捷的 IT 工具支撑,同行评议应该如何实施?为了便于更好理解这整个过程,我将绘制绩效评价简要流程以及同行评议操作流程图示(见图 9-3)。

图 9-3 绩效评价流程与同行评议操作流程分析

按照图 9-3 所示的同行评议操作方法，假定 1 个团队有 10 个员工，每个员工平均需要选 5 名同行（平均 3～8 名），那么主管平均会收到 $10 \times 5 = 50$ 个同行评议反馈意见，由于 1 个同行可能会评议多个员工（如评议人 2 和评议人 n 同时评议了员工 1 和员工 2），因此不能简单地基于同行评议人进行评议意见汇总，而必须依据其评议的是哪位员工来进行意见汇总，想想就觉得这是一个浩大的工程，主管有这么多精力投入到这项复杂的同行评议操作中去吗？即使有，花这么大的精力去进行同行评议操作是否值得，也需要打个问号。

因此，一个能便捷支持 OKR 5 大特性以及同行评议的 IT 工具非常有必要，这是大规模开展 OKR 的一个前提。

OKR 理念与 OKR IT 工具

美国互联网思想家克莱·舍基（Clay Shirky）说过一句话："一旦接纳了一个工具，也就意味着接纳了隐藏在这个工具背后的管理哲学。"这句话恰到好处地道出了 IT 工具本身的价值。企业在构建内部管理工具时，必须始终思考一个问题：一个功能背后所承载的管理哲学和管理理念究竟是什么？只有思考清楚了这个问题，才能确保 IT 工具的每一个功能都能带来真实的管理价值。否则，就只是一堆功能的堆砌。

那么，OKR IT 工具需要承载哪些管理理念呢？我已经不止一次地提到，OKR 是基于内在动机理念的一种绩效使能实践。而内在动机包含 3 个基本心理需求，即自主、胜任和关系。这 3 个基本心理需求是内在动机理念的基石。因此，一个好的 OKR IT 工具，必须能说清楚它对这 3 个基本心理需求的支持程度。表 9-2 列出了一些 OKR IT 工具应当支持的特性以及和承载的 OKR 理念之间的关系说明：

表 9-2　OKR IT 工具特性与承载理念说明

内在动机	序号	OKR IT 工具特性	承载理念说明
自主	1	OKR 制定无须主管审核	OKR 制定是自下而上开展的，目标制定后向全员公开，无须像传统绩效管理那样需要等主管审批后才能生效，最关键的是要快速行动
	2	OKR 进度刷新无须审核	体现 OKR 实时性特点，员工可基于实际业务需要按需刷新进展

(续)

内在动机	序号	OKR IT 工具特性	承载理念说明
自主	3	目标默认全公开	通过查阅其他人的目标及目标进展，相互启发、相互学习，促进协同
胜任	4	支持 OKR 全向连接	员工要能看到自己的 OKR 对组织的贡献，这可以通过向上对齐或者向下分解关系实现，同时，为促进协同，也要能支持不同员工之间的 OKR 建立横向依赖关系
胜任	5	目标及完成进展实时刷新	目标可实时刷新，并能牵引自我成长
胜任	6	支持发送 OKR 周报	每周定时发送 OKR 进展周报给员工自己、员工主管以及相关同事
胜任	7	支持发送 OKR 成长月报	每月定时发送员工成长月报，记录员工成长轨迹
关系	8	OKR 亲密度图谱	将目标围观关系可视化，增进团队成员之间的相互交流
关系	9	支持同行评议	在评价员工贡献时，让最了解自己工作的人评价，确保评价的客观公正性
关系	10	支持评论 OKR	体现社交互动特点，像看帖子一样看 OKR，并评论他人的 OKR，实现社交化辅导，帮助员工了解自己以及他人工作完成情况
关系	11	支持 OKR 热度排序	通过社交力量，识别热点 OKR，让优秀的 OKR 自然浮现
关系	12	支持关注	关注和自己工作紧密相关的同事，像经营公众号一样经营自己的 OKR 关注度，实时获取相关信息，帮助推进自己的工作

为帮助大家更好理解 OKR IT 工具对 OKR 理念的承载，下面将分别挑几个比较重要的特性进行讲解。

OKR 特性 1：支持 OKR 的全向连接

特雷莎·M.阿马比尔通过研究指出："当我们的工作缺乏意义时，即使完成再多的任务也不会让我们产生真正的成就感。"意义能显著提升内在动机水平。乔布斯就精于此道，1983 年，乔布斯只问了一个问题，就成功说服当时百事公司的总裁约翰·斯卡利（John Sculley）加入苹果。当时约翰·斯卡利在百事干得顺风顺水，并无跳槽意向。乔布斯的问题是这样的："你是希望下半辈子继续卖糖水，还是希望有机会去改变世界？"这个问题深深地触动了斯卡利的内心，触发了他对当下工作意义感的质疑。乔布斯为他描绘了一幅美好的工作愿景，大大地提升了他加入苹果的工作意义。

OKR 相对于传统绩效管理而言，更加强调工作本身的意义，这也正是

OKR 中的 O（Objectives）所要表达的含义。一个有效的 OKR 必须先讲清楚意义和价值（O），然后才是怎么衡量（KR）。而在组织实践中，只知道指标而忘记目标的现象常一再重现。

而且 OKR 强调做事的价值和意义，不仅限于 OKR 字面本身。OKR 还特别强调一个目标的组织价值，即你的这条 OKR 支撑了哪些组织目标的达成，为组织做出了哪些贡献。这就要求员工要能便捷地查阅到上级主管或上级组织的 OKR，与之对齐，并建立个人目标和组织目标的关联关系。也就是说，一个有效的 OKR IT 工具要能支持员工建立上下连接关系。

与此同时，在当今这个特别强调协作的环境下，一件事情通常需要若干人协同完成。一个员工的 OKR 可能会依赖另外一个员工的 OKR，因此，一个有效的 IT 工具要能支撑员工之间的 OKR 建立起这种依赖和连接关系。

通过上下连接关系与左右连接关系的建立，OKR 真正实现了全向连接。向上连接是对齐，英文单词是 Align，向下连接即委托，英文单词是 Assign，横向连接即 OKR 依赖和影响，英文单词是 Impact，而所有连接的共同目标是为组织做贡献，英文单词是 Contribution。为了便于记忆，我将这 3 种连接关系和其要达成的终极目标用一个单词表示成 CIAA，也就是 CIA^2。A^2 代表的是 Align 和 Assign 两个 A。CIA 是美国中央情报局（Central Intelligence Agency）的首字母缩略，我们这里的连接关系比 CIA 更厉害，是 CIA^2。有了这种全向连接关系后，员工的 OKR 不再是一个孤立的 OKR，而是整个组织大目标网络中的一个节点。所有员工都能清晰地看到自身对组织目标的贡献，同时也能便捷地处理横向与他人目标之间的协同关系，共同为组织目标服务。这张全向连接图如图 9-4 所示。

图 9-4　OKR 的全向连接

用一个等式表示就是 Link = CIA^2，任何时候请记住 OKR 的这个全向连接公式。OKR IT 工具需要支持这个全向连接关系，图 9-5 所示的就是一种实现方式。

图 9-5　OKR IT 全向连接示例

假如员工有一条 OKR 是 "重构绩效管理"，这条 OKR 依赖于另外一位同事的 OKR "开发易用性好的 OKR IT 系统"，它的上级组织的 OKR 是 "有效激发员工潜能"。

那么，在实现向上对齐时只需简单的 3 步操作即可。

步骤1：点击 "对齐" 按钮，弹出对齐操作对话框。

步骤2：在对齐操作对话框中，选择需要对齐的上级组织的 OKR 或者上级主管的 OKR，然后点击 "确认" 按钮。

步骤3：通过以上两个步骤，就建立了 OKR "重构绩效管理" 的上下连接关系了。这种级联关系会直观地呈现在用户的 OKR 界面中，时刻提醒用户其 OKR 的组织贡献关系。

在实现左右连接关系时也只需要简单的 3 个操作步骤即可。

步骤1：点击依赖关系按钮进入依赖关系界面。

步骤2：在依赖关系界面中，选择依赖的 OKR "开发易用性好的 OKR IT 系统"，然后点击 "确定" 按钮。

步骤 3：通过以上两个步骤，就建立了 OKR"重构绩效管理"与 OKR"开发易用性好的 OKR IT 系统"两个 OKR 之间的依赖关系。

为了时刻提醒员工目标的价值和意义，OKR IT 系统需要直观地以树状图方式（简称树图）让员工看到 OKR 之间的级联关系。例如，上面示例中的 OKR 级联关系如图 9-6 所示。

图 9-6　OKR 级联关系示例

OKR 特性 2：OKR IT 平台的社交元素

内在动机的一个关键点是工作本身是否有趣。如果工作本身是有趣的，那么就具备了内在动机的前提，这个时候员工通常会沉浸其中。但组织内部的管理工具通常都只承载了管理诉求，而较少考虑员工的这种内在诉求。作为支撑 OKR 更好开展的 IT 工具，本身应该具备什么样的特性，才能让 OKR 本身更有趣，更好玩呢？

IT 公司普遍工作压力比较大，员工在晚上通常会工作到很晚，有些员工甚至工作到凌晨。按理来说，这么大的工作压力，员工在离开公司回到家后，应该只想着睡觉才是。可是，我发现了一个很有趣的现象。不少员工在很晚下班回家后，还会花上 1～2 个小时去写博客，然后发布到公司的内部论坛上。如果从功利的角度分析，这篇博客根本不会算到员工的绩效贡献之中，员工为什么还愿意花大量的时间去写作呢？深入分析发现，是内部论坛的一个排名机制在起作用。员工在内部论坛发布一篇高质量的博客后，会收获不少"粉丝"，会有不少人在他的这篇博客下面评论，然后系统会根据博客文章的浏览量和评论数量计算一个积分并进行排名。很多员工希望自己在这个排行榜上能榜上有名，成为一个有影响力的人。正是这个排行榜促成了员工在高压工作之余的义务劳动。

现在，手机仿佛就是人身体器官的一部分。BCG做过一份很有意思的调查报告：

- 如果以1年为期限，让你在手机和性生活中选择一样，你会怎么选？结果约1/3的美国人宁愿放弃1年的性生活，但不能没有手机。
- 如果让你在朋友聚会和手机中选择一样，你会怎么选？结果30%的美国人选择放弃和朋友聚会，但不能没有手机。
- 如果让你在度假和手机中选择一样，你会怎么选？结果45%的美国人甘愿忍受没有假期之苦，但不能没有手机。
- 如果让你每周放弃1天的假期，你是否仍坚持要手机？结果46%的人宁愿放弃1天假期，但不能没有手机。
- ……

以前，每次我给父母打电话，说不了几句话，父母就挂断了电话。父母说："等你有空了，多回来坐坐聊聊。"在他们那一代人那里，没有什么比面对面聊更受他们欢迎。平时没事时，他们最喜欢的就是邻里之间相互串门。

记得社交媒体的兴起是2012年左右的事，但视频聊天，则大概是随着2015年左右4G的广泛普及之后，才逐渐兴盛起来的。平日里微信视频主要用于非常亲密的家人之间。于只是普通工作关系的人而言，我更喜欢电话交流。

有一段时间，我因工作调动到了深圳，于是和家人长期两地分居。我5岁的儿子说他想我时会给我打电话。但他说的电话，其实是微信视频。每天晚上，他都会拿着手机和我微信视频连线聊上一会儿。除此之外，在平日里，他还会时不时在微信里向他幼儿园的小朋友和老师说上几段语音。对他来说，微信视频和语音就是他最优先的联络方式。

老人、我、我儿子，三代人，三种不同的通信偏好。但即便是我的父母，也终于在 2017 年年中的时候，装上了微信。在刚装上的那会儿，他们觉得微信语音聊天很方便，也迷上了好一阵。

再来通过精准的大数据看看我们对社交媒体沉迷到何种程度，你就能明白，为何说社交是人类的一个基本需求。微信团队在腾讯全球合作伙伴大会上发布的《2017 微信数据报告》称：

> 截至 2017 年 9 月，微信日登录用户超 9.02 亿，较去年增长 17%，月活跃老年用户 5 000 万。日发送消息 380 亿条，日发送语音 61 亿次，这两个数据相较去年分别上涨 25% 与 26%。日成功通话次数超过 2 亿，较去年增长 106%，月人均成功通话时长 139 分钟，增长 114%。微信用户日发表朋友圈视频次数 6 800 万次，较去年增长 26%。

并且数据显示，55.2% 的微信用户平均每天打开微信的次数超过 10 次，有近 1/4 的用户每天打开微信的次数超过 30 次。iPhone 操作系统在 2018 年 9 月更新到了 iOS 12.0，这一版本中增加了一个功能——屏幕使用时间，用户可以查看最近一段时间 iPhone 的使用情况，图 9-7 是我 2018 年国庆假期 7 天的 iPhone 使用情况分析。

图 9-7 国庆假期屏幕使用时长数据

当我看到 iPhone 提供的这一数据后，我颇为震惊，假期内我每天拿起 iPhone 的次数竟然有 48 次之多，每天的屏幕使用时长竟然接近 4.5 个小时。

皮尤研究中心（Pew Research Center）在一项针对美国成年人的调查中发现：

- 在18～24岁人群中，约有78%的人使用Snapchat，并且这些用户中的绝大多数（71%）每天会多次访问该平台。
- 在18～24岁人群中，约有71%的人在使用另外一款社交软件Instagram，而近一半是Twitter用户。
- 近75%的美国成年人（其中有94%的18～24岁人群）在使用视频分享网站Youtube。

纽约市特殊外科医院的运动医学医师乔丹·D.梅茨尔（Jordan D. Metzl）曾撰文称，要想把一项运动坚持下去，最好的一种方式是"把它变成社交"（Make it Social），社交互动已被证明能促进健身习惯的保持。

《哈佛商业评论》2017年12月刊更是专门撰稿，给出了文章《企业社交工具应用指南》，文章指出：

- 内部社交工具在企业中的普及速度相当惊人，常见的有独立运行的Slack、Yammer、Chatter和嵌入式的Microsoft Teams、JIRA等。麦肯锡全球研究院对4 200家公司进行调查，发现其中72%使用社交工具来增强内部沟通。
- 为全面分析社交工具对公司业绩的价值，我们在某大型金融服务公司进行研究。我们将员工分为两组，一组使用Jive-n内部社交平台，另一组不使用，在接下来的6个月中，我们对两组员工的表现进行观察。结果，两组员工在工作中的表现存在显著差异。相比不使用者，使用社交工具的员工找到具备相关知识的同事的概率高出31%，准确找到能帮他们介绍专家的中间人的概率则高出88%。他们获得这些便利，主要是通过观察同事在Jive-n上的发言内容和互动对象。在同一周期内，不使用社交工具的员工在上述两方面均没有改进。

于是，他们得出这样的结论：成功引入内部社交工具的企业，在协作、创新、决策和员工投入度方面会有不凡表现。

如果你还记得的话，我们在前面也分享过一个低绩效员工是如何通过学习他人的 OKR 从而成功让自己逆袭成高绩效员工的案例。这个案例实际上印证了一个事实：如果在 OKR IT 工具中增加社交互动性，将显著促进信息的分享和交流，从而显著提升团队的整体绩效表现。

这些数据和案例，无一不充分说明了人们对社交的迷恋，以及社交的巨大价值。所以，OKR IT 平台理应支持社交互动，满足人们这一基本心理需求。图 9-8 展示了一种支持社交性的 OKR 实现，在这张图中，演示了 OKR 从各个维度统计的排行榜信息，让 OKR 更有趣，牵引员工像在社交媒体里一样沉迷其中。

图 9-8　OKR IT 社交属性示例 1

图 9-9 则示意了 OKR 的"朋友圈""帖子""热度排名""任务执行轨迹"等社交属性。

图 9-9　OKR IT 社交属性示例 2

在管理上有一句很有名的话是这么说的："不可衡量就不可管理。"某种程度上，这句话是对的。我们经常说希望团队成员之间相互协同。可协同到底是个什么东西？什么样的协同叫好，什么样的协同叫不好呢？协同关系也亟须显性化。图 9-10 则示例了我们是如何将员工在 OKR IT 平台的各种协作关系可视化的。通过这种显性化，让员工时刻看到自己同他人的协作关系，牵引相互协同。

图 9-10　OKR IT 社交属性示例 3

我曾做过无数次组织诊断，每次组织诊断都会请员工回答一个问题："请写出日常工作中和你关系最密切的 3 个人的姓名"，然后，根据一个团队所有员工的反馈，绘制出一张团队协作关系图谱，然后发现这样一些特点：

- **研发团队**：研发团队通常负责产品的开发，包括软硬件的开发与单元测试等，确保交付给客户的软硬件产品可用。通常，研发团队是一个高内聚、低耦合的团队。高内聚指的是团队成员之间相互协同较多，工作关系密切；低耦合指的是团队之间交流并不多。
- **服务团队**：服务团队主要支撑外部客户在使用过程中遇到的一些技术性问题，对这些问题进行远程定位并解决。通常，服务团队是一个低内聚、高耦合的团队。低内聚指的是服务团队成员之间的相互协同并不多，很多时候内部员工各负责一块，交集较少；高耦合指的是服务团队成员通常需要跨团队整合其他多个外部团队的资源，同多个相关团队进行密切配合。例如，客户反馈了一个网络断线问题到服务部门，服务部门进行初步判断之后，可能会召集产品开发团队、产品测试团队、产品设计团队等多个团队一起分析问题具体出现在哪个模块，以及问题的相应解决方案。

这样的协作关系非常有价值，在绘制出协作关系之后，我们可以快速地判断这个团队在协同方面是否存在问题。例如，假如一个研发团队内部相互之间并无协作，或者协同的主要方向是外部协同，那么就需要考虑这个团队的分工是否合理，需要提醒他们如何合理安排对外接口，确保团队成员能腾出更多的时间聚焦到内部产品的开发上。在没有 IT 工具之前，这样的协作关系只能靠手工逐一绘制，OKR IT 工具如果能清晰呈现员工之间的协作关系，无疑可以帮助团队快速审视团队的协作关系的合理性并做出改进。

OKR 特性 3：OKR IT 平台的进展追踪

胜任感是内在动机的三大基本心理诉求之一。胜任感又称自我效能感。特雷莎·M.阿马比尔在《激发内驱力》一书中这样写道："人最基本的内驱力之一是自我效能感，即一个人相信自己能够独立计划并执行达到预期目标所需完成的任务……当人们在有意义的目标上取得进步或实现该目标时，他们的期望与他们所看到的现实之间的协调一致让他们感觉良好，使他们的积极的自我效能感增强，使他们更有动力去应付接下来的工作，并继续向前看。进步促使人们更容易接受困难的挑战，并坚持更久……进步与工作心理是相互促进的。数学家诺伯特·维纳（Norbert Wiener）将这种相互作用称为正反馈循环或'累积因果关系'。进步可以改良工作心理（进步原则），而积极的工作心理又可以促进进步（工作心理效应），从而形成一种良性循环。"她根据多年的实地研究，提出了一个进步循环，如图 9-11 所示。

图 9-11 进步循环

因此，OKR IT 平台需要让员工时刻看到自己的成长和进步。人们总是习惯陷入一种盲目的忙碌之中，低头走路而忘记了抬头看天。OKR IT 平台需要不时地在人们的旅途中进行提醒，告诉大家已经走了多远，还要走多远。这就是说，OKR 需要有定期发送周报和月报的机制，提醒员工和相关人目标的推进进展以及相关风险，从而促成目标的更好达成。

OKR 周报

OKR 周报每周发送一次，除发送给员工自己以外，还应发送给员工主管以及关注该 OKR 的相关人。

（1）发送给员工自己的 OKR 周报。

个人 OKR 周报意在增强员工同 OKR 系统的黏性，增强员工个人对 OKR 实施进展的感觉（得分、进展描述、同比进步），强化 OKR 的社交性（浏览量、哪些人看了、最新评论）。个人 OKR 周报示例如表 9-3 所示。

（2）发送给员工主管的 OKR 周报。

为了让主管及时了解下属的 OKR 达成进展，及时给下属提供必要的支持和辅导，OKR IT 系统同样需要每周发送给主管一份他所管理的下属的 OKR 周报。发送给员工主管的 OKR 周报示例如表 9-4 所示。

（3）发送给关注对象的 OKR 周报。

关注对象 OKR 周报同样每周发送一次，意在让员工了解周边同事 OKR 实施进展，通过了解他人 OKR 实施进展（得分、进展描述、同比进步）及社交性（浏览量、哪些人看了、最新评论），牵引员工学习他人。发送给关注对象的 OKR 周报示例如表 9-5 所示。

OKR 月报

OKR 周报是以周为颗粒度，为了将涓涓细流汇聚成江河湖海，让员工看到更大的进展，OKR IT 工具还需要以月度为单位，让员工看到月度成长轨迹。OKR 月报对比员工这个月和上个月的目标完成进展以及社交互动数据，使员工在趣味性中体验成长。

表 9-3 个人 OKR 周报示例

目标（O）	关键结果（KR）	得分	最新进展描述	同比上周	进展	浏览量	哪些人看了（最近10个）	最新评论（最新5条）
OKR 和同行评议成为公司绩效管理的首选	构建完备的 OKR 及同行评议指导手册	0.61	完成 OKR 教练赋能材料整体框架	—				
	打造"微信"级 OKR IT 平台	0.46	OKR 2.0 具备基本的创建、更新、评论功能，待端到端流程打通	—				
	提升研究所地域绩效管理的效果与价值	0.64	修改目标：高效开展差异化绩效管理探索→OKR 和同行评议成为公司绩效管理的首选	—	正常	20	张三 李四 王兵	本周共9人评论了这条 OKR，最新2条为：【2017/01/19】【张三】不错，目标很有挑战，期待【2017/01/18】【李四】硬作作为公司的一种典型场景，申请为公司开展 OKR 试点，希望支持，谢谢
	至少在4个典型场景成功试点 OKR	0.63	2016年阶段试点暂告一段落	↑ 0.02				
	完成绩效公示系统	0.55		—				
高效运作组织效能提升项目	发布组织效能智能融合平台	0.55	组织效能 IT 平台成功演示	—				
	组织效能提升工具首次在海外研究所成功应用	0.53	巴西分部完成组织效能提升方法论在海外推行的试点	—	滞后30%	30	暂时没有其他人光顾 :(	暂时没有其他人评论 :(

表 9-4 发送给员工主管的 OKR 周报示例

姓名/工号	目标（O）	关键结果（KR）	得分	最新进展描述	同比上周	进展	我的评论（最近 5 条）	他人评论（最近 5 条）
王兵	OKR 和同行评议成为公司绩效管理的首选	构建完备的 OKR 及同行评议指导手册	0.61	完成 OKR 教练赋能材料整体框架	—			
		打造"微信"级 OKR IT 平台	0.46	OKR 2.0 具备基本的创建、更新、评论功能，待端到端流程打通	—		[2017/01/19] 要确保 2.0 发布时的数据能平滑迁移，测试 OKR 后再发布，不着急发布	[2017/01/19][张三] 不错，目标很有挑战，期待 [2017/01/18][李四] 便作作为公司的一种典型场景，申请开展 OKR 试点，希望支持，谢谢
		提升研究所地域绩效管理的效果与价值	0.64	修改目标：高效开展差异化绩效管理探索→OKR 和同行评议成为公司绩效管理的首选	—	正常		
		至少在 4 个典型场景成功试点 OKR	0.63	2016 年阶段试点暂告一段落	↑ 0.02			
刘军	高效运作国内研究所组织效能提升项目	发布组织效能 IT 平台	0.55	组织效能 IT 平台成功演示	—	滞后 10%	很抱歉，您这周还没来得及评论您下属的这条 OKR	暂时没有其他人评论
		组织效能提升工具首次在海外研究所成功应用	0.53	巴西分部完成组织效能提升所行总结分享	—			

258 · 绩效使能：超越 OKR

表 9-5 发送给关注对象的 OKR 周报示例

姓名/工号	目标（O）	关键结果（KR）	得分	最新进展描述	同比上周	进展	我的评论（最近5条）	他人评论（最近5条）
王兵	OKR 和同行评议成为公司绩效管理的首选	构建完备的 OKR 及同行评议指导手册	0.61	完成 OKR 教练赋能材料整体框架	—			[2017/01/19][张三/00123456] 不错，目标很有挑战，期待 [2017/01/18][李四/00223456] 硬件作为公司的一种典型场景，申请开展 OKR 试点，希望支持，谢谢
		打造"微信"级 OKR IT 平台	0.46	OKR 2.0 具备基本的创建、更新、评论功能，待端到端流程打通	—			
		提升研究所地域绩效管理的效果与价值	0.64	修改目标：高效开展差异化绩效管理探索→OKR 和同行评议成为公司绩效管理的首选	—	正常	[2017/01/19] 要确保 2.0 发布时的数据能平滑迁移，测试 OKR 后再发布，不着急发布	
		至少在 4 个典型场景成功试点 OKR	0.63	2016 年阶段试点暂告一段落	↑0.02			
刘军	高效运作国内研究所组织效能提升和阵型探索项目	发布组织效能智能融合平台	0.55	组织效能 IT 平台成功演示	—	滞后 10%	很遗憾，您这周还没来得及评论 TA 的这条 OKR	暂时没有其他人评论
		组织效能提升首次在海外研究所成功应用	0.53	巴西分部完成组效能提升海外推行总结分享	—			

如下是一份 OKR 月报示例。

OKR 成长月报

2018 年 7 月

美国最佳小型文理学院威廉姆斯学院（Williams College）校园内的一道台阶门柱上刻有这样一段铭文："Climb high, climb far, your goal the sky, your aim the star."是的，目标，就是那天空中的星辰，是那等着你攀登的珠峰。眼界决定境界，定位决定地位。好的 OKR 能释放你内心的狂野，让你锲而不舍修成正果。

回顾这一个月以来，你朝着目标前进了多少？有哪些成长和收获？帮助了多少小伙伴和你一道成长？OKR 系统为你做了一份简要回顾，希望能给你带来帮助。

这个月以来，你的 OKR 详细进展如表 9-6 所示。恭喜你，朝目标又前进了一步。

表 9-6　OKR 详细进展

目标（O）	关键结果（KR）	KR 得分	本月增长	最新进展描述
提升服务竞争力	云监控颗粒度达到 1 分钟以下	0.2	0.1	通过增加监控点，目前监控颗粒度已从 50 分钟降低至 20 分钟
	云监控新增 15 个服务数据来源	0.3	0.2	在上月的基础上，本月新增 2 个服务数据来源

这个月以来，你共登录系统 44 次，查阅 OKR 59 次，更新了 5 次 OKR 进展，OKR 和你一起见证你的成长，期待着量变带来的质变，加油吧，况阳！

这个月以来，你的粉丝数稳步增长，新增 50 名粉丝，击败了 30% 的 O 友，你的粉丝数已达到 129 名；你关注了 10 名 O 友，击败了 10% 的 O 友，你的关注人数已达到 32 名。

你的 OKR 累计被评论了 35 次，击败了 20% 的 O 友，快去感谢他们对你的热心评论吧！同时，你评论了其他 O 友 15 次，感谢你百忙之中对其他 O 友的帮助。

你一定很关注哪些粉丝与你发生了互动，那么我们一起来看一张图吧（见图 9-12）！

图 9-12　OKR IT 亲密度 TOP20（第一页）

Performance
Empowerment

第 10 章

做好 OKR 教练

先让我分享两个小故事,一个是关于电灯的,另一个是关于锻炼的。先来说电灯的故事。

爱迪生 1878 年开始研究和改进电灯,他于 1879 年在实验室制作的电灯,可以持续点亮 13.5 个小时,并无实用价值。之后爱迪生持续改进,才终于在 1880 年试制出能持续点亮 1 200 个小时的竹碳丝白炽灯。只有在这个时候,电灯才真正具备了实用价值。在这之前,人们广泛使用的是煤气灯,因而在爱迪生推出电灯之初,人们其实对电灯的兴趣并不是很大。1882 年秋天,爱迪生在纽约帕尔街创建了发电所,首次正式向用户小规模供电。但最初用电灯的用户只有两百多家。爱迪生供电所给用户架好的电线,也在一夜间被人偷偷割断了。当时很多人看见电线横在空中,害怕把雷电引下来伤人。迫不得已,为了扩大用户,爱迪生宣布凡是愿意用电灯的人,可以免费试用 3 个月。尽管采取了这些措施,用电灯的家庭还是不见增多,人们还是更习惯用煤气灯。直到 1935 年,煤气灯才最终被电灯替换。从 1882 年爱迪生供应第一批照明用电灯,到 1935 年煤气灯被全部拆除，两者前后共存了 53 年时间！

再来说说锻炼的事。

2014 年 2 月 1～2 日，在日本东京召开的日本焦虑症学会学术大会上，来自东京大学研究生院教育学研究系的种市摄子发表报告称，每天行走一万步，坚持两个月可改善焦虑症、抑郁症症状。中国卫生部疾病预防控制局、全国爱卫会办公室和中国疾病预防控制中心于 2007 年也曾共同发起全民健康生活方式行动，倡导"日行一万步、吃动两平衡、健康一辈子"理念。但直到计步手环和微信社交工具等出现以前，很多人内心其实并不认同这样的运动理念。很多人认为自己身体很好，甚至是当出现抑郁等症状时，大多也只是单纯地求助于医疗手段，靠吃药去缓解和治疗。

其实，OKR 替换传统绩效管理，和电灯替换煤气灯、运动有助于身体健康的理念逐步深入人心的过程何其相似。

认为 OKR 只是一个工具的人，会发现这个工具和之前的工具并没有什么不同，就像电灯和煤气灯一样，都只是点亮了的一盏灯，并且似乎在电灯刚出来时煤气灯的使用更广泛一些。

认为 OKR 只是一种方法的人，会发现这种方法和之前的方法也并没有什么不同，就像锻炼和吃药一样，都能让某些疾病痊愈，并且似乎吃药会好得更快一些。

只有认为 OKR 不仅是一种工具和方法，更是一种理念的人，才真正掌握其精髓！

OKR 和传统绩效管理，两者不是 N 和 1 的差别，也不是 1 和 0 的差别，而是 N 和 -1，是 Y 和 X，是心流和焦虑的差别……当自主、胜任和关系三种基本心理需求得到满足时，并不是为了得到"那个"而做"这个"时，才真正释放了人的内在动机。

过去，员工工作只能被动等待主管分配，现在，在越来越多的团队里，工作目标由员工自己来定，部分团队甚至 90% 都是用自主认领的方式开展工作，并带动交付效率实现了 20% 以上的提升……这就是自主的力量。

过去，某员工在工作方法上一直不得要领，当他查看了其他同事的OKR，并从中学习到工作思路和开展方法后，进步明显……这就是公开的力量。

过去，不超过10%的员工敢于提出挑战性目标；现在，在越来越多的团队里，敢于提出挑战性目标的员工比例逐渐达到了30%以上……这就是目标完成率与评价解耦的力量。

上述这些变化，已经见证了OKR的巨大力量。我们都知道，华为研发的成功，源于华为在很早就花费巨资从IBM引入了集成产品开发（Integrated Product Development，IPD）流程，但其实IPD流程在引入华为之初，内部接受度也很差。后来在实施OKR时，一位当初参与过华为IPD变革的主管深有体会地说了这么一句话："我感觉OKR在华为的引入，就和当年华为引入IPD一样，大家都觉得和之前差不多，但是说不明白哪里差不多。但后来我们无一例外都发现IPD给华为带来了巨大好处，这不是差不多，而是差很多，我感觉OKR也会这样。"还有一位主管在了解了OKR后，这样告诉他的管理团队成员："兄弟们，大胆地去尝试吧，我认为OKR最差不会差过现在的PBC。"这位主管展现了非凡的拥抱变革的特质。

OKR涉及绩效理念的根本性转变，需要从基于外在激励的方式切换到基于内在动机的轨道上来。这个过程极其艰辛！根据Betterworks公司的经验，OKR要产生效果，需要经历如图10-1所示的4个阶段。

图10-1 OKR的4个阶段

通常，团队会在经历2个OKR周期后，才开始对OKR有一些感知，只有完整经历 4 个 OKR 周期后，OKR 的运作才相对比较成熟。在这整个过程中，如果有专业的、热情的 OKR 教练辅导，会加速 OKR 实施效果的变现！专业 OKR 教练的存在，能显著缩短这一惯常 OKR 效果周期律，如图 10-2 所示。

图 10-2　OKR 惯常效果曲线及教练加入后的效果曲线

OKR 实施过程中的一些误区

在 OKR 实施过程中，可能会存在如下一些误解：

- OKR 只适用于业务不确定性团队。
- 挑战性目标制定了就可以激发员工挑战目标了。
- OKR 是一种更好的绩效评价方式。
- OKR 不过是传统绩效管理的公开版。
- OKR 就是员工想定什么目标就定什么目标。

其中一些误解我们在前面的章节已经做过阐述，例如 OKR 是否只适用于业务不确定性团队这个问题，在第 11 章中我们也会详细探讨这个问题。OKR 是基于内在动机理念的一种绩效使能方法，它不仅适合业务不确定性场景，同样适合业务目标很清晰、很稳定的场景，它希望激发员工内心的自主挑战意愿，出于内在动机而愿意付出超越职责的努力。

但 OKR 也并非就是包治百病的灵丹妙药，员工挑战性目标制定出来之后如果只是放在那儿，然后人们就忘记了，OKR 对员工实际上没有任何激发作用。所以，OKR 制定之后，实施过程同样重要，要在过程中持续关注目标的达成，只有这样，才能真正达到对员工的激发效果。

OKR 无关绩效评价，目标完成率和评价是解耦的，这样才能释放员工制定挑战性目标的心理包袱。OKR 有 4 个重要的理念：公开透明、敏捷开放、自下而上和评价解耦，最重要的是它是基于内在动机理念的，内在动机有 3 个基本心理需求，即自主、胜任和关系，只有真正满足内在动机理念的做法，才是 OKR 所倡导的。所以，如果只是单纯地把传统绩效目标给公开了，就认为是 OKR 了，这就和当初 1911 年辛亥革命之后，一夜之间，大清各层官员们掀下老旧房顶的几片瓦片，就认为自己是革了命一样可笑。

OKR 倡导自下而上的目标制定方式，但这并不意味着员工想定什么就定什么。在员工制定个人目标前，需要组织大家一起制定组织的目标，而组织目标的输入就是组织的战略，管理者需要结合上层组织的战略需要，明确指出团队在接下来需要重点突破的方向。举个例子，假如公司今年有一个战略是实现市场份额突破 30%，这需要研发团队研发出一款爆品，然后市场团队成功把这款爆品卖给客户，品牌团队则需要广泛地建立起这款产品的客户知名度。那么，"实现市场份额突破 30%"这一战略就是研发团队、市场团队和品牌团队在制定 OKR 时的共同输入，每个团队都需要回答一个问题：我们如何支撑公司这一战略的实现？每个团队的 OKR 都要能体现对这一战略的承接。按照战略→目标（O）→关键结果（KR）→任务（Actions）的分解逻辑，每个组织可以根据自己的组织成熟度决定自下而上的空间有多大。自由度大的组织，甚至战略都可以自下而上制定，一般组织的战略通常是高层制定的，然后 O、KR、Actions 则是自下而上制定的；另外一些组织，战略和 O 是确定了的，KR 和 Actions 则是自下而上制定的；自由度更小一点的组织，战略、O 和 KR 都是确定了的，只有 Actions 是员工自下而上制定的，在这种组织里，OKR 已经退化成传统绩效管理方式了。

OKR 教练

按照教练的定义，教练是经过专业的训练，通过聆听和观察等方式，按照客户个人需求而定制辅导方式的过程。教练激发客户自身寻求解决办法和对策的能力，因为他们相信客户是生来就富于创意与智慧的。教练的职责是提供支持，以增强客户已有的技能、资源和创造力。

OKR教练，则指在OKR实施的过程中，给团队提供专业辅导和支撑，使能团队成功运用目标管理方法和实践，更好激发团队和员工潜能的使能者。

在开展OKR的过程中，很多团队都提出了这样一个诉求："OKR的开展需要有专业人士辅导进行，自己摸索可能会走很多弯路。"所以，在团队实施OKR的过程中，OKR教练非常重要。

OKR教练角色模型

OKR教练有三个关键角色，分别是：

- **理念的布道者（Preacher）**：OKR教练需要谙熟OKR核心理念，坚信OKR核心理念对团队和员工的激发效果，积极传播并影响更多主管/员工掌握OKR核心理念。
- **实践的使能者（Enabler）**：团队主管是OKR实施的第一责任人，OKR教练需时刻关注OKR推进状态，发现OKR实施过程中的关键路径，辅导主管克服各种障碍，有序推进OKR实施。
- **解决方案的集成者（Integrator）**：OKR教练要善于敏锐发现团队中好的实践，并及时总结提炼形成优秀实践，固化到团队血液中，形成团队文化。

这三个角色是相辅相成的一个整体，三个角色的英文首字母正好组成英文单词PIE，PIE有"饼"和"蛋糕"的意思，OKR教练就是要和团队一起，共同做大蛋糕，实现伟大的价值创造。

因为OKR是绩效管理理念的根本转变，因此，OKR教练角色模型中，理念的布道者的角色最为重要，只有成功影响主管和员工把理念转变到内在动机层面，才是成功的理念转变。在理念转变之后，OKR教练要帮助团队成功实施OKR，并及时把好的OKR实践固化到团队血液中。

OKR教练需要时刻思考的问题是：我如何才能帮助团队有效实施OKR，

做大蛋糕呢？OKR替换传统绩效管理这一过程本质上可以算作一种变革行动。所以这个问题换一种问法就是：如何才能有效实施OKR变革？关于变革，变革领域的大师约翰·科特曾提出"变革八步曲"，该"变革八步曲"已被IBM、华为等众多知名企业成功应用过，是被验证了的有效的变革方法。前已述及，OKR是一场绩效和文化领域的变革，因而，OKR教练要想成功引领绩效变革，同样需要遵循这8个步骤。这8个步骤如表10-1所示。

表 10-1　OKR 绩效变革的 8 个步骤

步骤	行动
1	建立紧迫感
2	成立指导团队（联盟）
3	形成愿景
4	传播愿景
5	使能团队/员工行动
6	创造短期成效
7	巩固成果并推行更多
8	根植新做法于团队文化中

这8个步骤大致可以分为3个部分，完全对应到我们的角色模型中，形成了完备的OKR教练角色模型（见图10-3）。

1. 建立紧迫感
2. 成立指导团队（联盟）
3. 形成愿景
4. 传播愿景

理念的布道者（Preacher）

PIE

解决方案的集成者（Integrator）

8. 根植新做法于团队文化中

实践的使能者（Enabler）

5. 使能团队/员工行动
6. 创造短期成效
7. 巩固成果并推行更多

图 10-3　OKR 教练角色模型

理念的布道者

在长期的工作过程中,每个人都会逐渐形成自己的惯性思维,团队也会形成团队的惯性思维。要成功改变这种惯性思维绝非易事。

要理解这一点,让我们先来看一个案例。这是美国康奈尔大学著名心理学家马丁·塞利格曼(Martin Seligman)在1965年开展的系列研究。

狗的"惯性思维"

研究人员将穿着橡胶外套的杂种狗放进白色柜子中。每只狗单独一个柜子,在狗的脑袋上套有一副枷锁,用以将其固定,然后狗脑袋两侧还装有控制板。每只狗都有相对应的伙伴,它们被放在不同的柜子里。

实验期间,每对狗都会间歇性地经历痛苦的电击。其中一只狗可以通过摇晃脑袋碰触控制板,从而关停令其痛苦的电流。而另一只狗无论如何扭动,都无法关停电流。但每对狗接受的电击量是相同的,即只要一只狗关停了电流,另一只狗的电流也被关停。不同的是,一只狗对电流拥有控制能力,另一只狗则没有。无法控制电流的狗很快产生畏缩情绪,并发出呜咽声,表现出极度的沮丧,这种状态一直持续到实验结束后。而那只能控制电流的狗,相比而言则要好得多。

然后,实验进入到第二阶段,研究人员想看看之前的经历对狗未来的行为会产生哪些影响。他们将狗放进一个带有隔断的黑箱子中,隔断将黑箱子分成两个空间,隔断的高度与狗的肩膀持平,以确保狗可以轻易跃到另一侧。在狗所在一侧的空间里,会有间歇性电流通过,而在另一侧空间中则没有电流。研究人员发现,那些在第一阶段可以通过关停控制板关停电流的狗,很快学会了跳跃到另一侧以躲避电击,而那些在第一阶段无法通过关停控制板关停电流的狗,则有三分之二消极地趴在地板上,忍受着电击的痛苦。电击持续不断,令其很痛苦,但这些狗却并没有表现出改变这种现状的意念。即使它们看见其他的狗可以跃过隔断,甚至研究人员将它们强行拖至箱子的另一侧,向它们展示电击其实是可以避免的,这些狗仍然选择放弃逃离而继续忍受电击的痛苦。

这一实验足以表明过往的经历对狗的未来行为所产生的强大影响。其实不光动物会这样，人也一样，人的过往经历造就的惯性思维，要改变起来，也是十分困难的。

OKR 教练承载着改变团队主管和员工过往绩效管理观念的使命，因此，OKR 教练首先需要坚定地支持并传播 OKR 理念，像传教士一样做好 OKR 理念的布道工作。由于 OKR 理念和传统绩效管理理念之间存在根本性差别，在开始推行 OKR 时，OKR 教练可能会碰到如下这些质问：

- OKR 和传统绩效管理到底有什么不同？团队开展 OKR 的迫切性究竟如何？
- 实施 OKR 后能给团队带来什么价值？
- 如何让团队所有成员都相信 OKR 真的能带来改变？
- OKR 理念看起来很好，但是应该如何实施？
- 有没有业界或公司内部成功实施的经验可供参考？

这些问题，比如 OKR 和传统绩效管理的区别，以及 OKR 的价值、OKR 的实施等，已经在前面的章节做过探讨，我们不妨从教练的角度再来探讨一下。OKR 是一种绩效管理变革，既然是变革，就得先让人们认识到变革的紧迫性，说明推行 OKR 的必要性。在推行的初期，切忌以摊大饼的方式好大喜功地全面开展，而应识别那些有意愿的主管，帮助他们组织核心指导团队。在帮助团队主管真正理解 OKR 之后，要继续帮助他们制定 OKR 的推行愿景和推行战略，并在团队里持续传播这样的愿景和战略。

根据我们的经验，OKR 在开展的第一个周期，涉及思想和观念的剧烈碰撞，如果理念的布道没有深入人心，OKR 的开展要么形式化，要么彻底失败。要帮助团队走出这一心理困境，OKR 教练一定要深入地组织团队开展多次开放式交流，并且这种交流应当分层分级逐步拓展开去。一个成功的理念布道，通常包含 4 次深入的交流研讨会：与主管一对一的深入交流、与主管一对一的方案探讨、与该主管所带领团队的其他管理成员的一对多交流、与员工的一对多交流（见图 10-4）。

```
┌─────────────────────────────────────────┐
│         与主管一对一的深入交流           │
│   以倾听为主，了解主管的关键诉求，作为输入 │
└─────────────────────────────────────────┘
                     ↓
┌─────────────────────────────────────────┐
│       与主管一对一的OKR方案探讨          │
│   结合之前主管的关键诉求给出相应解决方案，就解决方案进行 │
│   深入探讨，并讲解OKR的优势              │
└─────────────────────────────────────────┘
                     ↓
┌─────────────────────────────────────────┐
│      与管理团队做一次正式的OKR交流       │
│   向管理团队的其他成员介绍OKR，启发其他管理成员进行观念 │
│   转变，找到OKR的兴奋点                  │
└─────────────────────────────────────────┘
                     ↓
┌─────────────────────────────────────────┐
│       与员工做一次正式的OKR交流          │
│   向员工正式介绍OKR，让他们意识到引入OKR的紧迫性，启发 │
│   转变                                    │
└─────────────────────────────────────────┘
```

图 10-4　OKR 布道环节的 4 次交流

第 1 次交流研讨：与主管一对一的深入交流，了解团队的关键痛点。

OKR 教练同团队主管进行一对一的单独交流，了解团队在业务上面临的需要迫切解决困难和急需做出的改变。OKR 教练要能敏锐地找到团队的诉求和 OKR 之间的匹配关系，始终思考一个问题：OKR 能帮助团队解决哪些问题？有哪些问题是 OKR 不能解决的？由于 OKR 是开放的，OKR 教练在探讨给出团队解决方案时，不应完全局限在 OKR 这一点上，而是应以 OKR 作为解决问题的一环，拓展开去帮助团队构建完整的解决方案。比如，通常团队会提到的一些困惑有：

- "现有的绩效管理周期僵化，总是按照固定的半年为周期在开展，这和我们的业务是严重脱节的，我们完全无法规划 3 个月以后的事。"
- "业务比较新，我也是刚带这个团队，完全不知道该如何帮助下属设定目标，因为我也不知道具体的目标是什么。"
- "因为市场原因，团队现有的业务已开始萎缩，我们需要探索新的发展方向，这个时候就需要充分发挥大家的群体智慧，但大家似乎已经习惯了原来的那种工作模式，习惯等着主管去分配工作。"
- "现有的绩效考核是竞争性的，团队成员之间会相互比较，团队与团队之间也会相互比较，推诿和拆台的现象时有发生，如何才能进一步提高大家的协作意愿？"
- "因为考核和激励之间的关系过于强烈，导致大家在设定目标的时候总是和主管不断讨价还价，总在考虑如何给自己设定一个安全稳妥的目标，不愿意主动去挑战自我。"

……

如果你能让团队主管意识到，OKR 可以帮助他们解决团队的关键诉求，就等于迈出了至关重要的一步。所以，请先别急于推行 OKR，先倾听他们的心声！

第 2 次交流研讨：与团队主管一对一的 OKR 方案探讨。

在成功了解了主管的关键诉求之后，OKR 教练要迅速地把团队主管的诉求进行分类：哪些是 OKR 能解决的，哪些是不能解决的，逐一给出相应的解决方案建议，最后形成一个完整的、包含 OKR 的解决方案。之后，可以再约上主管，就你所给出解决方案的可行性做一次探讨。

这次探讨的主要目的，一是回答主管上次的诉求和关注点，二是就 OKR 的基本理念和方法给主管做一次介绍，以争取到他的支持。如果能成功影响主管接受 OKR 理念，OKR 在团队的推行就又成功向前迈了一大步。

第 3 次交流研讨：与管理团队做一次正式的 OKR 交流。

假如在第 2 次交流研讨之后，已经成功赢得团队主管的支持，那么接下来要做的事，就是帮助这位主管对他所带领的管理团队成员做一次正式的 OKR 交流。这是 OKR 同管理团队的第一次亲密接触，一定要做足充分的准备工作，包括：

- 作为开场，可以首先请团队主管做一个简短的介绍，谈一下他对 OKR 的理解，以及引入 OKR 的迫切性。
- 然后，OKR 教练系统介绍一下 OKR 是什么以及 OKR 通常能解决哪些问题，以此启发大家思考和碰撞。在这个环节，一定要让大家把质疑和困惑都说出来。
- OKR 教练可以结合大家的困惑，分享一些其他团队的 OKR 实践，尝试回答大家的这些困惑。有一些问题可能是这个团队所独有的，没有现成的实践案例，这个时候可以和管理团队成员一起探索新的解决方案。

- 光说不练假把式，在做足了理念层面的布道之后，可以开始尝试让管理团队成员一起制定出他们的第一份 OKR。通常，到真正动手实操的时候，他们会有非常深的感触，会把之前 OKR 的理念部分融合在一起去理解。一次，当我们进行到这个环节时，一位主管激动地站出来说：" 最开始我们一直有一个困惑，OKR 和 PBC 究竟有什么本质的区别，随着大家的讨论，现在我们开始有很明显的感觉了。以前在分解 KPI 时，我们只是机械地去执行，把这个指标达成了就不管了，现在用 OKR 这种方法，我们关注的焦点首先是在目标（O）上，而不是在结果（KR）上，我们发现，真正的价值和意义在目标的探讨上，而不是指标上，甚至我们还发现原来很多 KPI 本身就是错误的。" 多么深刻的领悟。

第 4 次交流研讨：与员工做一次正式的 OKR 交流。

在成功完成对管理团队成员层面的 OKR 理念布道工作之后，接下来就可以乘胜追击，在更大范围的员工层面去做一次 OKR 理念的讲解。

面向员工的 OKR 交流，主要是向员工介绍 OKR 是什么，为什么我们需要引入 OKR，以及我们将如何开展 OKR。同前 3 次一样，主要要让员工认识到变革的迫切性，启发员工进行观念的转变。让员工知道，以前 KPI 时代，目标是自上而下分解给他的，现在进入 OKR 时代后，目标是自己定的，可以同自己的兴趣爱好进行适当的匹配，并且目标的完成率和绩效评价之间没有直接的强关联关系，员工可以放开手脚大胆设定挑战性的目标。

前 3 次交流研讨，主要都是 OKR 教练在参与。那么到第 4 次交流研讨时，主要就是以管理团队成员的讲解为主，OKR 教练的适时分享为辅了。当管理团队成员第一次作为 OKR 推行的责任人面对员工讲解时，他们就深深地融入整个过程之中了，现在主管已经变成 OKR 的既定推行者，而不是旁观者了。到了这一步，团队事实上就即将步入 OKR 的全面推行环节了。

理念的布道至关重要，所以在这个环节多花上一点儿时间，将达到事半功倍的效果。如果能成功影响主管、管理团队的其他成员以及员工发生观念上的转变，那么就等于发动了一台轰鸣作响的巨轮引擎，剩下的，就只是破浪远航了。

但即便是远航的巨轮已经启动，前方依然是暗潮涌动，时有触礁的风险。在 OKR 远航的过程中，极有可能遇到 3 种典型路径。

推行 OKR 可能出现的 3 种路径

在推行 OKR 时，可能会出现 3 种路径（见图 10-5）。

图 10-5　OKR 开展时可能的 3 种路径

理想情况下，团队的开展意愿持续增强，并最终维持在某一水平，这是 OKR 教练最期待的状态（路径 1）。但现实过程中可能并不总是一帆风顺，可能会有部分主管在初期热情高涨，而在不断碰到问题后会受到一些打击，有所动摇，但依然坚持下来后，又看到了不错的效果，于是信心再次增强，此后维持在一固定不变的水平（路径 2）。还有一种情况就是，一些团队可能在遭受一些挫败后，信心全无，从而中途停止了 OKR（路径 3）。在路径 1 中，OKR 教练只需要做很少的工作即可促成 OKR 的顺利推行，而在路径 2 和路径 3 中，OKR 教练需要提前预判团队可能出现的挫折，在团队处于低谷时给予支持，帮助其重塑自信，如果路径 3 能提前预判到，它可能会转换成路径 2。

路径 1：紧迫感一旦建立，团队将释放无穷能量。

在我们开展 OKR 的过程中，有一些成熟度较高的团队主管，一直在不断尝试改变团队的现状，让团队变得更好。当时我们在内部网站上写了一篇介绍OKR的文章，团队主管看到后非常高兴，认为OKR恰好能解决他长久以来的一些团队管理的困惑。当时他找到我们，提到了他所面临的几个主要问题：

- **问题一：绩效目标与业务的快速变化不匹配。** 团队产品开发节奏很快，大概每月需要发布一个版本。然而，传统绩效管理是以半年为周期在开展，这和团队的主业务流程严重脱节。造成的问题是：绩效目标制定之后，对实际业务毫无指导作用。
- **问题二：员工目标制定得偏保守。** 员工担心目标制定之后，主管会用这个目标来考核自己，而考核又和薪酬、年终奖、股票激励是绑定的，因而员工不敢制定具有挑战性的目标。
- **问题三：团队内其他主管安于现状。** 自己作为管理团队的一员，意识到必须要在绩效管理领域做出一些改变，团队才可能更好地前进，但其他团队成员可能并不这么看，他们认为这就是当前的事实，难以改变。他非常想知道：如何才能有效影响其他成员，触动他们，使他们做出改变。

初步交流后，我们意识到这位主管的变革意愿特别强，也就是说，他的变革紧迫感已经建立。他对OKR有强烈诉求，主动希望尽快试点。同时，为了帮助他解决其他主管的变革意愿问题，在他们团队的管理沙龙上，我用了近2个小时的时间，给他们分享了谷歌公司的人力资源实践，包括谷歌的创新文化以及其绩效管理，这对不少主管触动很大，他们希望自己的团队也能像谷歌一样，充满活力和创造性。通过这个主管的影响以及这一次管理沙龙的交流，该团队的变革紧迫感毫无疑问地建立起来了。

路径2：紧迫感的维持。

不幸的是，很多时候我们会遇到路径2这种情况：一开始团队热情很高，在遭遇挫折之后迅速退缩。

我们也曾遇到过类似的情况。我们在这个团队开展OKR的心路历程中找到4个关键点，如图10-6所示。

在各个不同的关键点，结合团队的不同状态，我们采取了针对性的辅导，帮助团队持续维持变革的紧迫感。

图 10-6　OKR 路径 2 的 4 个关键点

表 10-2 给出了帮助团队持续维持变革的紧迫感的方法。

表 10-2　帮助团队持续维持变革的紧迫感的方法

序号	关键特征	如何帮助团队持续维持变革的紧迫感
1	该团队的上级组织初步识别，认为该团队成熟度较高，推荐参与 OKR 试点	**分析团队短板及 OKR 价值**：帮助主管分析如何实现组织效率提升。当时团队在开展一种叫作"全功能团队"的组织运作方式，设计人员、开发人员、测试人员全部在一个团队中开展项目，打破了传统的部门墙运作方式。全功能团队是提升组织效率的一种重要方式，但全功能团队之所以能做到这一点，是因为它有更强的团队协作关系。在全功能团队下，需要思考如何最大可能地增强团队协作。现有的重个人绩效而轻团队绩效的绩效管理文化，可能是一个绊脚石，需要做出改变。OKR 是一个很好的切入点
2	在我们和上层组织的密切支持下，团队主管顾虑较少，各项工作有序推进	**推动制订行动计划**：建立部门的整体开展计划以及定期回顾机制，持续推动 OKR 的落地实施
3	团队业务扩充，主管忙于业务交付，对全功能团队实践和 OKR 关注意愿减弱	**持续影响**：持续保持对外部标杆团队试点情况的关注，适时推送 OKR 优秀实践，启发主管，并和主管一起分析 OKR 实施过程中遇到的关键问题：为何 OKR 制定后员工没有被充分激发？团队有哪些独特性，如何更好推进
4	团队主管重新思考 OKR 推进过程中出现的问题，组织全员研讨，找到新的 OKR 发力点	**树标杆**：适时在更大层面宣传团队的优秀实践，帮助团队树立口碑和影响力，获取更上层主管的参与和关注，获得自上而下的支持，在更大范围开展 OKR，形成良性循环

应该说，在我们的持续帮助下，团队避免了中途中止 OKR 并滑入路径 3 的风险。所以，对于 OKR 的成功推行，OKR 教练是多么的不可或缺。

路径 3：当团队退回到原来的路径时。

在开展 OKR 时，部分团队可能因对 OKR 的认识和理解不足，或者传统管理理念根深蒂固等原因，出现在试点一段时间后，放弃 OKR 而重回传统绩效管理的情况，如图 10-7 所示。

图 10-7　OKR 开展的路径 3

当遇到这种路径时我们该怎么办呢？我的回答是：先让其回去。OKR 的开展，一定是基于自愿原则。但既然团队退回到传统绩效管理了，OKR 教练应帮助团队一起分析为什么试点没能成功达到预期结果。是团队没有意识到转变的迫切性，还是在 OKR 开展前期对团队主管和员工的赋能不够，没能帮助他们理解到 OKR 的价值？还是试点策略选择不当，从而没能激发团队进一步开展 OKR 的积极性？如果有可能的话，OKR 教练应通过调查问卷或深度访谈的形式，深入地做一次组织诊断，输出一份 OKR 试点情况闭环诊断报告，为其他组织提供参照。

OKR 教练需持续开展外部洞察，营造外部紧迫感

OKR 教练需要持续保持对外部环境的敏锐洞察，并将这些洞察信息在开展 OKR 的团队内适时分享，持续在团队中营造起外部紧迫感。

在开展 OKR 之初，我们曾仔细观察过谷歌的人力资源实践，并在该试点公司的内部网站上发表了多篇关于 OKR 的文章，如《OKR 还是 PBC，谁更适合你的团队？》《不懂内在动机，你敢说你懂 OKR？》《别不信，OKR 真的能让你高绩效》等，这些文章在内部引起了较为强烈的共鸣，持续感染和激发着团队推进 OKR 试点实践。上面分享的路径 1 案例中的主管，就是在看到我们发布的这些洞察（观点分享）之后，主动联系我们希望开展 OKR 试点的。结合外部洞察的观点分享，本身就是一种理念的布道。

成立指导团队

解决了紧迫感的问题之后，应该抓住机遇，迅速组建指导团队，以推动

OKR 的后续实施工作。指导团队的形式可以多样化，可以包含正式的和非正式的两种，如图 10-8 所示。

```
公司层面
（正式）        公司指导团队1  ……  公司指导团队n

部门层面
（正式）     部门指导团队1  部门指导团队n   部门指导团队1  部门指导团队n

虚拟团队
（非正式）                    OKR 峰会
```

图 10-8　成立指导团队

正式指导团队是行政式的，通常是基于组织层级构建的。正式指导团队通常承担如下职责：

- **传播 OKR 理念**：开发 OKR 相关赋能材料，推送给主管和 HR，对有意愿参与 OKR 试点的团队开展 OKR 培训。
- **定期组织交流**：定期传送公司内部及业界 OKR 的最新动态，了解各试点团队 OKR 开展过程中的问题和困难、积累的实践经验。
- **深度参与 OKR 试点**：指导团队需深入各试点团队，全程参与各环节的研讨，了解试点团队当前状态和困难点，全力提供支撑和指导。

虚拟团队则类似于民间的委员会组织，把一批有热情、有经验的优秀主管和 HR 汇聚在一起，定期交流和碰撞，分享经验。我们在开展 OKR 的过程中，成立了一个非官方的 OKR 虚拟组织，取名叫 OKR 峰会，并有严格的入会和离会流程，峰会的规模维持足够小，加入峰会的成员必须是优秀的试点团队的主管和 HR，以确保交流的质量。峰会有定期的交流机制，每双月定期研讨一次，会邀请内部或外部 OKR 牛人分享他们的 OKR 实践，持续给大家带来启发。峰会采取积分制，对会员在 OKR 推进过程中的贡献将进行积分，以鼓励会员积极贡献，同时增强峰会的娱乐性。

对理念布道者的一些建议

我们在前面已经分享了理念布道者应该如何建立紧迫感，以及如何建立指导团队的一些做法。这里，我们把它们同如何形成愿景和战略以及如何传播愿景和战略，一并做一下汇总，给出如表10-3所示的建议。

表10-3 变革活动和变革建议

变革活动	变革建议
建立紧迫感	・展示一件非常吸引人并能够被实际感受到的事物，如团队的组织诊断报告、绩效管理满意度调查报告等，通过这些报告找出团队的差距，触动团队理解变革的必要性 ・持续开展外部企业洞察，分享标杆企业的动态，持续激发团队变革的意愿 ・持续不断地寻找团队差距，降低组织自满情绪，推动团队对OKR理念的深入理解
成立指导团队	・把极具热情和责任感的人吸收到指导小组中来 ・指导团队必须以身作则，充分信任和合作 ・团队成员应定期交流，正式和非正式两种形式都很重要，降低推进过程中的挫折感，增强互信 ・如果不能找到适当人员加入指导团队，建议重回第一步，多在提高人们紧迫感上努力
形成愿景和战略	・用简单明了、鼓舞人心的语言描述团队的未来，激发大家为之努力，让大家看到希望 ・不断发展和完善团队的愿景
传播愿景	・进行广泛而频繁的沟通，沟通过程简单而真诚 ・在沟通之前做好充足的准备，尤其是要理解大家的真实感受 ・注意解决推进过程中大家的情绪，包括焦虑、混乱、愤怒和不信任等 ・建立顺畅的沟通渠道，保证重要信息畅通无阻

实践的使能者

在理念层面达成一致后，团队可能还会面临如下问题：

- 如何让大家尽快行动起来，高效推进OKR的实施？
- 如何尽快呈现一些实施效果，增强大家开展OKR的信心？
- 如何乘胜追击，取得更大的成果？

这些问题，正是OKR教练作为实践使能者所要帮助解决的。

首先，OKR教练要积极地使能团队行动起来。 开展OKR，最重要的是要迅速行动起来，而不是仍然沿用旧思维开展OKR。一些团队认为只需要把绩效目标邮件发送给相关人，就算目标公开了，目标制定后也不闻不问，这种做法是对OKR的肤浅认识。真正的OKR，需要从目标制定环节，就充分地卷入团队成员一起参与制定，制定后的 OKR 要在内部公共的 OKR IT 平台上公开出来，过程中要不断地围绕 OKR 进行频繁互动和交流，共同促成 OKR 的达成。此外，在绩效评价时要把 OKR 的评价同绩效评价解耦。OKR 教练要帮助团队按正确的方式行动起来。

其次，OKR 教练要帮助团队创造短期成效。在开展 OKR 的过程中，OKR 教练要善于发现团队细微的积极变化，把关于这些变化的生动故事宣传出来，影响更多的人加入转变行列中来。

最后，OKR 教练要善于巩固成果并持续推进。OKR 教练要定期进行 OKR 回顾，通过月报、季报等方式，总结宣传 OKR 开展过程中做得好的地方以及公布不足的地方，不断优化和改进。

使能团队行动

先来看看如何才能使能团队行动。

在实际开展过程中，我们首先和团队主管一起，结合团队诉求，制订明确的开展计划（见表 10-4）。

表 10-4　团队 OKR 开展诉求

开展维度	行动内容
主要诉求	团队业务交付压力较大，迫切希望激发员工潜能，使他们能放开手脚，充分协同，共同做大蛋糕
对 OKR 的理解	目标达成率不用于绩效考核，公开有助于激发挑战意愿；同行评议可牵引社区导向，提升代码质量
优化目标	重点落实目标和评价解耦、公开、社交化、同行评议，激发员工挑战意愿，牵引协作
实施方案	结合开源社区开展目标公开和围观。匹配业务周期的自评及主管反馈，提升评价的及时性。基于社区协作大数据，开展同行选取，提升同行评议的精准性
如何评估效果	结合调查问卷、访谈、业务表现等维度，持续了解团队成员在理念和行动上是否出现积极变化

然后，输出详细的 OKR 开展计划（见表 10-5）。

表 10-5　OKR 开展计划

OKR 活动	责任人	完成日期
和团队所有成员一起交流开展思路	×××	2018/1/20
管理团队讨论开展方案	×××	2018/1/26
OKR 开展方案全员沟通	×××	2018/1/30
团队 OKR 众筹	×××	2018/2/15

(续)

OKR 活动	责任人	完成日期
个人 OKR 制定	×××	2018/2/20
OKR 公开及围观	×××	2018/3/11
第一期优秀 OKR 宣传	×××	2018/3/20
OKR 效果评估及优化计划	×××	2018/7/30

创造短期成效

在实施 OKR 的过程中，无论是团队主管还是团队的员工，都有太多太多的疑问。对这些疑问的争论是无解的，这是两种截然不同的信念，一方无法说服另外一方。所以，有效的做法就是做出事实，事实胜于雄辩。OKR 教练要迅速地让 OKR 短期产生成效，然后把短期成效宣传出来，达到鼓舞人心的效果。

例如，在一个团队中，员工 A 先制定了一个比较保守的 OKR（见表 10-6）。

表 10-6　A 制定的 OKR

O	按照版本缺陷要求交付加密算法特性
KR1	加密算法特性缺陷达标，即每千行代码 2 个缺陷
KR2	确保 50% 的问题能通过后台日志方式进行问题定位，提升定位效率

后来无意之中，主管听到了他和同事 B 的一次对话：

员工 B：感觉你没有释放出你的能量啊，你写的代码质量一向很高，大家通常都不太能找得到问题啊。

员工 A：这不是怕最后达不成目标，考评为 B 嘛。先定一个保守一点儿的目标，安全啊。

主管于是发现，很多员工还是不相信 OKR 不用作考核。于是，在各个团队开团队例会以及其他公开场合，主管持续不断地反复传递 OKR 不用作考核的理念。在反复宣传数次之后，主管发现员工 A 在 1 个月之后将他的 OKR 进行了修改（见表 10-7）。

表 10-7　修改后的 OKR

O	完美交付加密算法特性，可靠性达到业界最佳
KR1	加密算法特性测试时实现 0 缺陷
KR2	在不影响性能的情况下，确保 80% 的软件问题可通过后台日志方式进行定位

这是一个可喜的变化，主管很快把员工 A 的 OKR 作为团队的 OKR 标杆进行宣传，号召大家向他学习。此后，根据主管的反馈，团队中约有 30% 的员工主动调高了 OKR 的难度。

巩固成果并推行更多

团队每两个月会召开一次民主生活会，在这次会议上，团队的 HR 会让各个项目团队分享它们的 OKR 开展情况，从中提炼出 1～2 个非常优秀的实践在团队内部广泛宣传。这样，团队的 OKR 优秀实践就越积越多，很快大家就都知道了 OKR 应该如何开展，什么样的 OKR 才是好的 OKR，并输出了高质量 OKR 检查表（Checklist）（见表 10-8）。

表 10-8　OKR 检查表

类别	检查项
目标（O）	O 是否支持团队 O 的达成？个人 O 要始终围绕团队 O 开展
	O 是否创造了商业价值？从客户视角看，这件事情是否有意义，能否给客户带来收益
	O 是否聚焦？在制定目标时，切忌大而全，建议 O 的个数不多于 5 个
	O 是否鼓舞人心？O 应尽可能地是定性描述，让人振奋，感受到激发
	O 是否足够简洁？应尽可能用简洁的话描述清楚 O，冗长的目标难以记忆，也就起不到激励自己的作用
关键结果（KR）	KR 是否有效支撑了 O 的达成
	KR 是否聚焦？KR 应聚焦 O 的主要方面，建议每个 O 下 KR 数量不多于 4 个
	KR 是否足够挑战？如果 KR 很容易达成，也就失去了价值
	KR 是否可衡量？KR 应尽量定量描述，或者类似里程碑的方式
	KR 颗粒度是否足够？不应把 KR 描述成任务，任务是指只需数天即可完成的工作项，KR 的颗粒度应该比任务要粗，通常需要 1 个月以上时间才能完成
	KR 是否足够具体和清晰？同 O 一样，KR 应尽可能简洁、无歧义
整体	OKR 的依赖关系是否厘清，并知会了相关利益干系人？如果自己的 OKR 依赖于其他人的 OKR，应主动同对方沟通澄清依赖关系，确保 OKR 能有序推进

对实践使能者的一些建议

OKR 教练作为实践的使能者，须使能团队和员工行动，创造短期成效，巩固成果并推行更多，下面将这 3 个活动做一下汇总，并提供一些行动建议（见表 10-9）。

表 10-9　OKR 活动建议

变革活动	活动建议
使能团队和员工行动	·将那些能快速成功转型的人树立成团队标杆，鼓励大家向他们学习，提高行动的信心 ·建立适当的激励机制，建立必要的自信 ·收集能够帮助大家做得更好的、与愿景相关的积极正向反馈，并广泛宣传
创造短期成效	·快速局部推进，取得小成效，并尽可能让更多人看到成效 ·足够明确，突破人们的情感防线，赢得信任 ·能够争取到关键利益干系人的支持与参与
巩固成果并推行更多	·在更大范围采取行动，改变所有不符合转型愿景和机制的做法 ·培养更多能达成转型愿景的员工 ·不断刷新实施方案，为转型注入新的活力

解决方案的集成者

当一个个小小的短期成效逐步显现，汇聚到一定程度后，就会形成一个相对完整的大的解决方案。此时，OKR 教练要能适时地把这个解决方案总结出来，并同其他团队的解决方案进行综合和集成。同时，要从更深的团队文化层次去思考，如何把成熟的做法固化到团队血液中去，形成团队的基因。

通常而言，每个公司都会有自己的核心价值观，这是整个公司的灵魂。例如，华为公司的核心价值观是三句话——"以客户为中心，以奋斗者为本，长期艰苦奋斗"，谷歌公司的"十大信条"就是它的核心价值观，而亚马逊公司的核心价值观是：

- **以客户为中心**：客户第一，工作第二。
- **创新**：不听客户的声音意味着失败，但是只听客户的也不可能成功。
- **行动**：我们生活在一个对革新无法预知、有着不可超越的机遇的时代——它提供给我们的每分钟都弥足珍贵。
- **主人翁意识**：主人翁精神代表着你参与组建一个伟大的公司。在承担项目或给予意见时，立足长远思考，充满激情；在面对每一个具有挑战性的决定时，充满力量。
- **高标准雇用**：在做一个雇用决定时，我们要扪心自问："我喜欢这个人吗？我可以从这个人身上学到什么？这个人会成为一个明星吗？"
- **节俭**：我们只在那些真正值得的事上花钱，坚信节省会带来充裕资源、自我富足和发明创造。

核心价值观是一个企业的大气候，就好比我们把全球分成温带、寒带、热带等。但通常，在大气候下，还会有各地的小气候，例如，中国整体属于温带气候，但在夏季，号称四大火炉的重庆、武汉、南京、长沙四地，则酷暑难耐。企业也是一样，在核心价值观之上，各个不同的业务单元，由于面向不同的客户环境，因而会相应产生不同的文化氛围。例如，面向运营商客户的部门，由于运营商环境相对比较稳定，只有少数几个大客户，一年只要签下几个大的订单，就足以支撑部门的发展，因此，在这样的部门中，它们追求高质量、零缺陷，对错误容忍度低。然而，在面向终端个人消费的部门，则外部环境多变，今天用户喜欢你们公司的手机，明天可能就换成另外一个品牌了，因此，在这样的部门中，必须要能迅速地洞察到客户口味的变化，快速做出反应，可以容忍犯错，但希望员工在不断的试错中取得成功。OKR 也一样，OKR 基于内在动机理念，因此在开展 OKR 时，团队也应该要有匹配 OKR 理念的相应的文化氛围。核心价值观与 OKR 文化氛围的关系如图 10-9 所示。

图 10-9　核心价值观与 OKR 文化氛围的关系图

德鲁克说，"文化把战略当早餐吃"（Culture eats strategy for breakfast），文化的重要性可见一斑。没有相应的文化做支撑，战略无法有效的落地。文化事实上也是一个企业长治久安的根基。从变革的有效性角度出发，OKR 教练最终需要将 OKR 的新做法根植到团队文化中，要持续不断地告诉新员工，团队真正关注的是什么，要从一开始就接受新的做法。要反复不断地用生动的故事，说明团队成功的原因以及希望大家采取的行为方式。最后，要确保行动和结果的连续性，不断让文化氛围与时俱进。这样 OKR 实践才能够很好地持续下去。

关于这一点，我们将在第 11 章分享 OKR 的十大信条，这十大信条就是因应 OKR 开展过程中的问题而生的，它就是匹配 OKR 理念的文化氛围。有十大信条之后，团队主管在各种场合会不断提及，新员工的导师会向他们讲解，在实施OKR时，大家也会自觉检查自己是否符合十大信条的要求。这些都是很好的做法，可供借鉴。

你的企业需要OKR教练

如同球队离不开教练的指引，企业的OKR推行同样需要教练的引领。许多人将企业内推动OKR落地的人称为"OKR大使"，但我更愿称其为"OKR教练"。"教练"二字，既在于"教"——传授方法与理念，更在于"练"——帮助团队在实践中成长。尤其在OKR推行的头两年里，OKR教练堪称成败的关键。有无OKR教练，企业的OKR推行效果天差地别。没有OKR教练，企业难免在摸索中走弯路，就像一名运动员，若无教练的指导，或许只能止步于业余水平，难以登上专业之巅。

OKR教练是理念的布道者，他们以坚定的信仰传播OKR的精髓，激发员工内心深处的工作动机；他们是实践的使能者，直面推行中的现实问题，让OKR理念与业务实际无缝衔接；他们更是解决方案的集成者，不断提炼成功经验，将优秀实践融入团队的基因。

近年来，在服务企业落地实施OKR的过程中，我有幸结识了一批对OKR价值深信不疑的OKR教练。小芒的李文静女士，以她坚定不移的热情，始终陪伴着公司OKR开展的全过程，至今已两年有余；菲鹏的喻红菊女士，凭借她深厚的领导力，不仅通过干部大会统一了全公司管理层对OKR的认知，更成功培养了一支高效的内部OKR教练队伍，为OKR在公司持续而有力地推进奠定了坚实的基础；还有不少企业（如宁德时代）在内部认证了一批专业的OKR教练，借助他们对团队的OKR开展过程进行全程深度辅导。他们，是企业OKR成功开展的宝贵推动力量。

组织变革领域的权威学者迈克尔·塔什曼曾深刻指出，变革的成功离不开整个团队的深度参与，而实现这一目标的关键在于，组织要拥有"一个愿景和多个传教士"。在OKR的落地实践中，OKR教练正扮演着"传教士"这一至关重要的角色。如果你的企业也期望能够系统化、持续性地推进OKR管理方法，那么培养若干专业、敬业的OKR教练，无疑是实现这一目标的核心要素。

Performance
Empowerment

第 11 章 ——

OKR 经典十问

传统势力总是很强大，传统观念总是根深蒂固。在开展 OKR 的过程中，我发现一个十分有趣的现象。一方面，无论是主管还是员工，对传统绩效管理恨之入骨；另一方面，对新的 OKR 又充满质疑。这或许印证了谷歌前首席人才官拉斯洛·博格当初在谷歌开展绩效管理变革时所说的那段话。

每次我们对谷歌的绩效管理体系做出改变，都会遭遇两个不证自明的真理：

（1）没人喜欢当下的体系。

（2）没人喜欢改变当下体系的提议。

在开展 OKR 的过程中，主管和员工无数次问过这样的问题（Questions）。

- Q1：OKR 有何价值，为什么要开展 OKR？
- Q2：OKR 为什么能带来你们所说的这些价值？
- Q3：如何在目标制定环节实现激发，如何激发员工设置富有挑战的 OKR？
- Q4：如何激发员工自主思考，发挥其主观能动性和创造力？

- Q5：如何保持激发的持续性，而不是一次性工程——目标制定了就完事了？
- Q6：我的团队是否适用OKR，OKR的适用场景是什么？
- Q7：OKR与传统绩效管理有何异同？
- Q8：评价解耦后，员工会不会更加不关注目标达成了？
- Q9：业界认为OKR得分0.6～0.8最合适，是否会导致大家以该值为牵引区间去打分？
- Q10：解耦后考评怎么操作？

这个清单可能还会更长，但从我们两年多的实践来看，上述经典十问基本囊括了OKR开展过程中人们最常问的问题。本章试图逐一作答。

Q1：OKR有何价值，为什么要开展OKR

没有比较，就没有伤害。要理解新世界的好，首先得从理解旧世界的不足开始。要回答这个问题，不妨请各位先思考一下传统绩效管理存在哪些不足。相信大家都能列出一大堆不足来，比如"目标刷新不及时""绩效管理周期和业务周期严重脱节""过于形式化"等，这些问题OKR都能解决。

其次，从外部环境分析，随着企业面临的外部环境不再像大工业时代那样稳定，而是充满变化和不确定性，企业要想在快速变化的外部环境中更好地生存下来，需要有极强的应变和适应能力。一年一次的目标制定和绩效评价方式显然过于呆板，所谓计划赶不上变化，是对现今环境最恰当不过的描述。OKR有4个特别重要的特征：透明公开、敏捷开放、自下而上以及目标和评价解耦。透明公开指的是OKR强调在企业内部，所有人的OKR应相互可见，以促进相互理解和目标协同，共同做大蛋糕。敏捷开放指的是OKR强调匹配业务节奏设定目标，并在过程中快速调整目标，体现了极强的应变和适应能力。在不稳定的环境中，指挥官不见得就能比下属看得更清晰，这个时候让听得见炮火的人去自下而上地制定目标，往往能超出指挥官的预期，漂亮地打赢一场场不确定性战争。而目标和评价解耦，则正是为了卸掉压在员工身上的沉重的考核包袱，让他们轻装上阵，眼睛盯着目标。在价值创造的时候只需眼睛盯着目标，不要总是患得患失，总是关心自己能分多少。

Berson公司结合多年的洞察经验给出过一个论断："企业绩效管理每隔2~3年就应审视一次。"业界企业自2012年开始，如奥多比系统、微软、GE以及IBM，均在绩效管理方面实施了变革，这些变革无疑促进了企业业绩的提升。所以，你为什么还要固守老旧的、不合时宜的传统做法呢？我们在开展OKR时，很多积极拥抱变革的主管对我们说："为什么不尝试呢？至少，用OKR再差也不会比传统方法差。"有这一信念做基础，希望变革的主管就有了义无反顾前进的动力。

Q2：OKR为什么能带来你们所说的这些价值

我们说，OKR强调公开透明、敏捷开放、自下而上和评价解耦，能显著激发员工潜能。很多主管可能会质疑："OKR为什么就能带来你们所说的这些价值呢？"我们不妨对OKR的四大特性逐一展开分析。

敏捷开放：OKR不一刀切地设定固定的目标开展节奏，一切取决于业务。团队无须按部就班地每半年设定一次目标，这就体现了其开放性和敏捷性的特点。当前业界的交付节奏普遍呈现快节奏趋势。你可能还记得，传统上，微软大概一年才会发布一个软件版本。但自从微软宣布实施云战略之后，一改之前每年发布一个版本的做法，在云计算领域他们甚至实现了每3周发布一个版本的交付节奏。OKR完全适配这种业务节奏，事实上当初英特尔在芯片行业掀起的摩尔定律现象，或许也要归功于它那以月度为周期开展的OKR。

公开透明：我们曾问过IBM等大型企业，它们在开展传统绩效管理时，目标仅限于主管和下属范围内可见，团队内的其他人事实上并不知道其他成员的目标是什么。这种绩效管理系统是封闭的系统，极不利于信息共享和协同。OKR则相反，它默认全公开，任何人都可以查阅、评论，信息是透明的。这能显著增强团队成员之间的业务协同。

自下而上：自下而上即自主，是内在动机的一个基本心理需求。OKR强调，在员工设定目标时，要有相当一部分是员工自己提出来的，而不是上级指派的。只有这样，员工才会感知到目标是自己的目标，不是他人强加给自己的目标，从而显著增强对目标的承诺感。承诺伴随着付出，相应带来敬业度的提升。当然，员工自主设定目标不等于可以天马行空地设定目标，实际上还是要和组织目标对齐，只是这个对齐动作是员工自下而上地完成的，而非行政式地自上而下瀑布式倾泻下来。这是操作形式上的一个小变化，但对于员工心理感知而言是一个巨大的改变。

评价解耦： 通常而言，绩效管理包含目标管理和评价管理两部分。目标管理聚焦价值创造，评价管理聚焦价值评价，两者切勿混为一谈。如果你把目标和绩效关联在一起，所谓考核什么，最多得到什么，考瓜得瓜，你很大情况下不可能得到超越这些"瓜"的新结果，不大可能给企业和自己带来突破性的变化。OKR不和评价直接挂钩，正是希望让员工丢掉包袱，释放挑战潜能，让员工敢于冒险，实现突破性创新，而非仅仅实现守成式成绩。

Q3：如何在目标制定环节实现激发，如何激发员工设置富有挑战性的OKR

实施OKR后，员工为什么就愿意设置挑战性目标呢？这里实质上有一系列因素在共同发挥作用。

首先，OKR一定要全公开。公开带来围观效应，围观导致承诺。人是社会性动物，每个人都期望自己能在公开场合留下一个好印象。想想一个场景：如果你明天要当着1万人做一场演讲，这个时候即使没有任何人监督你，你是不是也会在正式演讲前演练无数次？曾经，一个软件研发部门准备将部门所有源代码开源，放到一个公共的开源社区上。一位员工听说后非常紧张，小声地和主管说："能否再给我一周的时间，我想把我负责的代码优化一下再开源？"显而易见，公开带来了员工对工作交付件的重视。OKR公开，事实上代表了员工的一种承诺。

其次，要告诉员工，最恰到好处的挑战水平是实现可能性为50%的时候。在设定目标时，员工应当按照0.6～0.7的得分标准去要求自己和设定挑战目标。1分并非意味着自己很完美，相反，它说明自己定的目标还不够有挑战性。但与此同时，也要注意目标不要定得太难，太难会带来挫败感，实现可能性为50%时是最好的，既要让员工看到为之一搏的可能性，同时也在这个过程中体会到挑战的乐趣。

再次，在设置 KR 时，要可量化。拿跑步的例子来说，现在朋友圈跑步的朋友越来越多了，跑的公里数也越来越多，其实这跟智能手环或手机计步软件的兴起有密切的关系。以前你跑步只能用"圈"来计算，比如围绕某个操场跑了 5 圈，这是很粗略的度量，其实你说出来后其他人并没有多少感知。但现在不同了，你可以说我走了 1 万步，跑了 21.11 公里，非常精确，在"晒"出来后也更容易引起朋友们的共鸣。这就是量化的力量，量化促成了围观，围观又强化了个体的承诺意识。

最后，一定要反复强调，OKR 不用作考核。我们在试点 OKR 之初发现一个有趣的现象，OKR 对新员工的激发作用十分明显，而老员工则无动于衷。进一步分析发现，新员工因为无知者无畏，相信 OKR 不用作考核，而老员工则由于头脑里还保留着过去的考核理念，不相信 OKR 不用作考核，所以在制定目标时仍趋于保守。马基雅维利早在 500 年前就说过一句话：

> 再没有什么比建立一个新秩序更加困难重重、更加成败未定、更加危险的了。对改革者而言，那些从旧秩序中走出来的人大多会变成改革的死敌，而那些可能从新秩序中获益的人也只会对变革给予冷淡的支持。这种冷淡来自人类怀疑的本性，他们在获得亲身体验之前，不会真正地相信任何新生事物。

变革何其艰难！变革领域的大师科特曾告诫我们，变革遵循"目睹—感受—改变"的逻辑，即员工只有真真切切地看到了变化的发生，并感受到了变化对自身的影响，才会改变自我去迎接变革。所以，在实施 OKR 的过程中，主管一定要反复强调 OKR 不用作考核这一点。不只是口头上的强调，更要在实践中切实地去践行，让员工看到这一变化，感受到它对自身的影响，从而促成改变的发生。日常管理中千万不能再出现这样的言辞："如果这件事你没做好，那么你这次的考评就不能高于 B。"这样的对话极具杀伤力，只要有一次这样的对话，你曾经千百次的口头强调都将变得苍白无力。

Q4：如何激发员工自主思考，发挥其主观能动性和创造力

根据期望理论：激发效果 = 目标价值 × 目标实现的可能性。

这涉及两个方面。一方面要帮助员工时刻思考目标的价值和意义，只有做到这一层次，员工的动机水平才更有可能向内在动机靠近，从而释放更大的能量。也就是说，O 一定要定好，可以多花些时间在 O 上，想清楚一件事情的价值和意义，做到 O 真正鼓舞人心之后，再去制定挑战性的 KR。另一方面，设定了挑战性的 OKR 之后，过程中要同员工实时互动，帮助员工看到工作进展。在有意义的工作上取得进步，就可显著增强员工的工作心理，提升员工的胜任感，从而提升其内在动机水平。

另外，挑战需要氛围，在一个成功的团队里，没有失败的个人。团队的氛围营造非常重要。可以识别出一些主动性和积极性都非常棒的员工，通过他们的带头作用去逐步带动整个团队形成这样的良性氛围。

Q5：如何保持激发的持续性，而不是一次性工程——目标制定了就完事了

按照本·拉莫尔特在《OKR：源于英特尔和谷歌的目标管理利器》一书的定义，OKR 是一个持续的纪律要求。那么，如何才能做到"持续"这一点呢？

首先，很重要的一点是始终要让员工意识到这是他自己的目标，这也是 OKR 反复强调，在目标制定环节，一定要有相当比例的目标是员工自下而上制定的主要原因。每个人都会对自己的目标全力以赴。

但目标制定得很具挑战性，其实还只是迈出了第一步。要持续激发员工挑战已制定的目标，得有持续的氛围。团队需要开展匹配 OKR 理念的氛围营造活动。例如，在谷歌，它有与之对应的谷歌十大信条（见表 11-1）。

表 11-1 谷歌十大信条

序号	信条内容
1	无须作恶，也可赚钱（You can make money without doing evil）
2	信息无止境（There's always more information out there）
3	信息需求无疆界（The need for information crosses all borders）
4	无须西装革履，也可认真执着（You can be serious without a suit）
5	一切以用户为本，其他接踵而来（Focus on the user and all else will follow）
6	心无旁骛、精益求精（It's best to do one thing really, really well）
7	没有最好，只有更好（Great just isn't good enough）

(续)

序号	信条内容
8	网络适合平等参与的民主作风（Democracy on the web works）
9	获取信息的方式多种多样，无须非要坐在桌边（Don't need to be at your desk to need an answer）
10	快比慢好（Fast is better than slow）

华为一个团队在 OKR 实践过程中，也制定了该团队的 OKR 十大信条（见表 11-2）。

表 11-2 华为 OKR 十大信条

序号	信条内容
1	始终思考我的目标对客户的价值
2	主动承担，为团队做更大贡献
3	目标认定后坚定执行，相关变更及时知会周边成员
4	在聚焦自己目标的基础上尽力帮助别人
5	精益求精，坚持对技术的执着追求
6	合理规划工作，核心时间聚焦核心工作
7	面临压力仍然坚持质量
8	求助他人前，确保我已经做过深入思考
9	勇于挑战新领域
10	我的成长我做主

最主要的是，这十大信条不是主管一个人想出来的，而是全员按照如下步骤共同构建出来的：

- **步骤 1**：请大家首先审视自己在过去一段时间里 OKR 推进的进展如何？存在哪些影响 OKR 达成的因素？
- **步骤 2**：然后请大家思考，假如我心目中最优秀的人来做我的这些 OKR，他会怎么做？
- **步骤 3**：最后再请大家思考，在外界条件不变的情况下，为了更好达成目标，我还能做些什么？

通过充分收集大家在 OKR 实施过程中遇到的困难以及建议，梳理形成团队的 OKR 解决办法列表，然后再全员投票，识别出其中的 TOP 10，固化形成团队的 OKR 十大信条。这十大信条会反复出现在各种场合，在表彰优秀员工时，也会看他们同这十大信条中的哪几条是吻合的，并明确标示出来告诉团队其他成员，起到强化效果。通过不断宣传，最后大家对这十大信条烂熟于心，并对日常行为起到一种潜移默化的影响。

另外，要时刻利用围观的效果。在实施OKR的过程中，要把员工的工作成果实时呈现出来，并且最好是让员工自己去呈现，而不是被主管呈现。也就是说，通过公开的机制，让员工知道自己的目标以及目标进展会被所有人关注，员工也可以对比他人的贡献，知道自己的差距，从而激发不断挑战的意愿。

Q6：我的团队是否适用OKR，OKR的适用场景是什么

OKR是一种先进的目标管理工具，它基于内在动机理念。它强调目标的公开透明、评价解耦、自下而上以及敏捷开放。内在动机的一个前提条件是工作本身是有趣的，或者是有价值和有意义的。当员工觉得一件工作值得做时，他势必会全力以赴。所以OKR特别适合高复杂、高创造性工作，这些工作本身充满了趣味性，这个时候OKR能充分激发员工的好奇心，释放他们的内在潜能。闭上眼评估一下你团队的情况，如果你不给团队成员安排任何工作，他们是会立马放松下来甚至偷懒？还是会有一种急切地期待做更多工作的欲望？团队里有多少人发自内心地喜欢这份工作，而不仅仅是为了钱在工作？如果工作本身足够吸引他们，那么工作本身就是对工作最好的回报，这和OKR理念是一致的，这样的团队最适合引入OKR。

如果一件工作本身是无趣和乏味的，那么也谈不上内在动机了，这个时候该怎么办呢？是否OKR就不适用了？是否就只能通过外部管理手段，比如胡萝卜加大棒的方式，去强制大家完成工作了？如果无论是员工还是主管都认为这项工作确实没有任何价值和意义，那么可能也只能如此了。

但我想说的是，价值和意义其实是人为注入的，没有天生就有意义的事。拿搬砖来说，它是一个苦力活，十分乏味，但是对一个虔诚的信徒来说，他会觉得这是在为信仰工作，特别有价值和意义。如果你不是虔诚的信徒，你一定也无法理解电影《冈仁波齐》中的普拉村村民尼玛扎堆为什么要踏上那样艰辛的朝拜之路，于他而言，那不是一件苦差事，那是神圣的。

所以，即便是搬运工，如果适度地注入工作的意义，同样能调动工人内心的自主奋斗热情，OKR同样适用。

适用是一回事，准备度又是另外一回事。一般而言，我们会从业务不确定性程度、管理成熟度、员工成熟度三个维度评估团队开展 OKR 的准备度（见图 11-1）。

```
              业务不确定性程度
              高创新、高不确定性业务


                                        员工成熟度
                                        自我驱动、基于兴趣

    管理成熟度
    授权、扁平化组织、公平回报体系
```

图 11-1　OKR 准备度评估模型

成熟度评估要素 1：业务不确定性程度

如果业务不确定性程度较高，那么 OKR 天然适合。OKR 强调敏捷性，强调快速适配业务需求不断调整目标，这些都能很好地应对不确定性。创新业务本身就是不确定的，需要鼓励团队成员去冒险，因而不能用预先设定的目标去考核员工，这样只会限定员工的冒险尝试，所以创新业务也特别适合采用 OKR。

如果业务本身是确定的，就像组装汽车零部件一样，那么传统上管理者倾向于采用泰勒式管理方式，对工作过程进行严格和精细化的管控，以提升每一环节的工作效率。这样做的后果，等于剥夺了员工对工作的自主权，让工作变得十分乏味，工作最后实际上沦为了一种谋生手段，员工实际上变成了被操控的机器，是在被动工作，并没有发挥积极主动性。此时，如果换一种思路，采用 OKR，赋予员工一定的工作自主性，给工作注入意义，就能释放员工的工作积极性和主动性。只不过，这需要管理者先转变管理理念。

成熟度评估要素 2：管理成熟度

OKR 强调目标要自下而上制定，从而激发下属对目标的承诺意识。这需要管理者敢于放权，基于信任进行管理，放手让员工去发挥，过程中提供相应的帮助和支持，确保团队成员的努力同公司的战略规划匹配。

如果主管事无巨细什么都管，那么他的管理理念和 OKR 是冲突的，也就不适合引入 OKR，即便引入了，也会把 OKR 做成另外一种形式的 KPI。从这个角度看，要转变到 OKR 上，团队主管须先转变管理风格，信任是开展 OKR 的前提。

政治社会学家詹姆斯·M. 伯恩斯（James M. Burns）在 1978 年撰写了《领导力》（Leadership）一书，将领导力分为变革型领导力和交易型领导力两种：

- **变革型领导力**：领导者通过改变下属的价值与信念，提升其需求层次，使下属能意识到工作目标的价值，或是为规划愿景、使命以激励下属，进而使下属愿意超越自己原来的努力程度，并且帮助下属学习新技能、开发新潜能，增进组织的整体效能。
- **交易型领导力**：领导者与成员之间的关系是纯粹的价值交换关系，在领导者与下属之间存在着一种契约式的交易。在交易中，领导者给下属提供报酬、实物奖励、晋升机会、荣誉等，以满足下属的需要与愿望；下属则以服从领导者的命令和指挥，完成其所交给的任务作为回应。

OKR 需要领导者具备某种程度的变革型领导力，以愿景、使命和工作意义去驱动员工自我努力，而非单纯的物质激励驱动。

成熟度评估要素 3：员工成熟度

OKR 希望激发员工的内在动机，而员工的内在动机受其所处的马斯洛需求层级所制约。当员工的主要诉求是物质和金钱时，你很难和他们去探讨诗和远方。这也是为什么在早些年中国经济还处于比较初级阶段，大部分人还在为温饱而奔劳时，很少有企业尝试引入 OKR，而现今中国经济大幅改善，造就了大量的中产阶层之后，OKR 在国内大受欢迎。随着经济的发展，人们的生活水平不断提高，需求层次也不断攀升，做事的动机相应上升到了内在动机层次。

这可以从我的一个经历上得到验证。自 2012 年起，我在华为内部持续开展组织诊断，最初问员工："你对你的主管有什么建议吗？"相当数量的员工会说："主管太忙了，都没怎么管我们，我希望主管能多管管我们。"也就是说，员工觉得主管不是管多了，而是管少了。后来，随着华为不断提升薪酬水平，使其回报处于行业的 75 分位甚至 90 分位，引入人员的素质持续提升。这个时候再去给团队做组织诊断的时候，员工反映的大多变成了这样："我希望主管能少一些管束，流程能更简化一些。"从希望被管到希望更多授权，这里面反映的是员工素质的巨大飞跃。在此背景下引入 OKR，深受员工的欢迎，他们认为早就应该这样。

因此，在开展 OKR 前，请先评估一下你团队的员工，他们是否足够成熟？是否有主动做事的激情？如果没有，那么你需要先促成这一点，否则仓促引入 OKR，只会带来更多混乱。

Q7：OKR 与传统绩效管理有何异同

OKR 与传统绩效管理最大的不同是，OKR 是基于内在动机理念的，是发展导向，而传统绩效管理是基于外在动机理念的，是评价导向，两者有着根本性的理念差异。

具体来说，OKR 强调自下而上制定目标，而传统绩效管理则强调自上而下摊派指标；OKR 强调目标是用来自我挑战的，而传统绩效管理强调目标是用来评价员工的贡献度的；OKR 强调公开透明，而传统绩效管理则比较封闭，信息仅限于主管和下属之间；OKR 强调目标节奏要适配业务节奏，而传统绩效管理则僵化地按照半年或年度节奏开展……这个差异清单还会很长。

Q8：评价解耦后，员工会不会更加不关注目标达成了

总有人在担心这个问题："不考核目标完成率了，员工是不是就等于放羊和懒散了？"这是根深蒂固的传统绩效管理理念在作祟，总认为只有考核什么才能得到什么。事实上，只要工作本身是有价值和意义的，那么它就具备调动员工兴趣和参与的能量，然后再通过自下而上制定目标，并公开员工目标，过程中不断和员工发生互动，员工一定会不断推动目标向前。所以，在采用 OKR 时，主管需要思考的是如何让工作更具意义感，并创造一种公开和授权的氛围，让下属在这样的土壤中不断挑战自我。

Q9：业界认为 OKR 得分 0.6～0.8 最合适，是否会导致员工以该值为牵引区间去打分

0.6～0.8 分是谷歌基于自身的实践总结出来的一个 OKR 经验值，这是一种文化导向，不是一个考核指标。只要不考核，团队成员就会敢于去制定挑战目标，并实事求是地评估。这个评分也只用于他的自我改进，如果他能努力做到 1 分，却只做了 0.8 分，那么其实最后吃亏的是自己。因为在绩效评价时，只看最终的贡献，而不看得分。更高的挑战目标会牵引自己有更高的追求，从而取得更大的成绩。

Q10：解耦后考评怎么操作

考评看的是贡献，目标和评价解耦后，绩效评价只看最终的贡献，而不用看目标完成率。例如，目前世界男子 100 米短跑最好的成绩是博尔特在 2009 年柏林世锦赛上创造的 9 秒 58，但《日刊体育》报道，24 岁的日本短跑名将山县亮太，于 2016 年 9 月 29 日在其母校应庆大学的里约奥运会参赛选手庆功会上，给自己制定了一个十分具有挑战性的 OKR："四年后东京奥运会男子 100 米的目标，9 秒 57！"而他 9 月 23 日刚在大阪跑出个人最佳 10 秒 01 的成绩，迄今还没有突破过 10 秒。我们设想，假如他最后没有达成自己当初所定的那条 9 秒 57 的 OKR，实际成绩是 9 秒 58，假如那一届奥运会仍然没人打破这一世界纪录，那么他也是并列世界纪录了。在进行绩效评价时，我们只看他实际跑出来的成绩，而不用看是否 100% 完成了 OKR，一条拙劣的 OKR，即使 100% 达成了又有什么意义呢？

实施 OKR 的团队在进行绩效评价时，不再逐条目标去审视完成情况，而是让员工直接陈述其实际贡献，然后以此作为输入进行绩效评价。通常，OKR 会配合同行评议一起实施，员工完成自评后，会提交周边同事对他的贡献进行同行评议，最后主管会结合同行评议结果综合给出员工绩效贡献初评结果，管理团队最后在更大范围内统一审视员工贡献，给出最终的绩效评价。

Performance
Empowerment
第12章 ——

OKR 模式下的绩效评价

本质上，OKR 是一种目标管理方法，是一种价值创造手段。出于激发员工内在动机的目的，OKR 不应和绩效评价捆绑。也即是说，OKR 完成率不应作为员工考核的直接输入，这样只会束缚员工的挑战欲望。然而，令人遗憾的是，这种情况在企业内部一再出现。一次，一名主管问员工，今年你准备把地区的销售目标定为多少？员工想了想，认为可以朝 1 亿元挑战一下。主管说，那好，把这条目标写到你的考核目标中去。听到这一要求后，员工立马若有所思地说，1 亿元销售收入的风险还是挺大的，还是先定成 8 000 万元吧。看吧，考核一下子压缩了员工 2 000 万元的挑战热情，让员工出于自身利益和安全考虑变得更加保守了。很多主管说，目标要用于考核时，没人愿意真正挑战，因为这等于挖了一个火坑让自己往里跳，此乃人之常情。

那么，OKR 模式下的绩效评价怎么做呢？是不是开展 OKR 后，就不需要再进行绩效评价了呢？有些企业确实在尝试废除绩效评价，在这上面迈出了革命性的一步。但很多企业由于原有的激励惯性还存在，比如，市场监管者通常要求企业定期发布财季报告、财年报告，于是，企业会以财季、财年为周期实施季度奖金、年终奖制度以及相应的晋升制度，为确保这些激励措施的公平性，往往需要以员工过往的绩效表现作为激励依据，即所谓的论功行赏。基于这样的外部大环境，绩效评价可能在短期内仍会存在。但绩效评价的存在，并不意味着绩效评价就必须得和目标管理绑定在一起，通过将目标管理和评价管理进行适度分离，也可以将绩效管理往前推进到绩效使能时代。

始终警惕 KPI

古德哈特定律

从科学的角度来看，在指标领域存在着一个颇具洞察力的定律——**古德哈特定律**（Goodhart's Law）。这一定律由英国著名经济学家查尔斯·古德哈特（Charles Goodhart）提出，其核心观点是：**一个指标一旦变成了目标，它就不再是一个好指标**。在经济学界，虽然许多杰出经济学家的名字都与重要理论或概念相关联，如约翰·纳什的"纳什均衡"、罗纳德·科斯的"科斯定理"，但鲜有经济学家能够以其名字命名一个"定律"。古德哈特便是这少数中的佼佼者。

1975年，古德哈特在一篇批判英国货币政策的文章中首次阐述了这一观点。他指出，当一个指标被赋予目标属性并受到过度关注时，就会导致统计数据的失真和扭曲。人们会为了达成指标而采取各种手段，包括数据造假、寻找捷径等，最终导致整个统计体系的崩溃。

这一现象在历史上有着诸多典型案例，其中最著名的莫过于发生在印度的"眼镜蛇效应"和发生在古生物学界的"化石碎片收集"事件了。

眼镜蛇变得更多了

19世纪英属印度时期，印度眼镜蛇肆虐，造成了许多人员死亡。为此，政府出台了一项赏金计划：每捕杀并上交一条眼镜蛇，便可领取一笔赏金。初期，这一政策似乎卓有成效，大量眼镜蛇被捕杀，政府记录中的捕杀数量也逐渐上升。

然而，聪明的居民很快发现，这项政策其实可以被"优化"。与其冒着危险在野外捕杀越来越少的蛇，还不如养蛇来得容易。一时间，村落中纷纷出现了"蛇农"，许多家庭将养蛇视为生财之道。原本为了灭蛇的赏金计划反而成了推动蛇养殖的动力。

政府最终察觉到异常，迅速叫停了赏金计划。然而，问题并未结束：这些原本被饲养的眼镜蛇由于失去了价值，养蛇人纷纷将其放回野外。结果，野外的眼镜蛇数量不仅没有减少，反而大幅增加，比计划实施前更加猖獗。初衷是治理蛇患，最终却导致了更严重的蛇患。这一事件后来被称为"眼镜蛇效应"，成为指标失灵的经典案例。

化石变得更碎了

古生物学领域也有一段错把指标当目标而引发的讽刺性故事。19世纪，一位在东方古国工作的古生物学家对搜集恐龙骨骼化石来研究史前动物很感兴趣。于是，古生物学家向当地农民寻求帮助，提出每上交一块恐龙骨骼化石碎片，就付给农民一笔钱，上交的化石碎片数量越多，报酬就越高。这项激励机制原本是为了鼓励更多化石的发现和保护，但意想不到的后果却随之而来。

农民很快就学会了如何玩弄这个系统：因为古生物学家是按"碎片"付费，所以农民开始砸碎他们找到的恐龙骨骼化石，这样他们就可以上交更多的"碎片"，获得更多的报酬。

这种短视行为破坏了化石的完整性，使许多珍贵的学术信息无法再被解读。例如，恐龙骨骼的排列方式、关节的连接状态、化石埋藏的地质特征等，这些对研究古生物生活习性和生态环境极为重要的细节，在化石被破坏后永远地消失了。

最终，古生物学家收到了大量无从拼凑、价值有限的小化石，花式碎片确实多了，但错失了真正具有研究价值的完整标本，变得没意义了。

可笑的千岛湖"邮票"照

古老的故事，不断地在日常生活中演绎出现象迥异但规律却惊人一致的现代版本。

去年暑假，我抽空带小孩去了趟千岛湖。远远看去，湖水宛如一块无瑕的翡翠，静静地镶嵌在群山之间。阳光洒落，湖面泛起粼粼波光，仿佛无数碎银在碧绿的绸缎上跳跃。走近湖岸，清澈的湖水透明见底，水草在湖底悠然摇曳，鱼儿穿梭其间，宛若在空中自由游弋。微风拂过，湖面荡起层层涟漪，碧绿的水色与蓝天交相辉映，仿佛天地间最纯净的一抹色彩，令人心醉神迷。这如诗如画的景致激起了我们浓浓的游玩兴致，我们心中不禁生出一种渴望，想要融入这片湖光山色之中。于是，我们决定乘游船前往一座名为"钓鱼岛"的小岛，登岛去亲身感受湖中的乐趣，让自己真正融入这片天地，成为这碧水蓝天间的一抹灵动。

刚踏上船，就有一位背着相机的小哥热情地招呼："本船免费为大家拍一张甲板纪念照！"游客们欣然响应，兴冲冲地从船舱涌向甲板，顶着烈日一一拍下照片，都希望将这美好的瞬间永远定格。然而，等到我们游览归来，准备在出口处领取照片时，却发现这"免费"的纪念照在尺寸上严重缩水，仅有邮票大小，难堪一用。而如果想要正常尺寸的照片，则需要额外付出远超市场价的费用。顿时，抱怨声此起彼伏，游客们愤愤质问："为什么不在船上说清楚？害我们白白拍了个寂寞！这简直就是赤裸裸的欺骗！"

这背后的原因，细想起来，并不复杂。我敢断言，这又是 KPI 惹的祸。摄影师的考核指标是拍照游客的数量，而出口人员的绩效指标则是照片销售额。他们各自忙着完成自己的指标，却全然忽视了游客的体验。

没错，营收、利润这些指标，对每一个企业来说都是生死的关键。但正如美国最大的独立供电商爱依斯电力公司（AES）创始人丹尼斯·贝克（Dennis Bakke）所言："利润之于商业，就像呼吸之于生命。呼吸对生命须臾不可或缺，但不是生活的目的。同样，利润对企业的生存至关重要，但它们并非企业存在的理由。"精辟之至！

组织理论大师、BLM 模型之父纳德勒和土什曼也曾犀利地指出：那些为追逐短期成功而匆忙采取的行动，往往会给组织埋下隐患，最终成为组织长期失败的导火索。

然而，大师们说大师们的，企业做企业的，鲜有交融。这真是对管理智慧的极大浪费！

表面上看，摄影师和景区出口人员似乎都完成了他们各自的指标：拍了照片、也诱卖到了一些金额。然而，它却永久性地损害了游客的体验，损害了游船公司的品牌，损害了景区的旅游口碑。游客带着失望离开，下次不会再来了，也不会推荐亲友来了。摄影师的镜头定格了一场转瞬即逝的胜利，却悄然埋下了长远失败的伏笔，犹如饮鸩止渴，片刻的满足之后，紧随其后的，是无可逆转的沉痛代价。

这一幕，深深刻画出 KPI 的短视之弊。当考核指标成为唯一的指挥棒，它驱使人们过度追求眼前利益，却忽略了对组织真正重要的事：客户的信任、品牌的价值，以及口碑的传递。短暂的成功，留下的是影响未来发展的永恒的疤痕。

警惕 KPI，用 OKR 替代 KPI

这些案例生动地诠释了古德哈特定律的精髓：当我们将某个指标作为目标来追求时，往往会引发意想不到的负面后果。凝视这些案例，我们看见的何止是几个荒唐的故事，那分明是照见人性弱点的哈哈镜，是度量组织管理裂缝的游标卡尺。伦敦商学院战略与国际管理教授弗里克·韦穆伦（Freek Vermeulen）的研究表明，管理者在制定创新战略时最常见的误区就是过分依赖"量化指标"。事实上，对于真正具有突破性的创新产品而言，往往难以找到可靠的量化依据——毕竟，预测一个尚未存在的市场规模本身就是极具挑战性的任务。

试想，如果当初英特尔的管理层坚持要看到投资回报的数字，微处理器会这么快就见到曙光吗？不会的。如果他们真的执着于那些冰冷的数字，那么也许今天我们仍然停留在大型机时代。再比如，如果 DeepSeek（深度求索）的管理层在人工智能大模型的征途上，一开始便痴迷于投资回报数字，中国的大模型还会这么快就破圈吗？不会的。倘若他们真的被那些短视的财务数字所牵绊，今日全球人工智能大模型的天空，或许仍被 OpenAI 等巨头的羽翼所遮蔽，价格依旧高企，人工智能的普及之路依旧漫长而遥远。正如亚马逊创始人杰夫·贝佐斯所言："长远的视角对于创新来说至关重要……如果我们总是期望在两三年内看到显著的财务成果，那么许多最具意义的事业可能永远无法起步——比如 Kindle 电子书、亚马逊云服务（AWS）以及 Prime 会员服务。"

因此，企业在制定目标时，需要警惕指标化，要注意避免陷入古德哈特定律所揭示的陷阱，把自己困死在当下。指标，就像是飘荡在企业头顶上的浮云，它们会在不经意间遮挡住企业的视线，让企业难以看见更广阔无垠的天空。

值得庆幸的是，OKR 为这一问题提供了一个巧妙的解决方案。在 OKR 体系下，所有的关键成果指标（KR）都必须服务于特定的目标（O），这就像是给孙悟空的超能力上了一道紧箍咒,把离经叛道引向了取经正道。通过将一个个冰冷的指标纳入有意义的目标框架之下,OKR 确保了指标的工具属性,而不是目标属性。这种机制既保留了指标的可衡量性和指引性,又避免了因过度关注指标而导致的行为扭曲,实现了组织管理的精妙平衡。

  OKR 不仅在结构层面彰显其价值,更因其与绩效考核脱钩而展现出超越 KPI 的独特优势。指标,本是明灯,指引前行之路。然其命运,取决于其用于发展还是考核。目的不同,目的地自然迥异。恰如一把利刃,用之以道,则所向披靡;用之以私,则自伤其身。当指标为 O 服务并致力于发展目的时,便化身为 OKR,稳居古德哈特曲线之左端(图 12-1 曲线下深色区域)。通过 OKR 的精心制定、协力对齐、用心使能与深刻复盘,它成为推动绩效腾飞的引擎。反之,当指标变成考核的标的时,便沦为 KPI,滑落至古德哈特曲线之右端(图 12-1 曲线下浅色区域)。在 KPI 的冰冷评价与功利应用的双重击打下,人们开始变得急功近利,他们会绞尽脑汁地去操纵指标,只为自身物质利益的最大化,却全然不顾组织和他人的死活。

图 12-1 古德哈特曲线下的 OKR 与 KPI

  古德哈特曲线,左为初心,点燃热忱之火,它以使命为引,以价值为锚,驱动人心向善;右为利刃,割裂理想之帆,它以利益为饵,以欲望为笼,诱人迷失方向。

何去何从，愿君深思！

OKR 自评

员工在制定好 OKR 之后，即进入实施环节。在实施 OKR 的过程中，员工需要定期地进行 OKR 自评，以确认工作推进进展，一方面让自己看到差距，另一方面也把进展告知周边相关人。需要注意的是，这个进展评估是员工自己进行的，其目的不是要考核员工，而是用于进展信息的知会。

通常而言，绝大多数实施 OKR 的企业都会沿用 0~1 分评分制度。0 分代表无进展，1 分代表 100% 达成目标。OKR 鼓励员工在制定目标时尽可能地制定挑战性目标，因此如果你最终目标总是达成 1 分时，你需要思考目标是否制定得还不够具有挑战性。根据谷歌的经验，理想情况下 OKR 的得分应该介于 0.6~0.7 分之间，谷歌称其为最佳得分点（sweet point）。

更一般地，在 OKR 评分机制中，通常分为 4 段：0 分、0.3 分、0.7 分、1 分，各个得分点所表达的含义，本·拉莫尔特在其所著的《OKR：源于英特尔和谷歌的目标管理利器》一书中有一张形象的图对之进行描述，如图 12-2 所示。

通过 KR 打分传达指标要求、管理期望并促进持续学习：

0~1 分评分系统：

- **1**　结果远超预期；几乎不可达成
- **0.7**　这是我们希望能达成的程度
  虽然很难但是可以达成
- **0.3**　我们知道肯定能达成的程度
  只需要很少帮助或不需要帮助就能达成的程度
- **0**　没有任何进展

图 12-2　OKR 评分说明

在设定 OKR 目标时，请参照这个评分尺度去设定，尽可能地牵引员工积极地挑战自我。谷歌创始人拉里·佩奇（Lary Page）曾说，如果你想让你的车 1 加仑（约 3.8 升）油跑 50 公里，那么，你在定 OKR 的时候，一定要把这个目标定为 1 加仑油跑 500 公里。这个例子非常形象地说明，你的 OKR 一定是非常具有挑战性的目标。在 OKR 里，刚刚好能达成的目标不叫目标，那只意味着是 0.3 分的水平。

挑战是一种文化，我曾和谷歌的一位管理者做过交谈，他描述说，在谷歌，如果你总是制定一个不够具有挑战性的 OKR，然后得分总是接近 1 分，你会被别人看不起，周边同事会认为你没有追求。

理论研究也已证实，挑战性目标对员工的激发作用十分明显。目标设置领域的两位泰斗埃德温·洛克和加里·莱瑟姆（Gary Latham）证实，当设置的目标具体（specific）且有挑战性（challenge）时，绩效表现最好，这是为什么我们反复强调 OKR 在设定时一定要有挑战性的理论根源。

OKR 模式下的绩效评价

大多企业仍会基于一定周期对员工进行绩效评价，不同的企业评价周期不同，部分企业的评价周期为季度，例如英特尔；部分企业的评价周期为半年，例如微软、谷歌；还有部分企业的评价周期为年度，例如 GE。

绩效评价不同于 OKR 自评，绩效评价是企业实施的对员工的正式评估手段，其评价结果通常会应用于员工的薪酬回报和晋升，是竞争性评价导向；而 OKR 自评通常只用于进展信息知会和绩效的自我促进，是发展导向。

虽然 OKR 得分不用作绩效评价，但 OKR 所产生的客观贡献将用于绩效评价的输入。举个例子来说，有一条 OKR 是这样的：年度销售收入达到 5 亿元，最终实际销售收入只达成了 3 亿元，OKR 得分为 0.6 分。在绩效评价时，并不是看 0.6 分这个数字，而是年实际销售收入 3 亿元这个数字。

由于 OKR 的实施周期和绩效评价的周期可能会存在不一致的情况，例如图 12-3 中，OKR_4 的周期为年度，但如果企业开展的是半年度绩效评价方式，那么在进行半年评价时，OKR_4 可能还处于实施期间，并未结束，此时，可以取 OKR_4 这条目标在这半年度所做的贡献作为绩效评价的依据。

在图 12-3 中，半年度绩效评价时，绩效结果 = 贡献 1 + 贡献 2 + 贡献 3 + 阶段性贡献 4，而年度绩效评价时，绩效结果 = 贡献 1 + 贡献 2 + 贡献 3 + 贡献 4 + 阶段性贡献 5。

图 12-3　OKR 与绩效评价示例

同行评议

通常，OKR 配合同行评议一起实施时效果会更好。同行评议最初存在于学术圈，学者在发表论文前，需要同行权威对论文进行评论。后来，谷歌将其引进到企业内部，员工在进行绩效评价时，首先由周边同事给出对其绩效贡献的评价意见，然后主管综合所有同行评议意见给出员工绩效贡献的初步建议，随后提交管理团队进行集体讨论，最终给出员工绩效评级。

同行评议流程如图 12-4 所示。

图 12-4　同行评议流程

步骤1：员工简单对自己在考评周期内的贡献做一个简要自评，作为同行评议的输入。自评应当分项目进行，比如员工在该考评周期中共完成了3个项目，那么这3个项目应分成3个条目分别进行自评，同时应确保自评简洁明快，切忌冗长。谷歌的经验是限制单项自评输入内容在500字以内。

步骤2：针对每个项目，选择最了解自己工作的3～8个同事作为同行评议人，邀请他们对自己的贡献给出评价意见。员工在考评周期内可能从事了多个项目，而每个项目参与的周边人员可能也不一样，因此同行评议人也应区分开来，只让了解自己项目的人评价相应的项目即可。例如，张三做了两个项目，周边人员小李和小王参与了项目1，小李和小刘参与了项目2，那么员工在项目1上的同行应该包括小李和小王，在项目2上的同行应该包括小李和小刘，小王没有参与项目2，不应作为项目2的同行，同理，小刘也没有参与项目1，也不应作为项目1的同行。总而言之，同行评议要求：只让最了解自己工作的人评价自己。这样才能确保同行评议的客观性。

步骤3：周边同事收到同行评议邀请后，需给出同行评议意见，评议是基于项目的，而非基于人的，周边同事只需给出他所共同参与的项目的评价意见即可。

步骤4：直接主管需要综合所有同行评议意见，给出员工的绩效初评建议。

步骤5：直接主管给出的初评建议将汇总成一份更大的名单，提交给一个管理团队进行集体评议。管理团队就所有员工的贡献进行综合考虑，给出员工的最终绩效结果。

步骤6：直接主管就最终绩效结果和员工进行沟通，告诉其优点和不足，以促进员工未来绩效改进。

OKR自评与绩效评价之间的关系

为了帮助读者更好地理解OKR自评与绩效评价之间的关系，我们把这两个部分串联在一起去做一个全局性的回顾，如图12-5所示。

图 12-5　OKR 自评与绩效评价关系

OKR 自评和绩效评价是两套独立的评价系统。员工每条 OKR 最终都会有一个自评得分，例如图 12-5 示例中的 OKR_1 得分为 0.5 分，OKR_2 为 0.3 分，OKR_n 为 0.6 分，这些得分只是反映了 OKR 的进展信息。在开展 OKR 时，任何时候都请记住一点，制定 OKR 是为了激发和释放员工的内在潜力，鼓励他们敢于挑战自我，而不是为了绩效评价。OKR 得分是 0～1 分，满分为 1 分，OKR 得分无关绩效评价。而在开展绩效评价时，出发点是员工自评，这里评的是员工的最终贡献，不是 OKR 得分，自评是文字性的输入，员工只需要简要列出自己在考评周期内实际有哪些产出即可，然后提交同行进行评议，针对每个项目，相关同行都会给出一个评分，如果评分是 5 分制的话，同行可以给出 1.0～5.0 之间的任意分值（具体分值各团队可自行规定），例如图 12-5 示例中，同行评议综合得分是 4.3 分，这个分值代表了周边同事对这个项目的价值认可，它和员工在 OKR 自评中给出的 OKR 得分没有直接对应关系，然后管理团队会结合同行评议结果给出员工的最终评价结果，对员工在考评周期内的贡献进行定性。

这种做法和传统做法有何不同呢？最大的不同是没有把目标完成情况直接应用到绩效评价环节。在传统绩效管理中，每条目标的完成率是需要考核的。在实际操作时，员工通常需要去逐一评估每条目标的完成情况，然后以此作为输入提交给主管进行绩效评价。这样，员工潜意识里就在目标和评价之间建立了一种联系，未来员工在制定目标时，必然会趋于保守，也正是这一做法，束缚了员工挑战的自主意愿。所以 OKR 的一大突破就是在目标和评价之间划了一条界线，将目标管理和评价管理划分成了两个各自独立运作的系统。目标管理专注于价值创造，绩效评价聚焦价值评价，在价值创造时应该关注的是如何才能把蛋糕做大，而不是从一开始就（而且之后始终）把目光放在最终的分蛋糕上。价值创造是价值评价的基础，没有有效的价值产出，价值评价就是瞎折腾。价值创造是价值评价的前提，虽然价值创造最终会影响价值评价，但两者之间是隐性的间接关联，而非显性的直接绑定。

我们在试点 OKR 之初，传统绩效评价理念在员工脑海中根深蒂固，很多员工都不相信 OKR 得分不会影响最终的绩效评价。但在坚持按照上面的做法实施 1~2 个周期后，发现员工的观念很快发生了戏剧性的转变。当我们在 OKR 开展 2 年后再去访谈员工时，90% 的员工都明确反馈说主管不会用 OKR 得分去评价他们的绩效，他们在制定 OKR 时顾虑会更少。而通过对 3 000 多名员工 OKR 得分和最终绩效结果进行的相关性分析同样表明，两者并无相关关系，绩效最好的员工的 OKR 均分约为 0.6 分，而绩效最差的员工的 OKR 均分却为 0.8 分，这再次说明，制定一个有挑战的、哪怕最终没能 100% 完成的目标对绩效的牵引作用，远大于制定一个容易的、可圆满完成的目标对绩效的牵引作用。

让 OKR 和考核各自归位

怎么样才能让你的业绩更好呢？

假如你的业绩用分数来表示，分子是你实际创造的价值，分母是你设定的目标。如果你追求分数更好看，你大可以把分母定的更小，这样你在分子上创造的任何微小的价值，都可以带来分数的巨幅提升。

但，这真的是我们想要的吗？恐怕不是。

在设定 OKR 时，正确的做法是：设定一个很大的目标做分母，让它像珠穆朗玛峰一样高耸云端，指引你攀登。你最后攀登的高度，构成了你的分子。在评价绩效时，我们应当关注的是你的分子，而不是分子除以分母得到的这个分数。这个时候分数大小已经没有任何意义，真正有意义的是分子的实际大小。

我们也看到，阿里巴巴在有意地弱化强制比例考核，字节跳动则在绩效考核中有意弱化 OKR，它们虽然殊途，却也同归，都是要让 OKR 和考核各自归位：OKR 致力于做大蛋糕，创造更大的价值；绩效考核致力于分配蛋糕，创造更公平的环境。你不能在蛋糕还没做出来之前，就想着怎么去分蛋糕，你也不能在蛋糕做出来后，让没有做出多少贡献的人反而拿到了更多的蛋糕。你一定读过北宋诗人张俞的"蚕妇"这首诗：

蚕妇

昨日入城市，归来泪满巾。

遍身罗绮者，不是养蚕人。

蚕妇何以"归来泪满巾"？只因"遍身罗绮者，不是养蚕人。"绩效考核要解决的正是如何让那些真正的养蚕人成为"遍身罗绮者"，只有这样，才不会让养蚕人"归来泪满巾"，才会像华为所说的那样"不让雷锋吃亏"。

如图 12-6 所示，OKR 制定、OKR 使能、OKR 复盘组成的是价值创造循环，这个循环致力于"做大分子""做大蛋糕"，驱动组织为客户创造更大的价值。而这创造的价值，才应作为绩效评价的输入，成为价值分配循环的原材料。

图 12-6　OKR 与考核

OKR 模式下的评价及激励全景图

更进一步，当我们完整审视 OKR 与评价及激励时，它们的关系应该如图 12-7 所示。

图 12-7　OKR 与评价及激励全景图

在华为，所有人力资源活动都围绕价值创造——价值评价——价值分配这条价值链展开。OKR 就是在充分调动员工积极性进行价值创造，OKR 无关绩效评价。也即是说，团队和员工在设定 OKR 时，聚焦的是如何把事情做好，而不是时刻考虑着做好后的回报，回报应该是事情做好后自然会发生的事。究竟是把回报当成追求的目标还是把取得好的成果当成追求的目标，把人分成了外在动机和内在动机两个阵营。正是为了避免过分物质化，OKR 强调目标完成率同绩效评价解耦，做事时聚焦做事，眼睛盯着事，内心要有不计回报的魄力，不要被物质回报遮住了双眼和捆绑住了手脚，尽管放手去做，在广阔的天地中尽情发挥，为公司创造更大的价值。

但是，OKR 和绩效评价也并非毫无关系。当你制定了一个十分具有挑战性的 OKR，并且也达成得不错，形成了实实在在的有效产出后，这个有效产出就是你绩效评价的重要输入。换句话说，OKR 同绩效评价之间通过"有效产出"这一中间变量发生关联，OKR 的有效产出是绩效评价的有效输入。在绩效评价时，你无须列出每一 OKR 的得分，而是直接陈述为公司产生了哪些价值和贡献，同行将审视和验证你的这些贡献的真实性和完整性，给出他们对相关工作的评价，包括等级和文字描述。完成同行评议之后，管理团队将在一定范围内集中审视所有人的贡献，基于贡献的相对大小进行排序，最终定出员工的绩效等级（如 A/B+/B/C/D）。

绩效评价会影响员工的晋升、奖金、配股等物质回报，这体现的是对员工劳动付出的一种认可。也就是说，价值评价同价值分配之间通常是一种直接关联关系。但要切记，绩效评价结果不应该是价值分配的唯一输入，一旦将绩效评价结果作为价值分配的唯一输入，就会带来类似索尼那样的绩效主义现象。物质激励应该综合考虑诸如绩效评价结果、员工潜能、团队协作等方面的因素。

OKR 与 KPI 的四种共生实践

新事物的诞生与成长从来都不是一帆风顺的，更不可能一蹴而就。企业在推行 OKR 的过程中，不可避免地会面临一个核心问题：如何妥善处理新的 OKR 与传统的 KPI 的关系？近年来，随着 OKR 在企业管理中的广泛应用，业界逐渐探索出了四种典型的 OKR 与 KPI 相结合的实践模式，每种模式都体现了企业在传统与创新之间的智慧平衡。

- **实践 1**：高层 OKR，中层混合，基层 KPI。这种模式强调分层管理，高层通过 OKR 聚焦战略与创新，中层在 OKR 与 KPI 之间灵活切换以兼顾战略落地与执行效率，而基层则通过 KPI 确保具体任务的精准执行。
- **实践 2**：组织 KPI，个人 OKR。这种模式在组织层面保留 KPI 以确保整体目标的确定性，而在个人层面推行 OKR 以激发员工的主动性与创造力。
- **实践 3**：全员 OKR，用 OKR 兼容 KPI，组织根据需要灵活选择。这种模式将 OKR 作为统一的管理语言，但在具体应用中灵活融入 KPI 的元素。
- **实践 4**：OKR/KPI 灵活选择，组织根据需要择其一应用。这种管理模式充分尊重各业务单元的差异，摒弃了传统"一刀切"的刚性管理方式，赋予各部门充分的自主权，使其能够根据自身业务特点灵活选择适配自己的目标管理工具。

这四种实践模式是众多企业在长期探索 OKR 落地过程中的智慧结晶。它们如同攀登高峰的不同路径，每一条都基于企业的独特背景和现实需求。在 OKR 这条取经路上，只要我们始终秉持"灵山在心中，道路在脚下"的信念，无论我们当下选择了哪种实践模式，最终我们都将殊途同归——实现 OKR 在组织中的全面应用。

实践 1：高层 OKR，中层混合，基层 KPI

我们说过，企业要开展 OKR，不仅需要业务本身要具备一定的创新性和不确定性，更需要从事业务的管理者和员工拥有足够的自驱力以及强烈的使命担当。

毫无疑问，对于任何企业而言，能够同时满足"高业务不确定性"和"强烈使命感"这两项要求的，往往是高层管理者。首先，高层管理者深度参与市场竞争，身处市场风口浪尖，所面临业务的不确定性最为显著。其次，他们也最需要并最应具备使命感。一家企业，如果连高层都缺乏使命感，那么这家企业必然难以走向未来，此时，再神通广大的管理工具对它来说都无济于事。因此，在企业高层导入 OKR 是再恰当不过的选择。

然而，并非所有企业都能像华为、阿里巴巴、腾讯、字节跳动、宁德时代等领先企业那样，拥有强大的"人才虹吸效应"。对许多企业而言，既缺乏雄厚的资金实力，又缺少品牌优势，想要吸引顶尖人才往往难上加难。在招聘基层员工时，他们通常只能在人才市场上获得普通人选。对这些员工而言，工作或许只是谋生的一个手段而已，工作本身了无生趣。他们内心既不能升腾起对公司的归属感，又难以激发出对工作的热情。在这种情况下，选择 KPI 管理也许就是企业不得已而为之的办法。通过"扛指标""背责任""打板子"等强制性手段来确保组织目标的实现，尽管并不完美，却往往成为难以替代的管理方式。

中层管理者作为承上启下的关键枢纽，既要仰望星空，又要脚踏实地。他们既要深刻理解高层的战略意图，承接好高层的 OKR；又要立足实际，将 OKR 分解为责任到人的 KPI。这种双重角色，使得中层管理者必须同时驾驭 OKR 和 KPI 两套管理工具，犹如在理想与现实之间架起桥梁，既要保持战略定力，又要确保执行到位。这种平衡艺术，正是中层管理者价值的集中体现，也是企业持续发展的关键所在。

实践 2：组织 KPI，个人 OKR

在企业管理实践中，KPI 常被视为确保组织确定性的重要手段。尤其对于上市企业而言，向股东负责、实现财务指标增长是其不可推卸的责任，否则将面临资本市场的无情考验。这类企业往往会在公司层面设定诸如营收、利润、月活跃用户数（MAU）等关键 KPI 指标，以此作为对市场的郑重承诺和组织业绩的基本保障。这种做法犹如立下军令状，既是对外展示决心的方式，也是内部驱动的重要机制。

以某知名互联网企业为例，其年度 KPI 中明确设定了"营收增长 30%，MAU 突破 1 亿"的目标。这一目标的制定并非凭空而来，而是基于对市场趋势的深入分析、对竞争对手的精准对标，以及对自身能力的客观评估。通过设定这一目标，企业确保每个部门都清楚自己的责任所在，催生了各部门的执行力。

然而，当组织层面的 KPI 确立后，个人层面的目标管理大可不必再拘泥于 KPI 的框架。此时，OKR 工具可以发挥其独特优势，只要确保个人 OKR 能够完整支撑组织 KPI 的实现即可。

这种管理方式巧妙地融合了两种工具的优势：既保留了 KPI 的强执行力优势，又通过 OKR 赋予了个人更大的自主管理空间，激发其挑战精神和创新潜能。

以某科技公司的产品团队为例，在组织 KPI 要求"新产品用户留存率提升 20%"的背景下，团队并未简单地将这一指标机械地分配给每个成员，而是通过 OKR 的方式，鼓励成员提出创新性的解决方案。有的成员设定了"通过用户调研发现 3 个关键痛点"的目标，有的则致力于"设计并测试 5 种新的用户引导方案"。这种管理方式不仅确保了组织目标的实现，还激发了团队的创造力和主动性。

KPI 旨在筑牢底线，OKR 意在冲破上限。组织 KPI + 个人 OKR 这种组合管理方式，在确保组织达成最低确定性的同时，也为个人创造力的释放开辟了广阔天地。它既避免了传统 KPI 管理可能导致的机械执行和思维僵化，又通过 OKR 的灵活运用，为组织注入了持续创新的活力。这种平衡之道，也是一种管理艺术的体现。

实践 3：全员 OKR，用 OKR 兼容 KPI

在一些具备条件的企业中，为了追求更彻底的管理革新，它们选择完全摒弃传统的 KPI 体系，全面拥抱 OKR 工具。这种转变不仅仅是一种管理方式的改变，更是一场组织文化的革命。这样，在这些公司里，从高层管理者到一线员工，每个人都使用同一种目标管理语言——OKR。这种统一性消除了传统管理中常见的混乱现象，比如在讨论目标时，不再出现一会儿谈 KPI、一会儿谈 OKR 的割裂感，而是所有人都围绕 OKR 展开对话，形成了一种清晰、一致的目标导向文化。

然而，这种全面转向 OKR 的做法也引发了一个关键问题：如何处理那些必须达成的硬性指标？毕竟，企业总有一些底线目标是不能妥协的，比如财务指标、市场份额等。对此，这些企业巧妙地通过将 OKR 分为承诺型和挑战型来解决这一矛盾。承诺型 OKR 必须 100% 达成，它们实际上承担了传统 KPI 的角色，确保了组织的基本运营需求；而挑战型 OKR 则旨在突破现状，鼓励创新和冒险，即使未能完全达成，也不会被视为失败。通过这种分类，企业成功地将 KPI 的核心功能融入 OKR 体系，实现了两者的兼容与平衡。

以百度 CEO 李彦宏 2024 年的年度 OKR 为例，我们可以清晰地看到这种分类的实际应用。

O（目标）：基本完成移动生态的 AI 原生化改造，实现收入 ×××，利润 ×××（承诺型）。

- KR1：通过产品和功能创新使基石业务搜索、feed、百度 app 用户数保持增长，心智得以巩固（承诺型）。
- KR2：实现文库、电商等业务的跨越式发展，趟通新业务如 NewApp、智能体的发展路径（挑战型）。
- KR3：强化用商一体的理念，深耕若干垂类，收入利润达成目标（承诺型）。

在这个例子中，目标 O 被明确为承诺型，这意味着它是必须达成的核心目标。而支撑这一目标的三个 KR 中，KR1 和 KR3 是承诺型，确保了基本盘的稳定；KR2 则是挑战型，为未来的增长埋下伏笔。这种设计既保证了组织的稳健运营，又为创新和突破留下了空间。

通过这种方式，企业不仅实现了目标管理工具的简化，还保留了必要的灵活性。承诺型 OKR 确保了组织的确定性和执行力，而挑战型 OKR 则为组织注入了持续创新的动力。这种平衡之道，既是对传统管理思维的突破，又是对现代企业管理需求的精准回应。管理的艺术在于在确定性与不确定性之间找到平衡，而 OKR 的承诺型与挑战型分类，正是这种平衡的充分体现。

实践 4：OKR/KPI 灵活选择

许多组织在从传统的 KPI 向 OKR 过渡的过程中，面临着一个重要的抉择：如何在确保执行力的同时，又能激发创新潜力？为此，一些企业采取了"差异化目标管理"的策略，即根据业务的不同特点，灵活选择适合的目标管理工具。这种策略的核心在于，既希望在新兴业务中充分发挥 OKR 的创新优势，又希望在成熟业务中保留 KPI 的执行力优势。至于具体采用哪种工具，企业将决定权交给了各业务部门，让它们根据自身的特点和需求做出选择。

这种做法摒弃了传统的一刀切模式，转而采用更加灵活和务实的做法。

对于新兴业务，比如创新实验室或研发部门，OKR 的开放性和挑战性特质能够更好地激发团队的创造力和探索精神。这些业务通常处于不确定性较高的环境中，需要快速试错和迭代，而 OKR 的灵活性正好契合这种需求。例如，某科技公司的 AI 研发团队采用 OKR，设定了"在 1 年内综合对话能力追平 ChatGPT 4"的目标，这种开放式的目标为团队提供了广阔的创新空间。再比如，某电商平台的新业务孵化团队使用 OKR，设定了"在 3 个月内成功测试三种新的用户增长策略，并找到市场应用最有效的一种"的目标，这种探索性目标帮助团队在短时间内快速试错，最终找到了高效的获客方式。

而对于成熟业务，比如销售部门或生产部门，KPI 的执行力优势则更为重要。这些业务通常有明确的目标和标准化的流程，KPI 能够确保团队在既定的轨道上高效运作。例如，某制造企业的生产部门设定了"季度产能提升 5%"的 KPI，这一明确的目标帮助团队集中精力，优化流程，确保目标的达成。再比如，某快消品公司的销售团队使用 KPI，设定了"年度销售额增长 10%"的目标，并通过分解到每个季度、每个区域甚至每个销售人员，确保了目标的层层落实。

这种差异化管理的优势在于，它能够根据业务的不同阶段和不同特点，灵活选择最适合的管理工具，从而实现资源的最优配置。管理不是一成不变的教条，而是因地制宜的艺术。通过这种灵活的目标管理方式，企业既能在成熟业务中保持稳定增长，又能在新兴业务中探索新的可能性，从而实现短期目标与长期战略的智慧平衡。

此外，这种管理模式还体现了企业对业务部门的信任和授权。通过将工具选择权下放，企业不仅提升了业务部门的自主性，还增强了它们的责任感和归属感。例如，某互联网公司在推行差异化目标管理时，允许各业务部门根据自身特点选择 OKR 或 KPI。结果，其内容创作团队选择了 OKR，客户服务团队则选择了 KPI。这种自主选择不仅提高了团队的积极性，还让每个部门都能找到最适合自己的管理方式。

总之，差异化目标管理是一种既务实又灵活的管理策略。它通过尊重业务的特点和需求，实现了 KPI 与 OKR 的有机结合，为企业在复杂多变的市场环境中找到了一条平衡创新与执行的有效路径。

我的企业该选用哪种模式

在深入剖析了上述四种典型的 OKR 与 KPI 共生实践后，相信大家心中已然浮现出一个疑问：我的企业究竟该选择哪种共生模式，才能最大化地释放组织潜力，推动业务持续增长？

基于多年深耕 OKR 的实践经验，我梳理了各类模式的核心应用建议，将其凝练为表 12-1，以供参考。

表 12-1　OKR 与 KPI 共生实践应用建议

模式	应用建议	典型企业
实践 1：高层 OKR，中层混合，基层 KPI	企业文化底蕴深厚，中高层团队稳定，具备使命感，更看重长期回报，这与 OKR 理念契合，而中基层员工流动性大，更关心当期回报，因此需要通过 KPI 确保执行力	蚂蚁金服
实践 2：组织 KPI，个人 OKR	企业追求最低限度的确定性保障，同时崇尚丛林法则，鼓励个人创新与突破	腾讯
实践 3：全员 OKR，用 OKR 兼容 KPI	企业人才密度大，业务以创新驱动，需要通过 OKR 激发全员创造力，同时兼容 KPI 以确保承诺型目标的达成	字节跳动百度
实践 4：OKR/KPI 灵活选择	企业业务多元化，各业务线差异显著，单一模式难以覆盖所有业务，需要基于业务实际情况灵活决定采用 OKR 还是 KPI	华为

在我看来，这四种模式犹如四把独特的钥匙，每一把都能开启一扇通往成功的凯旋之门。然而，钥匙虽多，唯有匹配方能解锁成功；模式虽佳，只有适用才能成就卓越。企业在决策选用何种模式时，须深刻洞察自身的业务属性、文化基因与管理诉求，做到因企制宜、量体裁衣。只有在充分理解自身特点的基础上，才能找到最适合自己的发展路径，让 OKR 真正融入企业的

血脉，成为推动高质量发展的强大引擎。

选对了模式，事半功倍，前景可期；选错了路径，事倍功半，徒劳无功。愿每一位管理者都能以远见卓识，为自己的企业找到那把"金钥匙"，最大限度地释放 OKR 的价值，带领团队在激烈的市场竞争中乘风破浪，驶向更加辉煌的未来！

OKR 好了歌

毫无疑问，正确实施 OKR 的好处多多。但很多时候，我们在实施 OKR 的时候，仍然带着传统的管理惯性，倾向于事事管控、事事考核、强化竞争和利益诱惑。这让我想起了《红楼梦》里跛足道人唱的那首《好了歌》，它意在警醒世人：不能只看到神仙的光鲜表面，而要看到这背后的本质，唯有褪去凡尘陋习，方能悟透"成仙之道"。我对这首歌稍做改编，把它改作《OKR 好了歌》，以警醒我们：OKR 虽然是一个好工具，但需要我们始终致力于对绩效文化的深刻改造，围绕如何激发员工内在动机这一核心去持续努力。

OKR 好了歌

世人都说 OKR 好，唯有排名忘不了！
古今能人在何方？考核一打人没了。
世人都说 OKR 好，只有金银忘不了！
终朝只恨回报少，及到多时没趣了。
世人都说 OKR 好，只有自个忘不了！
君在日日话协同，君走又随风去了。
世人都说 OKR 好，只有前程忘不了！
千里骏马古来多，慧眼伯乐谁见了？

Performance
Empowerment
—— 第13章

超越绩效管理

激励方式决定了你能往前走多远

过去,很多企业都过于强调外在激励,于是体现在绩效管理上,就是KPI的完成和薪酬挂钩。这种方式能够带来很好的执行力,但牺牲了创造性。KPI的一大优势是能促成快速胜利,但其弊端也正在于此,人们过于关注眼前利益,而不愿意做长期投入。

华为以前招人,创始人任正非说华为要招"一贫如洗又胸怀大志"的人进来。为什么要一贫如洗呢?因为一贫如洗的人通常对金钱有强烈的内在欲望,这为公司运用物质激励去激励他努力干活儿提供了前提。后来发现,随着经济的发展,要找到既一贫如洗又胸怀大志的人实在太难了。所以后来华为就不再提一贫如洗了,只要胸怀大志者,皆为华为所欢迎。华为自2013年起也开始加大了对非物质激励方式的探索和应用。

在硅谷企业中,谷歌给的待遇是十分丰厚的,但谷歌在人才招聘的时候,很少用高额回报去吸引人才,而是首先评估人才是否真正喜欢这份工作。"喜欢"就是内在动机,谷歌通过在人才引入环节的严格把关,谢绝了以"升官发财"作为梦想的人加入,拥抱的是真正胸怀天下的技术"革命者"。

采用绩效使能是时代发展的必然

现在，人工智能（AI）已经无处不在了，人工智能越来越智能，能做的事也越来越多了。我们来看几个例子。

- 2017 年，由李飞飞团队创建的鼎鼎有名的 ImageNet 视觉识别挑战赛谢幕。ImageNet 始于 2009 年，是大规模视觉识别挑战赛，被誉为计算机视觉乃至整个人工智能发展史上的里程碑式的赛事，通过近 8 年的发展，现在机器在很多图像识别领域已经超越人类。
- 2018 年，阿里巴巴和微软亚洲研究院相继刷新了斯坦福大学发起的 SQuAD（Stanford Question Answering Dataset）文本理解挑战赛成绩，机器在阅读理解上的评分已超过人类！
- 2017 年，来自谷歌、谷歌大脑与 Verily 公司的科学家开发出了一款能用来诊断乳腺癌的人工智能工具，它的表现甚至超过了专业的病理学家。整个检查过程只需几秒钟，就能取得比人类医生花上 30 个小时还要准确的诊断。这也正式宣告，在基于医学图像的诊断上，人工智能已经超越了人类，且差距只会拉得越来越大。
- 2024 年，我国的天舟货运飞船利用 AI 驱动的微波雷达，实现了与空间站的精准对接。同时，基于 AI 的实时数据分析和早期预警系统，航天器能够在复杂的太空环境中进行自主健康监测，确保长期稳定运行。

人工智能在各个领域的全面突破，意味着在未来世界里，将有更多的中低端工作，甚至是我们一直引以为傲的知识型工作，都将被其取代。这也意味着，未来是一个科学家驱动的时代。因而，企业要想生存下来，就必须要有自己的科学家。那么，对科学家群体的绩效管理应该怎么做呢？

绩效管理 1.0 版本是绩效考核，它更多的适用于产线工人，企业无须顾忌工人们的感受，工人产出多少，工厂就给多少报酬，这是泰勒奠定的科学管理时代的通行做法。

绩效管理 2.0 版本在绩效考核的基础上增加了目标管理，它是德鲁克所极力倡导的新一代管理实践，它更多适用于知识型工作者。由于知识型工作者的工作无法量化评估，因而以目标为牵引的绩效管理就变得更为重要。2.0

版本的绩效管理，相对于单纯的绩效考核前进了一大步，帮助员工在做一件事情之前，部分地感知到了事情的价值和意义。

现在，绩效管理进入了 3.0 时代，即基于内在动机理念的目标管理和弱考核时代，我们把 3.0 版本的绩效管理称作绩效使能。绩效使能试图回归本源去探索一个更深层次的问题，即如何才能真正激发出员工自主自愿做事的意愿，找到员工内心的使命感。我们说 OKR 是一种绩效使能方法，正是因为它背后的基本理念是内在动机。如果不从这些角度去理解 OKR，那么 OKR 就不会真正发挥效果。即便是在谷歌公司，如果某一天背离了 OKR 的内在动机理念初衷，变成了也是绩效驱动的公司文化，那么，其 OKR 也会变成另外一种 KPI，提升了执行力却扼杀了创新。

然而，我们也意识到，即使是在当下这个高度发达的社会中，各种现象也是同时并存的，而非齐头并进的。作为全球金融中心的纽约，也还有大量的贫民。一边，在发达社会里，一切工作均呈现智能化的趋势；另外一边，在贫穷落后的社会里，一切工作仍然依靠手工作业模式。即便到了人工智能时代，也会是如此。工厂总会存在，工人也总会存在。因而，可以预见到的是，绩效管理的 3 个版本，即绩效考核、绩效管理、绩效使能在很长的时间里仍会并存，以科学家群体为主体的企业，自然采用的是以绩效使能为主的绩效管理模式，而在工厂里，仍将流行着泰勒式的绩效考核模式，而更多介于两者之间的所谓传统知识型企业，则仍将沿用现行的绩效管理方式（目标管理 + 评价管理）。

从原先的绩效考核，到现在的绩效管理，再到未来的绩效使能，不断触及了人性的本质。我曾提到过霍桑实验。即便是针对工厂，如果能把人当成社会人而非经济人，同样也能带来生产率的提升。也就是说，对工人群体，采用绩效使能方法去激发其内在动机，同样能带来意想不到的效果。这说明，我们通常观念中所认为的，工人只适用胡萝卜加大棒的绩效考核方式的做法，也许也是值得商榷的。无论是科学家，还是产线工人，本质上都是社会人，如果企业能充分激发其内在动机，也将成效显著。只是，很多企业管理者的管理观念根深蒂固，习惯于假设人性是懒惰和贪婪的，因而也就必须诱之以利，胁之以威！事实上，企业完全可以有意识地扭转这种现象，通过对管理者及员工的培训，培育起积极奉献的正向氛围。而作为更大环境的国家，也应营造出劳动光荣的社会大氛围，同时也应不断地加大教育模式差异化。教育更重要的是帮助学生找到他的兴趣所在，如果能做到这一点了，在现今知识极大丰富和信息唾手可得的时代，学生必然会持之以恒地朝这方面去努力，取得可喜的成绩。

最近，美国《环球科学》（Scientific America）杂志发表了一篇文章，题目是《这些科学家都是"懒虫"，成为"大牛"每天只需工作四小时》。文章称，查尔斯·狄更斯（Charles Dickens）和亨利·庞加莱（Henri Poincare）这些不同时期不同领域的人都满怀雄心壮志，对工作充满热情，拥有超乎常人的专注力。然而，在他们的日常生活中，他们通常每天只花几个小时去做那些被后世认为最重要的工作，其余的时间，他们爬山、徒步、睡午觉、和朋友一起散步，或者坐着思考。换句话说，他们的创造力和生产力并不来自无休止的工作。他们卓越的创造来自"适度"的工作。达尔文也是一个"懒虫"，他一天的作息是这样的：早餐之后会晨练一段时间，然后8点开始进行一个半小时的学习和工作，9点半阅读邮件和写信，10点半后继续回到工作中，有时也会来到他的鸟舍、温室或其他屋子里去做实验。到了中午，他会表示："我今天结结实实地工作了一上午呢"，并在自家的步道上散步，然后在散步回来一个多小时后吃午餐，并再写一些回信，下午3点的时候会小睡一会儿，一个小时后醒来，会再出去散会步，然后回来继续做研究。到了下午5点30分，他会和妻子及家人一起吃晚饭。遵循这样的作息节奏，达尔文一生竟写出了20多本书，包括《人类的由来》和《物种起源》，提出了伟大的进化论。所以，很多时候，劳动并不意味着要一刻不息地工作，那样只会把自己变成拉磨的驴，转了一辈子，也很辛劳，却只不过在原地踏步，并未为人类做出多大的贡献。我举这个例子是想说明，不少企业严格限制员工的身心自由，严格遵循上下班打卡制度，员工离开工位超过半个小时就需要向主管打报告……这样的做法造就的员工，可能最后就是低绩效员工。如果员工渴望工作，根本就不用束缚他的工作时间。3M公司的前研发领导威廉·科恩（William Coyne）讲述了人力资源经理如何威胁要开除在长椅上打瞌睡的科学家的事情。科恩把人力资源经理带到3M公司的专利墙前，让他看看那个打瞌睡的科学家为3M公司开发的许多最赚钱的产品。科恩建议："下次如果你看到他睡着的时候，请给他一个枕头。"所以，请站在内在动机理念上去使能员工产出更高绩效，而非用"管理"的方式去强迫员工输出绩效。真正的创造性劳动，是培育和使能出来的，而非"管理"出来的。李白的诗歌我们都觉得很豪迈，充满创意和想象，但李白的诗歌并不是唐玄宗给他下KPI指标让他写出来的，而是在自由奔放的时代"喝酒喝出来的"。亚里士多德在《政治学》一书中说，"休闲才是一切事物环绕的中心"（That leisure is the center-point about which everything revolves），"是哲学、艺术和科学诞生的基本条件之一"。他举例说："知识最先出现于人们有闲暇的地方。数学之所以先兴于埃及，就是因为那里的僧侣阶级特许有闲暇。"英国剑桥大学自17世纪以来，在校园一直保持着"下午茶"的传统，以这种休闲方式，让人们在自由、放松、随意、平等的氛围中进行交流，激励师生们迸发灵感、产生思想的火花。所以有人说，是"下午茶"喝出了剑桥大学60多位诺贝尔奖获得者，这不无道理。谷歌深谙此道，在其办公园区大量修建能便利员工交流的小空间，满足员工随时聊天的诉求，谷歌能如此具有创造性，和这也有一定的关系。华为任正非也时常鼓励员工要多和外部客户、外部大师、外部学生"喝咖啡"。他说："一杯咖啡吸收宇宙能量，并不是咖啡因有什么神奇作用。而是利用西方的一些习惯，表达开放、沟通与交流……法国的花神咖啡馆是几百年来文人作家的交流场所；摩洛哥里可咖啡馆是第二次世界大战期间各国间谍的交流场所，不是有《北非谍影》那样描述的吗？老舍茶馆、成都的宽窄巷子，是用品位吸引人们去交流，你约不到人，咖啡馆就是可被动获得机会的邂逅，不仅仅是学术。"希望在未来，越来越多的企业家能意识到这一点，首先能打破KPI文化，创造出一种自由和安全的内部环境，才能让创造力迸发出来。如果你的企业也像谷歌一样伟大，那么就请把目标放在类似解决人类皆可受益这样的问题上；如果你的企业面临生存压力，那么就请专注于纯应用性研究，一切以应用为导向；如果你介于上述两者之间，那么你可以以应用为导向开展基础研究。这就是斯托克斯（Donald E. Stokes）的科学研究四象限的划分方法，如图13-1所示。

在斯托克斯的模型中，研究者的动机被划分成一个2×2的矩阵。左上角象限描述的是不考虑实际应用，仅以钻研基础知识为目的的研究，斯托克斯把它称为玻尔象限，以纪念丹麦物理学家尼尔斯·玻尔（Niels Henrik David Bohr）。玻尔奠定了量子物理理论的"哥本哈根"解释，同爱因斯坦发生过多次著名的关于量子理论的论战，他的工作是纯理论性的研究。谷歌的XLab

实验室，就进行着很多看不到实际应用的纯基础性研究，还有再早一些的贝尔实验室，也曾进行很多基础性研究。高校和研究机构，则基本都落在这一象限。右下角象限描述的是完全以实际应用为目的纯应用性研究，这类研究的典型代表是大发明家爱迪生，他一生专利无数，共有2 000多项发明创造，但他并不鼓励其实验室的研究人员进行更深入的科学研究。绝大多数企业的研究，都落在爱迪生象限。右上角象限描述的是既有基础研究也有实际应用的研究，斯托克斯将其称为巴斯德象限，以纪念19世纪法国著名科学家巴斯德（Louis Pasteur），巴斯德在研究时，一直有非常实际的目标，例如防止牛奶等食物变质、治疗人类和动物的疾病，这一目标引导巴斯德在微生物领域进行着基础研究。随着人类社会朝智能化的方向演进，现今大多企业都开始进行前沿的、瞄准具体应用的基础性研究，如微软、IBM等公司的内部研究机构，围绕如何解决量子通信、人工智能学习算法等开展了大量的基础性研究工作。

	否	是
是	纯基础性研究（玻尔象限）	应用导向的基础性研究（巴斯德象限）
否		纯应用性研究（爱迪生象限）

横轴：关注实际应用
纵轴：关注基础知识

图13-1 斯托克斯科学研究象限模型

企业可以根据各自的使命以及财力状态，考虑将研究的导向落在哪一个象限。未来，没有研究能力的企业，将是人工智能首批淘汰的对象。而对于研究工作，请使用基于内在动机的绩效使能方法去促进其发挥创造性，切勿再用传统的绩效管理模式去管理，这样只会压制和束缚科学家，适得其反。

为什么绩效使能盛行于当下，而非从前

大约从2015年开始，OKR等绩效使能方法在中国广受欢迎，华为、百度、京东、阿里巴巴、腾讯等企业都逐步开始试点和引入。于是，很自然的一个问题是：为什么OKR等绩效使能方法会盛行于当下，而不是10年前呢？

要回答这个问题，需要从两个方面去分析。

一方面，自中国加入世贸组织之后的十几年，经济飞速发展，造就了大量的中产阶层。《经济学人》一项统计数据显示，中国的中产阶层人数已经达到2.25亿。大量的中产阶层，标志着一部分人走出了贫困线，基本物质生活得到了保障。而根据马斯洛的需求层次模型，当低层次的需求得到满足后，人们就会追求更高层次的需求满足，甚至于自我实现。低层需求是外在的物质需求，高层需求是内在的心理需求。本书已深入地分析过，KPI 是胡萝卜加大棒式的管理，是外在激励；而 OKR 等绩效使能方法是基于内在动机理念的，是以满足人的内在心理需求为导向的方法。因而，OKR 符合当下人们的诉求，KPI 不符合。

另一方面，从外部大环境分析。中国持续多年的高校扩招，造就了大批高学历人才，这大大地改变了中国的人才结构。中国的劳动力不再是以低学历的体力工作者为主导，而是以高学历的知识型工作者为主了。伴随这一人才结构的改变，互联网浪潮在中国蓬勃发展，涌现了如阿里巴巴、腾讯、百度、京东、华为、小米等具备世界级影响力的企业。2017 年《财富》杂志世界 500 强企业中，中国上榜的企业数达到了 115 家，仅次于美国的 132 家。全球有 6 家互联网服务大公司，美国和中国各占了一半。在 2014 年 9 月夏季达沃斯论坛上，我国提出，要在 960 万平方公里土地上掀起"大众创业""草根创业"的新浪潮，形成"万众创新""人人创新"的新势态。这一系列措施，极大地改变了我国的就业环境。过去，中国是世界工厂，就业环境以工厂和体力劳动为主体，现在，就业环境以高精尖的知识型工作为主了。知识型工作本身充满趣味性，而趣味性也正是内在动机的前提条件。也正因此，以内在动机为理念承载的绩效使能方法（如 OKR 等）越来越多地受企业欢迎。

总而言之，无论是从宏观的外部大环境，还是从微观的个体工作主动性两方面来看，基于内在动机理念的绩效使能方法都正当其时，完美地适应了企业当下及未来的发展需要。

世界必将向绩效使能迁移

人力资源研究机构 I4CP（Institute for Corporate Productivity）在 2009 年做过一次调查，询问有多少企业在使用绩效排名，约有 49% 的企业说他们在用；到了 2011 年时，这一比例已经降至 14%。

NeuroLeadership 网站曾对 27 家采用持续反馈方式的公司做过一次调研，结果发现，100% 认为绩效沟通质量大为提升，73% 发现员工敬业度提升。

《华盛顿邮报》在 2017 年曾报道过，现今，已经有 10% 的世界五百强企业拒绝了年度评级的做法。CEB 公司曾报道，超过 80% 的企业都正在考虑重构其绩效管理。

而绩效管理重构的方向，必然是绩效使能。经常有人问我，到底什么是绩效使能？我说，哪一天当大家的关注点都聚焦在价值创造上，而不是价值评价和价值分配上时，就是绩效使能了！

未来，必将有更多的企业废除或弱化绩效评价，加强过程辅导和绩效反馈，重视对人内在动机的激发，在绩效使能时代大步前进，期待这一天的早日到来！

Performance
Empowerment

—— 第 14 章

绩效使能的四世同堂

一则寓言故事的启示

很多老故事虽然古老,但蕴藏着深刻的智慧,就像小时候我们总会听到的三个和尚的故事一样。

三个和尚没水喝

从前有座山,山上有座小庙,庙里有个小和尚。他每天挑水、念经、敲木鱼,给观音菩萨案桌上的净水瓶添水,夜里不让老鼠来偷东西,生活过得安稳自在。

不久,来了个瘦和尚。他一到庙里,就把半缸水喝光了。小和尚叫他去挑水,瘦和尚心想一个人去挑水太吃亏了,便要小和尚和他一起去抬水,两个人只能抬一只水桶,而且水桶必须放在扁担的中央,两人才心安理得。这样总算还有水喝。

后来,又来了个胖和尚。他也想喝水,但缸里没水。小和尚和瘦和尚叫他自己去挑,胖和尚挑来一担水,立刻独自喝光了。从此谁也不挑水,三个和尚谁也没水喝。

为什么会出现一个和尚挑水喝，两个和尚抬水喝，三个和尚没水喝的现象呢？不应该是人多力量大，有更多水喝才对吗？

这则故事实际上蕴含了管理学中的三个效应：社会惰化效应、搭便车效应、傻瓜效应。

社会惰化效应

与单独工作时相比，个体在群体中工作时减少努力的现象被称为社会惰化。当只有一个小和尚在小庙里的时候，小和尚十分勤奋，然而，之后瘦和尚加入后，小和尚和瘦和尚都不愿意多承担，于是努力程度减半，从挑水喝变成了抬水喝，再后来，又加入了一个胖和尚，三人努力程度又降低到了零，最终出现了三个和尚都没水喝的局面。

民间还流传着很多类似的寓言故事，诸如"龙多不治水""儿多不养娘"等，说的都是同样的道理：当多个人组成一个群体之后，群体绩效低于所有个体绩效之总和，即群体产生了社会惰化。

如果说民间故事还仅是从经验角度揭示了社会惰化的存在，那么法国林格曼（Ringelmann）教授于1913年开展的量化实验，则首次从科学角度对此进行了实证。实验中，林格曼教授让14个人去拉动一个重物，发现个体单独拉动时平均可以拉动63千克，2个人一起拉时，平均只能拉动59千克，3个人一起拉时，平均只能拉动53千克……当8个人一起拉时，平均只能拉动31千克，还不到单独拉时的一半。这一实验揭示了团队合作的一个基本规律：当人们在团队中工作时，往往不如他们单独工作时那么努力。一方面，团队总绩效确实在随着人数的增加而递增，是的，没错，人多力量大；另一方面，团队绩效增加的效率却随着人数的增加而在递减，一个和尚可以努力地挑水喝，两个和尚就变成了抬水喝。社会惰化效应如图14-1所示。

你可能会说，当多个人一起拉重物时，会不会不是因为大家不努力，而只是大家没有往同一个方向使力呢？为了回答这个疑问，研究者又进一步开展了相关研究。英厄姆（Ingham）等人于1974年复制了林格曼实验，在其实验中，他们在每个群体中只使用一个真正的参与者，其他群体成员全部是伪装的参与者，伪装参与者在实验过程中并不真正使力，只是"喘气"以假装他们在用力拉。实验结果证实，当个体认为他们加入了一个多人群体之后，他们的努力程度确实降低了。

图 14-1　社会惰化效应

拉特纳（Latane）等人于 1979 年开展了一个类似实验[122]，只不过这次不是拉重物，而是让大家用力喊叫，测试他们在单独喊叫时所喊出的音量以及多人一起喊叫时的音量情况。在拉特纳实验中，6 个人在一房间里围坐成半圆，然后他们被要求以单独或者集体形式进行喊叫，正如林格曼效应一样，每个人喊叫的平均音量随参加人数的增多而递减。2 人群体的平均音量为单人时的 71%，4 人群体的平均音量为单人时的 51%，6 人群体时则进一步下降为 40%，这同林格曼效应是一致的。

那么，究竟是什么原因导致了人们在群体中的付出程度下降了呢？

1981 年，威廉姆斯（Williams）、哈金斯（Harkins）和拉特纳（Latane）又开展了一个实验，仍是基于测试个体和群体两种条件下喊叫的音量差异，只不过这一次，群体条件下每人都拥有了一个麦克风。他们被告知，每人所喊叫的音量都可以被识别和区分出来。奇特的是，这次群体条件下的社会惰化效应消失了，个体在群体一起喊叫时所喊出的平均音量，与他们单独喊叫时别无二致。威廉姆斯等人推测，如果个体贡献缺乏可识别性，就会导致个体努力程度下降。

1985 年，哈金斯与杰克逊进一步完善了这一结论，他们表明，不是可识别性本身引起了社会惰化，而是当个体贡献不能被评价时才会发生社会惰化。这里的评价指的是具有可比性。例如，两人同时从事的都是搬砖工作时，他们的工作成绩就具有可比性，也是可评价的。如果一个人搬了 100 块砖，另外一个人只搬了 50 块，那么显然前者的绩效要好于后者。但如果其中一人在搬砖，另外一个人在跳舞，那么搬 100 块砖和跳 2 段舞之间，就不具有可比性，虽然两者的贡献都可以被识别，但不可对比，不可评价。也即是说，评价驱动了个体的高绩效。

搭便车效应与傻瓜效应

还是拿三个和尚挑水喝的故事来说，小和尚最初十分努力地挑水给自己喝，可后来加入的瘦和尚却想不劳而获，搭小和尚的"便车"，于是小和尚觉得自己被瘦和尚当成了"傻瓜"，小和尚就会减少努力。这样，小庙里的和尚就从挑水喝变成了抬水喝。这里实际上就涉及管理学上的两个效应：搭便车效应与傻瓜效应。

当群体成员试图占他人便宜，想不劳而获时，就出现了搭便车现象，就像那位年长的和尚一样。有时，这一占便宜行为可能也并非个体主观意愿，只是个体觉得自己势单力薄，在群体中即使努力也不会对群体产生多大的贡献，所以就干脆不努力了。例如，一个世代以务农为生的农民，如果加入一个科学家群体中去研讨提升水稻的亩产率，那么他可能会觉得自己和科学家比起来，很不专业，实在是太渺小了。在这个时候，也许他本可以提供很好的见地，但他通常却不会这么做，他会选择保持沉默，让其他科学家去构思方案。

在一个群体中，如果有人搭便车，那么对那些被搭便车的成员而言，就会觉得不公平，自己的努力被不劳而获的人据为己有了。于是，他们就会有一种自己被当成了努力为他人作嫁衣的"傻瓜"，久而久之，这些成员倾向于减少努力，或者逃离这一群体。就像三个和尚中的小和尚一样，瘦和尚自己不挑水却喝他挑的水，就让他觉得自己像是个傻瓜，所以他也不挑水了。在大学宿舍里也会发现类似规律，那些只有两个学生同住的宿舍，通常要比那些 4 个或者 8 个学生同住的宿舍要干净。人群越大，产生搭便车心理的人也就越多，被搭便车的人减少努力的可能性也越大，就这样，整个群体的绩效就被拉低了，可谓"一颗老鼠屎，坏了一锅汤"。

社会惰化与内在动机

个体工作不被评估，就会减少努力这一现象，似乎与本书前面所描述的评估会减少个体创新成效是自相矛盾的。其实不然，两个实验所针对的工作性质是不一样的。评估会减弱个体的创新成效，针对的是高趣味性工作，如绘画、作诗、软件编程、架构设计等，即个体认为工作本身是有趣的；而不评估会减弱个体努力程度，针对的是低趣味性工作，如拉重物、绕线等，即个体认为工作本身是十分枯燥乏味的。内在动机的一个前提条件是工作本身要有趣或有意义，而当一项工作本身无趣和无意义时，个体是缺乏做这件事的内在动机的，在这个时候，要唤起个体的努力意愿，唯有通过外在驱动，诸如评价、惩罚、激励等外在刺激手段。

这就又回到动机图谱了。动机图谱将人的动机分为三个大的类别：动机匮乏、外在动机和内在动机。如果能提升工作的趣味性，让个体喜欢工作本身，如探索类工作，那么工作本身就具备了内在动机前提；如果工作本身趣味性不高，但是能给工作本身注入价值和意义，就像告诉虔诚信教的教徒，他的搬砖是在修建神圣的教堂一般，同样能让工作本身接近内在动机状态；而如果工作本身既无趣，也不能注入价值和意义，那么剩下的就只能是外在驱动了，即通常的胡萝卜加大棒模式。胡萝卜加大棒模式的一大弊端就是，员工对金钱的渴望是无止境的，初期微弱的激励都能让他满足，之后对激励的需求与日俱增，直至最后对强激励也表现出麻木状态为止。

做枯燥乏味的工作时，身边要是没有眼睛盯着，没有人围观，工作成果如果不能被评价，个体就倾向于偷懒，这就是科学管理之父泰勒所说的"磨洋工"现象，也是华为创始人任正非所说"人性是懒惰的"的缘起。在这种场景下，一个个体的绩效努力程度要优于把它置身于一个群体中。当个体钻入群体怀抱时，个体仿佛找到了一个安乐窝，倾向于做"南郭先生"。

但是，相反的情形却也无处不在。小时候，一次偶然的机会，我得到了一个可以玩俄罗斯方块的游戏机，那时候计算机还没有普及，一个这样的电子游戏机也实属罕物。可是，一个人玩一个游戏机，很快就会玩腻。然而，当自己觉得快玩腻的时候，一旦身边有小伙伴加入，就会立马增加游戏的趣味性，让自己突然间兴致大增，想再多玩几次。也就是说，我打游戏的干劲，随着人数的增加而增加了。你是否也有类似经历？后来，电脑开始普及，可由于最初网络还不发达，很多游戏是单机游戏，诸如益智类小游戏，如下象棋、玩扑克，大型角色扮演类游戏《仙剑奇侠传》等，都是人和机器玩的游戏，这些游戏在发布之初，能唤起玩家的兴趣，可是通关一次之后就会兴趣大减，燃不起重玩的欲望。再后来，网络游戏开始大行其道。网络游戏的一大特点是成群玩家通过互联网连接一起玩，可以通过网络进行组队、聊天和互相赠送装备，诸如最初的对战类游戏反恐精英（CS），还有后来出现的大型网络游戏如《魔兽世界》《剑侠情缘网络版》等。自此之后，极少有玩家再迷恋单机游戏了，全都转向了网络游戏。为什么QQ、微信等社交软件平台，非常容易推广它的新游戏？因为平台有天然的社交优势，可以便捷地拉上三五网友打上一局，更多的游戏主动权被交给了玩家。为什么置身于群体之中倾向于"偷懒"的个体，在游戏场景下却反而更加努力了呢？这说明，除了本身工作的趣味性可以增强人做事的动机以外，人与人之间的联结也能增强工作的趣味性。如果工作本身是无趣的，做工作的人之间又没有适当的有意义的联结，个体自然是能偷懒就偷懒，更多人组成的群体就意味着可以偷更多的懒，但如果工作本身是有趣的，或者即使工作本身是无趣的，但一起做这项工作的人之间可以进行有意义的沟通和联结，那么更多人的加入，只会激发个体更多的内在胜任感，也会培养个体之间的关系，从而提高个体的努力程度，个体在群体中会比单独工作时更投入。

正态分布与幂次分布之争

人群的绩效分布，究竟是正态分布，还是幂次分布？以通用电气为代表的一大批传统企业认为，企业员工的绩效遵从正态分布规律。正态分布图如图14-2所示。

图14-2　正态分布图

正态分布规律告诉我们，从任意一个群体中随机抽取数量足够的样本，样本平均值接近该群体的整体平均值。也就是说，样本的绩效分布，代表的是群体的真实绩效分布。这一规律被广泛应用在日常统计分析中，比如人口普查、选举预测等都取得了很好的预测效果。

然而，不能因为手里拿着锤子，就把什么都当成钉子。正态分布有其适用条件，如果无视其适用条件随意套用，就会适得其反。2016年的美国大选就是一个典型的反面案例，当时主流民调机构均预测，希拉里占有绝对优势，毫无疑问会当选，而实际结果却让人大跌眼镜，特朗普获得了306张选举人票，希拉里只获得了232张选举人票，普遍不被看好的特朗普最终当选。事后分析表明，导致民调机构普遍预测失误的主要原因，正是它们的抽样样本不具有代表性。

一个样本的绩效要符合正态分布，必须满足两个条件：随机抽样且样本量足够大。这两个条件缺一不可。那么，企业员工群体符合这两个条件吗？企业员工是随机进入企业的吗？在企业内进行绩效排名的团队是随机抽取的吗？进行强制正态分布的群体数量足够大吗？答案是否定的。既然如此，为什么这么多企业会一致认为企业员工的绩效应当符合正态分布规律呢？

我们再来做一个分析：假如在自然条件下，社会上符合企业需要的所有人才构成的群体，其绩效表现符合正态分布规律。

（1）**知名企业**：企业在进行人才招聘时，如果企业有足够的资本，且有很好的品牌效应，那么它通常能吸引到优秀人才加入，这样企业在招聘时，就会过滤掉社会人才中的低绩效群体，实际进入企业的人才就会是正态分布曲线的右半部分，如图14-3最右图所示。如果你仔细观察，你会发现，这个分布趋势，已经非常接近幂次曲线分布趋势了。

（2）**一般企业**：对于一般企业，其要么知名度不够，要么没有雄厚的激励资源，不足以吸引到足够优秀的人才，这样它们只能退而求其次，获取到中端人才，也就是正态分布曲线的中间部分，如图14-3中间一张图所示，这部分趋势线仍然维持了正态分布的典型特征，所以说，对一般企业而言，员工群体符合正态分布曲线是成立的。

（3）**困难企业**：如果一个企业刚刚起步，要什么没什么，那么它在人才吸引上会困难重重，这样它可能只能吸引到低端人才，也就是正态分布曲线的左半部分，如图14-3最左边一张图所示，企业几乎所有人才的绩效水平均低于行业平均水平。

图14-3　三种典型企业人才分布

上述三种分布是在企业招聘有效的情况下出现的，也即是说，企业的招聘部门能匹配公司阶段，从社会上寻找到了适合企业发展阶段的人才。而如果招聘部门处于无序状态，对人才没有严格的把关，其人才寻找过程类似于一个随机筛选过程，那么该企业人才就满足了随机且样本量足够大两个正态分布条件，所以其人才分布也就符合正态分布规律了。因此，一个企业如果声称它的员工绩效符合正态分布，也就等于承认了其人才引入过程的无序状态，或者说企业还是一般企业，缺乏知名度，其薪酬水平处于行业平均线水平。

2011年，有分析家称，谷歌向计算机科学专业刚毕业的大学生支付9万～10.5万美元的年薪，这比几个月之前高出了2万美元，远远高于行业平均水平（8万美元），因而，新兴公司已无法再跟进。正因为谷歌极佳的品牌知名度以及丰厚的物质回报，所以谷歌公司对优秀人才有很强的吸引能力，再加上其科学的人才招聘方式，使得加入谷歌的人才都处于正态分布曲线的右半部分。这样，谷歌前首席人才官拉斯洛·博克（Laszlo Bock）在其所著《重新定义团队》一书中称，谷歌坚信人才的绩效分布不是正态分布，而是幂次分布。幂次分布的一个核心是：少数人创造了大部分绩效，大部分人的绩效低于群体平均值，这和正态分布恰好相反。正态分布认为，群体大部分人的绩效介于群体平均值周围。事实上，因为前述原因，他肯定是对的，但这话在其他企业是否成立，要具体问题具体分析。

在理论界，最早系统研究群体绩效分布规律的当属欧内斯特·奥博伊尔（Ernest O'Boyle JR）和赫尔曼·阿吉斯（Herman Aguinis），两人在一篇论文中分析了研究人员公开发表的论文数、艾美奖提名人员被提名次数、NBA球员进球数、美棒球职业联盟成员失误数分布趋势，得出的结论是，对这四类人群，其绩效分布更符合幂次分布，而非正态分布（见图 14-4）。

图 14-4　幂次曲线分布趋势

对此，我的解释是：两人所取的样本数量虽然足够大，但是并不是随机选取的，两位学者在这里事实上充当了"招聘人员"的角色。他们过滤掉了那些夜以继日写就却仍被编辑拒绝的不合格文章；过滤了那些没有被提名为艾美奖的人，NBA 和美棒球职业联盟也是一个精英组织，其球员都是高绩效人才……这些原因，导致了群体成员绩效分布符合幂次分布，而非正态分布，因为它破坏了正态分布样本要满足随机性这一条件。

一般而言，当企业员工的绩效分布符合幂次分布的时候，企业员工更多的是内在驱动，企业更易实施绩效使能方法。但这并不意味着，企业员工群体绩效分布处于正态分布的前半段时，就不适合开展绩效使能方法，只是由于此时企业的人才现状，企业实施绩效使能的难度要更大一些。

对绩效考核的再反思

绩效考核是一个组织不舍得抛弃，而员工又很难喜欢上的管理活动。无论组织怎么优化，都会出现拉斯洛·博克所说的困境：员工不喜欢当前的绩效考核方式，但他们同样也不喜欢新的绩效考核方式。

绩效考核之所以难以让员工满意，很大的一个原因是员工对自身绩效的认知同实际绩效之间存在巨大差异。罗斯·A. 米勒 – 汉森（Rose A. Mueller-

Hanson)和伊莱恩·D. 普拉科斯（Elaine D. Pulakos）两人对这个问题剖析得最深刻，两人认为：

> 当前很多组织假定本组织内员工的绩效符合正态分布：大多数人位于平均绩效附近。然而，员工却不这么认为，他们会认为自己的业绩要显著高于组织的平均水平。实际上，组织中大部分员工的业绩低于组织平均水平，他们的绩效分布也更像是幂次曲线分布。

用一张图表示如图 14-5 所示：

A 代表基于实证研究的绩效分布曲线
B 代表公司假设的绩效分布曲线
C 代表员工心目中的绩效分布曲线

图 14-5　不同角度下的绩效分布曲线

可以看到，员工眼中的绩效分布曲线和大多数组织假设的绩效分布曲线之间存在很大落差。这也就难怪当员工得知自己的绩效评级时会有异常惊恐的表情。华为深知这一点，所以在面向管理者的绩效管理培训材料中明确指出：绩效考核不是要让员工满意，绩效考核的目的是公正地衡量和认可员工的贡献，从而驱动组织业绩的达成。

那么，有没有办法来减少员工认知和组织假设这两者之间的反差呢？

其实是有的。这就要求管理者和员工在过程中更高频地互动，让员工在过程中得到更多关于目标达成得怎么样了的反馈，帮助他们纠正认知上的偏差。如果管理者能修炼好 OKR 的五味真火[⊖]，也就是和大家一起共创好 OKR、转动好 OKR 使能飞轮、开展好 OKR 复盘、维护好 OKR 理念、运用好 OKR IT 工具，员工就不会对自己的最终绩效结果再感到诧异。这就好比我在草原上开车，当我偏离目标时，如果总有人不断地在告诉我这一信息，从而让我

⊖ 即五大必备技能。

可以及时做出调整，即使我最终由于自身能力等因素而没能在指定时间到达指定地点，我也不会再抱怨什么。在这个过程中，重要的是结合目标的过程反馈和辅导，而不是单纯的秋后算账。

另外，还有一个极其重要的点是：企业要客观地假定本企业的绩效分布曲线。大多数组织都假定其员工绩效符合正态分布规律，那其实是错误的。一个群体的绩效要符合正态分布曲线，必须满足两个条件：一是人群是随机分布的，二是人群规模要足够大（通常要大于1 000人）。但很显然，首先企业内的员工经过严格的招聘面试，招聘质量很难是随机的，其次组织在应用正态分布曲线时，大多会将考核比例逐层摊派至基层团队，从而导致应用的人群范围显著低于1 000这一规模。基于这两点，在组织中强制要求员工绩效符合正态分布是武断之举。

如果你不信任你的招聘质量，那你可以在1 000人左右的人群范围内假定群体绩效符合正态分布（如图14-5B曲线所示），但请不要再在更小群体中进行比例分摊。阿里巴巴过去在绩效考核时，就曾明确要求管理者只能在一定管理范围内（阿里巴巴的M5/P9层级）应用考核比例，禁止向下做比例摊派，一经发现将追责管理者。你可以借鉴这一管理实践，并把正态分布曲线应用的人群规模限定在1 000人以上。

如果你信任你组织的招聘质量，那么你组织的人群绩效分布就已打破了正态分布规律，它更可能是精英组织，其绩效分布曲线更可能是幂次分布（如图14-5A曲线所示），少数人创造了大部分绩效。在这种情况下，建议你的比例设置遵循大三档的规律，少量比例是高绩效人员，少量比例是低绩效人员，大部分人员绩效其实差异不大，且都低于组织的平均水平。这并不意味着组织中的大部分人都有问题，因为绩效的达成，除了个人因素，还有环境因素和时间周期因素。不是他们产出高绩效的能力不足，或者意愿不够，而只是火候没有到。此时，不妨宽容一些，给他们一些时间，在长时间无法产出时再采取必要的管理举措。

基于工作性质和人员成熟度进行区别应用

绩效管理0.0是单纯的考勤，绩效管理1.0是单纯的绩效评价，绩效管理

2.0是目标管理+绩效评价，三者都是基于外在动机的管理模式，只有绩效管理3.0才开始注重人的内在诉求，转变到基于内在动机的管理模式上。

需要指出的是，虽然绩效管理步入了绩效使能时代，但并不意味着所有企业都要一刀切地转换到该模式上。不同的绩效管理模式有其不同的适用场景。

如果是工厂的流水线作业模式，对工人的个人能力要求并不很高，对企业而言，此时单纯的绩效评价模式可能仍是最经济有效的管理方式。就像富士康一样，苹果公司和它签订iPhone的生产订单之后，工厂就开始按照设计图纸要求进行生产，每个工人只需在指定岗位上做好"自己这颗螺丝钉"即可，每天会有专人统计自己做了多少件以及质量如何。流水线作业模式自福特公司引入以来，已被证明是切实有效的大规模作业模式，它追求的是极致效率。

但这种模式对知识型工作者而言，显然太过局限。对知识型工作者，正如德鲁克所言，目标胜于指标，要通过目标去牵引员工努力工作。年初，企业主设定一个战略目标，然后逐层分解到各层组织，直至员工，然后在年底考核他们的目标完成情况。通过引入目标管理，企业主和员工都能看到未来努力的方向，对未来更有信心，这对所处外部环境相对较稳定的企业而言，是行之有效的。就像移动互联网兴起之前的电信市场一样，各个运营商通常会规划好未来5～10年的网络演进方案，然后由像华为、爱立信这样的大型电信设备制造商去做设备开发和交付。运营商同设备制造商签订的合同周期通常都在1年以上，合同一旦签订，对设备制造商而言，就意味着来年的目标是确定的，只需聚焦给定的需求，做好项目管理，保质保量交付即可。

然而，进入VUCA（Volatility易变性、Uncertainty不确定性、Complexity复杂性、Ambiguity模糊性）时代之后，外部环境瞬息万变，在年初制定好目标，年底再考核的方式已经行不通了，尤其是对高创造性工作更是如此，这是环境使然。没人能预料到明天的人工智能和今天的人工智能会有什么不同，也没人能预料到谁会首先赢得量子话语权，所有企业都仍在黑夜中摸索，希望能占领大数据、量子计算、人工智能等足以改变整个人类社会未来的制高点。新兴领域对人才要求极高，需要的是科学家级的人才，这样的人才供不应求，极度稀缺，所有企业都在争夺。而科学家本身对这些领域充满好奇，受内在动机的驱动。对科学家，唯一适用的绩效管理方式就是绩效使能，只需给他们创造良好和安全的氛围，让他们努力钻研和探索。评价只会限制他们的想象力，拉低他们的动机层次，将他们的关注点从原本强大的内在动机转移到低层次的外在激励上，适得其反。

就像今天人类社会虽然已进入信息时代，但社会中仍然广泛存在着电气时代甚至是蒸汽时代的身影，未来即便人类全面进入人工智能社会，这个社会也不会清一色的都是人工智能型企业。一方面，社会中存在着像谷歌、微软、苹果、华为、阿里巴巴等高科技人工智能企业，另一方面也会长时间存在着像富士康一样的流水线工厂，分别处于生态链的不同位置，前者占据生态链上游有利位置，赚取了大部分的企业利润；而后者则位列生态链末端，但依靠规模优势仍能赚取一定利润。华尔街市场研究机构 Canaccord Genuity 的报告指出，截至 2017 年第三季度末，苹果（AAPL-US）手机利润额在全球智能手机的占比约为 72%，第四季度占比进一步上升至 87%。进一步分析表明，在全球智能手机利润份额占比中，苹果达到 87%，三星约为 10%。这意味着，余下所有手机厂商加在一起，只赚到不足 3% 的利润。据统计，一部售价 500 美元的 iPhone 手机，苹果的利润约为 150 美元，利润率在 30% 左右，而代工 iPhone 的富士康则只赚取了不到 5 美元的利润，两者在利润率上不可同日而语。

所以，在实际应用时，要具体结合企业所面临的外部环境、工作本身的性质，以及员工队伍的能力层次去区别应用绩效管理。绩效管理三个时代与其适用企业关系如图 14-6 所示。

动机类型	动机匮乏	外在动机				内在动机
调节类型	调节匮乏	外部调节	内投调节	认同调节	整合调节	内在调节
控制过程	无力掌控、无助感	服从、外部奖励和惩罚	自我控制、内部奖励和惩罚	价值与意义认同	自我追求与外在融合	兴趣、乐趣、内在满足
绩效管理时代	—	绩效管理 1.0	绩效管理 2.0	绩效管理 3.0（绩效使能）		
适用企业		工厂		知识型企业		
			—	创新型企业		

图 14-6　绩效管理三个时代与其适用企业关系

企业在思考是否采用绩效使能模式时，应该试着回答下述三个问题。

- 问题 1：企业所从事的工作，员工觉得有趣吗？
- 问题 2：企业所从事的工作，员工觉得有价值或有意义吗？
- 问题 3：假如公司因为暂时经济困难而无法向员工持续加薪，员工仍然愿意继续从事这份工作吗？

假如上述三个问题中的任一回答是肯定的，那么请选择基于内在动机假设的绩效使能模式，否则，企业可能仍需要使用基于外在动机假设的绩效管理 2.0 或者 1.0 模式。

必须要指出的是，上述三个问题的答案，很大程度上不是取决于工作本身，而是取决于企业管理层准备如何回答。同样是枯燥乏味的工作，一个企业可以通过适当的工作设计把它变得很有趣，而另一个企业通过糟糕的分工模式可以把它变得更无趣。举一个例子来说，你认为开出租车工作会无趣吗？相信绝大多数人都会说："是的，每天绕着大致相同的路线在城市里转来转去，如果不是为了生计，谁会去做这份苦活呢？"然而，随着网约车的兴起，现在三五个司机会组成一个出租车队，他们通过微信等方式互相分享乘客信息。比如，其中一名司机通过网络预约了下午 5 点去机场接机，但是下午 5 点该司机恰好赶不回来，于是他会通过微信群把这一接机信息分享给其他司机，让该时段正好空载的司机前去机场接客。这一互助行为让另外一名司机十分感激，它培养的是彼此之间的"关系"，而关系正是人类三个基本心理需求之一。同时，在网约车平台上，让司机有更多的选择自主权，司机不用满大街沿路搜寻要打车的乘客，而是只需打开网约车软件，就可以获取到远在几公里之外乘客的打车信息，这大大地提升了司机工作的自主性，而自主也是人类三个基本心理需求之一。再则，出租车司机灵活自组织形成出租车队后，彼此会通过微信群分享自己跑了多少单，收到多少出租车费，这一比较让开出租车这一行为仿佛游戏过关一般，激发了司机内心的胜任感，而胜任是另一基本心理需求。就这样，枯燥乏味的开出租车工作，居然也能满足内在动机的三大基本心理需求，变得非常有趣起来。

相反，我曾经看到过无数企业，把一件原本会非常有趣的工作，变成了人人唾弃的活儿。举个例子来说，软件开发本是一件非常有意思的工作，程序员可以在开发过程中体验到创造的乐趣。然而，不少企业在软件开发过程中增加了太多的流程控制环节，每个环节需要写无数的文档，其结果是，一个程序员的大部分时间不是用来写代码，而是耗费在写应付各个审核环节的文档。一个程序员曾抱怨说，为了改一行代码，需要写 5 份文档，提交 8 个人审核批准。厚重的流程和不信任氛围，剥夺的是程序员对软件开发的自主权，侵蚀的是程序员对软件工作的胜任感，也加剧了程序员怀疑自己是否适合软件开发工作的质疑，其结果是，怀揣成为软件开发大牛梦想加入企业，进了企业之后发现自己其实什么也做不了，变成了文书先生，渐渐地，不再喜欢这份工作了。无数企业的程序员戏称自己为"码农"，意即写代码的农民，这透露的正是企业对软件开发人员的不信任和不重视。一个原本高大上的创造性活动，就此变成了体力劳作一般的行为，何其悲哀。

再来看两个企业的案例：一个是富士康流水线作业模式，一个是佳能的细胞式生产方式。

先来看富士康流水线作业模式案例。

谁是富士康事件的罪魁祸首

富士康集团是专业生产电子产品及半导体设备的高新科技集团（全球第一大代工厂商），是全球最大的电子专业制造商，2012 年进入全球企业前 50 强，位居第 43 位。

在富士康公司，工作高度细分，分工极为精细，富士康追求每个岗位效率的极致化。例如，20 秒要完成一块电路板测试，1 分钟要装 7 个静电袋等。你若曾经看过卓别林导演的《摩登时代》电影，影片中卓别林的工作，就是机械地在流水线上扭螺丝钉，这一场景并非虚构，它真实地存在于富士康的流水线之中。

流水线在提高工作效率的同时，也把工人当成了机器。2010 年 1 月至 8 月期间，富士康连续发生了 17 起自杀事件。虽然这背后的原因有很多，但这种机械化劳作模式可能是其中主要原因之一。在富士康，工人日夜重复同一动作，工人对工作没有任何的新鲜感，缺乏成就感和工作自主性，感到工作十分"枯燥"。富士康实行的是准军事化管理，员工之间不允许搞小集团，甚至连同一宿舍员工都互不认识。新员工进公司的第一堂课就是军训，列队出操。"每一个员工都是一个士兵，指哪儿打哪儿，不容许有丝毫的差错。"员工之间没有私人友谊，缺乏交流。

也即是说，富士康流水线作业模式和准军事化管理，剥夺了员工的"自主""胜任""关系"三个基本心理需求，最终导致员工不满情绪逐步累积，出现大量的心理问题，从而导致极端事件。

再来看看佳能的细胞式生产方式案例。

细胞式生产方式

细胞式生产方式又名自律分散型生产方式，由1925年佛兰德斯（Flanders）所提出的成组技术（Group Technology）发展而来。成组技术改变了传统的流水线专业分工的生产方式，把结构、材料、工艺相近似的零件组成一个零件族（组），按零件族制定工艺进行加工，加工时把该零件组所需的设备安排在一个车间内，一次性完成该零件组。

细胞式生产方式属于成组生产技术。简言之，就是一张环状工作台，1~4个工人，以人力车取代长长的传送带和无人搬运车，每个工人熟练掌握尽可能多的工序，从而减少工作交接时间以提高效率。换言之，细胞式生产方式通过横向扩大工人的工作范围，让工人从单一、精细的螺丝钉变成了多面手和全能型人才。

日本佳能公司在采取细胞式生产方式，废除1.6万米长的流水线后，生产率平均每年提高50%；佳能在大连的工厂，在采用细胞式生产方式后的一年内，生产率就提高了370%，净利润率从原先的1%上升到10%。和以往的传送带生产方式相比，细胞式生产方式在减少产品库存和设备投资、提高生产率和产品质量方面更具优势。

那么，是什么力量让细胞式生产方式焕发了工人的活力呢？

在流水线生产方式下，工作一环扣一环，所有工人必须围绕同一流水线机械作业，彼此之间没有任何交流，工人们要做的就是一刻不息地做好自己的那份工。也就是说，在这种方式下，工人对工作缺乏控制，没有自主权，同时由于缺乏交流，彼此也没有关系感知。而在细胞式生产方式中，每个工人都对产品有整体的理解，工作范围得以扩大，可以相对灵活地安排手头的工作，到底是先做A工序还是B工序，由张三来做A工序还是由李四来做A工序，工作小组可以自行协商安排；同时，一个工作小组的生产成果是可见的，这会让工人觉得很有成就感，提升了工人们的胜任感知。另外，工人们在生产过程中，相互围在一起，可以彼此交流，这增进了工人们的情感纽带，促进了工人的关系感知。

换言之，通过细胞式生产方式，满足了工人自主、胜任和关系三大基本心理需求，大大提升了工人的动机水平。

所以，有趣和无趣是相对的，很大程度上不取决于工作本身，而是取决于企业如何进行工作设计。恰当的工作设计，可以提升工作趣味性和工作意义及价值，满足人的三个基本心理需求，从而促进人的内在动机，具备实施绩效使能的条件。

多年以来，诺德斯特龙公司的新员工在入职时都会收到一个员工手册，其实也就是一张灰色的13厘米×20厘米大小的卡片，这张小卡片上只写有几十个字：

欢迎加入诺德斯特龙百货公司！

我们很高兴有你的加入。我们的首要目标是向客户提供卓越服务。请将你的个人目标和职业目标都提升至更高水平。我们相信你有能力做到。

诺德斯特龙规则：第一条，请在所有情况下使用最优判断。再无其他规则。

你可以在任何时候向你的部门经理、商店经理或区域经理提出任何疑问。

诺德斯特龙是一家成功的高档时装零售公司，在业界以高品质的商品和高水平的服务闻名遐迩。《财富》杂志2009年评选的"100家最适合工作的公司"榜单中，诺德斯特龙名列第72位。作为一家低"技术含量"的零售公司，它并没有给员工规定各类条条框框，而是通过明确诺德斯特龙的价值（向客户提供卓越服务），激发员工对工作的价值和意义感知，然后在具体做事上，尽可能赋予员工以自主权（除鼓励员工尽可能做出最优判断外，再无其他规则），你可能还记得，自主是人类三大基本心理需求之一，这可显著提升了员工的工作动机。

谷歌特别强调工作中的乐趣。因为好玩，谷歌人甚至还可以拿自己公司的 Logo 来开一些玩笑，时常对"Google"这几个字母做些涂鸦来替换网站上惯常使用的正式 Logo，而这在很多公司通常是不允许的。也正因此，其前任首席人才官说，"快乐"是谷歌人最常用于描述谷歌文化的词。人在快乐时极富创造性，谷歌的创新，与其对工作乐趣的强调不无关系。

美国西南航空公司也推行一种快乐型企业文化，鼓励员工设法让自己的工作变得更有乐趣并且与个人更相关。西南航空并没有使用激励资源去达成这一目标。实际上，西南航空的工资并不比任何其他竞争对手高，它却能很容易招聘到明星员工的加入。工作乐趣，本身就是对工作最好的回报，它远胜于物质激励。

更进一步，理查德·哈克曼（Richard Hackman）和格雷格·奥尔德姆（Greg Oldham）提出了一个受到广泛认可的工作特征模型（Job Characteristics Model），识别出了可能影响工作动机的若干心理状态，以及影响这些的工作设计。这个模型可以作为企业开展自身工作设计以提升工作趣味性，进而增强员工内在工作动机的参考模型（见图 14-7）。

图 14-7　哈克曼-奥尔德姆工作特征模型

在工作特征模型中，当工作需要员工展示多样化的技能、工作本身是完整而非碎片的、工作本身很重要时，员工就能体验到强烈的工作意义感，在动机图谱中，这相当于将员工的工作动机往右侧拉升了。另外，工作需要足够的自主性，这是人类的三个基本心理需求之一，当工作自主性得到满足时，意味着工作是员工自己想做的，而非别人强加给他的。最后，反馈信息强化了员工的胜任感，这也是人类三个基本心理需求中的另外一个，当员工胜任感得到满足后，就形成了一个良性循环，一方面自己想做更多，另外一方面自己也确实会不断取得更好的成绩，这种内在的良性循环促使员工不断挑战自我、乐在其中。这样，工作特征模型满足了人类基本心理需求中的自主和胜任两个基本心理需求，它能提升员工的内在动机也就是理所当然的事了。工作特征模型在实践中得到了广泛的认可。后来的研究者在此基础上增加了工作关系相关的内容，从而使得工作特征模型完整地涵盖了自主、胜任及关系三个基本心理需求，使得它对内在动机的促进作用更加完整，指导意义也更强。

当提到激励时，很多企业的第一反应都是外在的物质激励，从而抱怨自己没有足够的激励资源。其实，最好的激励往往是免费的，它不但无处不在，还威力无穷。

基于业务所处阶段进行区别应用

前面我们已经谈过，业务性质和人员成熟度是影响 OKR 全面应用的两大关键。在这一节，我们将从另一个角度——业务生命周期——来剖析 OKR 的最佳适用期。

众所周知，业务如同生命，从诞生到消亡，会历经初创期、发展期、成熟期和转型期四个阶段。每个阶段都有其独特的使命与挑战，目标管理工具的重点也因此各有不同，如图 14-8 所示。

图 14-8　业务生命周期最佳适用目标管理形式图

接下来，我们将结合这四个阶段，分析如何选择最适合的目标管理工具。

阶段1：初创期——从0到1的破局之旅

初创期是业务从无到有的破局阶段。此时，业务如同一张白纸，团队在迷雾中探索方向，可能同时尝试多个小规模业务，但最终谁能脱颖而出，仍是未知数。创新，是这一阶段的主旋律，也是企业生存的唯一出路。

对于初创期的业务，OKR无疑是最佳拍档。在这一阶段，考核是创新的枷锁，只会扼杀团队的创业激情与业务的无限可能。管理者应像园丁一样，为团队创造自由的土壤，让创造力肆意生长，共同绘制未来的蓝图。该阶段，OKR可以帮助团队大展宏图，它能点燃团队创造力的火种，让团队如虎添翼。

以字节跳动为例，在初创期，张一鸣通过OKR鼓励团队不断尝试新方向，最终在新闻、短视频等诸多领域找到了突破口，推出了每日头条、抖音等多款现象级产品。如果没有OKR的灵活性与创新导向，很难说字节跳动能在竞争业已白热化的市场中脱颖而出。

阶段2：发展期——从1到N的规模化扩张

发展期是业务从1到N的规模化扩张阶段。此时，业务已找到突破口，方向明确，资源聚焦，目标直指市场制高点。这一阶段，执行力是制胜关键，团队要能"往一个城墙口"冲锋，不在非战略机会点上消耗战略竞争力量。这是上战场真刀真枪去和竞争对手开展争夺一城一池的阵地战的时候。

在发展期，由于业务的发展方向已经比较明晰（即O已明确），OKR事实上已经退化成了KR，对OKR的达成已经变成了对KR的追逐，OKR和KPI在结构上已经趋于一致了。而对已明确方向的业务来说，唯快不破，执行力和效率至关重要，因此，对目标施加外部考核力量，似乎是迫于市场压力不得已而为之的一种选择。

但发展期毕竟充满着变数，过早追逐高度的确定性意味着丧失其他可能性。这就好比虽然2022年年底OpenAI蹚出了AI的大模型发展之路，开启了人工智能从1到N的发展阶段，但OpenAI的闭源大模型路径并非人工智能发展的唯一路径，市场上还同时存在着Meta、阿里巴巴等公司的开源大模型，甚至在2025年年初，DeepSeek还能成功找到一条足以改变人工智能格局的低成本发展的开源路径。

因此，整体而言，建议该阶段的目标管理方式仍以 OKR 为主，KPI 为辅。不过，可以将 OKR 分成两种类型——承诺型 OKR 和挑战型 OKR——来进行管理。承诺型 OKR 类似 KPI，制定后不容失败，追求 100% 达成；挑战型 OKR 鼓励尝试摸高，容许失败。这样，企业仍能用 OKR 一种目标管理语言，兼容两种需求。

阶段 3：成熟期——稳中求进的守成之道

成熟期是业务稳定营收、规模初具的阶段。此时，公司围绕业务已形成明确的职能部门，各部门在各自领域深耕细作，构建起坚固的竞争壁垒。市场进入红海，客户与企业都追求确定性，考核成为达成目标的核心手段。

在成熟期，业务方向已清晰如镜，OKR 完全退化为 KR，与 KPI 无异。此时，企业需要的是精准的执行与高效的协同。即便采用 OKR，也会是 KPI 式的 OKR，强调结果导向与确定性。

百度是成熟期应用 OKR 的典型案例。百度在整个公司都在推行 OKR。百度 CEO 李彦宏 2025 年的 OKR 如表 14-1 所示。

表 14-1　百度 CEO 李彦宏 2025 年的 OKR

目标（O）	关键结果（KR）	目标类型
移动生态	KR1：基石业务搜索、feed⊖、百度 app 用户数据全面回正（承诺型） KR2：文库、网盘加速增长，电商业务发生质变（承诺型） KR3：实现百度伴飞⊖收入达到 ×× 亿元，利润达成 ×× 亿元（承诺型）	承诺型
智能云	KR1：基础设施即服务（IAAS）、平台即服务（PAAS）、软件即服务（SAAS）协同发展，打通市场反馈和技术中台事业群技术提升（TPG）、移动生态事业群（MEG）产品沉淀的闭环，实现内外部总收入 ×× 亿元，利润 ×× 亿元（承诺型） KR2：文心大模型降本增效应用接口调用 ×× 亿次，收入 ×× 亿元，利润 ×× 亿元（进取型） KR3：家用智能设备出货 ×× 台，实现收入 ×× 亿元，利润 ×× 亿元（承诺型）	承诺型

⊖ feed 是将用户主动订阅的若干消息源组合在一起形成内容聚合器，帮助用户持续地获取最新的订阅源内容。

⊖ 2024 年年底，百度商业系统全新升级为"百度伴飞"，整合了百度在大模型、生成式人工智能、智能体、数字人、人工智能营销商业生态等多方面的能力，以期用更加体系化的方式为企业打开更大的商业空间。

		（续）
目标（O）	关键结果（KR）	目标类型
自动驾驶	KR1：无人驾驶技术保持领先，运营规模达到世界第一（进取型） KR2：地图客户管理（CM）做正，市场份额跑赢大盘（承诺型）	进取型
组织能力	KR1：组织人才等资源与战略再对齐（承诺型） KR2：提升社会信任，提振内部信心（承诺型） KR3：组织负责人进一步年轻化，提倡赛马（承诺型）	承诺型

2025 年，李彦宏一共 4 个 O，11 个 KR，只有 2 个是进取型，进取型 KR 的比例仅占 18%，很显然，百度 2025 年的 OKR 模式属于 KPI 式 OKR。事实上，近三年来，百度 CEO 的 OKR 中，进取型比例一直在衰减，已从 2023 年高达 50% 的比例衰减到了 2025 年的 18%（见图 14-9），可以看出，百度 OKR 正在 KPI 化。

图 14-9　百度 CEO 近三年进取型 KR 比例变化趋势图

阶段 4：转型期——寻找下一个风口的涅槃重生

转型期是业务寻找下一个突破口的生死关头。此时，业务虽仍有不错的营收与规模，但增长已停滞甚至下滑。团队可能仍沉浸在过去的辉煌中，不愿直面现实的危机。冰山在融化，但生活在冰山上的企鹅却不自知，依然在用过去的方式思考和行事。该阶段团队最大的挑战是如何唤醒团队的危机意识，迅速找到新的增长点。

在转型期，业务需要的是战略级的突破，而非短期的目标管理。严格来说，这一阶段既不适合 OKR，也不适合 KPI，因为这是一场关乎企业未来 5～10 年命运的战略抉择。然而，OKR 的结构仍有其独特价值。企业可以将 OKR 的时间周期从 1 年拉长到 3～5 年，将其升级为战略式的 OKR，帮助厘清战略意图，看清未来成功时的样子。

在这方面，自微软做得非常成功。自微软 CEO 纳德拉上台后，面向移动互联网的转型机遇，微软通过战略式 OKR 重新定位自身，从"设备与服务"

公司转型为"云为先"的企业。这一战略调整，帮助微软找回了失去的十年，使其在云计算领域取得了巨大成功，重新打开了云时代的大门。

激励的最高境界是做到"润物细无声"

春夜喜雨

好雨知时节，当春乃发生。
随风潜入夜，润物细无声。
野径云俱黑，江船火独明。
晓看红湿处，花重锦官城。

这首《春夜喜雨》是诗圣杜甫脍炙人口的名篇，是杜甫于上元二年（761年）在成都草堂居住时所作，描绘了春雨的特点和成都夜雨的景象。摘录于此，作为本书对读者的最后赠语。

这首诗恰好形容了在企业内部激励应处于什么样的位置。一方面，内在动机显现了巨大的能量；另一方面，它又极易受外在激励的影响。好的激励，恰似一场好雨，在该发生的时候发生，做到"随风潜入夜，润物细无声"，应当把外在激励当成对员工用心投入后的一种感谢，意在给员工以公平的回报，同时又不侵蚀员工的内在动机。如果真的做到这一点了，企业就会是繁花盛开的地方。外在动机激发人的好胜心，内在动机促进人的好奇心。可以毫不夸张地说，人类的每一个发明、进步和创新，都是在人类巨大的好奇心驱使下完成的；人类的每一场战争与冲突，都是在好胜心的驱使下导致的。面向未来，无论是企业的绩效管理，还是薪酬管理，都应从基于胡萝卜加大棒的外在激励中跳出来，转变到基于内在动机为管理假设的轨道上来。

那些拥抱内在动机理念的公司

华为

我在华为工作了 13 年，对华为非常了解。从 2008 年到 2015 年，华为的绩效管理源自 IBM 的 PBC 模式。PBC 注重自上而下目标分解，注重执行，对每一个人而言，这就像和公司签署了一份合同，如果能达成合同要求，就能获得好的回报，否则，就一切激励与己无缘。PBC 的考核周期固定为半年或者一年，这在外部环境相对较稳定的工业时代是可行的。每年年底公司做好战略规划，然后第二年全年落地实施即可。但是，当时代切换到 VUCA 时代之后，外部环境急剧动荡。以前公司能往未来看 5～10 年，但现在也许看 3 年，甚至看 1 年都看不准了。这个时候如果还僵化地采用原有的战略规划—战略执行模式，就会导致整个公司都高度依赖高层，基层只是简单、机械、被动等待和执行，从而剥夺了一线员工的积极主动性，贻误市场机遇。

但华为不愧是一家伟大的公司。以客户为中心是其核心价值观。在这一初衷的牵引下，内部的管理机制会快速适配外部环境的变化而做出相应调整。自 2015 年 10 月起，华为这家高科技公司，也在积极地探索 OKR 这一绩效使能模式。华为也是国内首家引入 OKR 的大型企业。它的整个 OKR 探索历程完全采用自下而上方式进行，没有任何行政强制，完全是一点一点通过逐步影响管理者和员工，一点一点逐步去扩大试点范围，从最初 2015 年 10 月的 300 人，扩展到 2016 年年底的 1 万人，再到 2017 年年底的 2 万人……这是一个星火燎原的过程。我有幸全程主导了 OKR 这个从 0 到 1、从 1 到 N 的变迁过程，包括 OKR 外部洞察与分析、OKR 方法论构建和 OKR IT 平台的打造。及至我将离开华为时，华为已决定在国内 8 万研发人员范围内推广 OKR 这一绩效使能方法。这表明，在历时两年的试点之后，OKR 已获得了华为高层的一致认可。本书所介绍的 OKR 实践，正是源自我在华为的 OKR 开展经历。在这一过程中，我做了大量的理论探索，研究了关于内在动机、目标管理、绩效考核领域近年的大部分文献，加在一起不下 1 000 篇。理论的威力在于它能预测未来。通过对绩效管理理论的探索，我试图洞穿绩效管理的本质，帮助企业真正认识绩效管理，不再人云亦云、不再肤浅地跟随标杆实践，建立企业自己的自信，让企业的绩效管理从"管"转变到"使能"上来，转变到绩效管理 3.0 上来，转变到绩效使能这一方法上来。

OKR 不只是一种绩效使能方法，它是走向深层次绩效使能的切入点。如今，华为正沿着这条变革之路向纵深推进，不断撬动后端激励机制的改变，不断弱化绩效的强应用方式，不断驱动授权和赋能文化的生成。是 OKR 让华为看到了绩效管理 2.0 的局限，也是 OKR 让华为看到了绩效使能的威力，华为正在绩效使能这条大道上坚定地大步前行。我们相信华为的未来会越来越美好。

阿里巴巴

2018年9月，阿里巴巴时任CEO张勇在阿里巴巴组织部上做过一次讲话，其中的很多观点很好地体现了张勇是一个基于内在动机进行管理的人，他把这作为阿里巴巴重要的管理和激励理念。如下是他当时讲话的一些核心观点摘录：

- 我们要成为造梦者，而不仅仅是被梦想激励的人。
- 如果我们这伙人为KPI而活着，只是为了一个KPI而做事情，阿里就完了。
- （如果）每个组织部同学只是为了一个数字、一个最后的绩效考评评语，阿里巴巴走不远，也走不好。
- 我希望我们每个人都是阿里巴巴未来的创造者，而不只是来做一个岗位、做一件事情，把这个事情做到一个数字、一个结果。
- 我最害怕阿里巴巴变成一个机器一样不断循环，我们的很多业务、很多事情，过去十几年已经这么做了，如果今天还这么做，五年以后继续这么做，阿里巴巴肯定没有未来。
- 如果每个人都有更多的好奇心，每个人都用学习的态度，多了解一点自己不熟悉的世界，阿里巴巴的边界和宽度会非常扎实，而不只靠一群每个有特定技能的人简单串联起来。
- 阿里巴巴不需要一个manager，而需要更多的leader。

字里行间透露出张勇对KPI的深刻认知，他已经触及了内在动机的本质。KPI只是一个数字，最关键的是要理解KPI背后的价值和意义，而这三者结合在一起，就是OKR。最重要的不是单纯为了结果而做事，而是活在当下，认可做事的价值和意义，甚至是去创造事情的价值和意义，从追梦变成造梦，打造一支依靠内在动机、快乐做事、自我驱动的队伍。

彼时，阿里巴巴的绩效管理工具虽然仍叫KPI，但剥开这层外衣，裸露其中的肉身其实是OKR，而其灵魂则是内在动机理念。到了2022年，阿里巴巴连KPI这层外衣也剥离了，正式在全公司范围内开展OKR，拉开了

OKR 在阿里巴巴全面应用的大幕。同年 7 月 26 日，阿里巴巴发布了一封致股东信，信中首次公开提及了阿里巴巴全面应用 OKR 的目的：

> 为了更好地实现"能力建设、价值创造"，我们也在公司更大范围内推行了 OKR，推动我们更好地从数字导向走向价值导向，并走向"上下同欲、左右对齐"。

这句话精准地概括了 KPI 与 OKR 的本质区别：KPI 注重数字导向，而 OKR 则强调价值导向。真正用好了 OKR，就能让更多员工基于内在动机做事，就能让企业从数字导向走向价值导向，实现上下同欲，左右对齐。一支由内在动机武装起来的队伍，必将无往不胜，一定会活得长长久久。阿里巴巴说，公司的愿景是要活过 102 年。如果阿里巴巴能始终将内在动机管理理念落实到位，一以贯之，何止 102 年！

字节跳动

张一鸣在 2017 年源码资本年会上做过一次分享，其核心观点是作为 CEO，在管理公司时要"Context，not Control"，他对 Context 和 Control 是这样定义的：

- **Context** 是指决策所需要的信息集合，包括原理是什么，市场环境如何，整个行业格局如何，优先级是什么，需要做到什么程度，以及业务数据和财务数据，等等。
- **Control** 则包括了委员会、指令、分解和汇总、流程、审批，等等。

Context 的模式就是自下而上的模式，Control 就是自上而下的模式。

Control 导致了很多大灾难，微软就是一例。微软前 CEO 比尔·盖茨曾经按照自己的技术理念力推 Windows Vista 操作系统，计划 2003 年上线，但直到 2006 年才真正推出，耗时 3 年多，更为致命的是市场对这个系统的反应却一片惨淡。乔布斯也犯过同样的错误。第一次离开苹果做 NeXT 的时候，他提出一个非常理想化的做计算机的模式，包括优雅的操作系统，完全面向对象（Object Oriented）的语言，但是这种模式的计算机最终也没有卖出多少台。他认为，Control 除了会带来战略上的误判，还会因为追求控制感而导致企业反应迟钝。CEO 如果把精力都花在繁复的审批手续上，那么就没有精力去思考企业的长远生存和发展，从而把自己锁在了审批台。而一线由于审批决策的不及时，也会贻误战机，错失很多机会。

相比 Control 而言，Context 有诸多好处。

（1）**发挥集体智慧**：它采用的是分布式运算模式，让更多人用更多 CPU 进行运算，让更多人参与决策，是利用集体的智慧。

（2）**加快执行速度**：不需要层层汇总，不需要汇总到一处，不需要在 CEO 这里排队列，能够更及时地响应。

（3）**充分的外部信息输入**：在 Control 模式中，任何信息都要到 CEO 这个节点，靠 CEO 再分发出去。CEO 很大程度变成了公司和外部之间的接口。相比单靠 CEO 接触外界情况，了解市场行业或者宏观经济，让更多的同事、更多主管直接面向行业，信息肯定会更充分，角度也不一样。

（4）**参与感激发创造力**：做同样的事情，如果员工知其然，也知其所以然，做起来会比只知道指令更有意思。这对发挥员工创造力是有帮助的。

（5）**可规模化**：Context 的建设，表现形式可能是内部的系统，可能是知识共享文档，这些都是可以复用的，是可规模化的。而 CEO 和管理团队的时间精力是靠拼体力、脑力、耐力的，是有瓶颈的，是没有规模效应的。

总结起来，张一鸣的 Context 模式，就是要激发员工自主，让员工充分参与，同时也让员工知道做事的价值和意义，"知其然，也知其所以然"。在动机图谱上，这正是在孵化员工的内在动机，而内在动机能促进创新，这一点，张一鸣判断得非常准确。由此，我们就不难理解字节跳动公司的诸多创新行为了。字节跳动能在短时间内推出极具影响力的短视频产品——抖音，开始抢占腾讯的用户时间，撼动其在社交领域多年形成的霸主地位，同其内部这一管理理念有着至关重要的关系。

在这一管理哲学的指导下，字节跳动公司也采用了 OKR 这一绩效使能方法：

……

第四，我们鼓励内部信息透明。

我们鼓励群聊，各部门之间充分沟通，不要只跟 CEO 沟通。也不提倡一对一的沟通，我们认为一对一沟通效率很低。如果有新加入的同事或者高管希望跟我一对一沟通，我经常会说你可以抄送给我，但你首先发给其他人，发给需要和你配合的人。

我们让**管理层的 OKR 对下属员工保持公开**，让大家知道你在做什么，为什么在做这个事情，其他部门的人在做什么。OKR 的制定过程也不是自上而下的分解，而是大家互相之间自己对齐。看一下上级的 OKR，看一下别的部门的 OKR，看一下同级的 OKR，了解目前公司最重要的任务是什么，这个季度最重要的任务是什么，我做什么能够帮助他们。季度会也是尽量让相关人多参与，并不是一个非常小范围的高管会。我们还会经常举办 CEO 面对面，在这个会上回答员工提问，让大家了解公司进展。

第五，我们认为做到充分建立 Context，需要好的内部系统做支持。

我们有将近 100 个人的内部工具开发团队，做各种工具尝试。比如**我们自己开发了 OKR 系统**，并且和内部使用的 IM 打通，方便大家互相查看。

这些基础工具，第一可以让人更轻松，第二可以规模化。**新人加入公司，很快能适应 OKR 系统**，很快可以看到内部的资料，从内部获取信息。他也能意识到，他不仅仅有获得信息的权利，也有支持相关工作的责任。这样的实践，在我们看来，是把公司当成产品来建设，让公司内部的 Context 更有效，让这个系统分布式处理能力更强。

从这几段话可以看出，字节跳动公司的 OKR 融合了自下而上目标制定、信息的公开透明、轻松娱乐等特点，字节跳动公司的绩效管理已经升级到了 3.0 时代，即绩效使能模式。

腾讯

在国内头部企业中，腾讯一直是一个低调的存在。它默默埋头做自己的事，极少张扬。正因此，外界少有人知道腾讯在用什么样的目标管理工具。

但其实，腾讯早在 2017 年就开始局部试点应用 OKR 了，并且应用范围一直在扩大。2020 年我加入腾讯后，推动升级了腾讯的目标管理 IT 系统，将 OKR 理念完全植入到了新的 IT 系统，从而变相完成了 OKR 在腾讯全公司范围内的推行。

在腾讯所有事业群中，微信事业群的 OKR 开展得最为深刻。这主要源于微信事业群总裁张小龙对 OKR 底层逻辑的深度认同和亲身实践。张小龙一直对 KPI 保持警惕。他曾说过下面这些话：

一个大公司需要有 KPI，公司高层需要有这样一个商业指标，**但是，如果我们很多同事直接采取了高管的工作方式来工作，特别是把很多目标数字化，这个是不太合理的。**

在 QQ 邮箱开始快速发展的时候，我记得在内部还有过一次分享，当时我说了一句话，我们**达到了 KPI 是我们产品的副产品。**所谓副产品，就是说我们真的把东西做好以后，KPI 自然就达到了。早期的微信团队也一直围绕这样一个思路在工作。

在他这种理念的影响下，微信事业群的中层干部无一例外地完全拥抱 OKR，反对 KPI，用 OKR 经营着微信事业群方方面面的目标。一次，我在访谈一位微信事业群的中层干部时，善意地提到了他们 OKR 中存在的一个小问题：KR 中全是定性描述，没有定量数字。结果，这位中层干部立马肾上腺素飙升，大声反驳我说："OKR 中本来就不应该有数字，有数字了，就变成 KPI 了。"无须再说什么，仅仅这个小事件，就已充分凸显了微信事业群管理干部对 KPI 是多么深恶痛绝。确实，在微信事业群，**没有数字，并不代表没有结果。**事实上，微信事业群的人效是腾讯所有事业群中最好的，远超大家所熟悉的游戏事业群。在微信事业群的管理者们看来，OKR 的价值在于帮助他们看清问题的本质，明晰做事的意义。而本质和意义，往往不需要用数字去刻画，定性的描述胜过定量的数字。

以此观之，微信事业群在张小龙的带领下，早已进入绩效使能时代，这会让微信事业群能轻松地在诸多业务领域弯道超车，实现跨越式突破。如今，微信生态上长出了小程序，孵化出了企业微信，还拯救了腾讯内容事业群（PCG）在短视频领域的败局，培育出了能匹敌抖音的视频号，成为仅次于抖音的第二大短视频平台（见图14-10）。

在AI浪潮席卷全球的今天，微信看似波澜不惊，实则暗流涌动，它正以静水流深之姿，悄然追赶时代的步伐。如今，当我在微信搜索框中探寻信息时，AI已然成为我的智慧助手，会优先聚合呈现最精准的答案，而将传统搜索的繁杂结果推后。这一微小却贴心的变化，已将微信推上了AI的高速路，使其成为我搜索的首选。我已许久未在手机上召唤传统搜索引擎了，它们仿佛是上个时代的古董，搜索出的内容冗杂无用且陈旧，更充斥着令人厌烦的广告。微信搜索一直在快速跟进AI的最新变化。2025年2月，微信搜索功能更是选择拥抱DeepSeek的R1推理版本，全面升级其搜索问答能力。这意味着，随着微信这一国民级应用对AI的深度拥抱，中国14亿人将在一夜之间迈入AI问答的新纪元。基于我对腾讯的深刻了解，我坚信，微信在AI时代仍将占据一席之地，继续巩固其国民级应用的地位。

图14-10 2023年三大短视频平台月活/日活数据对比

是的，一个不把数字作为追逐对象、始终专注于洞察用户需求本质，并将OKR理念融入血脉的团队，放在历史的长河中去考量，它怎么可能不脱颖而出，不成就非凡呢？

DeepSeek（深度求索）

DeepSeek，全称杭州深度求索人工智能基础技术研究有限公司，这家成立于2023年7月的中国人工智能初创企业，仅用短短一年半的时间，便书写了一个创新传奇。2024年12月26日，DeepSeek发布了其全新大模型系列——DeepSeek-V3，这一发布犹如在人工智能领域投下了一颗核弹，瞬间引爆全球科技圈。DeepSeek-V3 不仅在性能上直逼全球顶尖的闭源大模型 GPT-4o 和 Claude-3.5-Sonnet，在某些特定场景下甚至表现得更为出色。然而，真正令全球人工智能界震惊的并非其技术指标，而是其惊人的成本效益：训练成本不足 600 万美元，仅为行业平均水平的 1/10。这一惊人的资源利用效率，堪称人工智能界的工业奇迹。

如果说 DeepSeek-V3 是破局者，那么 2025 年 1 月 20 日发布的 DeepSeek-R1 则是颠覆者。作为全球首个公开大模型深度思维链的产品，DeepSeek-R1 在数学、代码、自然语言推理等任务上的表现，与 OpenAI 的 o1 正式版平分秋色。这一突破不仅标志着人工智能技术从黑盒走向透明，更开启了全球人工智能普惠的新纪元。在随后不到一个月的时间里，全球人工智能界迎来了一场合家欢盛宴：亚马逊、微软等国际科技巨头纷纷抛来橄榄枝；华为、阿里巴巴、腾讯等国内科技巨头争相接入；甚至连国内最早做人工智能、业务领域上是 DeepSeek 竞争对手的百度，也主动放下身段选择虚心向这个行业新秀学习。而腾讯更是拥抱得彻底，它将 DeepSeek 的技术深度整合到了自家的 QQ 浏览器、QQ 音乐、腾讯文档、元宝乃至国民级应用微信等数十个应用中，实现了从云端到终端的全方位接入。可以说，DeepSeek 的出现，重新定义了人工智能技术的边界，重塑了整个行业的竞争格局。

更令人难以置信的是，创造这一系列不可思议的成就时，DeepSeek 还只是一家不到 150 人的小公司，而且，它没有在营销上花一分钱。

它是怎么做到的？它有什么神力？

大模型研发，向来是资本的炼狱，人才、算力、数据，样样都是吞金兽。在这场"烧钱竞赛"中，许多公司被资本的重压击退，转而急于去开发 AI 应用以求商业变现。而 DeepSeek 却选择了一条少有人走的路：坚持不做垂类、不做应用，只做研究与探索。这种不急功近利的长期主义思维，在当下短视逐利的 AI 行业中尤显难能可贵，堪称好奇心驱动创新精神的典范。亚马逊创始人贝佐斯曾说过一句话："长期思维可以撬动我们现有的能力，让我们去做我们原本无法思考的新事情。它支持发明所需要的失败和迭代，它解放了我们，使我们在未探索的领域中成为先驱。"DeepSeek 的选择，正是对这一理念的生动注解。其实，当你跳出科技圈看影视圈时，也能发现类似的规律。饺子导演用十年时间只打磨了两部《哪吒》，便斩获超 193 亿元票房，成功跻身全球动画电影票房榜首，将中国电影推向了世界舞台的巅峰——真正的长期主义，终会被世界看见。

除创始人具备长期主义信念外，DeepSeek 还在战略上与众不同，它走了一条和行业先行者 OpenAI 截然不同的发展道路。OpenAI 最初以开放技术、造福人类为使命，其早期产品也确实秉持开源精神。然而，随着其模型能力的不断增强，OpenAI 逐渐起了私心，背离了初心，选择封闭其技术细节，从 Open（开放）走向 Closed（封闭），试图以此巩固其领先地位。此外，OpenAI 还选择了抱微软的大腿，同微软进行深度捆绑，以换取微软巨额资金的支持。DeepSeek 则完全相反，它不仅全面开源其最先进的推理大模型，更坚持独立发展，拒绝与任何巨头捆绑。正是这两项关键决策，帮了 DeepSeek 大忙，使得无论是大公司还是小企业，都毫无芥蒂地全面拥抱其技术，从而成就了 DeepSeek 的商业传奇。面对 DeepSeek 的成功，行业老大哥 OpenAI 的 CEO 也坦言："我个人认为，在（开源）这一点上，我们站在了历史的错误一边。"（I personally think we have been on the wrong side of history here）这一表态在揭示 OpenAI 战略误判的同时，也凸显了 DeepSeek 坚持开放、独立发展路线的远见卓识。

然而，企业的成功，从来不是单一因素的独奏，DeepSeek 也不例外。它能在行业中脱颖而出，除创始人的长期主义信念和公司秉持开放、独立的发展路线这两大因素外，组织管理方面还有着多重力量在合奏。

首先，在人才选拔上，DeepSeek 打破了人工智能行业偏爱资深人士的传统，更倾向于吸纳年轻人才。其核心技术团队主要由应届毕业生或仅有一两年工作经验的年轻人组成。创始人梁文锋深信，长期的成功并不取决于经验，真正起决定性作用的，是基础能力、创造力和对工作的热爱。奇点大学（Singularity University）校长彼得·戴曼迪斯（Peter Diamandis）曾说："如果你希望公司实现 10 倍速增长，那么应该雇用一群 20 多岁的年轻人。为什么是年轻人？因为他们聪明、勤奋、充满好奇心，敢于打破常规，挑战现状。"这也正是 DeepSeek 创始人梁文锋的人才观。

其次，在薪酬待遇上，DeepSeek 虽然主要招年轻人，但十分慷慨，它的薪酬直接对标字节跳动等顶尖科技公司，甚至会在竞争对手报价的基础上直接加价，以确保一流的人才始终获得一流的薪酬。

再次，在算力资源使用方面，DeepSeek 的员工享有极高的自由度，他们可以随时调用训练集群，无须烦琐的审批流程，这往往是大企业员工无法奢望的。在 DeepSeek，只要几个人对一个创意感兴趣，项目就能迅速启动。而一旦某个创意展现出潜力时，公司就会毫不犹豫地调动资源进行压强投入，从上到下全力支持其发展。

最后，在团队管理上，DeepSeek 摒弃了传统的 KPI 考核。梁文锋曾表示："我们的考核标准与一般公司不同。我们没有 KPI，也没有所谓的任务。"这种反 KPI 的文化让公司能够保有理想主义情怀，专注于研究与探索，避免了短期利益的裹挟，拓宽了公司创新的护城河。

多年来，很多企业常问我一个同样的问题：什么样的企业最适合应用 OKR？如果非要我举一个最鲜活的例子，那一定非 DeepSeek 莫属。DeepSeek 的目标管理工具即便不叫 OKR 这个名字，也一定会在底层逻辑上和 OKR 吻合得严丝合缝。它符合开展 OKR 的完美条件：**创新驱动的业务、授权型管理者和高度自驱的员工**。DeepSeek 选择了一条最具前沿性的业务赛道，拥有一位具备理想主义情怀的创始人，同时还汇聚了一群渴望在人工智能领域大展拳脚的年轻人才。这样的组合，正是 OKR 生根发芽、茁壮成长的最佳土壤。

梁文锋说："赚快钱的时代已经永远过去了，未来的中国，靠的是硬核技术创新……中国产业结构的调整会更依赖硬核技术的创新。当更多人发现过去赚快钱很可能只是来自时代的运气，就会更愿意俯身去做真正的创新。"而真正的创新，真正的硬核技术的突破，从来不是靠源自短期物质利益的诱惑，而是靠源自内心深处那份炽热的热爱与坚持，源自内在动机的持久燃烧。

在你的团队开展 OKR 前，不妨先叩问自己两个灵魂问题：作为领导者的我是否发自内心热爱这份事业并愿意长期坚持？我的团队成员是否发自内心热爱这份事业并愿意长期坚持？如果对这两个问题的回答都是肯定的，那么，在开展 OKR 这件事情上，请你大胆地往前走，往前走，莫回头，通天的大路九千九百九。

结语

基于内在动机理念的绩效使能方法是可持续的、健康的，它能极大地促进企业的创新能力提升，帮助企业从同质化、靠拼体力的低层次竞争模式蜕变到差异化、依靠脑力和创新的高层次竞争模式。

追梦还是造梦？Context 还是 Control？绩效管理还是绩效使能？决定权在你手上，你的选择决定着你的企业是否会成为像华为、字节跳动、腾讯、阿里巴巴、DeepSeek 这样富于创新的企业。

绩效使能，你值得拥有，一经拥有，必将让你的公司与众不同！

Performance
Empowerment
—— 参考资料

1. 艾伦.近代英国工业革命揭秘：放眼全球的深度透视 [M].毛立坤，译.杭州：浙江大学出版社，2012.
2. 马克思，恩格斯.共产党宣言 [M].中共中央马克思恩格斯列宁斯大林著作编译局，译.北京：人民出版社，1972.
3. 李聪媛.管理理论与实践 [M].重庆：重庆大学出版社，2016.
4. 泰勒.科学管理原理 [M].黄榛，译.北京：北京理工大学出版社，2012.
5. 王菁华，王淑珍.管理学原理 [M].北京：中国财政经济出版社，2009.
6. 梅奥.工业文明的人类问题 [M].陆小斌，译.北京：电子工业出版社，2013.
7. 德鲁克.管理的实践 [M].齐若兰，译.北京：机械工业出版社，2009.
8. 田涛.下一个倒下的会不会是华为 [M].北京：中信出版社，2017.
9. 钱德勒.绩效革命：重思、重设、重启绩效管理 [M].孙冰，陈秋萍，译.北京：电子工业出版社，2017.
10. 韩非.韩非子 [M].高华平，王齐洲，张三夕，译注.北京：中华书局，2015.
11. 许良英，李宝恒，赵中立，等.爱因斯坦文集第一卷 [M].2 版.北京：商务印书馆，2009.
12. 黄卫伟.以奋斗者为本：华为公司人力资源管理纲要 [M].北京：中信出版社，2014.
13. 霍克.改变心理学的 40 项研究：探索心理学研究的历史 [M].白学军，等译.北京：中国轻工业出版社，2004.
14. 尼斯塔特.群体绩效：有效管理的基石 [M].曹继光，译.北京：人民邮电出版社，2013.

15. 汤普森. 创建团队[M]. 方海萍，等译. 北京：中国人民大学出版社，2007.
16. 梅奥. 霍桑实验：为什么物质激励不总是有效的[M]. 项文辉，译. 上海：立信会计出版社，2017.
17. 马思瑶. "旅行青蛙"火爆，是超限效应的胜利[J]. 心讯，2018（1）：214.
18. 周京，莎莉. 组织创造力研究全书[M]. 魏昕，王莎莎，张航，等译. 北京：北京大学出版社，2012.
19. 吐温. 汤姆·索亚历险记[M]. 张友松，译. 北京：人民文学出版社，2015.
20. 新浪科技. 马斯克国际宇航大会演讲：让人类成为多星球生存物种[EB/OL].（2017-09-29）[2018-04-15]. https://tech.sina.com.cn/d/s/2017-09-29/doc-ifymmiwm1144100.shtml.
21. 伯格. 冲向火星：马斯克和SpaceX的初创故事[M]. 张含笑，译. 石家庄：花山文艺出版社，2023.
22. 腾讯网. 盘点2024年度SpaceX·发射篇[EB/OL].（2025-01-03）[2025-02-01]. https://news.qq.com/rain/a/20250103A0A19H00.
23. 新浪科技. 2024年国游销量年榜出炉：《黑神话》销量2800万稳居第一赚了90亿[EB/OL].（2025-01-10）[2025-02-03]. https://finance.sina.com.cn/tech/roll/2025-01-10/doc-ineenpiz5595706.shtml.
24. 克拉考尔. 进入空气稀薄地带：登山者的圣经[M]. 张洪楣，译. 杭州：浙江人民出版社，2013.
25. 莱斯特，皮奥雷. 破译创新的前端：构建创新的解释性维度[M]. 寿涌毅，郑刚，译. 北京：知识产权出版社，2006.
26. 丛龙峰，张伟俊. 自我觉察：领导力提升的起点与终点[M]. 北京：机械工业出版社，2022.
27. 施密特，罗森伯格，伊格尔. 重新定义公司：谷歌是如何运营的[M]. 靳婷婷，译. 北京：中信出版集团股份有限公司，2019.
28. 凯勒，帕帕森. 最重要的事，只有一件[M]. 张宝文，译. 北京：中信出版集团股份有限公司，2024.
29. 格罗特. 小目标怎么定？有三个原则要慎用[J]. 哈佛商业评论，2017（2）：19-21.
30. 范恩，梅里尔. 潜力量：GROW教练模型帮你激发潜能[M]. 王明伟，译. 北京：机械工业出版社，2015.
31. 腾讯. 腾讯2024第三季度业绩[R]. 深圳：腾讯公司，2024.
32. 克利尔. 掌控习惯：如何养成好习惯并戒除坏习惯[M]. 迩东晨，译. 北京：北京联合出版公司，2019.

33. 彭特兰. 智慧社会：大数据与社会物理学 [M]. 汪小帆, 汪容, 译. 杭州：浙江人民出版社, 2015.

34. 舒尔茨, 扬. 将心注入：一杯咖啡成就星巴克传奇 [M]. 2版. 文敏, 译. 北京：中信出版社, 2015.

35. 刘峰. 消息称字节跳动撤销"人才发展中心"精简HR部门 [EB/OL]. （2021-12-15）[2021-12-30]. https://www.dsb.cn/169838.html.

36. 马奎特, 杨. 行动学习应用：全球最佳实践精粹 [M]. 王云, 王金帅, 王培杰, 译. 北京：机械工业出版社, 2014.

37. 瑞文斯. 行动学习的本质 [M]. 郝君帅, 赵文中, 沈强铭, 译. 北京：机械工业出版社, 2016.

38. 田志刚. 卓越密码：如何成为专家 [M]. 北京：电子工业出版社, 2018.

39. 斯坦菲尔德. 学问ORID：100种提问力创造200倍企业力 [M]. 钟琮贸, 译. 北京：电子工业出版社, 2023.

40. 埃德蒙森. 协同：在知识经济中组织如何学习、创新与竞争 [M]. 韩璐, 译. 北京：电子工业出版社, 2019.

41. 科里. 回顾活动引导：24个反模式与重构实践 [M]. 万学凡, 张慧, 译. 北京：清华大学出版社, 2021.

42. 索亚, 霍格斯. 经验：我们为什么会学到错误的经验以及如何纠正它们 [M]. 北京：中国青年出版社, 2022.

43. 黄金萍. 微信是如何飞起来的 [N]. 南方周末, 2012-02-03（9）.

44. 王先明, 陈建英. 网红经济3.0：自媒体时代的掘金机会 [M]. 北京：当代世界出版社, 2016.

45. 阿马比尔, 克雷默. 激发内驱力：以小小成功点燃工作激情与创造力 [M]. 王华, 译. 北京：电子工业出版社, 2016.

46. 博克. 重新定义团队：谷歌如何工作 [M]. 宋伟, 译. 北京：中信出版集团股份有限公司, 2015.

47. 韦穆伦. 管理的真相 [M]. 孙忠, 译. 北京：中国财政经济出版社, 2012.

48. 艾扬格. 选择的艺术：为什么我选的不是我要的？ [M]. 林雅婷, 译. 北京：中信出版社, 2011.

49. 奥斯兰, 特纳, 科尔布, 等. 组织行为学经典文献 [M]. 顾琴轩, 译. 北京：中国人民大学出版社, 2010.

50. 米尔科维奇, 纽曼, 格哈特. 薪酬管理 [M]. 成得礼, 译. 北京：中国人民大学出版社, 2014.

51. 张小龙. 警惕KPI和流程 [EB/OL]. （2016-10-29）[2018-10-09]. https://www.woshipm.

com/it/436786.html.

52. 鲁梅尔特.好战略，坏战略2[M].郭红梅，殷玥，译.北京：中信出版集团股份有限公司，2023.
53. 萨尔，艾森哈特.复杂世界的简单规则[J].哈佛商业评论（中文版），2012（9）：120-124.
54. BARTHILEMY J.Why best practices often fall short[J]. MIT Sloan Management Review, 2018, 59(3)：33-44.
55. RYNES S L, BROWN K G, COLBERT A E. Seven common misconceptions about human resource practices: research findings versus practitioner belief[J]. Academy of Management Executive, 2002, 16(3)：54-68.
56. PFEFFER J.When it comes to "best practices", why do smart organizations occasionally do dumb things?[J]. Organizational Dynamics, 1997, 25: 33-44.
57. NEF J U.The rise of the British coal industry[M]. London：Routledge, 1932.
58. RAISTRICK A.Dynasty of iron founders: the Darbys and Coalbrookdale[M]. 2nd rev. ed.Coalbrookdale：Sessions Book Trust, 1989: 97.
59. HARRIS J R. Industrial espionage and technology transfer: Britain and France in the eighteenth century[M]. London：Routledge, 2000.
60. WILDHABER I. The robots are coming[J]. HR Magazine, 2018, 19(2)：19-23.
61. BASADUR M, TAGGAR S, PRINGLE P. Improving the measurement of divergent thinking attitudes in organizations[J]. Journal of Creative Behavior, 1999, 33: 75-111.
62. BAER M, OLDHAM G.The curvilinear relations between experienced creative time pressure and creativity: moderating effects of openness to experience and support for creativity[J]. Journal of Applied Psychology, 2006, 91(4)：963-970.
63. FRYMIRE B. The search for talent: business and society[J]. The Economist, 2006, 381(8507)：84-98.
64. NADELLA S. Hit refresh[M]. New York：Harper Business, 2017: 138-140.
65. WILSON R, BEAVEN R, MAX-GILLINGS M, et al. Working futures 2012-2022[R]. Coventry：University of Warwick, 2014.
66. PINK D H. Drive: the surprising truth about what motivates us[M]. New York：Riverhead Books, 2011.
67. KOHN A, POWELL J. How incentives undermine performance[J]. Journal for Quality and Participation, 1998, 21(2)：8-12.
68. CEB. Driving breakthrough performance in the New Work environment[R].

Arlington: CEB, 2012.
69. BUREAU OF LABOR STATISTICS.National compensation survey[R]. Washington: BLS, 2010.
70. BUCKINGHAM M, GOODALL A. Reinventing performance management[J]. Harvard Business Review, 2015, 93(4): 40-50.
71. BUCKINGHAM M. Most HR data is bad data[J]. Harvard Business Review, 2015, 93(2): 74-78.
72. ROCK D, DAVIS J, JONES B. Kill your performance ratings[J]. Strategy+ Business, 2014(77): 1-5.
73. ARTHUR C, EVANS J R. The power of curiosity[J]. *APA MONITOR ON PSYCHOLOGY*, 2017, 48(12): 54.
74. AMABILE T M. The social psychology of creativity[M]. New York: Springer, 1983.
75. AMABILE T M. Creativity in context: update to the social psychology of creativity [M]. Boulder: Westview Press, 1996.
76. RYAN R M, DECI E L. Intrinsic and extrinsic motivations: classic definitions and new directions[J]. Contemporary Educational Psychology, 2000, 25: 54-67.
77. DECI E L, RYAN R M. Self-determination theory: basic psychological needs in motivation, development, and wellness[M]. New York: Guilford Publishing, 2017.
78. MARMOT M G, et al. Low job control and risk of coronary heart disease in Whitehall II (prospective cohort) study[J]. BMJ, 1997, 314(7080): 558-565.
79. PAUL K. The misery index[J]. The Economist, 2012, 403(8783): 63-68.
80. EISENBERGER N I, LIEBERMAN M D, WILLIAMS K D. Does rejection hurt? an fMRI study of social exclusion[J]. Science, 2003, 302(5643): 290-292.
81. PAUL P, BAAR D, DECI E L, et al. Intrinsic need satisfaction[J]. Applied Social Psychology, 2004, 34(10): 17-24.
82. AMABILE V. Effects of external evaluation on artistic creativity[J]. Journal of Personality and Social Psychology, 1979, 37(2): 221-233.
83. ZUCKERMAN H. Nobel laureates in science: patterns of productivity, collaboration, and authorship[J]. American Sociological Review, 1967, 32(3): 391-403.
84. BORJAS G J, DORAN K B. Prizes and productivity: how winning the fields medal affects scientific output[J]. Journal of Human Resources, 2015, 50(3): 728-758.
85. HENNESSEY B A. Rewards and creativity: past, present, and future[J]. Applied

Psychology, 2017, 66(2): 290-325.
86. LOCKE E A, LATHAM G P. A theory of goal setting and task performance[M]. Englewood Cliffs: Prentice-Hall, 1990.
87. LATHAM G P. Goal setting: A five-step approach to behavior change[J]. Organizational Dynamics, 2003, 32(3): 309-318.
88. MUELLER-HANSON R A, PULAKOS E D. Transforming performance management to drive performance[M]. New York: Routledge, 2018.
89. BERRIDGE K C, ROBINSON T E. Parsing reward[J]. Trends in Neurosciences, 2003, 26(9): 507-513.
90. WELDON E, et al. Yours, mine, and ours: facilitating group productivity through the integration of individual and group goals[J]. Organizational Behavior and Human Decision Processes, 1995, 64(2): 138-150.
91. LARSON C E, LAFASTO F M J. When teams work best: 6000 team members and leaders tell what it takes to succeed[M]. Newbury Park: Sage, 2001.
92. COVEY S R. The 8th habit[M]. New York: The Free Press, 2004.
93. GOVERNMENT U. S. How to conduct an after action review[M]. Washington, DC: U. S. Government Publishing Office, 2020.
94. PHILLIPS P P. ASTD handbook for measuring and evaluating training[M]. Alexandria: ASTD Press, 2010: 496.
95. GRABAN M. Measures of success: react less, lead better, improve more[M]. Knoxville: Constancy, Inc., 2019.
96. WHEELER D J, CHAMBERS D S. Understanding statistical process control[M]. 2nd ed. Knoxville: SPC Press, 1992.
97. COLQUITT A L. Next generation performance management: the triumph of science over myth and superstition[M]. Charlotte: Information Age Publishing, 2017.
98. TIERNEY P, FARMER S M, GRAEN G B. An examination of leadership and employee creativity: the relevance of traits and relationships[J]. Personnel Psychology, 1999, 52(3): 591-620.
99. 财富杂志编辑部.2018年美国最适宜工作的100家公司[J].财富（中文版），2018(2)：45-68.
100. 莱昂纳迪，尼利.企业社交工具应用指南[J].哈佛商业评论，2017(12)：56-59.
101. O'REILLY C A, TUSHMAN M L. Lead and disrupt: how to solve the Innovator's dilemma[M]. Stanford: Stanford University Press, 2021.
102. 机器之心.CVPR 2017李飞飞总结8年ImageNet历史，宣布挑战赛最终归于

Kaggle[EB/OL]. (2018-05-09) [2018-06-01]. https://cloud.tencent.com/developer/article/1119036.

103. LATANÉ B, WILLIAMS K, HARKINS S. Many hands make light work: the causes and consequences of social loafing[J]. Journal of Personality and Social Psychology, 1979, 37(6): 822-832.

104. WILLIAMS E. Medium or message: communications medium as a determinant of interpersonal evaluation[J]. Sociometry, 1975, 38(1): 119-130.

105. HARKINS S G, JACKSON J M. The role of evaluation in eliminating social loafing[J]. Personality and Social Psychology Bulletin, 1985, 11(4): 457-465.

推荐阅读

OKR：源于英特尔和谷歌的目标管理利器
ISBN: 978-7-111-57287-9

OKR教练实战手册
ISBN: 978-7-111-70537-6

绩效使能：超越OKR
ISBN: 978-7-111-61897-3

真OKR
ISBN: 978-7-111-71732-4

OKR完全实践
ISBN: 978-7-111-65886-3